KB266792

滿鮮史 研究
만선사 연구

1

일러두기

1) 이 책은 池內宏, 『滿鮮史硏究』 上世 第1冊(吉川弘文館, 1951)을 옮긴 것이다. 그 가운데 한국사와 직접 관련이 적다고 판단된 「숙신고肅愼考」와 「물길고勿吉考」는 제외했다. 원서의 차례는 이 책 맨 뒤에 실었다.
2) 원서의 거리 단위에서 里는 한국·일본·중국 단위로 나뉘어 표기돼 있다(그렇지 않은 것은 문맥에 따라 판단했다). 일본의 1리는 한국의 10리(3.9킬로미터)와 거의 같고 1정은 109미터로 볼 수 있어 한국의 리 단위로 바꾸고 킬로미터로 환산해 괄호 안에 표기했다. 중국의 1리는 500미터와 거의 같아 역시 그렇게 환산해 괄호 안에 표기했다.
3) 본문에서 사료가 인용될 경우 번역문과 한자를 함께 넣었으나, 같은 내용이 다시 나올 때는 번역문만 제시하고 한자는 생략했다(인용에서 일부만 중복될 경우 한자 원문도 일부만 생략했다. 이런 경우는 번역문과 원문이 일치하지 않는다).
4) 각주는 옮긴이가 붙인 것이다.

1
고조선~삼국초기

이케우치 히로시 지음
김범 옮김

글항아리

滿鮮史研究
만 선 사 연 구

1 고조선~삼국초기

2 삼국시대

3 발해·고려

머리말

만주와 조선의 역사에 관련된 내 논고를 편집해 책으로 만들어 세상에 내놓은 것은 1933년 오카쇼인岡書院에서 나온 『만선사 연구』 중세 제1책이 처음이다. 그다음 1938년 자우호우간행회座右寶刊行會에서 제2책을 속편으로 냈다. 제3책의 원고는 곧이어 편집했지만 오래도록 서랍에 보관하다가 오카쇼인을 계승한 데키하라호시후미칸狄原星文館에서 1943년 9월 제1책의 재판을 찍으면서 출판에 착수했다. 인쇄의 교정은 내가 맡았는데, 식자공의 능력이 떨어져 1년 정도 어려움을 겪다가 1944년 말 마침내 본문 673쪽의 교정을 마쳤다. 그러나 색 교정이 오래 늦어지다가 1945년 3월 10일 전쟁의 영향으로 간다神田의 인쇄소에 있던 조판본이 모두 잿더미가 됐다. 교정을 마치기 직전의 교정쇄 하나만 남았는데, 그것만은 그 뒤에도 다행히 재난을 피했고 다시 수정해 지금까지도 보관하고 있다.

중세편은 아직 간행되지 않은 1책을 포함해 세 책으로 이뤄졌고, 그 앞 시대를 다룬 상세편上世編은 두 책으로 나눴다. 이번에 새로 발간한 것은 그 가운데 첫 번째 책으로 16편의 논문을 실었다. 내용에 따라 나누면 대체로 (1)전한前漢 때 한반도의 4군郡과 그 역사, 4군의 하나인 현도군玄菟郡의 변천, (2)고구려의 건국과 그 왕실의 세계世系, 정치·사회적 발전, (3)맥貊·예맥濊貊·숙신肅愼·읍루挹婁·부여·물길勿吉·말갈靺鞨 등 만주 종족들의 거주지와 흥망, 그 밖에 관련된 주요 문제를 다뤘다. 이런 연구의 목적은 만주와 한국 고대사의 새로운 체계를 설정하는 주춧돌을 놓으려는 데 있다.

본래 이런 과제의 고찰은 미리 순서를 정한 것이 아니라 오랜 시간에 걸쳐 이뤄진 것이다. 그 결과들은 보고서로는 『만선지리역사연구보고』, 학술 잡지로는 『동양학보』 『사학잡지』 『고고학잡지』 『제국 학사원기사帝國學士院紀事』와 그 밖의 여러 간행물에 게재됐다. 그러나 이번 책에 수록된 논문에 가운데 많은 것은 옛 원고 그대로는 아니다. 주제에 맞춰 합리적으로 다시 배열한 것은 물론이고, 옛 원고를 발표한 뒤 부족한 부분은 그때그때 가필해 보완했으며, 이전의 학설에서 충분치 않았던 사항들은 적절히 보충해 스스로 이전의 잘못을 인정한 견해에는 '보정'과 '보주補註'를 덧붙여 정정했고 전체적으로 만족스럽지 않은 논문은 모두 다시 썼다. 이렇게 손질해 새로 이 책을 세상에 내놓으니 스스로 만족스럽다. 이런 종류의 학술 저서를 출판하기가 매우 어려운 현재는 더욱 그렇다.

백제와 신라의 발흥부터 신라 진흥왕 때까지 2세기 정도에 걸쳐 백제·신라·고구려 삼국이 대립한 역사를 『일본서기日本書紀』의 기사를 비판하면서 일본 고대의 대외관계와 연결해 고찰한 논문이 따로 하나 있지만, 그것은 『일본 상대사의 한 연구日本上代史の一研究: 일본·조선의 교섭과 일본서기日鮮の交渉と日本書紀』라는 제목으로 지난 1947년 8월 도쿄의 곤도쇼텐近藤書店에서 출판했다.

『만선사 연구』의 일부인 이 제1권의 편집과 출판은 인문과학위원회의 도움에 힘입은 것으로 출판에 애써준 위원회 간사 이누마루 히데오犬丸秀雄 씨에게 깊이 감사한다. 또 내가 오랫동안 병석에 누워 있었기 때문에 나 대신 출판사와 연락하는 데는 스즈키 슌鈴木俊 군을, 인쇄의 교정과 색인 작성에는 미카미 쓰기오三上次男 군을 번거롭게 할 수밖에 없었다. 그런 노력을 아끼지 않은 두 사람에게 진심으로 감사한다.

1949년 8월

이케우치 히로시

1편
전한 소제의 4군 폐합과 『후한서』의 기사

이 짧은 논문은 서로 이어 집필한 「낙랑군고」 및 「요동의 현도군과 그 속현」, 「고구려의 건국 전설과 역사상의 사실」을 더해 3부작을 이루며 뒤의 두 편에서 전개한 논의의 근거가 된다. 그리고 이 세 편에 앞서 쓴 「현도군의 속현 고현의 옛 터」와 다시 따로 집필한 진번군의 위치에 관련된 논고를 더하면 한사군과 그 연혁을 대상으로 한 내 연구는 대략 끝나며 한·위대 고구려가 발전한 역사의 한 측면을 밝힐 수 있다. 따라서 이 연구들은 서로 밀접히 관련돼 있지만 발표 시기와 기회는 각각 달랐다(탈고하면서 첫머리에 쓴다).

1.

전한 무제는 위만 조선을 정벌해 멸망시키고 그곳에 4군을 설치했다.

- 『전한서』(권95): 마침내 조선을 평정하고 진번군·임둔군·낙랑군·현도군의 4군을 설치했다. 遂定朝鮮, 爲眞番·臨屯·樂浪·玄菟四郡.
- 같은 책(권6) 「무제본기」 원봉元封 3년(기원전 108): 여름 조선이 그 왕 우거를 죽이고 항복하니 그곳을 낙랑·임둔·현도·진번군으로 만들었다. 朝鮮斬其王右渠降, 以其地爲樂浪·臨屯·玄菟·眞番郡.

한편 『한서』(권82 하) 「지리지」에는 이 4군 가운데 원도군元菟郡(현도군玄菟郡)과 낙랑군만 기록돼 있고 임둔군과 진번군은 빠져 있는데, 「지리지」를 편찬할 때 이 두 군이 존재하지 않았기 때문이다. 또 「지리지」에서는 원도군이 "무제 원봉 4년 설치됐다武帝元封四年開"고 했고 낙랑군은 "무제 원봉 3년 설치됐다武帝元封三年開"고 해서 설치한 연도가 같지 않다. 어느 한쪽이 잘못된 것으로 생각되지만 반드시 그렇게 단정할 수는 없다. 4군은 거리가 서로 달라 한꺼번에 설치가 시작되지 않았지만, 본기에서는 고조선을 평정한 때로 한데 묶어 연결한 것으로도 생각되기 때문이다. 만약 그렇다면 원봉 4년(기원전 107) 설치된 것은 현도군만이 아닌지도 모른다.

『전한서』(권27, 중지하中之下) 「오행지五行志」: 원봉 6년(기원전 105) 가을 메뚜기 떼가 들었다. 이보다 앞서 두 장군이 조선을 정벌해 세 군을 설치했다. 元封六年, 秋蝗. 先是兩將軍征朝鮮, 開三郡.

그러나 안사고顔師古가 지적한 대로 이 '세 군'이라는 표현은 잘못 옮겨 적은 것이 분명하다.

새로 설치된 4군에는 각각 처음부터 약간의 속현이 있었는데, 그것들도 함께 설치된 것이 틀림없다. 그러나 거기 관련된 문헌은 매우 적어 앞서 든 『전한서』「무제본기」의 한 구절에 대한 안사고의 주석이 있고, 다음과 같은 신찬의 견해가 실려 있다.

신찬이 말했다. "『무릉서』에 따르면 임둔군 치소는 동이현으로 장안에서 6138리 떨어져 있고 15현이 있다. 진번군 치소는 삽현으로 장안에서 7644리 떨어져 있고 15현이 있다." 臣瓚曰, 茂陵書, 臨屯郡治東暆縣, 去長安六千一百三十八里, 十五縣. 眞番郡治霅縣, 去長安七千六百四十四里, 十五縣.

무릉은 무제의 능 이름이므로 『무릉서』는 무제 때의 일을 기록한 책으로 여겨진다. 누가 지었는지는 명확하지 않다. 그러나 다행히 그 일문逸文이 안사고의 주석에 인용돼 지금까지 남아 있는데, 임둔군과 진번군의 치소는 각각 동이현과 삽현이고 그것을 수현首縣으로 해서 그 아래에 15현이 있음을 알 수 있다. 그러나 겨우 이 정도만 알 수 있을 뿐이다. 또 『전한서』「지리지」에는 원도군(현도군) 관하의 호구수와 소속 현 이름 3개, 낙랑군 관하의 호구수와 소속 현 이름 25개가 나오지만, 뒤에서 밝히듯 진번군과 임둔군은 치소만 이름이 나오고 현도군 치소는 처음 설치된 곳에서 다른 데로 옮겨진 뒤의 상태다.

무제가 설치한 4군의 통치는 그대로 이어지지 않고 그다음 소제 때 관할 상황에 뚜렷한 변화가 나타났다. 『후한서』(권151) 「동이열전·예전濊傳」에는 관련된 기사가 하나 있는데, 그 첫머리에서 "소제 시원 5년(기원전 82) 임둔·진번을 폐지해 낙랑·현도에 합병했다至昭帝始元五年, 罷臨屯·眞番, 以幷樂浪·玄菟"고 했다(뒤에서 전문 인용). 소제 시원 5년은 무제 원봉 3년(기원전 108)의 26년 뒤다. 『후한서』의 이 기사와 대응해 『전한서』(권7) 「소제본기」에서는 같은 해 "담이군과 진번군을 폐지했다罷儋耳·眞番郡"고 간단히 기록했다.

둘을 비교하면 『전한서』에서는 남월南越 9군의 하나인 담이군(지금의 해남도)과 함께 진번군을 폐지했다고만 했고 임둔군의 변화에 관련된 내용은 없어 『후한서』의 내용과 뚜렷이 다르다. 『전한서』는 후한 때 편찬됐지만 『후한서』는 유송劉宋* 초에 편찬됐기 때문에 이런 차이를 이해하려면 사료의 취급과 관련해 『후한서』 「예전」 기사가 어디에 근거했는지 살펴봐야 한다. 그러나 문제는 그리 간단하지 않다. 이제부터 차근차근 그 해석을 시도해 보려고 한다. 이것이 이 논문의 주된 목적이다.

2.

시원 5년(기원전 82) 혁파됐다고 한 진번군의 위치와 관련해서는 널리 알려진 대로 남재설南在說과 북재설이 대립하고 있다. 이것은 해결해야 하는 매우 중대한 문제지만 다른 기회로 미뤄두고 언급하지 않겠다.

임둔군은 위만 조선에 복속된 임둔족의 거주지에 설치됐는데, 먼저 살펴봐야 하는 문제는 그 군의 강역과 변동이다. 앞서 든 『무릉서』에 따르면 군 치소는 동이현에 있었고 15현을 관할했다. 그러나 동이현

---

* 송宋(420~479)은 중국 남북조 시대(439~589) 강남 지방에서 유유劉裕가 건국한 남조의 첫 왕조다. 조광윤趙匡胤이 세운 송(960~1279)와 구별하기 위해 유송劉宋이라고도 부른다.

을 제외한 14현의 이름은 나오지 않는다. 그런데 『전한서』「지리지」에서 동이현은 낙랑군에 소속된 25현 가운데 19번째 현으로 나온다. 그 25현 가운데 마지막 현은 부조夫租인데, 요조夭租의 오기가 분명하고 요조는 옥저沃沮와 상통한다. 옥저현은 무제가 설치한 4군의 하나인 현도군의 치소다. 다음 기록에 나오는 옥저성이 분명하다.

『위지魏志』(권30)「동옥저열전」: 한 무제 원봉 2년(기원전 109) 조선을 정벌해 위만의 손자 우거를 죽이고 그 지역을 나눠 4군을 설치했는데, 옥저성을 현도군으로 삼았다. 漢武帝元封二年, 伐朝鮮, 殺滿孫右渠, 分其地爲四郡, 以沃沮城爲玄菟郡.

옥저라고 불린 부족은 남·북으로 나뉘었는데, 북옥저는 두만강 유역 간도 지방에 있었고 남옥저는 함경남도 함흥평야에 자리 잡았다. 옥저성은 남옥저(일명 동옥저)의 중심이었다. 따라서 지금의 함흥에 비정된다. 요컨대 『전한서』「지리지」에 따르면 무제가 설치한 임둔군 치소인 동이현과 또 다른 군인 현도군의 치소 옥저성 모두 낙랑군에 편입돼 그것의 한 현이 된 것이다.

다음으로 『전한서』「지리지」의 낙랑군 25현 가운데 앞의 두 현(19번째와 25번째) 사이에 든 5현은 다음과 같다.

20. 불이不而(동부도위東部都尉 치소)

21. 잠태蠶台

22. 화려華麗

23. 사두매邪頭昧

특히 불이현에는 "동부도위 치소"라는 원주가 있다. 그런데 이 5현에 앞서 말한 동이현과 옥저현을 더한 7현은 4군이 설치되고 얼마 뒤 "영동 7현領東七縣(동쪽을 다스리는 7현)"이라는 특별한 이름 아래 낙랑군의 나머지 18현과 구별됐다.

- **『위지』「동옥저열전」**: 한은 그곳이 멀고 넓기 때문에 단단대령 동쪽을 나눠 동부도위를 설치하고 불내성에 치소를 둬 따로 영동 7현을 주관하게 했다. 이때 옥저도 현이 됐다. 漢以土地廣遠, 在單單大領之東, 分置東部都尉, 治不耐城, 別主領東七縣, 時沃沮亦爲縣.
- **같은 책(권30) 「예전」**: 단단대산령 서쪽은 낙랑에 소속됐고 단단대령 동쪽 7현은 도위가 다스렸는데 모두 예를 백성으로 삼았다. 單單大山領以西屬樂浪, 自領以東七縣, 都尉主之, 皆以濊爲民.

첫 번째 기사의 불내성은 『전한서』「지리지」에 "동부도위 치소"로 돼 있는 불이성不而城이 분명하고, 두 기사에서 동부도위가 영동 7현을 다스렸다고 한 7현은 앞서 설명한 동이부터 요조(옥저)까지 7현이 틀림없다. 영동領東에서 '領'은 '嶺'과 발음이 같다. 또 『위지』 기사들에 따르면 영동 7현의 대체적 위치도 알 수 있다. 곧 단단대령은 지금의 황초령黃草嶺·철령鐵嶺·금강산·오대산五臺山·대관령 등을 연결한 높고 험준한 줄기脊梁산맥에 적용된 당시의 이름이 분명하므로 옥저와 동이를 포함한 7현은 이 산맥의 동쪽인 동해안의 좁고 긴 지방에 퍼져 있던 것으로 보인다.

먼저 『위지』「예전」에서 7현의 주민이 모두 예족濊族이라고 서술한 것을 문자 그대로 이해해서는 안 된다. 『위지』「동옥저열전」에서 말한 동옥저는 북옥저의 대칭으로 『위지』(권82) 「관구검열전」에서 북옥저와 상대해 남옥저라고 한 것과 같은 부족이다. 그리고 동옥저의 중심은 지금의 함흥에 비정되는 『전한서』「지리지」의 옥저현이고, 그곳은 현도군이 설치되기 전부터 그곳에 자리 잡은 동옥저(남옥저)족의 이름을 따온 것이 분명하므로 적어도 7현 가운데 한 주민은 옥저족이고 예족은 아니었던 것이 틀림없다. 『위지』「동옥저열전」에서 옥저의 강역이 "남쪽으로 예맥과 맞닿았다南與濊貊接"고 한 것에 따르면 예가 주민이던 곳은 7현 가운데 나머지 6현이었다고 봐야 한다. 따라서 동해안의 이른바 영동 지방에서 동옥저족과 그 남쪽에 있던 예족의 경계는 대체로 함경남도 정평읍定平邑 앞을 지나는 고려시대의 장성長城 부근이었다고 여겨진다.

영동 7현 가운데 처음 설치된 임둔군의 속현으로 그 이름이 분명히 알려진 것은 군 치소가 있던 동이현 뿐이다(『무릉서』에 따름). 그러나 거기에 불이·잠태·화려·사두매·전막을 더한 6현, 곧 영동 7현 가운데 현도군의 치소이자 옥저족의 거주지였던 옥저현을 뺀 6현은 본래 15현을 관할한 임둔군의 일부가 돼야 한다. 이것은 현도군 치소의 토착민은 옥저족이지만 영동 지방의 주민은 대체로 예족이었다고 한 관계에서 쉽게 추측할 수 있다.

그렇다면 임둔군의 6현 이외, 곧 나머지 9현을 포함한 부분은 어떤 방면에서 어느 정도의 범위를 차지했던 것일까? 이 의문에 직접 해답을 주는 자료는 없기 때문에 예족의 거주지를 근거로 간접 추측할 수밖에 없다. 예족의 거주지는 다음과 같이 서술돼 있다.

『위지』「예전」: 예는 남쪽은 진한, 북쪽은 고구려·옥저와 맞닿았고 동쪽 끝은 큰 바다니 지금 조선의 동쪽이 모두 그 땅이다. (…) 한 무제는 조선을 정벌해 멸망시키고 그 지역을 나눠 4군을 설치했다. 이때부터 이 민족과 한족이 점차 구별됐다. (…) 단단대산령 서쪽은 낙랑에 소속됐고 그 동쪽 7현은 도위가 다스렸는데 모두 예를 백성으로 삼았다. 濊, 南與辰韓, 北與高句麗·沃沮接, 東窮大海, 今朝鮮之東皆其地也. (…) 漢武帝伐滅朝鮮, 分其地爲四郡. 自是之後, 胡·漢稍別.

이것은 중국 삼국시대의 상태를 서술한 것이지만 거슬러 올라가 한대의 상황을 추측할 수도 있다. "今朝鮮지금 조선"은 "故朝鮮"의 오기가 분명한데, "今"이라고 보면 다음 두 글자는 "樂浪낙랑"이 돼야 한다. 그 때문에 『후한서』「예전」에는 낙랑으로 고쳐져 있다. 또 고구려는 4군이 설치될 때 아직 역사에 나타나지 않았기 때문에 고려하지 않을 수밖에 없다. 진한 종족은 삼국시대의 상태에서 추측하면 한대에도 태백산맥(강원도의 남쪽 경계) 남쪽, 낙동강 상류 유역 일대에 거주했다고 생각된다. 그런데 예족 거주지의 서쪽 부근은 처음 설치된 낙랑군의 관할 구역으로 고조선 영토의 일부가 분명하기 때문에 대체로 지금의 강원도에서 영동 지방을 제외한 부분은 영서의 예 거주지로 여겨진다. 그리고 그것은 곧 임둔군의 서쪽 지역이 돼 그 8~9현이 배치된 것으로 보인다.

이렇게 생각하면 앞서 나란히 인용한 『위지』의 두 기사(「동옥저열전」과 「예전」)와 관련해 한 가지 문제가 생긴다. 임둔군 서쪽 절반인 단단대령 서쪽 부분을 낙랑군에 편입시키고, 따로 영동의 해안 지방에는 낙랑군 동부도위를 설치해 그곳의 7현을 관할케 한 것은 언제였는가

하는 것이다. 곧 앞서 일단 "4군이 설치된 얼마 뒤"라고 말한 그 시대
다. 아래서 이 문제를 살펴보겠지만, 이것은 임둔군만이 아니라 현도군
과도 관련돼 있다.

3.

『후한서』「동이열전·예전」에는 4군의 변화를 서술한 기사가 있다.
앞서 일부를 언급한 바 있다.

원봉 3년(기원전 108) 조선을 멸망시키고 낙랑·임둔·현도·진번 4군을
나눠 설치했다. 소제 시원 5년(기원전 82) 임둔·진번을 폐지해 낙랑·현
도에 합병했다. 현도는 다시 고구려로 옮겼다. 단단대령 동쪽의 옥저·예
맥은 모두 낙랑에 소속시켰다. 그 뒤 그 지역이 넓고 멀리 떨어져 있어
다시 영동의 7현을 나눠 낙랑 동부도위를 설치했다. 至元封三年, 滅朝鮮,
分置樂浪·臨屯·玄菟·眞番四郡. 至昭帝始元五年, 罷臨屯·眞番, 以幷樂浪·玄
菟. 玄菟復徙居句驪. 自單單大領已東, 沃沮·濊貊悉屬樂浪. 後以境土廣遠, 復
分領東七縣, 置樂浪東部都尉.

이 기사에서 뒷부분은 일단 제쳐두고 먼저 그 앞부분에 따르면 무
제가 4군을 설치하고 26년 뒤인 소제 시원 5년 임둔군이 서쪽에 인접
한 낙랑군에 병합된 것과 함께 낙랑군의 북쪽이나 남쪽에 설치된 진
번군은 옥저성을 중심으로 한 현도군에 합쳐졌으며, 그것과 같은 때나
조금 앞뒤로 이미 진번군을 병합한 현도군은 고구려 지역으로 옮겨졌

다. 그리고 여기서 말한 고구려는 『전한서』「지리지」에 기록된 '원도군'의 세 속현 가운데 하나인 고구려현高句驪縣을 가리키는 것이 분명하다. 미리 말하면 고구려의 이름이 역사에 나타난 것은 『전한서』「지리지」의 이 현 이름이 처음이고, 그 고구려현과 함께 새로 현도군에 소속된 나머지 두 현은 상은태上殷台와 서개마西蓋馬다.

앞서 든 『후한서』 기사의 앞부분을 그 문맥대로 살펴보면 앞서 서술한 것처럼 해석할 수밖에 없지만, 실제로 그런 변화가 일어났다면 그것은 너무 복잡한 변화였다고 하지 않을 수 없다.

그런데 『후한서』에 이런 기사가 있는 것에 대해 『전한서』「소제본기」에는 앞서 말한 대로 시원 5년(기원전 82) 남월의 담이현과 함께 진번군을 혁파했다고만 했을 뿐 같은 해의 사실로 임둔군과 현도군을 언급한 기사는 없다. 그러나 현도군과 관련해서는 같은 「소제본기」 원봉元鳳 6년(기원전 75)에 특별한 기사가 있다.

봄 정월 군국의 무리를 모아 요동에 현도성을 쌓았다. 春正月, 募郡國徒, 築遼東玄菟城.

원봉 6년은 4군이 설치된 33년 뒤고 시원 5년부터는 7년 뒤다. 그리고 이 현도성은 '요동'이라는 두 글자가 앞에 있으므로 단단대령 동쪽의 옥저성(지금의 함흥)은 물론 아니고 『전한서』「지리지」의 원도군 ─ 25현을 거느린 낙랑군과 함께 거명된 ─ 의 치소, 곧 고구려현을 수현首縣으로 한 그 군의 치소일 수밖에 없다. 따라서 이 축성은 무제 때부터 옥저성을 치소로 삼아 설치된 현도군이 요동으로 옮겨졌다는 의미로 이해된다. 그렇다면 동해안에서 요동으로 옮겨지기 전 현도군이 진번군을 합병했다는 『후한서』의 기록, 곧 『전한서』에는 나오지 않는 기록을 그대로 믿어도 좋을까? 또 시원 5년(기원전 82) 현도군이 진번군을 합병했다면 진번군의 삽현霅縣 등 15현은 그 뒤 적어도 6~7년 동안 옥저성의 현도군 관하에 있어야 했을 텐데 그런 일이 있을 수 있었을까?

먼저 처음 설치된 현도군을 생각해보면 그 군도 진번·임둔군과 마찬가지로 관련 사료가 매우 적어 "한 무제 원봉 2년(기원전 109) 조선을 정벌해 위만의 손자 우거를 죽이고 그 지역을 나눠 4군을 설치했는데, 옥저성을 현도군으로 삼았다"고 한 기록에 따라 그 치소가 옥저성에 설치됐음을 알 수 있을 뿐이다. 그리고 옥저성을 제외한 속현은 이름과 숫자 모두 전혀 알 수 없다. 또 그 강역도 임둔군이 영동 부분에 인접한 방면, 곧 정평의 장성이 있었다고 추정되는 그 군의 남쪽 경계를 제외하면 자세하지 않다.

그러나 자연지리의 형세에서 추측하면 그 군의 관할구역은 성천강城川江이 지나가는 지금의 함흥군과 신흥군新興郡, 곧 1914년 신흥군이 나뉘어 설치되기 전의 옛 함흥군 관내 지역에 제한된 것 같고, 함흥평야의 동북쪽 경계를 구획하는 높고 험준한 함관령咸關嶺의 바깥 지방과 함흥평야의 서쪽 경계인 황초령을 넘어 그 북쪽에 속한 장진강長津江 유역의 고원高原 같은 곳은 현도군과 그 밖의 세 군 어디에도 소속되지 않은 것으로 생각된다. 곧 진번 북재설에 따라 진번군이 동가강佟佳江(혼강渾江) 유역에 있었다고 하면 현도군은 그것과 경계를 맞대지 않은 것이 돼야 한다. 본래 함흥에서 황초령을 넘어 장진강을 따라 북쪽으로 간 뒤 옛 장진읍에서 서쪽으로 꺾어져 설한령薛寒嶺을 지나 독로강禿魯江의 한 지류인 계곡을 내려가 강가의 강계읍江界邑을 지나 압록강 중류의 통구通溝에 이르는 길은 함흥평야와 동가강 유역을 잇는 유일하고 자연적인 도로이므로 진번 북재설에서 주장하는 그 군의 소재지와 현도군과의 교통은 이 도로를 따라 이뤄졌다고 볼 수 있다.

그러나 몇 년 만에 그처럼 매우 불편한 도로를 편하게 만들어 두 군을 하나로 합병한 것 같은 변혁을 시행하려고 했다면, 그것은 지리적 형세를 고려하지 않은 무모한 행동이라고 할 수밖에 없다. 또 한편으로 생각하면 진번군을 현도군에 합병하고 그 중심을 함흥처럼 외지고 먼 곳에 두기보다는 임둔군을 낙랑군에 합친 것처럼 현도군을 진번군에 합병하는 쪽이 통치상 적절했다고 말할 수도 있다. 다시 진번 남재설에 따라 진번군이 낙랑군 남쪽에 있었다고 보면 진번군과 현도군 사이에 임둔군이 있게 되므로 책상 위의 놀이가 아니라면 두 군의 합병은 이뤄질 수 없는 일이다. 요컨대 현도군과 진번군의 병합에 관련된 『후한서』의 기록은 내용상 그대로 믿을 수 없다고 말할 수밖에 없다. 진번군의 위치는 낙랑군 남쪽에 있다는 남재설이 옳고, 그것을 압록강 바깥의 동가강 유역에 비정한 북재설은 성립하지 않는다는 것은 따로 작성한 논문에서 상세히 언급했다.

지금까지는 앞서 인용한 『후한서』 기사 가운데 앞부분의 내용을 비판했다. 이제 다시 뒷부분을 살펴보면 "단단대령 동쪽의 옥저·예맥은 모두 낙랑에 소속시켰다. 그 뒤 그 지역이 넓고 멀리 떨어져 있어 다시 영동의 7현을 나눠 낙랑 동부도위를 설치했다"고 했다. 곧 기사 앞부분에서 말한 현도군의 이전과 함께 영동 해안 지방의 옥저와 예맥 — 예맥은 예濊와 동일 — 은 낙랑군에 소속됐고, 그 뒤 약간의 시간을 두고 옥저와 예맥의 거주지였던 영동 7현을 나눠 다스리기 위해 낙랑군 동부도위가 설치됐다고 한 것이다. 그러나 이 기사에는 의문이 있다. 그 의문은 같은 사실을 기록한 『위지』 「동옥저열전」의 기사와 비교하면 생겨난다.

(A) 『위지』 「동옥저열전」: 한 무제 원봉 2년(기원전 109) 조선을 정벌해 위만의 손자 우거를 죽이고 그 지역을 나눠 4군을 설치했는데, 옥저성을 현도군으로 삼았다. 그 뒤 이맥의 침략을 받아 군을 구려 서북쪽으로 옮겼는데, 지금 옛 현도부라고 하는 곳이다. 옥저[성]는 다시 낙랑에 소속됐다. 漢武帝元封二年, 伐朝鮮, 殺滿孫右渠, 分其地爲四郡, 以沃沮城爲玄菟郡. 後爲夷貊所侵, 徙郡句麗西北. 今所謂玄菟故府是也. 沃沮[城]還屬樂浪.

(B) 같은 자료: 한은 그곳이 멀고 넓기 때문에 단단대령 동쪽을 나눠 동부도위를 설치하고 불내성에 치소를 둬 따로 영동 7현을 다스리게 했다. 이때 옥저[성]도 모두 현이 됐다.

(A)에서 옥저성의 현도군(제1현도군)이 옮겨간 "구려 서북쪽"은 요동 동쪽 경계와 가까운 고구려현의 소재지를 뜻한다. 곧 혼하의 한 지류인 소자하蘇子河 상류에 있는 노성老城 부근이다. 삼국시대 고구려의 거주지는 당시 비류수沸流水로 불린 지금의 혼강(동가강) 유역이므로 그곳에서 방향을 잡아 "구려 서북쪽"이라고 한 것이다. 그리고 새 현도군(제2현도군)을 "지금 옛 현도부라고 하는 곳"이라고 설명한 것은 현도군이 그 뒤 다시 옮겨져 삼국시대에는 지금의 무순撫順*을 치소로 했기 때문이다(제3현도군).

---

* 지금 중국 랴오닝성의 푸순시撫順市.

이 『위지』의 기사(A와 B)에 따르면 옥저성을 치소로 한 현도군이 삼국시대 고구려의 거주지 서북쪽인 요동 지역으로 옮겨진 것, 단단대령 동쪽의 7현을 관할한 낙랑군 동부도위가 설치된 것, 현도군 치소의 자격을 잃은 옥저성이 영동 7현의 하나로 편입돼 낙랑군의 속현이 된 것은 모두 같은 때 일어난 변화였던 것 같다. 그리고 『위지』에서는 앞서 서술한 대로 「예전」에서 "단단대산령 서쪽은 낙랑에 소속됐고 그 동쪽 7현은 도위가 다스렸다"고 했는데, "단단대산령 서쪽"은 임둔군의 단단대령 서쪽 부분을 의미하므로 낙랑군이 단단대령의 동·서에 걸쳐 있던 임둔군 전체를 병합한 것도 같은 때의 변화가 돼야 한다. 곧 현도군이 요동 지역으로 옮겨졌을 때 그 옛 치소였던 옥저성은 임둔군의 전체 지역과 함께 낙랑군의 관할 안으로 들어갔고, 그것과 동시에 영동의 해안 지방에는 따로 불내현(불이현)을 치소로 해 그 7현을 관할하는 낙랑군 동부도위가 설치됐다는 것이 『위지』의 내용이다.

그런데 『후한서』의 기록은 어떤가? 그 뒷부분만으로는 현도군이 요동으로 옮겨졌을 때 어떻게 단단대령 동쪽의 옥저와 예맥이 낙랑군에 소속됐는지 그 사정을 알 수 없다. 뿐만 아니라 『위지』의 (B) 첫머리에 있는 '漢'이라는 글자 대신 없어도 괜찮은 '後'라는 글자가 있어 『후한서』 편자가 『위지』의 기사에 마음대로 조작을 가한 흔적을 드러낸다. 『후한서』가 『위지』보다 훨씬 나중에 편찬된 것은 말할 것도 없다.*

---

* 『삼국지』는 서진西晉 때 진수陳壽(233~297)가 280~289년 무렵 편찬했고 『후한서』는 남조 유송 때 범엽范曄(398~446)이 445년에 편찬했다.

4.

4군의 폐합에 관련된 『후한서』 「예전」의 기사는 지금까지 비판한 내용을 담고 있어 그대로 믿을 수 없다. 그 때문에 그동안 ― 4군 폐합을 연구한 대부분의 ― 학자들처럼 이 기사를 증거로 삼아 4군 폐합 문제를 논의하면 결코 타당한 결론을 얻을 수 없다. 『전한서』 본기에 따르면 소제 시원 5년(기원전 82)에는 진번군만 폐지됐고 나머지 3군은 아무 변화가 없던 것 같다. 그런데 7년 뒤인 소제 원봉 6년(기원전 75)에 오면 요동에 현도성이 건설됐다는 확실한 기사가 나온다. 그리고 『위지』 「동옥저열전」 등을 참조하면 임둔군과 현도군의 폐합에 관련된 것으로 보이는 사실을 엿볼 수 있다.

다만 그 연대는 『위지』에 기록되지 않았지만 요동에 새 현도군의 성을 건설했다는 『전한서』의 기사와 결합해 설명해야 한다고 생각된다. 곧 진번군이 혁파된 것은 시원 5년(기원전 82)이고, 그것은 다른 3군과 관계없는 사실이다. 한편 현도군과 진번군 지역을 낙랑군에 병합하고 임둔군을 폐지하며, 현도군을 요동으로 옮기고 영동 7현을 관할하는 낙랑군 동부도위를 설치해 7현의 하나인 불내성(불이성)에 치소를 둔 것은 모두 소제 원봉 6년(기원전 75)의 일로 생각된다. 미리 말하면 현도군의 요동 이전은 그 이름만 옮겨 실제로는 요동군 변방에 새 군을 설치한 것이다.

이처럼 『후한서』의 기록을 일단 고려하지 않고 『전한서』와 『위지』의 기록을 바탕으로 4군 폐합의 사실을 생각해보면 그 변화에는 특별히 번잡하거나 불합리하다고 말할 만한 문제점을 찾을 수 없다. 그러므로 시원 5년(기원전 82) 임둔군과 진번군을 폐지해 낙랑군과 현도군에 합병했다는 『후한서』의 기록은 전한前漢 때부터 전해진 기본 사료에 의거한 것이 아니라 『위지』의 기사에 나타난 임둔군과 현도군의 폐합 사실을 『전한서』의 진번군 폐지 기사에 결합해 엄밀한 근거 없이 시원 5년에 연결시킨 것이라고 생각할 수밖에 없다.

종합하면 『후한서』의 기사에는 편찬자의 개인적 견해를 멋대로 더한 사례가 적지 않기 때문에 사료로 취급할 때는 특별히 주의해야 한다. 결코 가볍게 믿어서는 안 된다. 4군 폐합에 관련된 「예전」 기사의 뒷부분에서 광무제 때 동부도위 혁파에 대해 "건무 6년(30) 도위관을 폐지해 마침내 단단대령 동쪽 지역을 포기하고 그 우두머리를 현후로 책봉했다建武六年, 省都尉官, 遂棄領東地, 悉封其渠帥爲縣侯"고 서술한 것도 조작은 아니지만, 앞 장에서 인용한 『위지』 「동옥저열전」의 기사(A와 B)에 이어지는 아래의 기록에 의거한 것이고 다른 특별한 사료에 바탕한 것은 아니다. 이것도 함께 생각해야 한다.

한 광무 6년(30) 변방의 군을 줄였는데, 동부도위도 그 때문에 폐지됐다. 그 뒤에는 모두 그 현의 우두머리를 현후로 삼았다. 漢光武六年, 省邊郡, 都尉由此罷. 其後皆以其縣中渠帥爲縣侯.

『후한서』의 기록을 제외하고 생각해야 하는 전한 소제 시원·원봉 연간 4군의 변혁은 앞서 서술한 것과 같으므로 진번군 외의 3군을 병합하고 요동에 현도군을 새로 설치한 사정이나 까닭도 합리적으로 설명할 필요가 있다. 그러나 그것은 먼저 폐지된 진번군의 위치가 어디였는지 하는 문제와 함께 이 논문의 범위를 벗어나는 것이므로 다른 논문에서 살펴보겠다.

1940년 12월 11일 탈고

(『가토 박사 환력 기념 동양사집설加藤博士還曆記念東洋史集說』)

1945년 12월 가필

2편

낙랑군고

1. 4군 설치와 3군 병합

전한 무제는 원봉 3년(기원전 108) 위만 조선을 정벌해 멸망시키고 그곳을 나눠 4군을 설치해 중국과 동일한 군현제를 실시했다. 4군은 낙랑·임둔·현도·진번인데, 각각 약간의 현을 거느렸다. 이 사실을 기록한 문헌은 매우 적지만 그 가운데 『전한서』(권6) 「무제본기」 4군 설치 부분의 안사고 주석에 인용된 『무릉서』의 일문이 있다. 임둔군과 진번군에 관련된 내용이 있는데, 그것에 따르면 임둔군은 장안에서 6138리 떨어져 있고 동이현에 치소를 둬 15현을 다스렸으며, 진번군은 장안에서 7644리 떨어져 있고 삽현에 치소를 둬 역시 15현을 다스렸다. 그러나 동이현·삽현 외의 현 이름은 나오지 않는다. 낙랑군과 현도군은 그런 문헌조차 없어 직접적인 방법에 따라 설치 당시의 상태를 밝힐 수는 없다.[1]

무제가 설치한 4군은 그다음 소제 때 이르러 뚜렷한 변화를 겪었다.

이 변화는 이미 「전한 소제의 4군 폐합과 『후한서』의 기사」에서 『전한서』 본기와 『위지』 「동이열전」의 기록을 근거로 『후한서』 「동이열전」의 기사를 비판하고 자세히 연구했으므로[2] 여기서는 그 요지만 서술하고 뒤에서도 필요할 때만 언급하겠다.

4군 설치 26년 뒤인 소제 시원 5년(기원전 82) 먼저 진번군이 혁파됐다. 그리고 다시 7년 뒤인 원봉 6년(기원전 75)에는 나머지 3군 — 낙랑·임둔·현도 — 의 합병이 이뤄졌고, 같은 때 현도군은 요동군의 동쪽 변경에 새로 설치된 군의 이름이 됨으로써 한반도 안의 낙랑군은 남부의 한족韓族 거주지를 제외하고 그 대부분을 관할하는 유일한 큰 군이 됐다. 이 소제 원봉 6년 이후의 낙랑군을 변화 이전 4군의 하나인 낙랑군 및 후한 말 요동의 공손씨가 낙랑군 남부를 나눠 대방군을 설치한 뒤의 낙랑군과 구별해 따로 '대大낙랑군'으로 부르려고 한다. 군의 '동부'와 '남부'를 특별 구역으로 만들어 각각 도위都尉를 두고 그 구역을 나눠 다스린 것도 이런 변화가 나타난 무렵 이뤄졌다. 『전한서』(권28 하) 「지리지」의 원도군(현도군)과 그 3속현, 낙랑군과 그 25속현은 이런 변화를 거친 뒤 형성된 군현의 상태를 기록한 것이다. 따라서 『전한서』 「지리지」에는 진번군과 임둔군에 관련된 내용이 전혀 없다.

2. 3군 병합 뒤의 낙랑군

임둔군과 현도군 지역을 병합한 대낙랑군은 25현을 거느렸다. 『전한서』 「지리지」에는 다음과 같이 적혀 있다.

1. 조선朝鮮 2. 남감詿邯 3. 패수浿水 4. 함자含資 5. 점제黏蟬

6. 수성遂成 7. 증지增地 8. 대방帶方 9. 사망駟望 10. 해명海冥

11. 열구列口 12. 장잠長岑 13. 둔유屯有 14. 소명昭明(남부도위 치소)

15. 누방鏤方 16. 제해提奚 17. 혼미渾彌 18. 탄열呑列 19. 동이東暆

20. 불이不而(동부도위 치소) 21. 잠태蠶台 22. 화려華麗 23. 사두매邪頭昧

24. 전막前莫 25. 부조夫租

이런 25현의 맨 끝에 있는 부조는 요조夭租의 오기가 분명하고 요조는 옥저沃沮와 상통한다. 그 현은 『위지』(권30) 「동옥저열전」에서 "한무제 원봉 2년(기원전 109) 조선을 정벌해 위만의 손자 우거를 죽이고 그 지역을 나눠 4군을 설치했는데, 옥저성을 현도군으로 삼았다"고 기록한 대로 본래 무제가 처음 설치한 4군 가운데 하나인 현도군(제1현도군)의 치소였다. 그리고 그것을 지금의 함경남도 함흥에 비정하는 것은 이미 정설로 자리 잡았다. 또 19번째 동이현은 앞서 서술한 대로 본래 15현을 관할했다고 한 임둔군의 치소였고, 20번째 불이현은 동부도위의 치소가 됐다.

- 『위지』「동옥저열전」: 한은 그곳이 멀고 넓기 때문에 단단대령 동쪽을 나눠 동부도위를 설치하고 불내성에 치소를 뒤 따로 영동 7현을 다스리게 했다. 이때 옥저도 현이 됐다.
- 『위지』(권30) 「예전」: 단단대산령 서쪽은 낙랑에 소속됐고 단단대령 동쪽 7현은 도위가 다스렸는데 모두 예를 백성으로 삼았다.

그런데 이 두 기사를 참조하면 「지리지」의 불이현은 「동옥저열전」

의 불내성에 해당하며 동이현부터 부조현(옥저현)까지 7현은 「동옥저
열전」과 「예전」에서 동부도위에게 '영동 7현'을 다스리게 했다고 한 그
7현이 틀림없다. '영동領東'의 '領'은 말할 것도 없이 '嶺'이고 단단대령
은 지금의 황초령·철령·금강산·오대산·대관령 등을 잇는 높고 험준
한 줄기산맥을 부른 당시의 이름이 분명하므로 이 7현은 그 산맥의
동쪽인 동해안의 좁고 긴 지방에 퍼져 있었다고 보인다. 또 옥저현의
이름은 옥저족을 설명한 『위지』 「동옥저열전」의 기사에서 추지할 수
있는 것처럼 현도군 설치 이전부터 그곳에 자리 잡은 옥저족에서 온
것이 분명하다. 따라서 위의 「예전」에서 영동 7현의 주민과 관련해 "모
두 예를 백성으로 삼았다"고 한 것은 주로 옥저현을 제외한 6현, 곧 동
이·불이·잠태·화려·사두매·전막현을 말한 것으로 생각된다.

　이렇게 생각하면 낙랑군의 25현에서 영동 7현을 제외한 나머지 조
선현부터 탄열현까지 18현에는 소제 원봉 6년(기원전 75)까지 존재한
임둔군 15현에서 영서領西 지역의 속현이 포함돼야 한다. 그러나 그 현
들이 어떤 것인지는 지금 알 수 없다. 그러나 임둔군 15현에서 옥저 외
의 영동 6현을 제외한 9현이 그대로 18현에 포함된다고 하면 18현이
라는 숫자는 단순히 생각해도 압록강을 북쪽 경계로 한 낙랑군의 영
서領西(嶺西) 부분의 광대한 지역에 비해 너무 적다. 임둔군을 폐지해
낙랑군에 합병하면서 임둔군의 몇 현은 철폐된 것 같다. 또 처음 설치
된 현도군은 지금의 함흥읍에 비정되는 옥저성을 중심으로 해서 대체
로 성천강이 관통해 흐르는 지금의 함흥군과 신흥군, 곧 1913년 신흥
군이 나눠 설치되기 전 옛 함흥군의 관할구역을 다스린 것으로 생각
된다. 그리고 그곳에는 옥저현 외에도 속현이 몇 개 있던 것으로 보이
지만 그것들도 원봉 6년(기원전 75)의 개편 때 폐지된 것 같다.

이런 변화가 이뤄진 무렵 영동의 동부도위와 함께 대낙랑군의 남부를 관할한 남부도위도 따로 설치됐다. 남부도위의 치소는 소명현이었는데, 6장의 소명현 부분에서 서술하겠다.

3. 후한 때의 낙랑군

후한 때가 되면서 대낙랑군의 강역은 조금 줄었다. 아래는『후한서』(권33)「군국지郡國志」에 실린 낙랑군 소속의 18성城이다.

1. 조선　2. 남감　3. 패수　4. 탐자貪資　5. 점제占蟬　6. 수성遂城
7. 증지　8. 대방　9. 사망　10. 해명　11. 열구　12. 장잠　13. 둔유
14. 소명　15. 누방　16. 제해　17. 혼미　18. 낙도樂都

이것을『전한서』「지리지」의 낙랑군 25현 가운데 탄열현 앞의 18현과 대조하면 함자含資를 탐자로 잘못 쓰고, 점제黏蟬와 수성遂成은 발음은 같지만 占蟬와 遂城으로 다르게 표기했으며, 탄열 대신 낙도가 있는 것만 다름을 알 수 있다. 그리고 영동 7현의 이름은 없다. 곧 후한 때의 낙랑군은 전한 때의 대낙랑군에서 영동 7현을 뺀 나머지인 것이다.

낙랑군이 이렇게 축소된 사정은『후한서』에 나오지 않지만『위지』「동옥저열전」에서는 동부도위가 영동 7현을 나눠 다스리게 됐다고 밝힌 뒤 다음과 같이 서술했다.

한 건무 6년(30) 변방의 군을 줄였는데 동부도위도 그 때문에 폐지됐다. 그 뒤에는 모두 그 현(영동 7현)의 우두머리를 현후로 삼았다. 불내·화려·옥저현 등은 모두 후국이 됐다. 이적들은 서로 침공했지만 불내예후만 지금(삼국시대)까지 공조·주부 등의 여러 관서를 유지했는데 모두예 백성이 맡았다. 옥저 여러 읍의 우두머리는 모두 스스로를 삼로라고 불렀는데, 예전(후한) 현국이었을 때 제도다. 나라가 작아 큰 나라 사이에서 핍박받다가 마침내 고구려에 예속됐다. 漢建武六年, 省邊郡, 都尉由此罷. 其後皆以其縣中渠帥爲縣侯. 不耐·華麗·沃沮諸縣皆爲侯國. 夷狄更相攻伐, 唯不耐濊侯至今猶置功曹·主簿諸曹, 皆濊民作之. 沃沮諸邑落渠帥, 皆自稱三老, 則故縣國之制也. 國小迫于大國之間, 遂臣屬句麗.

같은 책 「예전」에서 앞에 인용한 기사를 이어 다음과 같이 서술한 것도 같은 사실을 전달한 것이다.

그 뒤 도위를 폐지하고 그 우두머리를 후로 책봉했다. 오늘날 불내예는 모두 그 종족이다. 한말 다시 고구려에 복속됐다. 後省都尉, 封其渠帥爲侯, 今不耐濊皆其種也. 漢末更屬句麗.

곧 후한 광무제 건무 6년(30) 불이현을 치소로 한 동부도위 치소를 폐지하고 낙랑군 소속의 영동 7현 지역을 포기했으며, 옥저와 예맥의 지도자를 현후로 책봉해 1현 1국의 체제를 갖추고 통치를 그들의 자치에 맡긴 것이다. 「예전」에서 "한말 다시 고구려에 복속됐다"고 했는데, 고구려의 세력이 처음으로 이 지방에 파급된 것은 후한 중엽 궁宮(태조왕) 때로 생각된다.[3]

삼국시대에는 유주자사幽州刺史 관구검毌丘儉의 유명한 고구려 정벌과 뒤이어 현도군 태수 왕기王頎가 이끈 대규모 동방 경략이 이뤄졌고(위魏 정시正始 6년, 245) 그것과 함께 7현의 토착 지도자土酋는 고구려에 복속됐기 때문에 낙랑군과 대방군 태수의 공격을 받았다. 『위지』「예전」에서는 이때 불내예후 등이 읍을 들어 항복했고 얼마 뒤 입조해 불내예왕에 책봉됐다고 했는데, 위군魏軍에 항복한 현후들 가운데 불내예후만 명기된 것은 7현의 현후 가운데 그가 가장 유력한 지도자여서 다른 이들을 대표한 것으로 생각된다.[4]

불내현(『전한서』「지리지」의 불이현)은 전한 때 낙랑군 동부도위의 치소로 관구검과 왕기가 침략했을 때 환도丸都의 기공비紀功碑와 함께 다른 비가 세워졌다.

『위지』(권28)「관구검열전」: 환도의 산과 불내의 산에 글자를 새겼다. 刊丸都山, 銘不耐山.

함경남도 영흥읍永興邑 동쪽 1리쯤 북쪽에 용흥강龍興江을 따라 순녕면順寧面 소나리所羅里에 한대의 유적이 있다. 조금 높은 언덕에 동·서 160칸, 남·북 95칸, 둘레 420칸 정도로 쌓은 작은 규모의 토성이다. 1922년 나는 이 유적을 조사해 한대의 기와 조각과 간반달돌칼磨製石庖丁·돌화살을 2개씩 습득했다. 불내성은 문헌에 정확한 위치가 나와 있지 않고 위군이 세운 비석도 아직 발견되지 않았지만 7현 가운데 가장 유명한 성이므로 이런 뚜렷한 유적은 특별한 반증이 없는 한 불내현 터로 비정할 수 있을 것 같다. 또 그곳에서 발견된 석기는 당시 예 사람이 사용한 것이 아닐까 싶다.

마찬가지로 7현 가운데 하나로 임둔군 치소가 있던 동이현도 어디였는지 상세하지 않다. 그러나 지금의 함흥에 비정되는 옥저현이 처음 설치된 현도군 치소였으므로 그것과 그리 멀리 떨어지지는 않았을 것이고 영동 지방 가운데 가장 중요한 지점이었을 것이므로 고故 나카미치요那珂通世 박사는 『동국여지승람』의 기록을 참고해 대관령 아래의 강릉이나 그 부근으로 봤는데, 따를 만한 견해다.[5] 강릉은 신라 때 하슬라何瑟羅나 명주溟州로 불렸고 강원도 동해안의 요지로 역사에 여러 번 나온다. 잠태현·화려현·사두매현·전막현 등은 불내현과 동이현 사이에 띄엄띄엄 존재했거나 강원도 남쪽 끝인 울진蔚珍까지 이르렀는지도 모른다.[6]

4. 낙랑군 치소와 토성리의 토성

전한 때 대낙랑군의 조선현, 곧 『전한서』「지리지」 낙랑군 25현의 첫머리에 기록된 그 현은 낙랑군 치소가 있던 곳이다. 「지리지」 주석에 따르면 후한 말 응소應劭는 낙랑군을 "고조선국故朝鮮國也"이라고 했는데, 이것은 위만 조선의 왕도였던 곳이 낙랑군 치소이고 그것은 얼마 뒤 조선현이 됐다는 뜻으로 낙랑군 치소는 위만 조선의 수도인 왕험성王險城의 뒤를 이은 것으로 생각된다.

•당 장수절張守節의 『사기정의史記正義』에 인용된 『괄지지括地志』의 일문: 고구려 수도 평양성은 본래 한 낙랑군 왕험성이다. 高麗都平壤城, 本漢樂浪郡王險城.[7]

• 『삼국사기』(권7)「고구려본기」동천왕 21년(247): 평양은 본래 선인 왕검이 살던 곳이다. 平壤者, 本仙人王儉之宅也.

이 기록들은 작성된 연대로 볼 때 고구려의 수도 평양(지금의 평양)이 옛 왕험성이라는 확실한 증거는 아니지만 후대의 중국인과 고구려인은 그렇게 생각했음을 보여준다. 그리고 『사기』(권115)「조선열전」에 보이는 왕험성은 대동강에 비정되는 열수列水 북안에 있으므로 낙랑군의 치소가 있던 곳은 지금의 평양밖에 찾을 수 없다.

그런데 역도원酈道元의 『수경주水經注』에 따르면 낙랑군 조선현의 위치는 이런 추측과 일치하지 않는 것 같다. 역도원은 북위 선무제宣武帝(483~515) 무렵의 사람인데, 자신이 고구려 사신에게 들은 것을 다음과 같이 서술했다.[8]

내가 고구려 사신에게 물으니 "성(고구려의 수도 평양성)은 패수 북쪽에 있고 그 강은 서쪽으로 흘러 옛 낙랑 조선현, 곧 한 무제가 설치한 낙랑군 치소를 지나 서북쪽으로 흐른다"고 했다. 余訪番使, 言城在浿水之陽, 其水西流, 逕故樂浪朝鮮縣, 即樂浪郡治, 漢武帝置, 而西北流.

이것을 지금의 지리에 비춰보면 평양성 옆을 지나 서남쪽으로 흐르는 대동강은 강 가운데 있는 봉래도蓬萊島와 두로도豆老島 때문에 두 갈래로 나뉘어 하나는 정서正西쪽으로 흐르고 다른 하나는 서북쪽으로 굽어지는데, 고구려 사신이 낙랑군 치소라고 말한 지점은 그 분기점으로 여겨지므로 고구려의 수도 평양성과는 그 위치가 다른 것 같다. 특히 미리 말하면 『사기』『한서』『위지』 등 한·위대의 중국 사서

에 보이는 패수는 모두 지금의 압록강을 가리키지만 『수경주』의 패수
는 대동강인데, 그것은 옛 지리를 모른 남북조시대의 고구려인이 지금
의 대동강에 비정되는 한·위대의 열수를 자의적으로 그렇게 부른 것
이다.9

그 결과 남북조 이후 중국에서도 패수라는 이름은 대동강에 적용
됐다. 『주서周書』『수서隋書』『괄지지』『통전通典』, 가탐賈耽의 『도리기道里
記』『신·구당서』 등이 모두 그렇다. 그 때문에 한·위대의 패수와 남북
조 이후의 패수는 같은 것으로 봐서는 안 된다. 청말의 학자 양수경楊
守敬은 『회명헌고晦明軒稿』(상권)에 수록된 「왕험성고王險城考」에서 무제
의 조선 정벌 때 요동에서 왕험성으로 진격한 육군이 그 성을 공격하
기 전에 건넌 패수, 곧 아래 인용한 두 기록의 패수를 『수경주』의 패수
와 같은 강으로 봐 왕험성과 낙랑군 치소는 모두 대동강 남쪽에 있던
것이 분명하다고 주장했지만, 근본에서 큰 오류를 저지른 것이다.

- 『사기』「조선열전」: 좌장군은 조선 패수 서쪽의 군대를 공격했지만 격
  파해 전진하지 못했다. (…) 좌장군은 패수 가에 주둔한 군대를 격파
  하고 전진해 성(왕험성) 아래 이르러 그 서북쪽을 포위했다. 左將軍擊
  朝鮮浿水西軍, 未能破自前. (…) 左將軍破浿水上軍, 乃前, 至城下, 圍其西北.
- 『전한서』「지리지」 주석에 인용된 신찬의 견해: 왕험성은 낙랑군 패수
  동쪽에 있다. 王險城在樂浪郡浿水之東.

따라서 1923년 평양 맞은편 선교리船橋里의 한 고분에서 전한 원제
元帝 영광永光 3년(기원전 41) 명문이 새겨진 효문묘孝文廟의 동종銅鐘이
출토됐을 때 고 이나바 이와키치稻葉岩吉 박사는 그곳을 낙랑군 치소라

고 단정하면서 양수경의 이 주장을 탁견이라고 상찬했지만, 너무 성급한 판단이었다.[10]

낙랑군 치소에 관련된 『수경주』의 기록은 왕험성으로 추정한 위치와 일치하지 않지만 『수경주』의 기록을 증명하는 것처럼 보이는 뚜렷한 유적이 봉래도와 마주한 대동강 남안의 대동강면大同江面의 토성리에 있다. 1913년 평양 지방의 고분을 조사한 고 세키노 다다시關野貞 박사 일행이 처음 발견한 것으로 동·서 6정町(654미터), 남·북 4정 반(490미터)쯤 되는 지역에 형성된 작은 규모의 토성이다. 그곳에서 발견된 유명한 유물은 '樂浪禮官낙랑예관'이라는 글자가 양각된 와당瓦當과 '樂浪太守章낙랑태수장'이라는 글자가 찍힌 봉니封泥 등이다. 그렇다면 왕험성은 대동강 북안인 평양에 있었지만 낙랑군 치소는 그 남안인 토성리에 있던 것일까? 그리고 응소가 낙랑군을 '고조선국' 곧 낙랑군 치소를 위만 조선의 왕도(왕험성)라고 한 것은 오류일까? 이것은 고조선과 그 뒤를 이은 낙랑군에 관련된 매우 중요한 문제다.

토성리의 토성 터에서 발견된 고고학적 유물은 낙랑예관의 와당과 낙랑태수의 봉니만이 아니다. 1927년 조선총독부에서 『고적조사 특별보고』제4책으로 『낙랑군 시대의 유적樂浪郡時代の遺蹟』이 간행됐는데, 그 본문과 도판에 따르면 그 무렵까지 발견된 주요 유물은 '王扶印信왕부인신'이 새겨진 구리 도장, 여러 기명記銘과 무늬가 새겨진 벽돌, '大晉元康대진원강' '千秋萬歲천추만세' 등의 글자가 새겨진 와당, 수많은 구리 화살촉, 반량전半兩錢·오수전五銖錢·화천전貨泉錢 등의 동전, 반량전의 거푸집, 청동과 수정으로 만든 장신구 등이다. 특히 '大晉元康'의 '원강'은 낙랑군이 멸망하기 조금 전 서진西晉의 연호(291~299)이며,

정확한 연대를 알 수 없는 그 밖의 유물도 이른바 낙랑군 시대(기원전 108~기원후 313)에 해당하는 것은 거의 분명하다.

이 토성 터에서 봉니가 처음 출토된 것은 1918년이다. 처음 발견한 사람은 평양에 거주한 고 야마다 센지로山田釷次郎 씨인데, 나도 그해 가을 그의 집에서 새로 수집한 진귀한 유물을 봤다. 그리고 그것은 낙랑태수의 봉니였기 때문에 '낙랑예관' 와당과 함께 토성리의 토성이 낙랑군 치소 터임을 입증하는 가장 유력한 고고학적 증거로 생각됐다. 그런데 그 뒤 다이쇼大正(1912~1926) 말엽까지 '朝鮮右尉조선우위'라고 새겨진 조선현 관원의 인장이 찍힌 봉니와 '訥邯長印남감장인'이라고 찍힌 남감현 수장의 봉니, '□蟬□印□제□인'이라고 찍힌 점제현 수장의 봉니 등이 발견됐고 그 뒤에도 계속 나왔다. 후지타 료사쿠藤田亮策 교수의 정밀한 조사 결과에 따르면 1936년 4월 현재 전한 때의 낙랑군 25현 가운데 열구현·탄열현·화려현을 뺀 나머지 22현의 관인 봉니가 모두 출토됐고 낙랑군 관인 봉니도 태수 외에 대윤大尹·수승守丞·장사長史 등의 것이 더해져 모두 188개라는 많은 숫자에 이르렀다.[11]

본래 봉니는 목간을 문서의 재료로 쓴 중국 고대에 그것을 봉함하는 데 사용한 진흙 덩어리다. 중국 내륙에서는 쓰촨四川·산둥山東 등의 지방에서 출토된 것이 매우 많고, 그 도장의 문장은 오식분吳式芬·진개기陳介祺가 함께 펴낸 『봉니고략封泥攷略』과 최근 세상을 떠난 나진옥羅振玉의 『제로봉니집존齊魯封泥集存』 등에 실려 있다. 그러나 목간은 썩어버렸기 때문에 남아 있는 것이 없다. 토성리도 마찬가지로 봉니의 모체를 이룬 문서의 형식과 내용이 어땠는지는 지금 알 수 없다. 다만 봉니라는 말에서 통념적으로 생각할 때 그 모체가 된 서찰은 통신용 문서였을 것으로 추정되는데, 토성리에서 출토된 봉니도 그런 서찰을 봉인하는 데 사용된 것일까?

통신용 문서라면 그 문서가 도착한 곳에서 봉인이 풀리고, 아울러 그곳은 쓸모없게 된 봉니를 버린 장소가 돼야 한다. 그렇다면 낙랑예관 와당이 출토되면서 낙랑군 치소 터로 추정된 토성리 토성에서 낙랑군 치소가 있던 조선현 외의 24현, 곧 남감현 이하 여러 현의 봉니가 출토된 것은 봉니의 성격상 당연하다고 할 수 있지만 낙랑군의 태수·수승·장사 등의 관원의 봉니와 조선현의 현령·우위의 봉니가 같은 장소에서 발견된 것은 이해하기 어렵다고 말하지 않을 수 없다. 한의 제도에서 1만 호가 넘는 큰 현은 장사를 수장으로 하고 그 아래에 승丞 1명과 좌·우위尉를 1명씩 뒀다.[12] 곧 우위는 큰 현에 소속된 관원이다.

『세린디아Serindia』 1권의 본문과 도판에는 저자 오렐 스타인Aurel Stein이 호탄Khotan(和闐) 부근 니야Niya 강가의 고대 유적을 발굴해 수습한 카로슈티Kharosthi 문자*의 서신들이 있는데, 거기엔 직사각형의 목간을 가는 줄로 묶고 그 결합한 곳에 봉니를 찍은 것이 26건 있다. 그 가운데 18건은 봉인이 풀리지 않은 완전한 상태로 발견됐는데, 특히 봉니는 1개밖에 없지만 2~3개의 목간이 함께 묶여 있는 것도 있었다. 이런 서찰의 외형 때문에 스타인은 그 내용이 일시적 용도를 지닌 통신문서가 아니라 일정 기간 보존해야 하는 증서 종류가 아닐까 추정했으며, 랩슨Rapson이 '鄯善郡印선선군인'이라고 해독한 글자의 봉니가 찍힌 카로슈티 문서 하나가 토지 양도 증서라는 것을 유력한 증거로

---

* 고대 남아시아 서북부와 중앙아시아에서 사용된 문자. 불교 관련 고대 문헌에 사용됐다.

삼아 그런 추정을 뒷받침했다.[13]

호탄 부근에서 출토된 이런 카로슈티 문서는 서기 전후 몇 세기 동안 사용된 것으로 생각되며, 이런 사실로 미뤄보면 중국 내륙에서도 같은 형태의 제도가 시행됐을 것으로 추정된다. 그리고 그것과 같은 때 토성리 토성에서 발견된 봉니의 모체를 이룬 것으로 보이는 목간도 보존해야 하는 특수한 문서가 아니었을까 생각된다. 그렇다면 한 토성 안에서 낙랑군 관인이 찍힌 봉니와 대부분의 속현 관인이 찍힌 봉니가 함께 출토된 것도 그리 이상한 일은 아니다.

한편 토성리 터에서는 1935년부터 몇 년 동안 조선고적연구회의 사업으로 조직적인 조사·발굴이 이뤄졌는데, 같은 해 4월과 10월 두 차례의 조사에 따라 특히 봉니와 관련해 새로운 사실이 밝혀졌다. '不而左尉불이좌위' 이하 11개의 봉니는 토성 전체에 걸쳐 출토된 것이 아니라 성 중심부의 높은 지대에서 조금 내려온 한 지점에서만 나왔고, 그곳에는 불타 재가 된 건물 흔적이 남아 있다는 것이다.[14] 이것으로 보면 25현 또는 18현을 다스린 대낙랑군이 존재했을 때 토성 안의 한 곳에는 건물이 있었고, 그곳에는 보존해야 할 필요가 있는 특수한 문서가 봉인돼 보관된 것이 아니었을까 생각된다. 그리고 그런 건물이 있었다면 그것은 낙랑군 치소에 직속된 것이 분명하고, 낙랑예관의 와당에서 추측되는 예관의 건물도 그랬을 것으로 여겨진다. 이처럼 토성리 토성에 낙랑군 치소가 있었다는 것은 문헌과 함께 유적·유물로 볼 때 인정할 수밖에 없다고 생각한다.

그러나 낙랑군은 전한 무제가 설치한 때부터 서진 말 몰락할 때까지 400년 정도의 긴 역사를 지녔기 때문에 그동안 일정하게 유지됐는지는 따로 생각해봐야 한다.

평양은 북쪽에 급한 경사의 언덕이 있고 다른 3면은 거대한 대동강으로 둘려 있어 저절로 천연의 성곽을 이룬다. 전체 규모도 크고 주위에 한국에서 손꼽히는 넓고 비옥한 평야가 있어 한반도 서북부의 중심이 되기에 충분하다. 그런데 맞은편의 토성리는 대동강 남쪽의 평야에서 조금 높은 언덕이며, 홍수에 범람될 우려는 없지만 규모가 작고 지형이 평범해 평양과 비교하면 구름과 진흙처럼 큰 차이가 있다. 따라서 4군이 창설될 무렵부터 낙랑군 치소가 그곳에 있었다면 군을 설치한 인물은 어째서 강 북쪽을 버리고 강 남쪽의 이곳을 선택했는지 의문을 품지 않을 수 없다. 그리고 그것을 적절히 설명하기는 매우 어렵다고 생각된다.

유물로 보면 낙랑군 관인이 찍힌 봉니와 함께 대낙랑군 때 현들의 관인이 찍힌 봉니가 토성에서 출토된 것은 전한 시대부터 그곳에 낙랑군 치소가 존재했다는 확실한 증거로 생각되지만, 그 출토 구역은 토성리 안의 한 건물터에 국한됐고 평양과 토성리는 대동강을 사이에 두고 가까운 거리에 있으므로 그 건물은 평양에 설치된 군 치소에 부속된 것으로 생각할 수 없는 것도 아니다. 전한 원제 영광 3년(기원전 41) 주조된 효문묘의 동종이 평양 맞은편 선교리에서 발견됐는데, 그것만 나온 것이 아니라 고분의 다른 부장품들과 함께 출토됐다. 이것은 효문묘의 동종이 조금 뒤의 시기에 선교리에 조성된 한 고분 피장자의 사유물임을 말해주는 것이지 전한 때 낙랑군에 소속된 효문묘가 군 치소와 함께 강 남쪽에 있었음을 말하는 증거는 아니다.

또 낙랑예관 와당은 군 치소에 소속된 예관의 것이지만 정확한 연대는 알 수 없다. 다만 '대진원강' 와당은 서진 말에 해당하고 『수경주』의 낙랑군 치소에 관련된 기록은 말할 것도 없이 낙랑군이 멸망한 뒤의 내용이다. 이런 순서를 고려할 때 강 남쪽의 토성리에 한·위대나 서진 때의 유물들이 나온 토성이 있고 그런 유물 가운데 낙랑에 관련된 글자가 새겨진 것이 있다고 해서 곧장 그 유적을 낙랑군이 존속한 전체 시대의 군 치소 터라고 단정하는 것은 성급하다고 생각한다.

5. 후한 말 이후의 낙랑군

토성리 유적에 관련된 낙랑군 치소의 문제는 당연히 후한 말 이후 낙랑군 연혁을 살펴봐야 한다. 후한 말 헌제獻帝 건안建安 9년(204) 공손탁公孫度을 계승해 실질적인 요동왕이 된 아들 공손강公孫康은 여러 번 동쪽을 침략해 고구려의 세력을 억제했으며, 남쪽으로는 한반도에도 손을 뻗어 낙랑군을 점령했다. 공손강이 대방군을 새로 설치했다는 아래의 기사는 그런 사실을 알려준다.[15]

『위지』(권30) 「한전韓傳」: 건안 연간(196~220) 공손강은 둔유현 남쪽의 황무지를 나눠 대방군으로 만들었다. 建安中, 公孫康分屯有縣以南荒地, 爲帶方郡.

둔유현은 낙랑군의 속현 가운데 하나다. 앞서 서술한 대로 후한 때의 낙랑군은 전한 소제 이후의 대낙랑군 25현에서 영동 7현을 제외한 것이었는데, 낙랑군을 차지한 공손강은 한반도를 통치할 필요에서 다시 그 남부를 잘라 새로 대방군을 설치했다. 대방군은 뒤에서 서술하겠다.

삼국시대 위 명제明帝는 경초景初 2년(238) 공손씨를 멸망시켜 요동과 낙랑군·대방군을 차지했다.[16] 그리고 27년 뒤 서진 무제 사마염司馬炎은 위의 선양을 받아 두 군도 자신의 영토로 만들었다. 『진서』(권14) 「지리지」 평주平州 조에서는 "함녕 2년(276) 10월 창려·요동·현도·대방·낙랑 등 5군을 나눠 평주를 설치했다咸寧二年十月, 分昌黎·遼東·玄菟·帶方·樂浪等郡國五, 置平州"고 한 뒤 평주 관하 5군의 속현을 들었다. 이것은 서진 무제 태시泰始 10년(274), 곧 건국한 10년 뒤인 당시의 상태를 말한 것인데 전대흔錢大昕은 『진서』(권3) 「무제본기」와 같은 책(권36) 「위관衛瓘열전」의 기사를 근거로 원문의 함녕 2년은 태시 10년의 오기라고 지적했다.[17] 「지리지」의 이 기사에서 특히 주의를 끄는 것은 낙랑군과 대방군의 속현 이름과 그 숫자다.

- 낙랑군(한이 설치했고 6현을 다스리며 3700호다. 漢置, 統縣六, 戶三千七百). 조선 둔유 혼미 수성 누방 사망
- 대방군(공손탁이 설치했고 7현을 다스리며 4900호다. 公孫度置, 統縣七, 戶四千九百). 대방 열구 남신南新 장잠 제해 함자 해명

두 군을 합치면 13현 8600호에 이른다. 그런데 『후한서』(권33) 「군국지」에 따르면 대방군을 나눠 설치하기 전 낙랑군은 18현을 다스렸고 가호는 6만1492호였다고 했으므로 후한 말부터 삼국의 짧은 시대를 거쳐 서진 초에 이르는 동안 두 군은 5현이 줄고 호수도 후한의 어느 시기보다 7분의 1 정도로 크게 준 것이다. 이것은 낙랑군의 연혁에서 매우 뚜렷한 변동이 분명하지만 어느 때 일어났는지는 아무 기록이 없다.

문헌이 전혀 없으므로 의문을 해결하려면 간접적인 방법을 사용할 수밖에 없다. 먼저 전한 때의 낙랑군 25현 가운데 영동 7현을 뺀 18현 — 앞서 일단 논의하지 않고 둔 — 의 위치를 밝혀볼 필요가 있다. 다시 18현의 이름을 들면 다음과 같다.

1. 조선 2. 남감 3. 패수 4. 함자 5. 점제 6. 수성 7. 증지 8. 대방 9. 사망 10. 해명 11. 열구 12. 장잠 13. 둔유 14. 소명 15. 누방 16. 제해 17. 혼미 18. 탄열

『진서』「지리지」에서 낙랑군이나 대방군의 속현으로 들지 않은 것은 윗점을 붙인 2·3·5·7·18번의 5현이다. 따라서 문제의 핵심은 후한 때도 있던 남감·패수·점제·증지·탄열 등 5현 — 후한 때는 탄열현이 사라지고 낙도현이 대신했다 — 이 그 뒤 진 초기에 이르는 동안 어째서 사라졌는가 하는 것이다.

6. 낙랑군 18현의 위치

•조선현(1) 남감현(2)

조선현은 낙랑군의 수현으로 군 치소는 평양이나 토성리 토성으로 생각된다. 남감현은 위치가 분명하지 않은 현 가운데 하나다. 그러나 『전한서』「지리지」와 『후한서』「군국지」 모두 조선현 다음에 기록된 것은 눈여겨볼 필요가 있다. 『후한서』(권106) 「왕경王景열전」에는 이 현에 관련된 한 가지 사실이 기록돼 있다. 왕망王莽 말년 낙랑에 살던 왕조

王調라는 중국인은 군 태수 유헌劉憲을 죽이고 스스로 대장군 낙랑태수라고 불렀다. 광무제는 즉위한 뒤 건무 6년(30) 새 태수로 왕준王遵을 보내 그를 토벌케 했는데, 왕준이 요동에 도착했을 때 왕경의 아버지로 남감현 사람인 왕굉王閎은 군의 관원 등과 함께 가짜 태수 왕조를 죽이고 왕준을 맞아들였다. 이 사실을 현의 순서와 연결해 생각하면 남감현이 낙랑군 치소에 가까웠던 것은 거의 분명하다. 그러나 대동강 남·북 어느 쪽에 있었는지는 분명하지 않다. 그리고 이 현의 이름은 『진서』「지리지」에 실린 낙랑군과 대방군의 속현 가운데 보이지 않는다.

•패수현(3) 증지현(7)

『전한서』「지리지」 패수현 주석에서는 다음과 같이 패수와 패수현을 설명했다.

강(패수)은 서쪽으로 흘러 증지에서 바다로 들어간다. 왕망은 그곳을 낙선정이라고 불렀다. 水西至增地入海. 莽曰樂鮮亭.

한·위대의 패수는 4장에서 서술한 대로 압록강이다. 왕망은 낙랑군의 이름을 낙선군으로 고쳤는데, 패수현은 요동 방면에서 낙선군 치소(평양)로 가는 강가의 정(숙소宿場)이라고 했으며 그 현의 이름을 낙선정이라고 고친 것이다. 그리고 강 입구 가까이 증지현이 있다는 것도 이 주석에서 알 수 있다. 압록강 가의 요지는 말할 것도 없이 지금의 의주義州이며, 강 입구 가까운 신의주와 멀지 않은 광성면光城面 토성동土城洞에는 고려 때 유명한 장성의 기점인 영해진寧海鎭이라는 옛 성터가 있다.[18] 그러므로 패수현은 의주 부근에, 증지현은 토성동 부근에 비정해야 한다.

•함자현(4) 대방현(8)

함자현은 『전한서』「지리지」의 그 현 주석에서 "대수는 서쪽으로 흘러 대방에 이르러 바다로 들어간다帶水西至帶方, 入海"고 한 것에 따르면 대방현 부근에서 서해로 들어가는 대수라는 강의 상류에 있었다. 또 『위지』「한전」의 주석에 인용된 어환魚豢의 『위략魏略』에는 왕망 지황地皇 연간(20~22) 진한의 염사廉斯 부락의 수장인 치鑡라는 인물이 토지가 비옥하고 생활이 풍족한 낙랑의 백성이 되고 싶다고 함자현에 와서 말했다는 기록이 있는데, 이것에 따르면 함자현은 진한 지역에 가까운 것으로 보인다. 한반도 동남부를 차지한 진한의 서북쪽 경계에는 험준한 죽령과 조령이 있고, 두 고개의 북쪽에서 가장 중요한 곳은 충청북도 충주다. 한강의 본류인 남한강 상류는 충주 옆을 흐르는데, 그 하류의 요지는 지금의 경성(서울)이므로 함자현·대수·대방현은 각각 충주·남한강·경성(서울)에 비정된다.[19]

이처럼 함자현은 지금의 충주 부근으로 생각되는데, 그 현에 관련해서는 1935년 가을 황해도 안악군安岳郡 안악면 유성리柳城里에서 출토된 명문銘文 벽돌을 언급해야 한다. 그것은 그곳의 무너진 고분에서 100개 정도 발견됐는데 모두 한 면에 '逸民含資王君藏일민함자왕군장'이라는 글자가 양각돼 있다. 고분은 도굴돼 남아 있던 유물은 토기 조각 두세 개밖에 없었다고 한다.[20] 황해도 안악읍과 가까운 유성리에서 그런 유물이 발견됐으므로 그 방면에 함자현이 있었다고 말할 수도 있지만, 위의 『전한서』「지리지」 주석을 무시하지 않는 한 그런 견해는 성립할 수 없다. 안악 동북쪽 5리에 있는 재령강載寧江은 그 방면에서 가장 뚜렷한 강이고 북쪽으로 흘러 대동강 하류로 들어가지만 안악 근처를 지나 서쪽으로 흐르는 강, 곧 대수에 비정할 수는 없기 때문이다. 유성리 고분의 피장자인 왕아무개王某는 본래 함자에 살던 인물이지만 죽은 뒤 어떤 사정으로 유성리에 묻힌 것 같다.

대방현은 후한 말 공손강이 대방군을 나눠 설치한 뒤 그 치소가 됐다. 그런데 1911년 황해도 봉산군鳳山郡 문정면文井面 석성리石城里의 이른바 옛 강성古康城 근처의 한 고분에서 '帶方太守'라는 명문이 새겨진 벽돌이 발견됐다. 그 결과 그 토성은 대방군 치소 터로 비정돼 현재 거의 정설이 된 것 같다. 그러나 나는 그것을 따르기 어렵다고 생각한다. 그 까닭은 뒤의 소명현 부분에서 말하겠다.

• 점제현(5) 열구현(11) 탄열현(18)

지금의 대동강은 한대에 열수라고 불렸다. 『사기』「조선열전」에서는 전한 무제가 조선을 정벌할 때 산둥반도에서 출발한 수군이 도착한 지역을 열구라고 했고, 『사기색은史記索隱』에 인용된 소림蘇林의 견해에서 "열구는 현 이름으로 바다를 건너 먼저 차지했다列口, 縣名, 渡海先得之" 고 했으니 열구현은 대동강 입구에서 가까운 곳이었음이 분명하다. 그리고 아래 『전한서』「지리지」 탄열현 주석을 보면 탄열현·점제현·열구현은 모두 대동강을 따라 있었음을 알 수 있다.

분려산은 열수가 나오는 곳인데 열수는 서쪽으로 흐르다가 점제에 이르러 바다로 들어가며 길이는 820리다. 分黎山, 列水所出, 西至黏蟬入海, 行八百二十里.

점제현黏蟬縣은 『후한서』 「군국지」에는 '占蟬縣' 또는 '秥蟬縣'으로 되어 있다. 이 세 현 가운데 점제현의 위치는 뚜렷한 유물과 유적이 발견되면서 확실해졌다. 1910년 고 세키노 다다시 박사 일행은 평안남도 용강군龍岡郡 용강읍 서북쪽 2리쯤인 해운면海雲面 갈성리葛城里(옛 이름은 어을동於乙洞)에서 중국식 기와 파편이 흩어져 있는 토성 터를 발견했고, 다시 1913년 세키노 박사의 지도 아래 같은 지방을 조사한 고 이마니시 류今西龍 박사가 이 옛 성터 근처에 누워 있는 옛 비석을 발견하면서 갈성리 유적이 점제현 터라는 것은 확실해졌다.[21]

비석은 그 비문에 적힌 간지에 따라 후한 시대의 것으로 추정됐다. 5행 이하는 "□佑秥蟬, 興甘風雨, 惠閏土田, □□壽考, 五穀豊成, 盜賊不起. □□蟄臧, 出入吉利, 咸受神光"이라고 쓰여 있고* 3행에는 '神祠신사'라는 글자가 보인다. 점제현의 관원과 백성이 농사의 풍요를 신사에 기도하면서 세운 것으로 생각된다. 점제현 터로 생각되는 토성은 1918년 가을 나도 직접 조사했는데 동·서 약 81칸, 남·북 약 67칸, 토루土壘 높이 13척(3.9미터)쯤 되는 작은 규모였다. 형태가 비교적 잘 남아 있어 당시 현성縣城의 표본으로 삼을 수 있다.

점제현이 이런 지점에 있었으므로 같은 열수의 하류에 있던 열구현은 강 입구의 북안이 아니라 남안인 은율殷栗 부근에 있었다고 봐야 한다. 아래 『삼국사기』(권37) 「지리지」 고구려 지명을 설명한 부분은 바로 이 추정을 뒷받침한다. 고구려 지명인 율구는 열구가 변형된 것

---

* 점제현을 보호해 좋은 비바람을 일으키고 기름진 토지와 밭의 혜택을 내리니, □□이 장수하고 오곡이 풍성하며 도적은 일어나지 않는다. □□숨어들고 길하고 이로운 것이 드나들어 모두 신의 빛을 받는다.

으로 볼 수밖에 없기 때문이다.

율구는 율천이라고도 하는데 지금의 은율현이다. 栗口, 一云栗川, 今殷栗縣.

다음으로 탄열현은 대동강 상류인 지금의 영원寧遠 부근에 있던 것으로 생각된다. 영원군 온양리溫陽里에서 명도전明刀錢과 방족포方足布* 가 출토된 것은[22] 일찍이 선진先秦 시대부터 이 방면에 중국인이 들어왔다는 증거로 여겨진다. 영원에서 다시 대동강의 계곡을 거슬러 올라가 동쪽으로 검산령劍山嶺을 넘으면 동해안의 함흥에 이르는데, 함흥은 처음 설치된 현도군 치소인 옥저성이 있던 곳이므로 평양 방면의 낙랑군과 현도군은 이 도로를 이용해 직접 연락했을 것으로 추정된다.

앞서 인용한 『전한서』 「지리지」 탄열현 주석에서 "분려산은 열수가 나오는 곳"이고 "[열수의] 길이는 820리"라고 한 것처럼 대동강이 흘러 나오는 산과 그 강의 전체 길이가 한대의 중국인에게 알려진 것은 그것을 입증하는 것으로 분려산은 당시 그들이 왕래한 검산령밖에 될 수 없다. 현재의 정확한 지리적 지식에 따르면 대동강의 본류가 흘러나오는 곳은 영원군과 장진군의 경계를 이루는 소백산小白山인데, 이 원류와 만나는 한 지류는 검산령에서 나온다. 『후한서』 「군국지」에는 탄열현 대신 낙도현이 있고 다른 17현의 이름은 『전한서』 「지리지」와 같다. 후한 때 탄열현이 없어지고 낙도현을 새로 설치한 것으로 보인다. 그러나 그 위치는 정확히 알 수 없다.

---

* 사람 모습으로 주조한 중국 춘추시대의 화폐.

• 수성현(6) 사망현(9) 해명현(10) 장잠현(12)

이 네 현은 안타깝게도 그 위치를 추측할 방법이 전혀 없다. 명확치 않은 채 두는 수밖에 없다. 다만 해명현과 장잠현은 『진서』「지리지」에 대방군의 속현 가운데 보인다는 것을 따로 말해둔다.

장잠현과 관련해 덧붙이면 앞서 서술한 대로 『위략』에서는 왕망 지황 연간(20~22) 진한의 염사치가 낙랑군에 귀의하려고 함자현에 와서 그 뜻을 말했다면서 다음과 같이 썼다.

> 현(함자현)에서 군(낙랑군)에 보고하자 군에서는 곧 염사치를 통역으로 삼아 잠중에서 큰 배를 타고 진한으로 들어갔다. 縣言郡, 郡卽以鑰爲譯, 從岑中乘大船入辰韓.

왕망은 군현의 이름을 바꾸면서 두 글자로 이뤄졌을 경우 한 글자는 대부분 그대로 뒀는데, 그런 사례에서 추측하면 장잠은 왕망 때 잠중으로 불린 것이 아닐까? 만약 그렇다면 큰 배를 타고 진한으로 들어갔다고 한 것은 한강을 거슬러 간 것으로 해석할 수 있고, 장잠현은 한강 하류 방면에 있던 것으로 추정된다.

• 둔유현(13)

후한 말의 전란 때문에 중국의 위력은 한반도에 미치지 못했고 낙랑군 관할 지역에서는 이적夷狄이 횡행하게 됐다. 그 결과 요동의 공손강은 이 지방에 세력을 미쳐 낙랑군의 절반을 나눠 대방군을 새로 설치했다.[23] 『위지』「한전」에서는 공손강의 이 조처를 "건안 연간

(196~220) 공손강이 둔유현 남쪽의 황무지를 나눠 대방군으로 만들었다"고 서술했는데, 거기에 둔유현의 이름이 보인다. 『진서』「지리지」에서는 낙랑군 관하 6현의 두 번째에 이 현을 들었다. 이것으로 보면 "둔유현 남쪽"이라는 말은 "낙랑군에 소속된 둔유현 남쪽"이라는 뜻이 틀림없다. 곧 후한 말 이후 이 현의 남쪽을 지나는 선은 낙랑군과 대방군의 경계가 된 것이다. 그리고 그것이 대동강(열수)와 한강(대방이라는 이름이 생기게 된 대수)의 중간에 있던 것은 말할 것도 없다.

대동강 하류의 남쪽에는 이 방면에서 역사적 경계선이라고도 말할 수 있는 유명한 산맥이 가로놓여 있다. 그것은 자비령慈悲嶺산맥인데, 그것을 넘는 고개는 자비령 또는 절령岊嶺이다.

- **고려 말 학자 이색李穡의 「자비령 나한당기羅漢堂記」**[24]: 서해(지금의 황해도)와 평양의 경계에는 산이 있는데 크고 높아 다니는 사람들이 매우 힘들어하기 때문에 자비령이라고 부른다. 자비령 북쪽은 평양에, 남쪽은 서해에 소속된다. 西海·平壤交界有山, 大而峻, 行者甚苦之, 故曰慈悲嶺. 嶺之北屬之平壤, 其南屬之西海.

- **『동국여지승람』**(권41) 서흥부瑞興府 조: 자비령은 부 서쪽 60리(23.6킬로미터)에 있다. 절령이라고도 하는데, 평양에서 도성으로 가는 옛 길이다. 세조 때는 호랑이가 많은 피해를 일으키고 중국 사신은 모두 극성 길을 이용한다는 이유로 그 길을 폐지했다. 慈悲嶺, 在府西六十里, 一名岊嶺, 自平壤通京都舊路也. 世祖朝以多虎害, 且中朝使臣皆由棘城路以行, 其路遂廢.

극성 길은 멀고 산맥의 서쪽 끝(정방산正方山)을 우회한다. 또 방금

이 산맥을 역사적 경계선이라고 부른 것은 다음의 두세 가지 사실 때문이다. 고려 성종 12년(993) 거란 장군 소항덕蕭恒德(소손녕蕭遜寧)이 대군을 이끌고 청천강 바깥 지역을 침입했을 때 조정의 논의에 참여한 신하들 가운데 일부는 "서경(평양) 이북을 거란에게 주고 황주와 절령 사이를 두 나라의 경계로 삼자"고 주장했고 성종도 한때 그 의견에 따르려고 했다.25 그 뒤 인종 13년(1135) 요승 묘청妙淸은 서경을 거점으로 반란을 일으켜 군사를 절령으로 보내 통로를 차단하고 그 고개를 경계로 삼아 대위국大爲國을 세웠다.26

또 명종 4년(1184) 서경유수 조위총趙位寵이 전왕 의종毅宗의 시해에 복수하겠다는 명분으로 군사를 일으키자 절령 이북, 압록강 이남의 40여 성이 모두 호응했다. 이듬해 조위총은 금의 지원을 얻기 위해 그 40여 성 지역을 갖고 금에 귀의하겠다고 했다.27 또 원종 11년(1270) 반란을 일으킨 최탄崔坦 등이 서경 등 60여 성을 들어 원에 귀의하면서 자비령은 원과 고려의 경계가 됐다. 서경을 중심으로 한 그 60성 지역은 충렬왕 16년(1290)까지 20년 정도 완전히 원의 영토가 돼 서경에 설치된 동녕부東寧府 관하에 있었다.28

앞서 서술한 사실을 보여주는 뚜렷한 산맥은 대동강 유역 남쪽 변경에 있기 때문에 후한 말 공손강이 낙랑군 남부를 나눠 대방군을 설치했을 때 그 산맥을 대방군의 북쪽 경계로 삼았다고 추측하는 것은 매우 자연스럽다. 그 때문에 나는 지금의 황해도 황주 부근을 둔유현의 소재지로 비정하려고 한다.

대동강 입구 남안의 은율에 열구현이 있었다는 것은 앞서 서술했지만 『진서』「지리지」에서는 대방군의 속현으로 대방현 다음에 열구현을 들었으며 서진 곽박郭璞의 『산해경山海經』 주석에서는 당시 이 현의 소속을 다음과 같이 서술했다.

> 조선은 지금의 낙랑현으로 기자가 책봉된 곳이다. '열列'도 강의 이름인데 지금 대방에 있으며 대방에는 열구현이 있다. 朝鮮, 今樂浪縣, 箕子所封也. 列亦水名也, 今在帶方, 帶方有列口縣.

공손강이 대방군을 설치할 때 열구현(은율 부근)은 대방군에 편입됐음을 추측할 수 있다. 따라서 재령강 동쪽의 정방산을 서쪽 끝으로 한 자비령산맥의 위치와 방향을 서로 대조하면 이 방면에서 대방군의 북쪽 경계는 대동강 하류로 봐야 한다.

이처럼 낙랑군과 대방군의 경계는 자비령산맥과 대동강 하류를 연결하는 선이었으므로 『진서』「지리지」에서 대방군에 소속됐다고 한 해명현·장잠현 등은 정확한 위치를 알 수 없지만 이 경계선 남쪽에 있었다고 여겨진다. 그러나 앞서 서술한 대로 장잠현은 한강 하류 방면에 있던 것으로 생각된다.

•소명현(14)

소명현의 위치는 문헌 기록이 없어 알 수 없다. 그런데 1927년 전 경성제국대학 교수 오다 쇼고小田省吾 씨 등은 황해도의 고적을 조사하면서 그 터로 생각되는 토성을 발견했다. 황해도 신천군信川郡 북부면北部面 토성리, 곧 신천읍 서북쪽 1리 20정(2.5킬로미터)쯤 되는 곳으로 재령강으로 흘러 들어가는 서강西江 상류의 평지다. 성의 크기는 동·서 270칸, 남·북 110칸으로 둘레에 토루가 있고 점제현 터보다 훨씬 컸다. 현재 농지가 된 성 안에는 기와 조각이 많이 흩어져 있었고, 성 밖에도 벽돌과 토기의 파편이 산재해 있으며 무너진 전곽분磚槨墳(벽돌무덤)이 있어 낙랑군 시대 유물의 특징을 보여준다. 그리고 토성리에 가까운 서호리西湖里에서는 "太康四年三月二十七日造" "太康四年三月昭明王長造" 등의 명문이 새겨진 벽돌도 출토됐기 때문에 이런 증거들이 서로 어울려 이 토성이 소명현 터로 생각하는 데 문제가 없다.[29] 태강(280~289)은 서진 무제 때 연호다.

『전한서』「지리지」 주석에 따르면 소명현은 낙랑군의 남부도위 치소였다. 2장에서 서술한 대로 현도군과 임둔군 지역을 낙랑군에 병합한 것과 동시에 본래 두 군의 일부였던 동해안의 영동 7현을 특수구역으로 만들어 불내(불이)성의 동부도위의 관할에 맡긴 것은 전한 소제 원봉 6년(기원전 75)이었다. 그렇다면 남부도위를 소명현에 설치해 대낙랑군 남부를 관할케 한 것도 그때로 생각된다. 곧 현도군과 임둔군을 합병한 대낙랑군은 본부·동부·남부의 3부로 나뉘어 통치됐고, 남부의 중심은 황해도 신천에 가까운 토성리의 토성이었던 것이다.

황해도 신천군의 토성과 비슷한 토성이 동쪽 10리쯤 떨어진 봉산군 관내인 문정면 석성리에도 있다. 그리고 이 봉산군 토성을 대방군 치소로 보는 것은 그동안 거의 통설이 됐다. 그러나 정말 그런지는 특별히 고찰할 필요가 있다.

자비령산맥 서쪽 끝의 산은 정방산인데, 그 서쪽 기슭의 정방리는 본래 극성진棘城鎭이 있던 곳이다. 황주에서 봉산으로 가는데 험한 자비령을 피해 평탄한 길로 가려면 그곳을 우회해야 한다. 곧 이른바 극성 길이다. 정방리 남쪽 2리 반쯤 되는 곳은 지금 봉산군청이 있는 사리원沙里院이고, 거기서 다시 동남쪽으로 2리쯤 내려가면 재령강으로 흘러 들어가는 서흥강瑞興江 북안에 낙랑군 시대의 유물이 출토된 문정면 석성리 토성이 있다. 크기는 사방 2정(218미터)쯤, 토루 높이는 10척(3미터)쯤이며 안팎 모두 평탄해 지금도 사람이 살면서 농사도 짓는다. 상당히 많이 무너져 서쪽 면은 원형이 거의 남아 있지 않다. 『동국여지승람』(권41) 봉산군 고적古跡 조에서 말한 옛 당성은 이 토성이 분명하다.

옛 당성은 군 서쪽 12리(4.7킬로미터)에 있는데 토축의 둘레는 4리이고 높이는 24척(7.3미터)이다. 古唐城在郡西十二里, 土築周四里, 高二十四尺.

석성리의 이른바 옛 당성을 서진 시대의 대방군 치소터로 본 사람은 고 세키노 다다시 박사인데, 그 까닭은 다음과 같다.[30]

대방군 치소는 어디일까? 그동안 학자들은 대부분 한강 유역에 비정했다. 나도 대체로 그렇게 생각했다. 그런데 1911년 10월 뜻밖에도 황해도 봉산군에 있는 사리원역 부근에서 그것으로 생각되는 터가 발견됐다. 사리원역 동남쪽 1리(2리?)쯤 되는 곳으로 지금은 당 토성이라고 불리는데 사방 23정(2.5킬로미터)의 토축 성벽 유적이 아직도 남아 있다. 그 안에서 낙랑군 치소 터(대동강 가의 토성리 토성)에서 출토된 것과 같은 형태의 벽돌과 기와가 많이 발견됐다. 그 벽돌 파편에는 후한 광화光和 5년 (182)이나 서진 태시 7년(271) 연호가 쓰여 있고 화천전·오수전이 발견됐기 때문에 이 토성이 한·진대의 것임은 분명해졌다.

이보다 앞서 우리 일행은 사림원역 동북쪽 7~8정(760~870미터)의 철도 근처에 있는 한 고분을 발굴·조사했는데 '使君帶方太守張撫夷塼사군대방태수장무이전'이라는 명문이 새겨진 벽돌이 나왔기 때문에 대방태수의 묘임을 알았고 벽돌에 새겨진 간지에서 진 태강 9년(288)에 조성됐음을 추정할 수 있었다. 그리고 이 당 토성을 중심으로 그 부근에는 중국식 고분이 많이 있다. 대방태수의 묘가 있는 것에서 미뤄보면 여기엔 당시 대방군 치소가 있었던 것으로 생각된다.

그동안 한강 유역으로 생각했던 대방군 치소가 이렇게 뜻밖의 지점에서 발견된 까닭은 옛 마한 지역에서 백제가 일어나 대방의 영역을 침입한 결과 삼국 말이나 서진 초 군 치소를 북쪽인 이 당 토성으로 옮긴 데 있다고 생각된다. 물론 이곳은 그동안 대방군(낙랑군?)의 어느 현 치소였을 것이다. 그래서 공손강이 대방군을 설치하기 전의 연호인 광화 5년(182)이 새겨진 벽돌이 이곳에서 발견된 것이다.

후한과 서진 때의 연호가 새겨진 유물이 나온 이 토성은 자비령산맥 남쪽에 있다는 점에서 둔유현 남쪽의 대방군의 한 속현이며, 대방군을 나눠 설치하기 전에는 낙랑군의 속현이었다고 생각된다. 따라서 고 세키노 박사가 "물론 이곳은 그동안 대방군(낙랑군?)의 어느 현 치소였을 것"이라고 한 데 찬성한다. 그리고 대방군이 나눠 설치된 뒤 그 속현들 가운데 가장 북쪽에 있었던 것으로 생각된다.

그러나 여기서 서북쪽으로 2리쯤 떨어진 사리원역 부근에 대방태수의 묘가 남아 있다는 것을 유일한 근거로 삼아 삼국 말부터 서진 초 마한에서 백제가 흥기한 뒤 그들의 압박 때문에 대방군 치소가 남쪽에서 이곳으로 옮겨왔다고 추정한 고 세키노 박사의 견해는 따르기 어렵다. 왜냐하면 한강 유역에 설치됐던 대방군 치소가 군의 북쪽 경계를 이룬 자비령산맥 부근까지 물러나는 뚜렷한 변동이 있었다면 서진 때 군의 강역은 앞서보다 매우 작아져야 하기 때문이다.

이것에 대해서는 확실한 문헌적 반증을 들 수 있다. 『진서』 「지리지」에 따르면 서진 때 대방군은 대방·열구·남신·장잠·제해·함자·해명 등 7현을 통치했는데, 앞서 서술한 대로 이것은 서진이 건국되고 10년 뒤, 곧 무제 태시 10년(274)의 상태를 말한 것이다. 그리고 남신 이외의 6현은 『후한서』 「군국지」의 낙랑군 18성 가운데 늘 보인다. 그렇다면 후한 말 자비령산맥을 경계로 낙랑군 남부를 분할해 새로 설치한 대방군에 소속시켰지만 서진 초 대방군이 7현을 다스리게 된 것은 두 군의 대체적 상황과 현 숫자의 비율로 볼 때 군의 강역이 축소됐음을 말하는 것으로는 생각되지 않는다. 특히 충청북도 충주 부근에 있었다고 추정되는 함자현의 이름이 7현 가운데 있는 것은 세키노 다다시 박사가 추정한 것 같은 변동이 없었다는 가장 유력한 증거다. 그 때문에 나는 대방군이 나눠 설치된 뒤에도 그 군의 치소가 계속 대수(한강) 유역에 있었음을 의심하지 않는 동시에 봉산군 문정면 석성리의 옛 당성에 군 치소가 있었음을 부정한다.

그리고 진 초기 대방태수 장무이의 묘가 2리쯤 떨어진 사리원에 있다는 사실 때문에 이 토성에 대해 특별한 지리적 관계가 있을 것이라고 생각할 필요는 없다. 장무이의 묘곽墓槨에 사용된 몇 가지 벽돌에는 '大歲在戊漁陽張撫夷塼대세재무어양장무이전' '太歲申漁陽張撫夷塼태세신어양장무이전'이라고 새겨져 있어[31] 장무이의 본관은 어양漁陽(중국 북부 계현薊縣)이지만 살아 있을 때나 세상을 떠났을 때 어떤 사정에 따라 이곳에 안장된 것으로 생각된다. 함자현의 백성 왕아무개의 묘가 안악읍 근처 유성리에 있는 것은 이것과 비슷한 사례로 봐야 한다.

그렇다면 석성리의 옛 당성은 한·위·진대의 어느 현 치소에 비정할 수 있을까? 대방군 치소 터라는 것을 부정했으므로 이제 이 문제를 생각해봐야 한다.

후한 광무제는 『위지』 「동옥저열전」에 기록된 대로 전한 소제 때 설치된 낙랑의 동부도위를 폐지하고 그 아래의 영동 7현 지역을 토착 지배자들의 자치에 맡겼다.

『후한서』 「광무제본기」 건무 6년(30): 이해 처음 군국의 도위관을 폐지했다. 是歲初罷郡國都尉官.

이 기록을 보면 낙랑의 남부도위도 같은 때 사라진 것이 분명하다. 아울러 남부도위를 폐지한 것은 동부도위처럼 관내 현들을 포기한 것이 아니라 그것을 낙랑군의 남부에 직속시킨 것으로 생각된다. 그것은 『후한서』 「군국지」에서 낙랑군 관하의 성들로 18성을 든 데서 알 수 있다. 다만 남부도위가 폐지되기 전 전한 때의 18현 가운데 그 치하에 있던 현들의 이름을 모두 알 수는 없지만, 그 전체 구역이 삼국시대의 대방군과 크게 다르지 않았을 것은 지리적 형세에서 쉽게 추측된다. 곧 대낙랑군의 자비령산맥 이남 부분은 남부도위 치하에 있던 것으로 판단된다.

남부도위의 치소는 소명현이었는데, 앞서 말한 대로 신천군 토성리의 토성이 그 터로 여겨진다. 그곳은 대방군의 북쪽 경계였던 대동강 하류의 남쪽에 있었다. 그 때문에 『전한서』 「지리지」와 마찬가지로 『후한서』 「군국지」에도 실려 있는 그 현은 삼국을 거쳐 서진 때까지 존재했으므로 『진서』 「지리지」 대방군의 속현 가운데 그 이름이 보여야 한다. 그러나 실제로는 그렇지 않아 그 7현 가운데 6현은 언제나

양한 시대에 존재했지만 소명현만 그 이름이 없고『전·후한서』에 보이지 않는 남신현이 들어 있다.

이것은 일찍이 소명현이 폐지되고 그 대신 남신현이 설치됐음을 말하는 것으로 그 이름도 새로 설치된 남쪽의 현이라는 뜻으로 여겨진다. 다만 그것이 서진 이전의 어느 때 폐치됐는지는『삼국지』에「지리지」가 없어 금방 밝힐 수는 없지만, 추정의 상한은 후한 어느 때까지로 잡을 수 있다고 생각된다. 왜냐하면『후한서』「군국지」의 기록은『전한서』「지리지」와 마찬가지로 한의 어떤 특정한 시기의 상태를 서술한 것이다. 따라서 소명현의 이름이「군국지」에 보인다고 해서 그 현이 대방군이 설치된 건안 연간(196~220)까지 존재했다고 단정하기는 어렵다. 신천군 서호리에서 출토된 명문 벽돌에는 서진 무제의 태강 4년(283) 연호가 있고 '昭明王長造'라고 쓰여 있는데, 이 '소명'은 폐지된 현의 이름을 이어받은 지명으로 생각된다.

정말 그렇다면 소명현 터인 신천군 토성과 10리쯤 떨어진 봉산군 석성리에 있는 옛 당성은 소명현 대신 새로 설치된 남신현에 비정할 수 있지 않을까? 먼저 위치로 볼 때 그렇게 생각할 수 있고, 옛 당성에서는 후한 말 영제 광화 5년(182)과 서진 초 무제 태시 7년(271)의 기년이 새겨진 벽돌이 출토됐기 때문에 남신현이 설치된 시기는 영제나 그 이전이므로 이 추정은 역시 허용된다. 그리고 낙랑군이 있던 시기의 새 현으로 '남신'이라는 이름은 자비령산맥 남쪽에 있는 옛 당성의 위치에도 적합하다고 여겨진다. 그 때문에『진서』「지리지」대방군 조에서 처음 보이는 남신현은 후한 어느 때부터 존재했다고 보며, 옛 당성에 비정하려고 한다.

• 누방현(15) 제해현(16) 혼미현(17)

이 세 현의 위치는 알 수 없다. 그러나 한대의 저작으로 생각되는 『수경』과 후한 때 허신許愼이 쓴 『설문說文』에서 다음과 같이 말했다.

- 『수경』: 패수는 낙랑·누방을 나와 동남쪽으로 흘러 임패현을 지나 동쪽으로 바다에 들어간다. 浿水出樂浪·鏤方, 東南過臨浿縣, 東入于海.
- 『설문』(11편 상): 패수는 낙랑·누방을 나와 동쪽으로 바다에 들어간다. 패수현에서 나온다고도 한다. 浿水出樂浪·鏤方, 東入海. 一曰出浿水縣.

이런 기사들에 따르면 누방현은 압록강에 비정되는 한·위대의 패수 상류 지방에 있던 것으로 보인다. 아울러 모두 패수가 흐르는 방향에 큰 오류가 있는 까닭은 동일한 사료에 기반했기 때문으로 생각된다. 따라서 둘이 일치한다고 해서 그것을 중시할 수 없으며, 기사 전체의 확실성을 의심하지 않을 수 없다. 『수경』의 이 기사를 다르게 끊어 아래와 같이 해석한 견해도 있지만, 패수 서쪽은 요동군 지역이니 그곳에 누방현과 임패현이 있을 리는 없으므로 채택할 수 없다.

패수는 낙랑·누방의 동남쪽에서 나와 임패현 동쪽을 지나 바다에 들어간다. 浿水出樂浪·鏤方東南, 過臨浿縣東, 入于海.

또 역도원의 『수경주』(권14)에 인용된 감인闞駰의 『십삼주지十三州志』에는 다음과 같은 일문逸文이 있다. 감인은 북위 사람이다.

패수현은 낙랑군 동북쪽에 있고 누방현은 낙랑군 동쪽에 있다. 浿水縣

在樂浪東北, 鏤方縣在郡東.

여기서는 누방현이 대동강 유역에 있는 것처럼 서술했지만, 역시 패수현의 방위를 오인했기 때문에 쉽게 신용할 수 없다. 요컨대 누방현의 위치는 알 수 없다.

7. 낙랑군의 위축과 군 치소의 이동

앞서 후한 말 이후 낙랑군과 군 치소가 어떻게 변화했는가 하는 문제를 제기하고, 나아가 서진 때 낙랑군과 대방군에는 남감·패수·점제·증지·탄열(후한 때의 낙도) 등 5현의 이름이 보이지 않는 것에 의문을 표시했다. 앞 장에서 전한 때 낙랑군의 영동 7현을 제외한 18현, 그리고 그것과 거의 같은 후한 때 낙랑군 18현의 위치를 하나하나 검토한 것은 이런 문제와 관련해 어떤 결론을 이끌어내려는 준비 작업이었다. 그 내용을 일단 정리하면 먼저 군 치소와 같은 곳에 있던 조선현을 제외한 나머지 17현 가운데 위치가 명확히 밝혀진 것은 다음 9현이다.

3. 패수(평안북도 의주군 의주 부근)
4. 함자(충청북도 충주군 충주 부근)
5. 점제(평안남도 해운면 갈성리)
7. 증지(평안북도 광성면 토성동 부근)
8. 대방(경기도 경성부[서울] 부근)

11. 열구(황해도 은율군 은율 부근)

13. 둔유(황해도 황주군 황주 부근)

14. 소명(황해도 신천군 북부면 토성리)

18. 탄열(평안남도 영원군 영원 부근)

이런 9현 가운데 대동강 북쪽에 있는 것은 윗점을 찍은 패수(3)·증지(7)·점제(5)·탄열(18) 등 4현이다. 그리고 위치를 알기 어려운 것은 다음의 8현이다.

2. 남감   6. 수성   9. 사망   10. 해명   12. 장잠   15. 누방   19. 제해
17. 혼미

『진서』「지리지」에 따르면 서진 태시 10년(274) 당시 낙랑군은 조선·둔유·혼미·수성·누방·사망 등 6현을 다스렸다. 이 6현 가운데 조선현은 낙랑군 치소가 있던 수현首縣이고, 둔유현은 대동강 남쪽인 황해도 황주 부근이었으며, 혼미 이하 4현은 어디 있었는지 명확치 않지만, 특히 주의를 끄는 것은 위치를 고증했을 때 대동강 북쪽에 있던 것이 분명한 패수·증지·점제·탄열 — 후한 때는 탄열현 대신 낙도현이 설치됐다 — 의 4현과 정확한 위치는 알 수 없어도 전·후한 때의 낙랑군 치소에 가까웠다는 증거가 있는 남감현 등 5현의 이름이 보이지 않는 것이다. 곧 진 초기 낙랑군에는 이런 5현이 없었던 것이다.

그러나 거기에 앞의 6현을 더하고 다시 동일한 진 초기의 대방군, 곧 자비령산맥과 대동강 하류의 남쪽인 대방·열구·남신·장잠·제해·함자·해명 등 7현을 추가하면 전·후한 때 낙랑군 18현의 이름과 숫자

가 모두 갖춰진다. 남신현의 이름은 『전·후한서』에 보이지 않지만, 앞서 말한 대로 소명현이 폐지되면서 그 동쪽에 새로 설치된 것으로 여겨진다.

그렇다면 서진 초인 태시 10년(274) 무렵 남쪽의 대방군은 후한 말 공손강이 그 군을 나눠 설치했을 때와 대체로 같은 상태였지만, 북쪽의 낙랑군은 전보다 강역이 크게 축소돼 압록강 이남~대동강 이북 지역만 관할하게 됐다. 그리고 지금 위치를 알 수 없는 앞의 9현 가운데 『진서』 「지리지」에 낙랑군 소속으로 돼 있는 혼미(17)·수성(6)·누방(15)·사망(9) 등 4현은 둔유현과 함께 본래 대동강 이남~자비령산맥 이북에 있었으며, 그 속현에 보이지 않는 5현의 하나인 남감현은 패수 등 다른 4현과 함께 대동강 북쪽에 있던 것으로 생각된다.

이처럼 대방군이 나눠 설치된 뒤 삼국을 거쳐 서진 초까지 북부의 낙랑군이 대동강 이북의 여러 현을 잃은 것은 『진서』 「지리지」의 기록에 나타나 있다. 그렇다면 이런 뚜렷한 변동과 함께 군 치소는 이동하지 않은 것일까? 낙랑군은 본래 옛 왕험성의 뒤를 이어 대동강(열수) 유역에서 가장 좋은 지리적 위치에 있는 평양을 그 치소로 삼았다고 생각된다. 후한 응소의 설명에 따라도 그렇게 여겨진다. 그런데 맞은편 토성리의 작은 토성 터에서 군 치소의 존재를 증명하는 여러 유물이 발견된 것은 이것과 부합되지 않는 것 같지만 결코 그렇지 않으며, 이 것이야말로 『진서』 「지리지」의 기록과 서로 호응해 군 치소의 이동을 뜻하는 것이 틀림없다. 곧 『진서』 「지리지」의 조선현은 군 치소가 대동강 남쪽으로 옮겨져 서로 같은 위치에 있게 된 뒤의 것이며, 낙랑군이 멸망한 200여 년 뒤 고구려 장수왕이 평양으로 천도하고 80여 년이 지난 문자명왕文咨明王 때 북위에 조공한 고구려의 사신이 『수경주』

를 지은 역도원의 질문에 "고구려의 수도인 평양성은 패수(대동강) 북쪽에 있는데 그 강은 옛 낙랑군의 치소였던 조선현을 지나 서북쪽으로 흐른다"고 대답한 것은 당시의 고구려인이 가진 지식에 따라 지금의 토성리에 있는 낙랑군 치소 터를 설명한 것으로 봐야 한다.

그렇다면 토성리 토성에서 한·위대나 서진 시대의 여러 유물이 나오고 그 가운데 '낙랑'이라는 글자가 새겨진 것이 있다고 해서 곧바로 이 유적을 낙랑군이 존재한 전체 시대의 군 치소 터라고 단정하는 것은 결코 타당하지 않다. 다만 여기서 출토된 여러 현의 관인이 찍힌 봉니에는 대낙랑군에 소속된 25현이 거의 들어 있고, 특히 영동 7현은 후한 초에 폐지돼 그 봉니만 있으므로(아직 화려현 것만 발견되지 않았다) 전·후한에 걸쳐 군 치소가 평양에 있었다고 해도 토성리 토성은 그것과 밀접한 관계가 있으며, 군 관청에 부속된 공·사公私 건물 등이 건축된 것으로 보이는 것에서도 그것을 인정하지 않을 수 없다. 곧 평양 맞은편의 배를 타고 갈 수 있는 이곳은 낙랑군을 창설한 때부터 넓은 의미의 군 치소의 일부였던 것으로 생각된다.

이처럼 낙랑군과 대방군의 현 이름을 열거한 『진서』「지리지」의 기사는 낙랑군 강역의 축소와 군 치소의 이동을 암묵적으로 말하고 있는데, 그것은 한국 고대사에서 매우 중요한 변화가 분명하다. 위 명제 경초 2년(238) 요동의 공손씨가 멸망하면서 그동안 그 치하에 있던 낙랑군과 대방군은 위의 소유가 됐다.

뒤이어 일어난 중요한 사건은 두 차례에 걸친 관구검의 동방 원정이었다. 당시 고구려의 수도는 압록강 중류의 환도, 곧 지금 통화성通化省 집안현輯安縣 치소가 있는 통구였는데 1차 원정에서 큰 피해를 입었다. 그다음 2차 침입 때 국왕 위궁位宮(동천왕東川王)은 산을 넘고 계곡을 건너 멀리 남옥저(함경남도 함흥 지방)로 도망쳤고, 위군은 남옥저를 공격해 그를 북옥저(두만강 바깥 간도 지방)까지 추격했으며, 낙랑군과 대방군 태수는 당시 고구려에 복속된 영동 지방의 불내예후不耐濊侯 등 여러 현후를 항복시켰다. 이것은 폐제廢帝 조방曹芳 정시 5~6년(244~245)의 일로 위의 세력은 한반도를 휩쓸었다.[32] 따라서 이때 낙랑군의 강역이 축소된 것 같은 일은 도저히 있을 수 없다.

아울러 그 뒤 중국과 한반도의 관계가 어떻게 전개됐는지는 문헌에 거의 나오지 않는다. 그리고 낙랑군은 60여 년 뒤인 서진 말 민제愍帝 건흥建興 원년(313) 고구려의 남부 경략에 따라 그 영토로 편입됐다. 그렇다면 『진서』 「지리지」의 기사가 암시하는 낙랑군의 강역 축소와 치소 이동은 위 정시 말부터 서진 태시 10년까지 25년 정도 사이(248~274)에 일어난 변화이고, 그것이 일어난 원인은 역시 고구려의 남부 경략이었다고 추측할 수밖에 없다. 곧 위의 세력이 한반도를 휩쓸었던 화려한 시대는 매우 짧았고, 오래지 않아 그 반발로 봐야 하는 사태가 일어나면서 서진 말 낙랑군은 완전히 멸망한 것이다.

[부설附說] 고구려의 영동 경략

고대 고구려의 국왕인 궁宮은 전한 말 왕망 때의 추騶 이후 중국 사서에 이름이 나오는 첫 국왕으로 후한 중기에 재위했다. 그 이전의 사실은 대부분 명확치 않은 고구려는 이 국왕에 이르러 뚜렷한 발흥의 기세를 보였다.

> 『후한서』(권151) 「고구려열전」: 고구려왕 궁은 태어나면서부터 눈을 떠 볼 수 있어 나라 사람들이 소중히 여겼다. 자라자 용감하고 씩씩했으며 변경을 자주 침범했다. 句驪王宮, 生而開目能視, 國人懷之. 及長勇壯, 數犯邊境.

이 기사와 그 뒤 그가 10여 년에 걸쳐 한의 현도군과 요동군을 자주 침범한 사실이 상당히 자세하게 기록된 데서 그런 측면을 분명히 알 수 있다. 그의 첫 번째 침략은 화제 원흥元興 원년(105)에 있었는데, 그 때문에 이듬해인 안제安帝 즉위년(106) 요동 동쪽 변방 소자하蘇子河 상류의 노성老城 부근에 있던 제2현도군은 지금의 무순으로 옮겨졌다.[1] 다음 침략은 안제 원초元初 5년(118)에 일어났다.

> 『후한서』「고구려열전」: 다시 예맥과 함께 현도를 침략하고 화려성을 공격했다. 復與濊貊寇玄菟, 攻華麗城.

화려성은 한반도 동해안의 영동 7현 가운데 하나로 당시 현도군(무순을 치소로 한 제3현도군)과 무관하고, 그 앞뒤의 침략도 현도군과 요동군밖에 될 수 없으므로 화려성을 현도군의 속현으로 간주한 것처럼 보이는 이 기사는 매우 의심스럽다.

그러나 궁왕의 요동 침략에서 나타나는 고구려의 뚜렷한 흥기는 비범한 능력을 지닌 그의 통치에 힘입은 것으로 생각된다. 앞서 서술한 대로 『후한서』 「고구려열전」에서는 그가 태어나면서부터 총명해 나라 사람들의 마음을 얻었다고 했고, 그가 별세했을 때 이뤄진 한漢 조정의 논의도 그런 측면을 보여준다.

이해(안제 건광建光 원년, 121)에 궁이 죽고 아들 수성이 즉위했다. 요광(현도 태수)이 그런 상사喪事를 틈타 군사를 일으켜 공격하자고 하자 조정의 신하들은 모두 찬성했다. 상서 진충이 말했다. "궁은 생전에 매우 교활해 요광이 토벌하지 못했는데 그가 세상을 떠나자 공격하는 것은 의가 아닙니다. 조문하는 사절을 보내 이전의 죄를 꾸짖되 용서하고 처벌하지 말아 앞으로 선하게 되도록 해야 합니다." 안제는 그 의견에 따랐다.
是歲宮死, 子遂成立. 姚光上言欲因其喪發兵擊之, 議者皆以爲可許. 尙書陳忠曰, 宮前桀黠, 光不能討, 死而擊之, 非義也. 宜遣弔問, 因責讓前罪, 赦不加誅, 取其後善. 安帝從之.

궁은 분열된 맥족貊族(고구려)의 부部들을 결속해 성장한 국력을 외부로 확대한 것으로 보인다. 그렇게 생각하면 그가 생존했을 때 전개한 고구려의 침략은 요동 방면에 국한되지 않았으리라는 것도 자연히 추측된다.

동가강·압록강 유역과 영동 7현이 있던 동해안 지방은 평안도와 함경도의 경계를 이루는 낭림狼林산맥에 따라 좌우로 나뉘고, 서로의 교통은 그 산맥을 넘는 한 도로를 이용해 매우 쉽게 이뤄졌다. 궁은 앞서 서술한 대로 강력한 국왕이었으므로 요동 방면뿐 아니라 옥저와 동예東濊(예맥)가 할거한 영동지방도 침공했을 것이라고 추정하는 것도 반드시 무리는 아니다. 전한 소제 원봉 5년(기원전 76) 처음 동가강 유역을 차지한 맥족(고구려)은 계속 나아가 옥저성의 제1현도군을 침략한 것이 아닐까?[2] 여기서 안제 원초 5년(118) 고구려가 현도를 침략하고 화려성을 공격했다고 한 앞의 기사를 다시 살펴보면 어떤 근거가 있는 것으로 보이는 이 기사는 그런 상상을 뒷받침한다.

『후한서』「고구려열전」안제 건광 원년(121) 가을: 궁은 마침내 마한·예맥 수천 기를 이끌고 현도를 포위했다. 宮遂率馬韓·濊貊數千騎, 圍玄菟.

이 기사를 참조하면 원초 5년 예맥과 함께 현도를 침략한 것은 그보다 앞서 이미 영동지방의 예맥에 세력을 미쳤음을 보여주는 증거다.

그러나 고구려의 그런 경략은 함흥평야에 있던 옥저성을 지나치고 이뤄질 수는 없기 때문에 화려성을 공격한 사실만 기록된 것은 이상하게 보인다. 그렇기는 하지만 거기에는 낙랑군과 당시 그 군의 관할 밖에 있던 이 방면의 상황에 대한 기록이 매우 적은 가운데 우연히 한 사건의 조각으로 보이는 사실을 담은 기사가 있어 성의 위치를 모르던 『후한서』 편자가 그것을 현도군에 결부시킨 까닭도 작용한 것으로 해석할 수 있다.

다시 『위지』(권30) 「예전」의 기사 ― 「낙랑군고」 3장에서 인용 ― 를 보면 후한 광무제는 영동 7현의 도위 치소를 없앤 뒤 그 거수渠帥를 현후로 책봉했다고 서술하고 "한말 다시 고구려에 복속됐다漢末更屬句麗"

고 끝맺었는데, 이것은 분명히 위의 견해와 어긋난다. 그러나 「예전」과 동일한 사실을 서술한 「동옥저열전」 ― 마찬가지로 「낙랑군고」 3장에서 인용 ― 에서는 "마침내 고구려에 예속됐다遂臣屬句麗"고 했으며 '한말'이라는 글자는 없다. 곧 뒤의 것은 중국 삼국시대의 고구려를 서술한 『삼국지』 「고구려열전」에서 "옥저·동예가 모두 복속됐다沃沮·東濊皆屬焉"고 한 것과 마찬가지로 삼국시대 영동 7현의 상태를 설명한 것이다. 이렇게 보면 「예전」에서 "한말 다시 고구려에 복속됐다"고 한 것은 그것이 후한 말에 일어난 사실이라고 한 것이 아니라 후한 말의 상태가 그랬다고 말한 것으로 생각된다. 곧 '한말'이라는 표현은 막연히 삼국 이전을 가리킨 것으로 여겨진다. 그러므로 영동 지방의 옥저와 동예(예맥)가 고구려에 복속된 것은 궁이 재위하는 동안 현도군과 요동군을 침략한 것보다 조금 전이라고 추정된다.

1940년 12월 탈고(『만선지리역사연구보고』 제16책)

3편
요동의 현도군과 그 속현

1.

전한 무제가 창설한 4군은 20여 년 뒤인 소제 시원 5년(기원전 82) 진번군이 폐지되면서 낙랑·임둔·현도의 세 군이 됐고, 다시 7년 뒤인 소제 원봉 6년(기원전 75) 낙랑군에 나머지 두 군이 병합됐다. 그 결과 낙랑군은 유일한 큰 군이 됐고 같은 때 현도군은 지금의 함경남도 함흥에 있던 옥저성의 치소를 버리고 멀리 요동 지방으로 옮겨갔다. 『전한서』(권82 하) 「지리지」에는 25군을 다스린 낙랑군과 함께 고구려·상은태·서개마 등 세 현을 관할한 '원도군'이 나오는데, 그것은 옮겨간 뒤의 새 현도군, 곧 제2현도군이라고 부를 수밖에 없다. 「지리지」 현도군 조에서 "무제 원봉 4년(기원전 107)에 설치됐다"고 했지만 그것은 낙랑군 조에서 "무제 원봉 3년에 설치됐다"고 한 것과 마찬가지로 그 군이 창설된 해를 가리키는 것이며 앞의 세 현을 거느린 현도군에는 해당되지 않는 말이다.[1]

현도군의 이전과 관련해서는 『위지』(권30) 「동옥저열전」에서 다음과 같이 서술했다.

그 뒤 이맥의 침략을 받아 구려의 서북쪽으로 옮겼는데, 지금 옛 현도부라고 하는 곳이다. 옥저(처음 설치된 현도군의 치소인 옥저성)는 다시 낙랑에 소속됐다.

이맥은 함흥 지방의 남옥저족이나 그 남쪽에 이웃한 동예를 가리키는 것으로 생각되지만[2] 그들의 침략 때문에 이전하게 됐다고 설명한 부분은 비판할 필요가 있다.

현도군의 이전은 단독으로 이뤄진 변화가 아니었다. 그것과 같은 때 임둔군을 폐지하고 그 군의 단단대령(황초령 이남의 줄기산맥) 서쪽 부분을 서쪽에 인접한 낙랑군에 소속시켜 지금의 함흥에서 남쪽인 강원도 강릉에 이르는 '영동領東' 지방을 낙랑군 동부도위가 관할하게 했다. 그런데 이른바 영동領東(嶺東) 지방은 고려 때 하나의 행정구역이 된 '삭방朔方 강릉도江陵道'와 거의 같은 지역이고[3] 지리적으로 자연스럽게 하나의 구역을 이루기 때문에 이것은 지형을 중시한 행정구역의 변혁이 분명하다. 그 때문에 위의 「동옥저열전」 기사를 이어 다음과 같이 서술한 것으로 생각된다.

한은 그곳이 멀고 넓기 때문에 단단대령 동쪽을 나눠 동부도위를 설치하고 불내성에 치소를 둬 따로 영동 7현을 다스리게 했다. 이때 옥저(현도군의 치소인 옥저성)도 현이 됐다.

그렇다면 그것과 같은 때 현도군을 서쪽으로 옮기고 그 본래 치소였던 옥저성을 동부도위의 관할에 둔 변화 또한 지리적 관계에 무게를 둔 조처로 보지 않을 수 없다. 그 때문에 나는 이맥의 침범 때문에 이전했다고 한 「동옥저열전」의 기사를 의심하고 그것을 뒷사람의 억측에서 나왔다고 생각한다.[4] 그리고 현도군을 옮겼다는 것은 그 이름을 서쪽의 새 군에 붙였다는 뜻으로 실질적으로는 옛 군을 폐지한 것으로 봐야 한다.

여기서 다시 3군은 왜 병합됐고 그것과 밀접한 관계를 지닌 새 현도군은 왜 설치됐는지 살펴봐야 한다. 그러나 이런 문제의 연구는 고구려의 건국을 주제로 한 다른 논문으로 미루고[5] 여기서는 주로 새 현도군이 어떤 군이었는지만 고찰해보겠다.

2.

새 현도군의 수현首縣은 고구려현인데, 『전한서』 「지리지」의 고구려현 주석에서는 다음과 같이 서술했다.

요산은 요수가 나오는 곳으로 서남쪽으로 요대에 이르러 대요수로 들어간다. 또 남소수가 있는데 서북쪽으로 만리장성 바깥을 거친다. 遼山, 遼水所出, 西南至遼隊入大遼水. 又有南蘇水, 西北經塞外.

이것에 따르면 고구려현과 같은 곳에 있던 현도군 치소는 요산이라는 산 부근에 있었다. 요산에서 발원했다고 한 요수는 대요수에 대응하는 소요수였는데 『수경주』(권14)에 다음과 같이 보인다.

현도 고구려현에 요산이 있는데 소요수가 나오는 곳이다. 玄菟高句麗縣
有遼山, 小遼水所出.

그리고 그 강은 서남쪽으로 흘러 대요수와 합쳐진다고 했으므로 대
요수는 지금의 요하에 해당하며 소요수는 지금의 혼하가 분명하다. 혼
하 상류의 한 지류는 무순 동쪽 영반營盤에서 본류와 만나는 소자하
로 왕청汪淸* 변문邊門 바깥의 호륜령呼倫嶺과 가까운 곳에서 발원하며,
그 계곡은 요양遼陽·봉천奉天·무순 방면부터 동가강(혼강) 유역이나 압
록강 중류 유역에 이르는 자연적 통로를 이룬다. 따라서 요산은 호륜
령에, 고구려현은 그 방면의 요지인 노성에 비정된다.6

『전한서』(권7) 「소제본기」 원봉 6년(기원전 75) 정월 "군국의 무리를
모아 요동에 현도성을 쌓았다"고 한 것은 현도군의 이전 사실을 알려
주는 확실한 기사 가운데 하나인데, 현도성 앞에 '요동'이라는 글자를
붙인 것은 이 비정에 부합되는 것이다. 곧 원봉 6년 옥저성의 현도성
이 폐지될 때 그 이름을 이어받은 새 군이 동가강 유역 서쪽의 분수령
分水嶺을 사이에 둔 요동의 동쪽 변경의 소자하 유역에 설치된 것이다.
『전한서』 「지리지」 주석의 남소수는 소자하로 생각된다. "서북쪽으로
만리장성 바깥을 거친다"는 구절이 의문스럽기는 하지만 동진부터 당
까지 역사에 산견되는 고구려의 유명한 남소성南蘇城이 소자하 유역에
있었다는 사실에 비춰 그렇게 단정해야 한다.

---

* 중국 지린성吉林省 옌볜延邊조선족자치주 옌지延吉 동북쪽에 위치.

이 제2현도군은 지금의 노성 부근에 비정되는 고구려현을 치소로 삼고 따로 상은태현과 서개마현을 거느렸다. 속현이 겨우 셋이므로 군의 관할 구역은 작았을 것이 틀림없고 대체로 소자하 유역을 넘지 않았을 것으로 생각된다. 그러나 아래 주석들은 모두 각 현을 설명한 것이므로 현도군의 강역과 관련해 소홀히 여겨서는 안 된다.

- **『전한서』「지리지」 상은태현 주석**: 왕망이 하은이라고 이름 붙였다. 莽曰下殷.
- **서개마현 주석**: 마자수는 서북쪽으로 흘러 염난수로 들어간 뒤 서남쪽으로 흘러 서안평에서 바다로 들어간다. 두 군을 지나며 길이는 1100리다. 왕망이 원도정이라고 이름 붙였다. 馬訾水, 西北入鹽難水, 西南至西安平, 入海. 過郡二, 行一千一百里. 莽曰元菟亭.

3.

마자수라는 하천을 설명한 서개마현 주석은 뜻이 매우 애매해 적절히 해석하기 어렵기 때문에 그동안 큰 어려움을 겪었다. 서안평은 요동군의 속현으로 압록강 하류 우안에 있는 지금의 구련성九連城에 비정된다. 여기에는 그것을 증명하는 다른 두세 기사가 있어 문제가 전혀 없다.7 그리고 그 맞은편에는 패수현이 있어 당시 낙랑군에 소속됐다. 그러므로 이런 점에서 보면 서남쪽으로 서안평에 이르러 바다로 들어가고 그동안 두 군을 지난다고 한 마자수는 압록강을 가리킨 것이 분명하다. 두 군은 말할 것도 없이 요동군과 낙랑군이다.

그러나 주석의 마자수 다음에 "서북쪽"이라고 한 것은 하천이 흐르는 방향인지, 아니면 그것이 있는 위치를 보여주는 것인지 명확하지 않을 뿐 아니라 "入鹽難水"라는 문장에서 "入"은 "~로 들어간다"로도, "~을 받아들인다"로도 읽을 수 있어 마자수와 염난수를 압록강과 동가강 가운데 어느 쪽에 비정하는 것이 좋을지 판단하기 어렵다.[8] 따라서 비정과 관련해서는 그동안 여러 견해가 있었지만 아직 정설은 없는 것 같다.

그런데 지금 다시 특히 주의할 것은 하천의 전체 길이를 '1100리'라고 한 표현이다. 『전한서』 「지리지」에서 하천의 전체 길이를 든 사례는 적지 않은데, 특히 낙랑군의 속현 가운데 하나인 탄열현 주석에서 "분려산은 열수가 나오는 곳인데 열수는 서쪽으로 흐르다가 점제에 이르러 바다로 들어가며 길이는 820리"라고 했다. 이것은 평양의 낙랑군 치소와 함흥의 제1현도군 치소를 직접 오간 당시 중국인이 대동강(열수)의 발원지에 가까운 검산령(분려산)과 이 하천의 전체 길이에 대해 상당히 정확한 지식을 갖고 있었음을 말해주는 것이 분명하다.[9]

그렇다면 서개마현 주석도 마자수나 염난수의 전체 길이를 보여주는 기록이 있는 이상 실제의 교통 관계에서 얻은 지식에 바탕한 것으로 봐야 한다. 따라서 두 강이 각각 압록강과 동가강 가운데 어디에 해당해도 그것들의 본류·지류 관계에 대해 전한 때의 중국인은 정확한 지식을 가졌을 것이 분명하다. 그 때문에 나는 '1100리'를 압록강 본류의 전체 길이라고 해석하는 동시에 마자수는 요동군 서안평현과 낙랑군 패수현 부근에서는 패수라고 불린 압록강 상류를 말하는 것이고, 염난수는 마자수의 서북쪽에서 흘러와 그것과 만나는 동가강을 가리키는 것이 분명하다고 생각한다.

마자수에 이어진 '서북쪽'이라는 표현은 그 하천의 방향을 보여주는 것으로 보면 '서남쪽'의 오류가 아닌가 싶다. 그러나 마자수에 대해 염난수(동가강)가 흐르는 장소를 보여주는 표현으로 보면 그대로 타당하다. 「지리지」의 주석이 근거한 어떤 기록의 원문에서는 후자 같은 의미를 지닌 것을 『전한서』 「지리지」의 저자가 주석에 포함하면서 간략히 줄인 결과 원뜻이 명료하지 않게 된 것으로 생각된다.

다음으로 「지리지」의 주석에서는 마자수의 경우 열수의 발원지로 분려산에 해당하는 산 이름을 언급하지 않았다. 그러나 이 강의 전체 길이가 나와 있는 것을 볼 때 그 발원지나 그것에 가까운 산은 당시 중국인들에게 알려져 있었을 것이다.

『위지』(권30) 「동옥저열전」: 동옥저는 고구려의 개마대산 동쪽에 있다.
東沃沮在高句麗蓋馬大山之東.

여기서 개마대산은 장백산 남쪽 줄기를 가리키는 것이고, 장백산은 말할 것도 없이 압록강이 발원하는 산이다. 그리고 마자수에 연결시킨 서개마현은 이 산에서 이름을 따온 것이 분명하므로 개마대산은 마자수가 발원한 산으로 전한 시대의 중국인에게 알려졌을 것으로 생각된다. 그렇다면 마자수를 설명한 「지리지」의 기사에 나오지 않는 그 산 이름은 서개마현이라는 이름 안에 포함돼 있다고 봐야 한다. 곧 이 주석에서는 당연히 있어야 할 산 이름을 빠뜨린 것으로 여겨진다.

제1현도군 치소가 있던 동해안의 함흥에서 황초령을 넘어 장진강을 따라 북쪽으로 간 뒤 옛 장진읍에서 서쪽으로 꺾어져 설한령을 지나 독로강의 한 지류의 계곡을 내려가 강가의 강계읍을 지나 압록강 중류의 통구에 이르는 도로는 함흥평야와 압록강·동가강 유역을 연결하는 유일하고 자연적인 도로다. 전한 때의 중국인이 장백산의 남쪽 줄기에 대한 지식을 갖고 있던 것은 이 도로를 이용해 교통이 이뤄졌기 때문으로 생각된다. 요즘 독로강 상류에서 강계군 전천면前川面 중암동仲巖洞과 그 서쪽으로 직선으로 20정(2.2킬로미터)쯤 떨어진 화경면化京面 길다동吉多洞에서 명도전이 출토된 사실은[10] 이런 추측을 뒷받침한다.

4.

서개마현 주석의 내용은 앞서 서술한 것과 같으므로 '개마' 앞에 '서'자가 붙여진 현의 위치는 그 이름에서 보면 압록강 발원지에 가까운 장백산 남쪽 줄기의 서쪽에서 찾아야 할 것으로 판단된다. 그리고 이 추측에 적합한 곳은 지금의 임강현臨江縣(모아산帽兒山) 부근이 아닐까 싶다. 임강은 압록강 상류가 굽어지는 곳 북안에 있는데, 발해가 존재한 시대에는 5경의 하나인 서경 압록부가 있던 곳이며 지금도 그 방면의 요지다.

그러나 다시 서개마현 주석에 따르면 왕망은 그 이름을 원도정으로 고쳤다. 왕망은 새로운 정책의 하나로 자주 지명을 고쳤는데 그런 사례, 특히 낙랑군의 패수현(의주 부근)을 낙선군樂鮮郡(낙랑군의 고쳐진 이름. 군 치소는 평양)으로 가는 숙소의 의미로 낙선정으로 바꾼 사례에서 미뤄보면 원도정으로 개칭된 서개마현은 요동군의 중심(요양 지방)과 소자하 상류 노성 부근의 제2현도군 치소(고구려현)를 연결하는 도로에서 군 치소의 서쪽에 있었다고 봐야 한다. 이것은 일찍이 쓰다 소키치津田左右吉 박사가 지적한 것이며, 매우 타당하다고 생각된다.[11]

그렇다면 왕망의 개명에 나타난 서개마현의 위치는 앞서 서술한 새 현도군의 대체적인 강역, 곧 군 치소의 위치와 속현의 숫자에서 추측해 소자하 유역이라고 본 그 강역과 일치한다. 그런데 동일한 서개마현 주석의 주요 부분, 곧 마자수에 관련된 부분에서 추측한 현의 위치가 소자하 유역과 멀리 떨어진 압록강 상류 지방에 있다고 한 것은 참으로 심각한 모순이다. 이것은 당연히 설명해야 하는 문제다.

한편 『전한서』 「지리지」 상은태현 주석에 따르면 왕망은 그것을 하은下殷으로 고쳤다. 또 『전한서』(권100) 「왕망열전」과 「지리지」 원도군조에서는 그가 고구려를 하구려下句麗라고 고쳤다고 했는데, 이 사례에서 미뤄보면 은태는 예부터 동가강 유역에 자리 잡은 맥貊의 한 부족 이름이 아니었을까? 만약 그렇다면 소자하 유역에 있던 상은태는 다른 지방에 살던 은태족과 구별된 작은 부족이던 것으로 생각된다. 따라서 서개마도 압록강 상류의 개마지방의 맥족과 특별한 관계를 지닌 부족의 이름이었던 것으로 여겨진다. 곧 상은태현과 서개마현이라는 이름은 요동의 만리장성 밖인 동가강과 압록강 유역에 살던 맥족 가운데 은태·개마로 불린 특수한 부족이 있었음을 추측하게 한다.

그리고 이런 현 이름의 기원은 새 현도군이 설치되기 전 일찍이 이런 부족들의 일부가 압록강이나 동가강 유역에서 소자하 유역으로 이주했다고 추정되는 것에 따라 설명할 수 있다. 또 새 현도군과 같은 곳에 있던 수현은 고구려현이었고, 고구려의 이름이 확실한 사료에 기재된 것은 이 현 이름이 처음이다. 이것은 고구려족이 발흥한 사정과 연대를 고려할 때 매우 중요한 사실이지만, 고구려의 발흥은 따로 고찰한 문제이므로 일단 미뤄두고 뒤의 사정에서 추측하면 고구려는 당시 이미 동가강 유역에 자리 잡았고 새 현도군은 그것과 경계를 맞댄 곳에 있었기 때문에 그 수현에 고구려현이라는 이름이 붙여진 것으로 생각된다. 그러나 아무튼 마자수를 설명한 서개마현 주석은 그 주석의 목적과 다른 현들의 사례에 비춰볼 때 모두 그 현이 존재한 지점과 직접적인 관계가 있어야 하므로 의문으로 남겨놓을 수밖에 없다.

5.

여기서 일단 앞서 서술한 것 같은 견해를 버리고 본래 개마산 부근이나 그 방면의 넓은 지방에 설치된 서개마현 등 여러 현이 새 현도군의 설치와 함께 소자하 유역으로 옮겨갔다고 생각해보면 어떨까? 새 현도군에 소속된 세 현의 위치와 관련해 앞서 쓰다 박사가 발표한 학설은 사실 그런 견해에서 출발한 것이다. 그는 서개마현이 서쪽으로 옮겨갔다고 가정하는 동시에 그 현에 대해 마자수를 설명한 주석을 「지리지」의 편자가 서개마현을 옮기기 전의 어떤 기록에서 가져온 것으로 보고, 고구려현도 본래 동가강 유역에 있다가 역시 서쪽으로 옮겨갔다고 가정한 뒤 그런 가정 아래 그 두 현은 시원 5년(기원전 82) 폐지되기 전 진번군의 속현이었으며 진번군이 폐지될 무렵 옮겨졌다고 추측한 것이다.[12] 본래 매우 적은 사료를 바탕으로 논의를 전개한 것이기 때문에 어떻게도 억측할 수 있다.

그러나 진번군과 관련해서는 북재설과 남재설이 대립하고 있다. 따라서 갑자기 그 가운데 하나를 채택할 수는 없지만 ― 따로 논의한 것처럼 나는 남재설을 주장한다 ― 지금 일단 쓰다 박사처럼 북재설, 곧 동가강 유역설을 따라도 새 현도군의 3현을 진번군 15현의 이름이 남은 것으로 볼 수는 없다. 소제 시원 5년(기원전 82) 진번군을 폐지했을 때 그 속현 가운데 두셋이 이전됐다면 어째서 진번이라는 군 이름을 없앤 것일까? 그 이유를 알 수 없다.

속현의 위치가 옮겨지고 그 숫자가 줄었어도 군 이름은 옛것을 따를 수 있다. 아니, 옛 이름을 존속시키는 쪽이 자연스럽다. 실제로 고구려현을 수현으로 한 제2현도군은 옥저성의 현도군을 폐지하고 그 이름을 그곳으로 옮겨온 것이 아닌가? 뿐만 아니라 진번군의 폐지와 원봉 6년(기원전 75) 제2현도군의 설치 사이에는 7년의 시간적 간격이 있지 않은가? 두세 현만 이전되고 7년 동안 그것들을 통치하는 군이 없었다고 볼 수는 없다. 그렇다면 『전한서』「소제본기」에서 "진번군을 폐지했다罷眞番郡"고 한 것은 글자 그대로 군을 폐지한 것이고 몇몇 속현이 소자하 유역으로 이전됐다고 한 것은 아니며, 곧 제2현도군의 세 현은 진번군의 위치가 어디였는가와 상관없이 그것과는 아무 관계없는 것이 분명하다. 그 때문에 나는 서마개현 주석은 현의 실제 위치와 직접 관계되지 않은 것으로 보고 둘을 떼어놓는 데 망설이지 않는다.

그렇다면 어째서 그런 현과 그런 주석이 결합된 것일까? 「지리지」 편자의 두찬杜撰 때문으로 생각된다. 개마산이라는 이름은 주석 원문에 보이지 않지만, 그것이 있었을 것임은 앞서 서술한 바와 같다. 곧 「지리지」의 주석이 근거한 어떤 기록은 본래 그 산과 거기서 흘러나온 마자수를 설명했을 것으로 생각된다. 그런데 「지리지」의 편자는 개마산과 서개마현에서 '개마'라는 글자가 같다는 것만 포착해 근거 없이 마자수와 서개마현을 결합시킨 것이다. 나는 서개마현과 그 주석을 이렇게 해석하며, 이렇게 하면 현도군의 속현에 관련된 의문을 모두 없앨 수 있다고 생각한다.

6.

이것으로 제2현도군과 그 속현에 관련된 고찰을 일단 마친다. 요약하면 소제 원봉 6년(기원전 75) 요동 동쪽 변방 소자하 유역에 설치된 현도군은 그 이름은 현도군이었지만 옥저성의 제1현도군과는 실질적으로 무관했고 7년 전(시원 5년, 기원전 82) 폐지된 진번군과도 무관했다. 그리고 거기에 제1현도군과 동일한 이름이 붙여진 것은 원래의 세 군에 대해 동일하게 북쪽에 있었기 때문으로 생각된다.

그러나 이런 새 군이 단독으로 건설된 것은 아니며, 제1현도군과 임둔군이 낙랑군에 병합되고 대낙랑군의 동부와 남부를 나눠 관할한 동부·남부도위가 설치된 것과 함께 이뤄졌다. 그러므로 첫머리에서 말한 대로 어떤 사정이나 필요가 있어 3군의 병합과 함께 제2현도군이 신설됐는지, 또 그 현도군에 대해 어떤 이유로 요동 동쪽 변경이 선택됐는지는 좀더 연구해야 한다. 그리고 이런 문제는 고구려가 동가강 유역에서 일어났는지, 아니면 그들이 후세에 전달한 건국 설화처럼 부여에서 남쪽으로 내려와 따로 한 나라를 시작했는지, 문헌에서 아무 증거를 찾을 수 없는 건국 연대의 문제 등에도 관련된 것이다. 뒤이어 집필한 「고구려의 건국 전설과 역사상의 사실」은 이런 종합적 문제를 해석하려는 것으로[13] 3군이 병합되기 전 단독으로 폐지된 진번군이 남쪽과 북쪽 어디에 있었는지도 직접 관련된 범위 안에서 조금 다루려고 한다.

1940년 12월 24일 탈고(『만선지리역사연구보고』 제16책)

[보정補正]

　『위지』「동옥저열전」에서는 옥저성의 현도군이 요동 동쪽 변방으로 옮겨간 사정을 이맥의 침략 때문이라고 서술했다. 나는 이 논문 1장에서 그 기사를 의심하고 "뒷사람의 억측에서 나온 것으로 생각한다"고 했는데, 당시 이 논문과 함께 고구려의 건국을 주제로 한 다른 논문을 쓰면서 그 연구를 아직 철저히 수행하지 못했기 때문이었다. 최근 「진번군고眞蕃郡考」를 집필하다가 『위지』의 그 기사를 읽고 우연히 생각하게 된 것인데, 옥저성의 현도군을 침입해 그것을 노성으로 옮겨가게 만든 '이맥'은 고구려족밖에 될 수 없고 곧 부여에서 남쪽으로 내려와 새로 동가강 유역에 자리 잡은 이 맥족은 그때 장진강이 관통하는 고원을 넘어와 황초령 아래의 함흥평야에서 옥저성을 침략한 것으로 봐야 한다. 달리 말하면 그것은 고구려족이 동가강 유역에서 새 나라를 일으킨 것과 함께 일어난 사건이 틀림없다. 앞서 쓴 「고구려의 건국 전설과 역사상의 사실」 끝부분에 덧붙인 '보정'을 참조하기 바란다 (1946년 8월).

4편
고구려의 건국 전설과 역사상의 사실*

1. 머리말

고려 인종 23년(1145) 『삼국사기』를 편찬한 김부식金富軾은 그 책의 「연표」(권29) 서문에서 "고구려는 28명의 국왕이 있었고 705년 동안 존속했다高句麗二十八王, 七百五年"고 하고 표에서는 고구려의 시조 동명성왕 주몽朱蒙의 즉위년을 전한 원제 건소建昭 2년(기원전 37)이라고 했다. 그 나라가 멸망한 당 고종 총장總章 원년(668)부터 705년 전이다. 그리고 신라의 건국보다는 20년 뒤, 백제의 그것보다는 19년 앞이라고 했다. 그 근거가 무엇인지는 지금 알 수 없지만, 그 책의 「고구려본기」에 기록된 주몽의 건국 부분은 구조와 내용에서 분명히 하나의 설화로 생각될 뿐 아니라 그 뒤의 기록도 특히 고대 부분은 그 내용에서 볼 때 중국 사서에서 옮겨 실은 기사를 빼면 거의 모두 역사적 사실을

---

* 이 논문은 이복규 옮김, 「고구려 건국 전설과 역사상의 사실」, 『국제어문』 18, 1997에 실린 바 있다. 참고하면서 옮겼다.

담은 것이 아니다. 고구려 건국의 상황을 연구해야 하는 주요한 까닭은 여기 있다.

2. 궁 이전의 고구려 국왕들

고구려의 유명한 옛 비인 광개토왕비는 광개토왕이 세상을 떠나고 2년 뒤인 장수왕 2년(갑인년, 414), 곧 동진이 멸망하기 6년 전에 세워졌는데 시조 추모鄒牟가 건국한 유래를 처음 서술했다.

顧命世子儒留王以道興治, 大朱留王紹承基業, □至十七孫國岡上廣開土境平安好太王(이하 줄임).

곧 고구려의 건국자인 추모는 세자 유류에게 왕위를 물려줬고 유류는 그것을 대주류에게 물려줬다는 것이다.

다음으로 『위서魏書』(권100) 「고구려열전」은 중국 문헌 가운데 고구려 건국 설화를 수록한 가장 오래된 것으로 추모를 주몽이라고 표기했으며, 그를 주인공으로 한 그 설화의 내용은 뒤에서 서술하듯 광개토왕비보다 훨씬 상세하다. 그리고 뒷부분에서는 주몽이 세상을 떠난 뒤 여달閭達·여율如栗·막래莫來가 부자 상속으로 왕위를 이었으며, 다시 막래의 자손이 몇 대를 이은 뒤 궁이라는 이름의 왕에 이른다고 했다. 고구려는 장수왕 23년(435) 처음으로 북위에 조공했고 그 뒤 그가 오래 재위하는 동안 매우 자주 사신이 오갔기 때문에 그 사이에 고구려 고대의 설화는 사신의 말에 따라 북위에 전해졌을 것이 틀림없다.

『위서』에 기록된 고구려의 건국 설화는 위인魏人이 서술한 것 같은데, 이야기의 내용에서 봐도 그렇게 추측된다. 그리고 그것은 비문보다 훨씬 상세하지만 이야기의 뼈대는 대체로 같다. 시조 이하 몇 대의 세계를 살펴보면 여율은 발음상 분명히 비문의 유류에 해당하지만, 그 앞뒤의 여달과 막래는 비문에 나오지 않는다. 그리고 비문의 대주류에 해당하는 왕의 이름은 보이지 않는다. 비문과 뚜렷한 차이를 느낄 수 있는데, 이것은 광개토왕(392~413)부터 다음 장수왕(413~491)까지인 5세기에 적어도 이런 몇 왕의 세계가 고구려인에게 각각 전해졌음을 보여주는 것으로 생각할 수밖에 없다.

다음으로 『삼국사기』 「고구려본기」를 보면 주몽의 설화는 『위서』에 견줘 인명·지명 등이 덧붙여진 것이 많고 내용도 조금 다르지만 전체적 구조는 똑같아 『위서』의 기사를 바탕으로 윤색했다고 요약할 수 있다. 그런데 주몽에서 궁에 이르는 세계는 다음과 같아 『위서』와 다르다.

1. 시조 동명성왕 주몽(추鄒 또는 상해象解라고도 한다)

2. 유리명왕瑠璃明王 유리類利(유류孺留라고도 한다. 전왕의 맏아들)

3. 대무신왕大武神王 무휼無恤(대해송류왕大解宋留王이라고도 한다. 전왕의 셋째아들)

4. 민중왕閔中王 해색주解色朱(전왕의 동생)

5. 모본왕慕本王 해우解憂(해애루解愛婁라고도 한다. 전왕의 맏아들)

6. 태조대왕太祖大王(국조왕國祖王이라고도 한다) 궁(유리왕의 손자)

이런 국왕들 가운데 6대 궁은 태조대왕이나 국조왕으로 불렸다고 했는데, 그는 『위서』에서 막래의 후손(그 사이에 몇 대가 있었는지는 나와 있지 않다)이라고 했다. 그런데 「고구려본기」에는 유리왕의 손자로 돼 있다. 또 궁과 관련해서는 중국의 확실한 기록이 있다. 『위서』와 『삼국 사기』 「고구려본기」의 내용은 모두 고구려에서 나온 것이지만 따로 독 자적인 가치를 지닌 것은 중국 쪽에 있다. 곧 『후한서』 「화제본기」 「안 제본기」 「고구려열전」(권115)과 『위지』(권30) 「고구려열전」인데, 이것들 은 신뢰할 수 있는 기록이므로 궁의 행적을 엿볼 수 있으며 안제 건광 원년(121) 세상을 떠난 것도 알 수 있다.

그렇다면 궁 이전 주몽 이하 다섯 국왕의 이름에 주의를 기울이면 시조 동명왕의 이름이라고 한 주몽은 『위서』의 기록과 같고, 2대 유 리왕의 다른 이름이라고 한 유류孺留는 광개토왕비의 유류儒留와 상통 한다. 3대 대무신왕 무휼의 다른 이름이라고 한 대해송류는 광개토왕 비의 대주류大朱留와, 해우나 해애루라고도 불린 5대 모본왕은 『위서』 의 막래와 상통한다. 모본慕本의 ‘本’과 막래莫來의 ‘來’는 어느 한쪽이 옮겨 적는 과정에서 일어난 오류가 틀림없지만, 지금 어느 것이 옳은 지 가리기는 어렵다. 유리·무휼·해우 같은 이름은 다른 표기로 볼 수 있는 것이 비문과 『위서』에 모두 보이지 않는다. 그리고 『위서』의 여달 대신 그와 세대의 순서가 다른 4대 민중왕 해색주가 추가된 것도 주 의해야 한다.

이처럼 궁 이전의 세계를 기록한 고구려의 사료에는 비문과도 다르 고 북위에 전해진 것과도 다른 세 번째 계통이 있다는 것을 인정할 수 밖에 없다. 곧 궁왕까지 고구려의 왕계는 고구려인 사이에서 어떤 시 대에는 비문에 기록된 것처럼, 어떤 시대에는 북위에 전해진 『위서』에 기재된 것처럼, 또 어떤 시대에는 『삼국사기』 「고구려본기」에 서술된 것처럼 적어도 세 종류가 전해진 것으로 생각된다. 그리고 이처럼 다양한 기록이 생겨난 까닭은 주몽부터 시작해 그 아래 몇 대의 왕들은 실재의 인물이 아니고 후대의 고구려인이 공상적으로 만들었기 때문으로 여겨진다.

또 「고구려본기」에 따르면 궁의 뒤를 이어 즉위한 국왕은 7대 차대왕次大王 수성이다.

『후한서』「고구려열전」: 궁이 세상을 떠나자 아들 수성이 즉위했다. 宮死, 子遂成立.

그는 이처럼 중국 사서에 명기된 실재의 국왕이지만, 궁을 태조대왕이나 국조왕으로 부르고 다음 왕인 수성을 차대왕으로 부른 것은 어떤 시대의 고구려인이 중국 사서에 명기된 궁을 실제의 국조로 하고 그 왕을 기준으로 앞뒤의 세계를 구획했음을 암시하는 것으로 봐야 한다. 그렇다면 이것도 궁 이전의 국왕들을 공상의 인물로 본 내 추측을 뒷받침하는 것으로 생각된다. 그렇다면 고구려의 실제 건국자는 궁이라고 생각하는 것도 결코 무리는 아니다.

3. 전한 때의 고구려

전한 말 신新을 건국한 왕망은 시건국始建國 원년(9) 자신의 위력을 나라 안팎에 과시하기 위해 인수印綬를 지닌 오위장五威將을 각지에 나

뒤 보냈다.

『전한서』(권99 중) **「왕망열전」**: 동쪽으로 간 사람은 현도·낙랑·고구려·부여에 이르렀다. 其東出者, 至玄菟·樂浪·高句驪·夫餘.

동이東夷의 한 나라로 고구려의 이름이 중국의 확실한 사서에 나타난 것은 이것이 처음이다. 또 왕망은 사이四夷 군장의 왕호를 후侯로 고쳤는데, 당시 고구려왕은 추騶라는 인물이었다. 그리고 고구려에 관련된 기사는 다시 「왕망열전」(『전한서』 권99 중)에 보인다.

시건국 4년(12): 앞서 왕망은 고구려군을 징발해 호족胡族을 정벌하게 했는데 그들은 가지 않으려고 했다. 군郡에서 억지로 압박하니 고구려군은 모두 만리장성을 넘어 도망쳐 법을 어기고 노략질했다. 요서대윤 전담은 그들을 추격하다가 살해됐다. 주·군에서는 고구려후 추에게 잘못을 돌렸다. 엄우가 아뢰었다. "맥인이 법을 어겼지만 추 때문에 죄를 저지른 것은 아니니 다른 마음이 있는 것이 분명합니다. 주·군으로 하여금 위로해 안정시키는 것이 좋겠습니다(안사고는 "추가 나쁜 마음을 품었더라도 위로해 안정시키는 것이 옳다"고 말했다). 지금 갑자기 큰 죄를 씌우면 반란을 일으킬까 우려됩니다. 반란이 일어나면 부여족 가운데 호응하는 자들이 분명히 있을 것입니다. 흉노를 아직 이기지 못했는데 부여와 예맥이 다시 일어나면 큰 걱정입니다."
그러나 왕망이 위로해 안정시키지 않으니 예맥은 마침내 반란을 일으켰다. 왕망은 엄우에게 공격케 했다. 엄우는 고구려후 추를 유인했고, 그가 오자 목을 베 머리를 장안으로 보냈다. 왕망은 크게 기뻐하며 조서를 내렸다. "용맹한 장수를 보내 천벌을 내려 멸망시키니 오랑캐가 알게 됐다. 12부로 나눠 오른팔을 끊기도 하고 왼쪽 겨드랑이를 자르기도 했으며 가슴과 배를 무너뜨리기도 하고 두 겨드랑이를 묶기도 했다. 올해 동방을 처벌해 먼저 날뛴 맥 부족을 토벌하고 오랑캐 추를 사로잡아 목을 베 동쪽 지역을 평정하니 오랑캐는 멸망이 눈앞에 다가왔음을 알게 됐다. 이것은 하늘과 땅의 신들과 사직·종묘가 도와주신 복이다. 공경·대부·사·백성이 한마음으로 서로 이끌어 큰 힘을 내니 매우 기쁘다. 고구려의 이름을 하구려로 바꿔 온 세상에 알려 모두 알게 하라." 그러나 맥인은 더욱 변경을 침범해 동북쪽과 서남쪽의 이적이 모두 난을 일으켰다. 先是莽發高句驪兵, 當伐胡, 不欲行, 郡强迫之, 皆亡出塞, 因犯法爲寇. 遼西大尹田譚追擊之, 爲所殺, 州郡歸咎於高句驪侯騶. 嚴尤奏言, 貊人犯法, 不從騶起, 正有它心. 宜令州郡且尉安之(師古曰, 假令騶有惡心, 亦當且慰安). 今猥被以大罪, 恐其遂畔. 夫餘之屬, 必有和者. 匈奴未克, 夫餘·穢貊復起, 此大憂也. 莽不尉安, 穢貊遂反. 詔尤擊之, 尤誘高句驪侯騶, 至而斬焉, 傳首長安. 莽大說, 下書曰, 乃者命遣猛將, 共行天罰. 誅滅虜知. 分爲十二部, 或斷其右臂, 或斬其左腋, 或潰其胸腹, 或紬其兩脅. 今年刑在東方, 誅貊之部先縱焉, 捕斬虜騶, 平定東域, 虜知殄滅, 在于漏刻. 此乃天地群神社稷宗廟佑助之福. 公卿大夫士民同心將率, 虓虎之力也, 予甚嘉之. 其更名高句驪爲下句驪, 布告天下, 令咸知焉. 於是貊人愈犯邊, 東北與西南夷皆亂云.

이 기사에 보이는 맥인은 고구려인을 가리키고 예맥은 강원도 지방의 이족 이름이다. 그러나 「왕망열전」의 이 예맥은 고구려인인 맥과 동일한 의미로 사용된 것으로 생각된다. 호胡는 흉노이고, 그들을 정벌하기 위해 고구려군을 징발한 군郡은 요동군이나 소자하(혼하의 한 지류) 유역에 있던 제2현도군으로 여겨진다. 징병 명령에 따르지 않은 고구려인이 요동의 만리장성 안쪽에 있었다는 것은 "모두 도망쳐 만리장성을 넘어갔다"고 한 데서 알 수 있다. 그리고 이것은 고구려의 군장 자신이 관계돼 알고 있던 사건은 아니라고 했으므로 고구려족의 본거지, 곧 추의 왕도였던 곳은 요동의 만리장성 바깥인 동가강(혼강) 유역으로 생각된다. 곧 「왕망열전」의 이 기사에 따르면 1세기 초인 전한 말 고구려는 요동의 만리장성 바깥 지역에 독립된 나라를 세웠던 것이다.

이처럼 요동의 만리장성 바깥에 고구려족이 존재한 사실을 알려주는 가장 오래된 기사는 『전한서』「왕망열전」이지만, 전한 소제 원봉 6년(기원전 75) 소자하 상류 노성에 제2현도군이 설치됐을 때 이미 이 부족이 존재했다는 것은 그 군의 수현 이름이 '고구려'현이었다는 사실에서 분명하다. 또 고구려라는 이름이 확실한 사료에 기재된 것은 그 현의 이름이 처음이다. 그리고 앞의 「왕망열전」 기사와 함께 군의 위치에서 추측하면 그 부족의 당시 거주지도 동가강(혼강) 유역으로 보인다.

『전한서』(권82하) 「지리지」의 현도군은 제2현도군이 분명한데, 군 이름의 주석에서 "무제 원봉 4년(기원전 107) 설치됐다. 왕망은 고구려를 하구려라고 불렀다武帝元封四年開. 高句驪莽曰下句驪"고 했다. "元封四年開"는 군의 개설을 의미하는 것으로 「지리지」의 다른 조에 그런 사례가 많다. 그런데 '開'를 뒤로 붙여 "고구려를 설치했다"고 읽으면 원봉 4년 고구려족의 거주지를 한의 영토로 흡수해 그곳에 새 군을 설치했다는 의미로 해석되고, 그런 해석 위에서 고구려족이 동가강 유역에 자리 잡은 것은 무제 원봉 4년 현도군 창설보다 앞선 일이라고 보는 견해도 있다.[1]

그러나 그런 주장은 근거가 잘못됐기 때문에 도저히 성립할 수 없다. 『전한서』 「지리지」의 원도군(현도군)은 제2현도군으로 불러야 하는 것으로 무제 때 창설된 옥저성의 현도군과는 완전히 다르다. 따라서 그 군 이름 아래 옛 군을 개설한 시기를 든 것은 「지리지」 편자의 잘못된 서술이다. 주석 뒷부분에서 "왕망은 고구려를 하구려라고 불렀다"고 한 것은 군의 수현이던 고구려현의 이름을 설명한 것으로 생각된다. 주석을 이어 "응소는 옛 진번과 조선을 오랑캐 나라라고 했다應劭曰, 故眞蕃·朝鮮胡國"고 했는데, 이 응소의 견해는 진번군의 위치를 연구한 한 논고에서 언급하겠다. 요컨대 고구려라는 이름은 제2현도군의 수현 이름에서 나타난 것이 가장 오래됐다.

그렇다면 고구려는 제2현도군이 설치되기 전 어느 무렵부터 동가강 유역에 자리 잡았던 것일까? 이 문제에 대해서는 먼저 고구려의 주몽 전설과 부여의 동명 전설을 살펴봐야 한다.

4. 고구려의 주몽 전설과 부여의 동명 전설

고구려 시조 주몽의 건국 전설은 앞서 잠깐 언급한 대로 광개토왕비에 기록된 것이 가장 오래됐다.

옛날 시조 추모(주몽)가 나라를 세우셨다. 왕은 북부여에서 태어났는데 천제의 아들이고 어머니는 하백의 따님이다. 알을 깨고 세상에 내려왔는데 태어날 때부터 성스러운 덕이 있었다. □□□□□□ 명령을 받고 남쪽으로 내려가다가 부여의 엄리대수를 지나게 됐다. 왕이 나루에서 말했다. "나는 천제의 아들이고 어머니는 하백의 따님인 추모왕이다. 나를 위해 갈대를 엮고 거북이를 떠오르게 하라." 그 말에 따라 즉시 갈대가 엮어지고 거북이들이 떠올라 건널 수 있게 됐다. 왕은 비류곡 홀본 서□산 위에 도읍을 세웠다. 惟昔始祖鄒牟王之創基也. 出自北夫餘, 天帝之子, 母河伯女郎. 剖卵降世, 生而有聖. □□□□□□命駕巡幸南下, 路由夫餘奄利大水. 王臨津言曰, 我是皇天之子, 母河伯女郎, 鄒牟王. 爲我連葭浮龜. 應聲卽爲連葭浮龜, 然後造渡. 於沸流谷忽本西□山上而建都焉.[2]

이 기록은 광대토왕의 공적을 기린 비문의 내용이기 때문에 전체적으로 기사가 간단한 것은 당연하다. 그다음으로 오래된 것은 장수왕 때 고구려인이 북위에 사신으로 가서 이야기한 것을 그대로 전한 것으로 생각되는 『위서』(권100) 「고구려열전」의 기록인데, 내용이 매우 풍부하다.

고구려는 부여에서 나왔는데, 자신의 선조가 주몽이라고 한다. 주몽의 어머니는 하백의 딸로 부여왕에게 잡혀 방에 갇혀 있었다. 해가 비치자 몸을 일으켜 피했지만 햇빛이 다시 따라와 비췄다. 얼마 뒤 아기를 가졌고 알 하나를 낳았는데, 크기가 닷 되만 했다. 부여왕은 그 알을 개에게 줬지만 먹지 않았고 돼지에게 줬지만 역시 먹지 않았다. 길에 버리자 소와 말이 피했다. 그 뒤 들판에 버리니 많은 새가 깃털로 알을 감쌌다. 부여왕은 그 알을 깨뜨리려고 했지만 그럴 수 없자 결국 그 어머니에게 돌려줬다. 그 어머니는 그 알을 싸서 따뜻한 곳에 뒀더니 사내아이 하나가 껍질을 깨뜨리고 나왔다. 그는 자라서 이름을 주몽이라고 했는데, 그 속언에 '주몽'은 활을 잘 쏜다는 뜻이다.

부여 사람들은 주몽이 사람에게서 태어나지 않았으니 앞으로 다른 뜻을 품을 것이라면서 그를 없애버리자고 주청했다. 왕은 듣지 않고 그에게 말을 기르도록 했다. 주몽은 늘 남몰래 시험해 좋은 말과 나쁜 말을 알아둔 뒤 잘 달리는 말은 먹이를 줄여 마르게 하고 느린 말은 잘 길러 살지게 했다. 부여왕은 살진 말은 자기가 타고 마른 말은 주몽에게 줬다. 그 뒤 사냥할 때 주몽은 활을 잘 쏜다는 이유로 [한 마리를 잡는데] 화살 하나로 제한했다. 주몽은 화살이 부족했지만 매우 많은 짐승을 잡았다.

부여의 신하들이 다시 그를 죽이려고 모의하자 주몽의 어머니는 알아차리고 주몽에게 말했다. "나라에서 너를 해치려고 한다. 너 같은 재주와 지략을 가진 사람은 아무 데고 멀리 떠나는 것이 좋을 것이다." 주몽은 오인·오위 등 두 사람과 함께 부여를 떠나 동남쪽으로 도망쳤다. 가는 길에 큰 강을 하나 만났는데, 건너려고 했지만 다리가 없었고 부여 사람들이 급박하게 추격해왔다. 주몽은 강에게 말했다. "나는 태양의 아들이자 하백의 외손이다. 지금 도주하고 있는데 추격하는 군사가 바짝 쫓아오니, 어떻게 하면 건널 수 있겠는가?" 그러자 물고기와 자라가 함께 떠올라 다리를 만들어줘 주몽은 건널 수 있었다. 물고기와 자라는 곧 흩어져 추격하던 기병들은 건너지 못했다. 주몽이 마침내 보술수에 이르렀을 때 우연히 세 사람을 만났는데, 한 사람은 베옷을, 한 사람은 무명옷을, 한 사람은 부들로 짠 옷을 입었다. 그들은 주몽과 함께 흘승골성에 이르러 마침내 정착하고 나라 이름을 고구려로 했으며 그것에 따라 성을 고씨라고 했다. 高句麗者出於夫餘, 自言先祖朱蒙. 朱蒙母河伯女, 爲夫餘王閉於室中. 爲日所照, 引身避之, 日影又逐. 旣而有孕, 生一卵, 大如五升. 夫餘王棄之與犬, 犬不食, 棄之與豕, 豕又不食. 棄之於路, 牛馬避之.

後棄之野, 衆鳥以毛茹之. 夫餘王割剖之, 不能破, 遂還其母. 其母以物裹之, 置
於暖處, 有一男破殼而出. 及其長也, 字之曰朱蒙, 其俗言朱蒙者, 善射也. 夫餘
人以朱蒙非人所生, 將有異志, 請除之. 王不聽, 命之養馬. 朱蒙每私試, 知有善
惡, 駿者減食令瘦, 駑者善養令肥. 夫餘王以肥者自乘, 以瘦者給朱蒙. 後狩于
田, 以朱蒙善射, 限之一矢. 朱蒙雖矢少, 殪獸甚多. 夫餘之臣又謀殺之, 朱蒙母
陰知, 告朱蒙曰, 國將害汝, 以汝才略, 宜遠適四方. 朱蒙乃與烏引·烏違等二人,
棄夫餘, 東南走. 中道遇一大水, 欲濟無梁, 夫餘人追之甚急. 朱蒙告水曰, 我是
日子, 河伯外孫, 今日逃走, 追兵垂及, 如何得濟. 於是魚鼈並浮, 爲之成橋, 朱蒙
得渡, 魚鼈乃解, 追騎不得渡. 朱蒙遂至普述水, 遇見三人, 其一人著麻衣, 一人
著納衣, 一人著水藻衣. 與朱蒙至紇升骨城, 遂居焉, 號曰高句麗, 因以爲氏焉.

『위서』의 이 기사에 보이는 보술수는 비문의 비류곡沸流谷에 해당한
다. 고구려의 거주지에서 비류수라는 이름은 『위지』(권30) 「고구려열
전」과 같은 책(권82) 「관구검열전」에 보이는데 지금의 동가강(혼강)에
비정된다는 것은 이미 정설이지만, 보술수라는 이름은 다른 자료에서
는 보이지 않는다. 둘 모두 같은 발음을 다르게 표기한 것으로 보술수
에서는 '술'자가 잘못 들어간 것이 아닐까 싶다.

『위서』의 흘승골성도 내용상 비문의 "홀본 서□산 위忽本西□山上"에
해당한다. 시라토리 박사는 이 흘승골성에 대해 '골'은 홀忽·구루溝溇
와 함께 성을 뜻하는 고구려어라고 봤다. 흘승은 『주서』(권49) 「고려열
전」에서는 흘두紇斗라고 씌어 있는데, 흘승과 흘두 모두 흘본紇本의 오
기로 흘본골성은 바로 홀본에 해당한다. 그리고 그 성은 원·명대 올랄
산성兀剌山城으로 알려진 회인현懷仁縣(지금의 환인현桓仁縣)에 가까운 동
가강 가의 오녀산성五女山城에 비정된다고 봤다.[3] 따를 만한 견해로 생

각된다.

『삼국사기』「고구려본기」에 실린 같은 이야기에는 후세의 윤색이 뚜렷한데, 『위서』와 비교하면 그 내용이 한층 풍부해졌다. 그러나 지금의 문제는 되도록 원형에 가까운 것을 찾으려는 것이므로 언급하지 않고 여기서는 원전에 대해 자세히 알고자 할 뿐이다. 다만 「고구려본기」의 이 설화와 『삼국사기』를 편찬할 때 존재했던 『구삼국사』「동명왕본기」의 관계는 뒤에서 서술하겠다.

부여와 관련해 그 이름이 중국 사서에 나타난 것은 다음 기사가 처음이다.

『사기』(권129) 「화식貨殖열전」 연燕 조: 북쪽으로는 오환·부여와 맞닿았고 동쪽으로는 예맥·조선·진번의 이익을 관할했다. 北隣烏桓·夫餘, 東縮穢貉·朝鮮·眞番之利.

곧 그들은 한대 이전부터 중국인 사이에 알려진 동북쪽의 주민이었다. 전한 말에는 앞서 인용한 「왕망열전」의 시건국 원년(9)과 4년(12)에도 고구려와 함께 그 이름이 보이지만 관련된 사항은 전혀 알 수 없고, 그들이 조금 알려지기 시작한 것은 후한부터다. 그들의 본거지가 동류 송화강東流松花江 남쪽에 펼쳐진 아십하阿什河(아륵초객阿勒楚喀*)의 평야로 생각된다는 것은 앞서 발표한 「부여고夫餘考」에서 자세히 설명했다. 그동안 일반적으로 이통하伊通河 유역에 소속된 농안農安 지방에 비정됐지만 동의하지 않는다.[4]

---

* 지금의 헤이룽장성黑龍江省 아청시阿城市.

『위지』「부여열전」 주석에 인용된 어환의 『위략』에 따르면 건국 설화는 부여에도 있었다. 곧 부여 시조 동명왕의 전설이다.

『**위략**』: 옛 기록이다. 예전 북쪽에 고리라는 나라가 있었다. 왕은 자신을 모시던 계집종이 아이를 갖자 죽이려고 했다. 계집종이 말했다. "달걀 같은 기운이 내려와 아이를 갖게 됐습니다." 그 뒤 아들을 낳자 왕은 돼지우리에 버렸는데 돼지들이 주둥이로 아이에게 숨결을 불어넣었다. 마구간에 버리자 말들이 입김을 불어넣어 죽지 않지 않았다. 왕은 그 아이가 하늘의 아들이 아닐까 생각해 그 어머니에게 거둬 기르게 하니 동명이라고 이름 짓고 늘 말을 돌보게 했다.

동명은 활을 잘 쐈는데, 왕은 자신의 나라를 빼앗길까 두려워 그를 죽이려고 했다. 동명은 남쪽으로 달아나 시엄수에 이르렀는데 활로 물을 치니 물고기와 자라가 다리를 만들어 건널 수 있었다. 건넌 뒤 물고기와 자라가 흩어지니 추격하던 군사들이 건너지 못했다. 동명은 그곳을 도읍으로 삼고 왕위에 올라 부여 땅을 다스렸다. 舊志又言, 昔北方有藁離之國者. 其王者侍婢有身, 王欲殺之. 婢云, 有氣如雞子來下, 我故有身. 後生子, 王捐之於溷中, 豬以喙噓之. 徙至馬閑, 馬以氣噓之, 不死. 王疑以爲天子也, 乃令其母收畜之, 名曰東明. 常令牧馬. 東明善射, 王恐奪其國也, 欲殺之. 東明走, 南至施掩水, 以弓擊水, 魚鱉浮爲橋, 東明得度, 魚鱉乃解散, 追兵不得渡. 東明因都, 王夫餘之地.

『위략』을 지은 어환은 위 명제明帝(재위 226~239) 때 사람이다. 그는 이른바 '옛 기록舊志'을 바탕으로 이 설화를 수록했지만 그 '옛 기록'을 누가 지었는지는 밝히지 않아 지금은 알 수 없다. 그러나 같은 설화는 왕충王充의 『논형論衡』(권2) 「길험吉驗」 편에도 실려 있는데, 전체 내용은 거의 같고 고리가 탁리橐離, 시엄수가 엄사수淹㴲水로 돼 있는 것 정도만 다르다.5 『논형』의 전거도 '옛 기록舊志'이라고 불린 책이었을 것으로 추정된다. 그리고 『논형』(권30) 「자기自紀」 편과 『후한서』(권79) 「왕충열전」에 따르면 왕충은 후한 광무제 건무 3년(27)에 태어나 화제 영원 연간(89~104)에 세상을 떠났으므로 '옛 기록'의 편찬 연대는 후한 초보다 내려가지는 않는다. 따라서 부여인 사이에 이런 건국 설화가 퍼진 것은 전한前漢이나 그 이전부터로 봐야 한다.

이 전설을 앞서 본 고구려의 건국 전설과 비교하면 국명·인명·지명을 빼고 모두 같다고 해도 좋을 만큼 아주 비슷하다. 그러나 고구려의 건국 설화에서는 어떤 여자가 햇빛이 따라와 비쳐 임신해 큰 알을 낳았다고 했지만, 부여의 건국 설화에서는 어떤 여자가 하늘에서 내려온 달걀 같은 기운을 받아 아이를 가졌다고 했다. 이런 사항은 조금 다르지만 뒤쪽에 나타난 사상은 매우 중국적이기 때문에 이것은 그 설화를 전해들은 사람이 있고 중국인이 그것을 서술하면서 왜곡한 것으로 생각된다. 곧 부여의 동명왕 설화도 그 원형은 고구려의 주몽 설화와 마찬가지로 난생卵生 전설이었다고 봐도 괜찮다.

부여와 고구려의 건국 전설이 이처럼 매우 비슷한 것과 관련해 먼저 생각해봐야 할 것은 두 나라의 시조라고 한 동명과 주몽이 같은 인물인가 하는 것이다. 『삼국사기』 「고구려본기」에서는 주몽에 대해 "시조 동명성왕은 성이 고씨이고 이름은 주몽始祖東明聖王, 姓高氏, 諱朱蒙"이라고 하고, 부여의 동명왕을 고구려의 시조라고 했다. 그리고 동명과 주몽은 발음이 어느 정도 비슷하기 때문에 후대에 이 기록에 따른 논자들도 적지 않다. 고 시라토리 박사도 그 가운데 한 사람이다.

그러나 다른 문헌을 널리 살펴보면 고구려 시조의 이름은 광개토왕비에는 추모鄒牟로 돼 있고 일본의 『신찬성씨록新撰姓氏錄』(권24) 「우경제번右京諸蕃」과 같은 책(권25) 「산성국제번山城國諸蕃」에서도 같은 이름으로 서술했다("고려국주 추모왕高麗國主鄒牟王"). 『위서』(권100) 「고구려열전」, 『주서』(권49) 「고려열전」, 『수서』(권81) 「고려열전」에는 주몽, 『삼국사기』 「신라본기」 문무왕 10년(670) 조에는 중모中牟, 『일본서기』 덴지天智 천황 7년(668) 10월 조에는 중모仲牟라고 돼 있다. 특히 『신찬성씨록』에서는 추모왕에 대해 "주몽이라고도 한다一名朱蒙"고 주기했다. 그리고 이런 추모·주몽·중모中牟·仲牟는 모두 같은 발음을 다른 글자로 표기한 것이지만 동명이라고 부른 사례는 하나도 없다.

아울러 『양서梁書』(권45) 「고구려열전」의 첫머리에서는 다음과 같이 서술했다.

고구려는 그 선조가 동명에서 나왔다. 동명은 본래 북이 탁리왕의 아들이다. 高句驪者, 其先出自東明. 東明本北夷橐離王之子.

그리고 부여 시조 동명왕의 전설을 『위략』이나 『논형』에서 옮겨 실은 뒤 끝에 다음과 같이 덧붙였다.

그 후손의 한 지파가 따로 고구려의 종족이 됐다. 其後支別爲句驪種也.

그러므로 『양서』의 편자도 고구려의 시조와 부여의 동명왕을 같은 인물로 본 것이 아니다. 곧 이것은 『위서』 「고구려열전」에서 "고구려는 부여에서 나왔다高句麗者出於夫餘"고 한 것과 동일하다. 그렇다면 동명과

주몽은 전설의 주인공으로도 별개의 사람이어서 그것을 같은 인물로
본 『삼국사기』 「고구려본기」의 기록은 채택하기 어려울 수밖에 없다.

고려 때의 이규보李奎報는 『삼국사기』를 편찬한 김부식보다 조금 뒷
시대의 문장가다. 그에 따르면 『삼국사기』를 편찬하는 데 자료가 된
옛 사서 가운데 『구삼국사舊三國史』가 있고 거기에는 「동명왕본기」라는
부분이 있다. 이 옛 사서는 그 뒤 언젠가 없어졌지만 「동명왕본기」의
일부는 다행히도 이규보의 시 「동명왕편과 서문東明王篇幷序」에 인용돼
지금까지 전해진다.

지난 계축년(명종 23년, 1193) 4월 『구삼국사』를 얻어 「동명왕본기」를 보
니 그 신이한 사적이 세상에서 말하는 것보다 더했다. 처음에는 믿지 못
해 귀신이나 환상으로만 여겼는데, 세 번 읽어 그 근원에 조금씩 들어가
니 환상이 아니고 성스러움이며 귀신이 아니고 신령한 행적이었다. 하
물며 국사는 사실을 그대로 쓴 책이니 어찌 망령된 일을 실었겠는가?
김부식 공은 국사를 다시 편찬하면서 그 일을 많이 생략했는데, 국사는
세상을 바로잡는 책이므로 아주 이상한 일은 후세에 보일 수 없다고 생
각해 그런 것이 아니겠는가? 越癸丑四月, 得舊三國史, 見東明王本紀, 其神
異之迹, 踰世之所說者. 然亦初不能信之, 意以爲鬼幻, 及三復耽味, 漸涉其源,
非幻也, 乃聖也, 非鬼也, 乃神也. 況國史直筆之書, 豈妄傳之哉. 金公富軾重撰
國史, 頗略其事, 意者公以爲國史矯世之書, 不可以大異之事爲示於後世而略
之耶.

이것을 검토하면 이규보도 말한 것처럼 『삼국사기』에 실린 고구려
의 건국 전설은 주로 『구삼국사』의 「동명왕본기」를 따르고 그 가운데

매우 허황된 부분만 삭제했을 뿐이다.6 이렇게 보면 고구려의 시조 주몽과 부여의 시조 동명왕을 같은 인물로 본 것은 찬자가 밝혀지지 않은 『구삼국사』이고, 고구려 때는 아직 그렇게 말한 기록이 없었던 것이다. 『구삼국사』의 편찬 연대는 명확히 알 수 없다. 그러나 삼국의 역사를 다뤘으므로 신라가 통일을 이룬 뒤의 기록임은 말할 필요도 없으니 앞서의 서술과 연결해 고구려 때는 두 나라의 시조가 혼동되지 않았다고 말할 수 있다. 그러므로 부여의 동명 전설과 고구려의 주몽 전설은 분명히 구별해 생각해야 한다.

다음으로 고구려와 부여의 민족적 관계를 살펴보면 앞서 인용한 『위서』 「고구려열전」의 첫머리에서 "고구려는 부여에서 나왔다"고 했다. 그렇다면 앞서 서술한 대로 고구려와 부여의 건국 전설이 뚜렷이 일치하는 것과 함께 고구려 건국 전설의 내용은 부여와 고구려가 본래 같은 민족이었다는 『위서』의 이 기록을 확실하게 증명하는 것일까? 민족은 이동하지 않았지만 한 민족에서 발생한 전설이 다른 민족에게 전파된 사례는 역사에서 많이 볼 수 있으므로 두 민족 가운데 어느 쪽이 본류이고 어느 쪽이 지류인지는 전설의 유사성만으로 결정되는 것은 아니다.

또 고구려의 건국 전설, 곧 광개토왕비와 『위서』 「고구려열전」에 기록된 주몽(추모) 이야기는 고구려인이 자신들의 과거와 본질적 관계가 없는 동명 전설을 부여에서 가져와 고유의 인명·지명 등을 적절히 고쳐 그대로 제 나라의 전설로 만든 것이며, 고구려의 건국 유래를 설명한 것으로서는 완전히 설화인지도 모른다. 그러나 한편으로 그 구조에는 부여의 동명 전설과 마찬가지로 설화적 모습이 뚜렷이 나타나 있지만 그 가운데 약간의 역사적 사실이 포함돼 있다고도 생각된다.

고구려와 부여의 민족적 관계를 서술한 옛 기록에서 다음 부분은 특히 주의를 끈다.

『위지』「고구려열전」: 동이의 옛 말에 따르면 [고구려는] 부여의 다른 종족으로 말과 여러 일은 부여와 같지만 기질과 의복은 다르다. 東夷舊語, 以爲夫餘別種, 言語諸事, 多與夫餘同, 其性氣·衣服有異.

그러나 이것은 삼국시대의 동이 — 고구려인 — 가 예부터 스스로 부여의 다른 종족이라고 말했다는 것일 뿐 실제로 그랬는지는 알 수 없다. 다만 이 기사에 따르면 『위서』「고구려열전」에서 "고구려는 부여에서 나왔다"면서 첫머리를 시작해 주몽의 건국 전설을 기록한 것보다 앞서 5세기 초인 동진 말 광개토왕비에 처음 기록된 고구려의 건국 전설, 곧 그 시조가 부여에서 나왔다고 한 전설을 3세기 전반인 삼국시대까지 끌어올릴 수는 있다.

요컨대 주몽의 건국 전설의 내용과 그 전설이 동명 전설과 일치한다는 것에서 곧바로 고구려와 부여의 민족적 관계를 인정하는 것은 결코 학문적 태도가 아니다. 그러나 그것을 쉽게 부인할 수도 없다고 생각된다.

5. 고구려의 건국과 한사군

고구려의 주몽 전설과 부여의 동명 전설의 관계, 그리고 전자의 내용은 앞 장에서 서술한 것처럼 생각되지만, 역사적 사실로서 고구려 건국의 상황이 어땠는가 하는 문제는 전설의 해석이 어느 한쪽으로 정리돼야 한다. 곧 고구려가 동가강(비류수) 유역을 침입해 새 나라를 세운 외래의 부족이라면 주몽의 건국 전설 내용에는 역사적 사실이 반영돼 있다고 해야 하고, 고구려가 동가강 유역을 본래의 거주지로 한 토착 부족이고 거기서 조금씩 두각을 나타냈다면 그 건국 전설은 부여에서 가져온 동명 전설을 되살린 것일 뿐이라고 해야 한다. 그리고 그 건국 연대가 언제였다고 해도 이런 두 경우 밖에 따로 세 번째 경우를 상상할 수는 없다고 여겨진다.

전한 무제 원봉 3년(기원전 108) 위만 조선의 옛 땅에 설치된 4군 가운데 하나는 진번군인데, 군 이름의 유래가 된 그곳의 대표적 토착 종족은 임둔족臨屯族과 마찬가지로 진번족이었다. 진번군의 위치에 대해서는 남재설과 북재설이 대립하고 있는데, 전한 소제 원봉 6년(기원전 75) 이전 어느 시기부터 고구려족의 본거지가 된 것으로 보이는 동가강 유역에 진번군의 15현이 설치됐다고 보는 것이 북재설이다.

지금 일단 이 학설을 따르고 만약 고구려족의 본래 거주지도 같은 지방이었다고 보면 그들은 진번족을 능가하는 세력을 지니게 되고, 아울러 진번군이 존립할 수 없을 만큼 우세하게 된 것은 군이 설치된 뒤 26년 안에 일어난 정세 변화로 볼 수밖에 없다. 진번군 북재설을 수긍하면 『전한서』(권7) 「소제본기」 시원 5년(기원전 82) "담이군과 진번군을 폐지했다"고 명기된 진번군 폐지 사실은 고구려족이 흥기하면서 군이 멸망한 것으로 해석할 수 있다고 생각되기 때문이다. 시원 5년은 원봉 3년(기원전 108)부터 26년 뒤다. 그러나 그런 정세 변동은 그 성격상 한의 군현 통치가 이름만 남게 된 것이 아닌 한 서로 용납되지 않는 것이고 시간이 비교적 짧다는 점에서 봐도 쉽게 수긍되지 않는다고 할 수밖에 없다.

그렇다면 다시 진번군 북재설을 긍정해 고구려를 외래 부족으로 보고 군의 폐지는 이 부족의 침입과 공격과 건국을 뜻하는 것으로 생각하면 어떨까? 진번군이 폐지되고 7년 뒤 소제 원봉 6년(기원전 75) 제2현도군이 설치된 곳은 동가강 유역과 분수산맥을 사이에 두고 서로 맞닿은 소자하 상류였다. 따라서 지금 상상한 것 같은 변화 아래서는 그것에 대한 즉각적 조처로서 헛되이 진번군을 폐지하지 않고 그 7년 뒤에야 제2현도군을 설치하지도 않으며, 곧바로 진번군을 소자하 상류로 옮겨 그것을 요동군의 전위前衛로 삼아 새로 일어난 고구려를 억제하는 것이 당연하지 않았을까? 그러나 진번군의 폐지와 동시에 그런 조처가 시행된 흔적은 없고 그 뒤 진번 또는 진번군의 이름은 역사에서 자취를 감췄을 뿐이다. 요컨대 본래 거주지가 어디였다고 해도 고구려는 소제 원봉 6년 이전 어느 때부터 동가강 유역에서 세력을 얻은 것이 거의 분명하므로 당시의 그들과 그곳의 진번군의 존재를 연결해 설명할 수는 없다. 이런 이유에서 나는 진번군 북재설에 동의하지 않는다.

동해안의 함흥에 처음 설치된 현도군과 요동의 동쪽 변경 소자하 상류의 제2현도군의 관계는 『위지』(권30) 「동옥저열전」에서 다음과 같이 서술했다.

그 뒤 이맥의 침략을 받아 군을 구려의 서북쪽으로 옮겼는데, 지금 옛 현도부라고 하는 곳이다. 옥저(제1현도군의 치소인 옥저성)는 다시 낙랑에 소속됐다.

이것은 말할 것도 없이 삼국시대에 쓰인 기사로 제2현도군의 소재를 보여주는 "구려 서북쪽"의 '구려'도 같은 시대의 고구려를 말하는 것이다. 다만 전한 때 군을 이전한 사정을 이맥 — 함흥 지방의 남옥저나 그 남쪽에 이웃한 동예를 가리키는 것으로 생각된다 — 의 침입으로 돌린 것은 의심스럽기 때문에[7] 나는 제2현도군과 그 속현을 연구한 논문에서 그것을 지적했으며, 제2현도군이 설치될 때 상류 지역을 선택한 까닭은 제1현도군과 임둔군이 폐지(낙랑군에 병합)된 까닭과 함께 따로 고찰해야 할 문제이므로 일단 남겨둔다.[8]

지금 이 문제를 진번족이나 진번군과 무관한 동가강 유역에서 고구려족이 흥기한 사실과 연결해 생각하면 중요한 사실이 밝혀진다. 곧 제2현도군의 세 속현 가운데 하나인 고구려현의 이름에서 추측할 수 있는 고구려족이 흥기한 사실은 삼국시대의 고구려인에게 퍼져 있던 "부여의 다른 종족"이라는 구전과, 그 뒤 전승된 것으로서 그 왕실의 시조 추모가 북부여에서 내려와 비류곡(동가강)의 "홀본 서□산 위에"(환인의 오녀산성?) 도읍했다고 한 광개토왕비의 건국 전설, 그리고 그것과 거의 같은 내용을 서술한 『위서』「고구려열전」을 매우 잘 연결하는 것으로 부여에서 내려온 고구려족이 동가강 유역을 차지했다는 것이 될 수밖에 없다. 여기서 나는 주몽의 건국 전설에 역사적 사실이 반영돼 있음을 긍정하는 동시에 그 구조가 부여의 동명 전설과 일치하는 것은 민족의 본류와 지류 관계 때문에 나타난 것으로 생각한다.

그리고 고구려족의 남하는 제2현도군 설치 직전에 일어난 사건이 분명하고, 그 군을 설치한 목적은 그것을 요동군의 전위로 삼아 만리장성 밖에서 새로 일어난 이 이족夷族을 제어하려는 데 있었으며, 같은 때 제1현도군과 임둔군을 낙랑군에 병합한 목적도 그런 변화에 대응해 군현 통치를 강화하려는 것이었다고 생각된다. 제1현도군의 중심인 옥저성(함흥)은 개마대산으로 불린 줄기산맥(백두산의 남쪽 줄기)을 가로지르는 자연적 도로를 이용해 쉽게 압록강 중류나 동가강 방면으로 세력을 미칠 수 있는 곳이었기 때문에 — 후한 시대에는 고구려의 세력이 그곳까지 확대됐다[9] — 그곳을 '영동 7현'이라고 부른 동해안의 특별한 행정구역 안에 편입하고 옥저성 이하 7현을 다스린 낙랑군 동부도위를 새로 설치한 조처 등은[10] 바로 군현 통치를 강화한 것이었다. 요컨대 무제가 4군을 설치한 33년 뒤인 소제 원봉 6년(기원전 75)한은 이미 7년 전(시원 5년, 기원전 82)에 폐지한 진번군 외의 3군을 병합하는 동시에 옥저성의 현도군 이름을 이은 제2현도군을 요동 동쪽 변방에 새로 설치했는데, 그것은 고구려족이 동가강 유역을 차지하면서 나타난 정세 변화에 대응해 군현을 변혁한 조처로 봐야 한다.

부여는 북만주의 아십하 평야를 본거지로 삼고 이통하와 휘발하輝發河 유역도 그 영토의 일부였던 것으로 생각되는데, 이런 지방과 동가강 유역의 교통은 매우 쉬워 명대 만주 지방에서 크고 작은 여진 부족들이 할거했을 때 건주위의 추장 이만충李滿充은 북방 부족의 침입을 받아 휘발하 유역에서 당시 파저강婆猪江으로 불리던 동가강 유역으로 옮겨간 사례도 있으므로 부여족의 일부가 남하한 것은 실제로 있을 수 있다고 생각된다. 그러므로 전한 소제 원봉 4~5년 어떤 사정에 따라 송화강 유역에서 남하한 부여족의 한 세력이 요동군과 한반도 4군의 통치 밖에 있던 동가강 유역을 차지하고 그곳에 고구려를 건국한 것으로 보인다. 그러나 주몽(추모)은 전설의 주인공이었고 실제의 시조로 볼 수는 없다.

1941년 1월 3일 탈고(『동양학보』 28권 2호)

[보정]

무제가 창설한 현도군이 이전된 사정과 장소는 『위지』「동옥저열전」에서 다음과 같이 말했다.

그 뒤 이맥의 침략을 받아 구려의 서북쪽으로 옮겼는데, 지금 옛 현도부라고 하는 곳이다. 옥저는 다시 낙랑에 소속됐다.

옮겨간 장소를 보여주는 '구려의 서북쪽'의 구려는 삼국시대 동가강 유역을 차지한 당시의 고구려를 가리키는 것이고 "지금 옛 현도부라고 하는 곳"이라는 것도 삼국시대에는 옛 현도군의 치소였던 당시의 상태를 말한 것이다(삼국시대의 현도군 치소는 제3현도군 치소라고 불러야 하는 곳으로 지금의 무순이다). 그리고 그곳은 요동의 동쪽 변방인 지금의 노성 부근에 비정된다(졸고 「요동의 현도군과 그 속현」 2장). 또 이전된 시기는 『전한서』「소제본기」 원봉 6년(기원전 75) 정월 "군국의 무리를 모아 요동에 현도성을 쌓았다"고 했는데, 4군을 창설한 33년 뒤인 그해에 처음 이전한 것이 분명하다.

그렇다면 이전된 까닭은 무엇인가? 나는 앞서 「요동의 현도군과 그 속현」이라는 논문과 고구려의 건국을 주제로 한 이 논문을 쓸 때 앞의 『위지』「동옥저열전」에서 이맥의 침략을 받았기 때문이라고 한 것을 의심하고 「요동의 현도군과 그 속현」 1장에서 "뒷사람의 억측에서 나온 것으로 생각한다"고 했으며, 이 논문 5장의 내용도 그런 생각에 따라 구성했다. 그런데 최근 「진번군고」를 집필하다가 우연히 그 부분을 읽고 예전의 잘못을 깨달아 옥저성의 현도군을 침범해 그것을 노성으로 옮기게 만든 '이맥'은 북만주 지방의 부여에서 남하해 동가강 유역을 차지한 고구려족이라고 생각을 고치게 됐다. 그런 판단은 앞 논문 끝부분에 보정을 덧붙여 밝혔다.

이전한 뒤 요동의 현도군, 곧 예전의 이름만 이어받은 새 군(제2현도군)의 수현은 고구려현인데, 이 이름 — 고구려의 이름이 중국의 확실한 사료에 나타나는 것은 이것이 처음이다 — 과 함께 현도군 치소의 위치 — 동가강 유역과 맞닿은 요동의 동쪽 변방 — 에서 추측할 수 있는 고구려의 동가강 유역 점령은 제2현도군 설치 직전의 사실이 분명하며, 또 그 군이 설치된 것과 동시에 제1현도군과 임둔군이 낙랑군에 병합되고 옥저성 이하 이른바 영동 7현을 관할한 낙랑 동부도위가 신설된 것은 이 논문 5장에서 서술한 대로 신흥 세력에 맞서 요동군의 전위로서 새 군을 설치해 군현 통치를 강화하려는 목적으로 생각되지만, 그런 변화가 이뤄지기 전 제1현도군 치소가 고구려의 침략을 받은 사실도 그 요인으로 간과해서는 안 된다.

고구려는 맥貊(貉)으로도 불렸다. 곧 이 논문 3장에서 인용한 『전한서』「왕망열전」에서 고구려를 '맥인'으로 불렀고, 아래 기록처럼 제1현도군을 침략한 이맥이 고구려임은 이름에서도 분명하다.

『위지』(권30)「고구려열전」: 고구려는 대수 유역에 나라를 세워 거주했다. 서안평현(지금의 구련성) 북쪽에 소수가 있는데 남쪽으로 흘러 바다로 들어간다. 구려의 다른 종족은 소수 유역에 나라를 세웠기 때문에 소수맥이라고 불렸다. 좋은 활이 나는데 맥궁이 그것이다. 高句麗作國, 依大水而居. 西安平縣北有小水, 南流入海. 句麗別種依小水作國, 因名之爲小水貊. 出好弓, 所謂貊弓是也.

부여에서 남하해 동가강 유역에 자리 잡은 강력한 고구려는 다시 장진강이 관통하는 고원을 돌파하고 황초령 아래의 함흥평야로 가서 옥저성을 침범한 것으로 생각된다 ─ 이 도로는 무제 원삭元朔 1~2년 (기원전 128~127) 창해군蒼海郡(지금의 함경남도 영흥) 설치 계획에 따라 개설된 것으로 공사 규모가 컸기 때문에 중단됐지만 4군을 설치한 뒤에는 개통된 것으로 생각된다. 그러나 그것은 일시적인 일이 분명했고, 앞서 인용한 「동옥저열전」에서도 "옥저는 다시 낙랑에 소속됐다"고 한 것처럼 이 사건 뒤 3군이 병합될 때 옥저성은 영동 7현의 하나로 낙랑군 동부도위의 관할 아래 들어갔다. 고구려의 건국을 뜻하는 그 이족夷族이 동가강 유역을 차지한 시기는 제2현도군의 성을 쌓은 것이 소제 원봉 6년(기원전 75) 정월이었다는 것에서 미뤄 그 전해, 곧 원봉 5년(기원전 76)이었음이 거의 분명하다.

5편
진번군의 위치에 대해

1. 머리말

전한 무제는 원봉 3년(기원전 108) 위만 조선을 멸망시키고 그곳을 4군으로 나눠 중국과 동일한 군현제를 실시했다.『전한서』(권95)「조선열전」에서 "마침내 조선을 평정하고 진번군·임둔군·낙랑군·현도군의 4군을 설치했다"고 했는데, 이 논문 제목의 진번군은 그 하나다.

무제가 설치한 4군은 다음 소제 때 뚜렷이 변화했다. 4군 설치 26년 뒤인 소제 시원 5년(기원전 82) 진번군이 폐지된 것이다. 그것은 『전한서』「소제본기」에 기록된 대로 남월 9군의 하나인 담이군(지금의 해남도)을 폐지한 것과 같은 때 이뤄졌다. 다시 7년 뒤인 소제 원봉 6년(기원전 75) 나머지 3군인 현도·임둔·낙랑이 병합되고 현도군은 따로 요동군의 동쪽 변방에 설치된 새 군의 이름이 됨으로써(그것을 제2현도군으로 불러 처음 설치된 현도군과 구별하겠다) 한반도 안에 있던 낙랑군은 한반도 남부의 한족韓族의 거주지를 제외한 나머지 대부분을 관할하는 유일한 큰 군이 됐다. 낙랑군의 '동부'와 '남부'를 특별 구역으로 만들고 각각 도위라는 관직을 둬 관할하게 한 것도 이런 변화가 이뤄진 무렵이었다.

앞서 발표한 「전한 소제의 4군 폐합과 『후한서』의 기사」[1]는 이런 변화의 사실을 연구한 것으로 『전한서』 본기와 『위지』 「동이열전」의 기록을 증거로 삼아 『후한서』 「동이열전」의 관련 기사를 비판하고 상세히 고찰했다. 3군 병합 이전 현도군과 임둔군의 강역은 그 논문에서, 낙랑군의 강역은 곧이어 집필한 「낙랑군고」[2]에서 연구했는데 결론을 말하면 현도군은 함경남도 함흥을 중심으로 하고 성천강이 관통해 흐르는 옛 함흥군 ― 1913년 신흥군이 나눠 설치되기 전 ― 의 관내 지역을 다스렸고, 임둔군은 강원도 강릉을 중심으로 삼아 강원도 일대와 함경남도 정평 이남 지역을 관할했으며, 낙랑군은 평양을 중심으로 평안남·북도·황해도·경기도·충청북도를 다스린 것으로 생각된다. 그리고 낙랑군이 설치된 이런 지방은 고조선에서는 그 본토라고 부를 만한 부분이었다.

그렇다면 시원 5년(기원전 82) 단독으로 폐지된 진번군은 어땠는가? 이 군에 대해서는 그것이 15현을 다스렸다고 한 것밖에 강역을 추정할 수 있는 방법이 없을 뿐 아니라 그 위치도 의문스럽다. 그러나 나는 앞서 『사원史苑』에 실은 「한·위·진의 현도군과 고구려漢·魏·晉の玄菟郡と高句麗」라는 짧은 논문의 1장에서 내 생각의 일부를 다음과 같이 서술했다.[3]

진번군의 위치와 관련해서는 북재설과 남재설이 있다. 북재설은 압록강 이북에 있는 동가강(혼강) 유역, 곧 양평襄平(지금의 요양)을 중심으로 한 요동군 — 진 시황제 때부터 있었다 — 동쪽의 분수령 바깥에 있었다는 주장으로 메이지 말년에 발표된 시라토리 구라키치 박사의 견해가 대표적이다.[4] 반면 해당 지방을 완전히 반대 방면, 곧 낙랑군이 관할한 평안남북도·황해도·경기도 등을 사이에 두고 그 남쪽인 충청도와 전라북도 방면에 비정한 것은 1916년 발표된 고 이마니시 류 박사의 견해로 이른바 진번군 남재설을 대표한다.[5] 그리고 이런 두 학설은 그 뒤 서로 논쟁도 없고 대립의 모습도 없이 오늘에 이르렀지만, 전자의 주요 논거는 이른바 형세론에 있는 반면 후자는 상당히 유력한 문헌적 증거를 바탕으로 하고 있기 때문에 나는 북재설을 부정하고 남재설을 지지한다.

혼강(동가강) 유역에서 고구려가 건국한 사실을 고찰한 졸고 「고구려의 건국 전설과 역사상의 사실」의 5장에서도[6] 진번군의 문제를 조금 언급했다.

요컨대 본래 거주지가 어디였다고 해도 고구려는 소제 원봉 6년(기원전 75) 이전 어느 때부터 동가강 유역에서 세력을 얻은 것이 거의 분명하므로 당시의 그들과 그곳의 진번군의 존재를 연결해 설명할 수는 없다. 이런 이유에서 나는 진번군 북재설에 동의하지 않는다.

진번군 남재설과 북재설에서 어느 쪽을 선택할 것인지와 관련해 나는 이런 견해를 오랫동안 가져왔다. 아래는 그 까닭을 설명한 것이다.

2. 『사기』 「조선열전」의 조선과 진번

『사기』(권115) 「조선열전」은 무제의 조선 정벌을 기록한 주요 사료로 그 첫 부분에는 위만 조선의 유래가 서술돼 있다. 그것에 따르면 진번은 전국시대 연燕 시기부터 조선과 함께 알려진 만이蠻夷의 한 부족으로 기자·위만 조선과 경계를 맞대고 무제가 정벌할 무렵까지 존재했다.

『사기』「조선열전」: 조선왕 위만은 옛 연 사람이다. 연의 전성기부터 진번·초선을 침략해 복속시켜 관원을 두고 장새를 쌓았다. 진이 연을 멸망시키자 조선은 요동의 변방 지역에 속하게 됐다. 한은 건국한 뒤 그곳이 멀고 지키기 어려웠기 때문에 요동의 옛 요새를 수리해 패수를 경계로 삼고 연에 소속시켰다. 한은 건국한 뒤 그곳이 멀고 지키기 어렵다는 이유로 요동의 옛 요새를 수리해 패수를 경계로 삼고 연에 소속시켰다. 연왕 노관이 반란을 일으킨 뒤 흉노로 도망가자 위만은 무리 1000여 명을 모아 망명했는데 상투를 틀고 오랑캐 옷을 입었으며 동쪽으로 도망쳐 요새를 나와 패수를 건너 진의 옛 빈 땅 상하장에 거주했다. 그는 점차 진번·조선의 만이와 옛 연·제에서 망명한 사람들을 복속시켜 왕이 돼 왕험에 도읍했다.

이때는 효혜제와 고후 때로 천하가 처음 안정됐다. 요동태수는 위만을 바깥 지역의 신하로 삼아 만리장성 밖의 오랑캐를 막아 변방을 침략하지 못하게 하고 여러 오랑캐의 군장이 천자를 알현하고자 하면 막지 말도록 약속했다. 이런 내용을 보고하니 천자는 허락했다. 그 결과 위만은 군사와 재물을 얻게 돼 그 주변의 작은 읍들을 침략해 항복시켰다. 진번·임둔이 모두 와서 복속하니 [영토가] 사방 수천 리에 이르렀다. 아들을 거쳐 손자 우거 때 이르러서는 한에서 유인해 망명시킨 사람이 더욱 많아졌으며, 그동안 천자를 알현하지도 않았다. 진번 추위의 여러 나라가 글을 올려 천자를 알현하고자 했지만 그것도 막아 오가지 못하게 했다(이하는 무제의 정벌에 관련된 기사다). 朝鮮王滿者, 故燕人也. 自始全燕時, 嘗略屬眞番·朝鮮, 爲置吏築鄣塞. 秦滅燕, 屬遼東外徼. 漢興, 爲其遠難守, 復修遼東故塞, 至浿水爲界, 屬燕. 漢興, 爲遠難守, 復修遼東故塞, 至浿水爲界, 屬燕. 燕王盧綰反入匈奴, 滿亡命, 聚黨千餘人, 魋結蠻夷服而東走出塞, 度浿水, 居秦故空地, 上下鄣. 稍役屬眞番·朝鮮蠻夷及故燕·齊亡命者, 王之, 都王險. 會孝惠·高后, 天下初定. 遼東太守卽約滿爲外臣, 保塞外蠻夷, 無使盜邊, 諸蠻夷君長欲入見天子, 勿得禁止. 以聞, 上許之. 以故滿得兵威·財物, 侵降其旁小邑. 眞番·臨屯皆來服屬, 方數千里. 傳子至孫右渠, 所誘漢亡人滋多, 又未嘗入見. 眞番旁衆國欲上書見天子, 又擁閼不通.

무제의 정벌 결과 설치된 4군의 하나인 진번군은 이 진번족의 이름에서 따온 것이 분명하다. 특히 본문에서 밝혀야 할 것이 있고 그 밖의 부분에도 약간의 설명이 필요하다. 전국시대 6국의 하나인 연은 그 전성기에 요동 지방을 장악한 것은 물론이고 진번과 조선도 복속시켰다고 했다.

• 『사기』(권129) 「화식貨殖열전」: 연 또한 발해와 갈석산 사이에 있는 도회지다. (…) 북쪽으로는 오환·부여와 인접했고 동쪽으로 예맥·조선·진번과 교류해 이익을 얻었다. 夫燕亦勃·碣之間一都會也. (…) 北隣烏桓·夫餘, 東綰穢貉·朝鮮·眞番之利.

• **『전한서』**(권28 하) **「지리지」 연 부분**: 계(중국 북부에 있는 연의 도성)는 남쪽으로 제·조와 연결되고 발해·갈석산 사이에 있는 도회지다. (…) 북쪽으로 오환·부여와 인접했으며 동쪽으로 진번과 교역해 이익을 얻었다. 薊, 南通齊·趙, 勃·碣之間一都會也. (…) 北隙烏丸·夫餘, 東賈眞番之利.

그러나 그것은 연이 이 두 나라에서 경제적 이익을 얻었다는 뜻이고 "복속시켰다"는 것은 과장된 표현으로 생각된다(두 번째 기사는 첫 번째 기사를 바탕으로 한 것이다). 6국을 통일한 진은 연의 요동 지역에 요동군을 설치하고 진번·조선을 그 변방 지역으로 만들었으며 얼마 뒤 한이 일어나 노관을 연왕에 책봉했지만 요동 방면에서는 패수(지금의 압록강)를 국경으로 삼았다고 한 것은[7] 정치적으로는 세력을 미치지 못했던 전국시대 연의 상태를 이어받았다고 봐야 한다. 그런데 고조 말년 노관이 한을 배반하고 흉노에 투항하자 연 사람 위만은 망명해 동쪽으로 만리장성을 넘어 패수를 건너 진의 옛 빈 땅 상하장에 자리 잡았다(위만은 요동에 살던 연 사람으로 생각된다). 『위지』(권30) 「한전」 주석에 인용된 어환의 『위략』에서는 동일한 사실을 다음과 같이 서술했다.

노관이 반란을 일으킨 뒤 흉노로 도망치자 연 사람 위만은 오랑캐 옷을 입고 망명해 동쪽으로 취수(패수의 오기)를 건너 준왕(조선왕 기준箕準)에게 가서 항복했다. 그는 서쪽 경계에 살게 해달라면서 중국에서 망명한 사람들을 거둬 조선의 울타리가 되겠다고 준왕을 설득했다. 준왕은 그를 믿고 총애해 박사에 임명하고 규*를 하사하고 100리의 땅을 줘 서쪽 변경을 지키게 했다. 及漢, 以盧綰爲燕王, 朝鮮與燕界於溴水. 及綰反入匈奴, 燕人衛滿亡命爲胡服, 東度溴水, 詣準降. 說準求居西界, 收中國亡命, 爲朝鮮藩屛. 準信寵之, 拜爲博士, 賜以圭, 封之百里, 令守西邊.

여기서는 위만이 조선왕 기준에게 그곳에 살게 해달라고 요청해 허락받은 봉토를 그 나라의 서쪽 변경 100리라고 했다. 곧 『사기』에서 "진의 옛 빈 땅 상하장에 거주했다"고 한 것은 『위략』의 "100리의 땅을 줘 서쪽 변경을 지키게 했다"는 것이 분명하다. 그렇다면 이것은 패수(압록강) 동쪽의 어느 방면이었을까?

압록강 하류의 동쪽에는 그 강과 나란히 이어진 천연의 장벽이 있다. 그것은 신의주 남쪽에 남아 있는 옛 성터에서 시작되는데, 압록강 동안東岸과 그 사이에 상당히 넓어지기도 하고 좁아지기도 하는 평지에서 일어나 동북쪽으로 이어진 뒤 의주 남쪽에 이르러 동쪽으로 꺾어지는 야트막한 산맥이다. 그 줄기에는 고려 때 압록강 북쪽의 거란(요)을 방어하기 위해 세운 석성의 흔적이 오늘날까지도 뚜렷이 남아 있다.[8] 평지는 의주 부근이 가장 넓다. 아울러 그곳은 구릉이 오르내려 완전한 평지는 아니기 때문에 홍수에 피해를 입을 염려가 없다. 따라서 의주 부근은 요동 지방과 연락하는 데 매우 중요한 곳이었다. 압록강 하류의 동쪽 지형이 이랬으므로 의주를 중심으로 한 이 좁고 긴 지방을 위만이 기자 조선에서 받았다고 한 그 나라의 서쪽 변경 100리 땅에 비정할 수 있지 않을까?

한편 『사기』에서 "진의 옛 빈 땅 상하장에 거주했다"고 한 것은 무

---

* 옥으로 만든 홀笏.

엇일까? 진번·조선에 대해 6국의 연이 만들었다고 한 '장새'는 한이 진번·조선을 지키기 어려워 국경 바깥 지역으로 만들고 요동의 옛 요새를 보수해 패수(압록강)를 경계로 삼았다고 한 '옛 요새故塞'와 같은 것이고, 한의 연왕 노관이 흉노에 투항했을 때 요동에서 동쪽으로 망명한 위만이 패수를 건너기 전 나왔다고 한 '요새塞'도 그것으로 생각되는데, 연대燕代 이후 이 장새는 압록강 서안 가까이 건설된 것이 틀림없다.

그런데 의주를 중심으로 한 압록강 동쪽 일대는 앞서 서술한 것처럼 천연의 장벽으로 막혔기 때문에 위만이 차지해 거주했다고 한 이른바 '상하장'은 압록강 서안과 동쪽 지역의 두 요새를 함께 가리키는 것으로 생각된다. 곧 상하장으로 불린 동·서 두 요새 사이의 한 지역은 패수를 경계로 요동과 맞닿은 기자조선의 서쪽 변경 100리 땅을 벗어나지 않으며, 그곳에서 위만의 본거지는 지금의 의주였다고 생각된다. 그리고 그곳을 '진의 옛 빈 땅'이라고 한 것은 연을 멸망시켜 요동군을 설치한 진이 그곳을 '요동의 변방 지역'으로 삼아 요동군의 관할 바깥에 방치했다는 뜻으로 봐야 한다.

한대 초기인 고조 말년 위만은 앞서 서술한 대로 압록강(패수) 하류의 동쪽 지역에 자리 잡았고 곧 진번·조선의 만이와 원래 그곳에 살던 연·제의 망명자를 제 편으로 만들었다. 그리고 마침내 조선의 수도 왕험성(지금의 평양)을 공격해 무너뜨리고 기씨를 대신해 새 왕조를 열었다. 이른바 위만 조선이다. 진번에 대해 전국시대 6국의 연은 진번·조선을 침략해 복속시켰다고 했고(그 뜻은 이미 설명했다) 다시 위만에 관련해 여기서도 조선과 함께 그 이름이 보이는데, 지금까지 서술한 이 시기(한대 초기 이전) 요동의 변화를 일단 진번족의 거주지가 어디였는가 하는 문제와 연결해 곱씹어보면 그것이 압록강 북쪽인 동가강(혼강) 유역처럼 보이지 않는 것은 특히 주의를 기울여야 한다.

다시 「조선열전」의 이어지는 기사를 읽어보자. 한은 고조 이후 혜제惠帝를 거쳐 여후呂后에 이르러 그녀의 전제적 통치 아래 조금씩 국정이 안정되면서 위만의 찬탈에 따라 새 왕실이 들어선 조선에 위력을 미쳤다. 곧 위만은 요동군 태수의 설득으로 한에 귀의했으며, 한을 위해 요동 만리장성 밖의 만이를 억제해 변방을 침입하지 못하게 하고 그런 만이의 군장이 한에 입조하는 것을 막지 않겠다고 약속했다. 위만은 그 대가로 한의 위력과 재물을 얻어 이웃한 작은 읍들을 공격해 항복시켰으며, 진번·임둔 등의 만이를 복속시켜 영토를 크게 넓혔다. 임둔은 무제의 조선 정벌 뒤 임둔군이 설치된 곳으로 그 강역은 대체로 지금의 강원도 지방인데, 위만이 복속시킨 이웃 부족으로 문제의 진번과 이 임둔이 나란히 거론된 것은 주목해야 한다.

문제文帝·경제景帝 때 조선과 관련해서는 「조선열전」에 아무 기록이 없다. 그 뒤 무제 때 재위한 조선왕은 위만의 손자 우거인데, 그는 중국 본토의 망명자들을 많이 회유하고 자신은 입조하지 않았을 뿐 아니라 "진번 주위의 여러 나라"가 글을 올려 천자를 알현하려던 것을 일부러 막아 가지 못하게 했다.

이제 논의는 마침내 진번족의 거주지가 어디였는가 하는 것으로 들어간다. 『사기』 「조선열전」에서는 무제 때 위우거衛右渠가 순종하지 않는 태도에 대해 "진번 추위의 여러 나라眞番旁衆國가 글을 올려 천자를 알현하고자 했지만 그것도 막아 오가지 못하게 했다"고 서술했는데, 이것은 앞서 인용한 「조선열전」에서 이 문제와 관련해 가장 중요하게 생각되는 부분이다.

여기서 먼저 해결해야 할 문제가 있다. 이 부분과 대응하는 『전한서』(권95) 「조선열전」의 기사다.

> 진번·진국이 글을 올려 천자를 알현하고자 했지만 [우거가] 막아 오가지 못했다. 眞番·辰國欲上書見天子, 雍閼不通(안사고는 "진은 진한을 말한다. '雍'의 발음은 '壅'이다"라고 주석을 달았다. 辰謂辰韓之國也. 雍讀曰壅).

곧 『사기』의 "眞番旁衆國"과 『한서』의 "眞番辰國"이라는 기록이 서로 다르므로 납득할 수 있는 이유를 제시하지 않는 한 근거 없이 하나를 버리고 다른 것을 선택할 수는 없다. 다만 『한서』 「조선열전」은 전체에 걸쳐 『사기』 「조선열전」을 옮겨 실은 것으로 『사기』의 기록에 대해 다른 특별한 문헌을 참고하지 않은 것이 거의 분명하므로 이 차이는 다른 여러 사례가 보여주듯 『한서』의 편자가 서술한 것이 틀림없다고 생각된다. 그런데 백납본百衲本*『사기』를 보면 고 이마니시 류 박사가 지적한 대로 판식版式에서 북송 때 판본으로 여겨지는 그 책의 「조선열전」에는 현재 통용되는 판본의 문제의 다섯 글자 "眞番旁衆國"에서 "衆國"을 "辰國"으로 표기해 "眞番旁辰國"으로 썼다.

그렇다면 『사기』와 『한서』의 차이는 어떻게 봐야 할까? 고 이마니시 박사는 백납본 『사기』의 기사를 주목하고 거기에 무게를 둬 다음과 같이 설명했다.

---

* 여러 판본을 참고·비교해 만든 책.

['旁'자가 생략돼 있는 『한서』의 "眞番辰國"에 대해] 『한서』가 채택한 『사기』에는 분명히 "眞番旁辰國"으로 돼 있다. 『한서』는 '旁'자를 삭제하고 "眞番辰國"이라고 했다. (…) [『자치통감』(권21)에서 "眞番旁" 세 글자를 생략하고 "辰國"만으로 쓴 것에 대해] 『통감』은 그것을 "진번 옆의 진국"으로 해석해 "眞番旁" 세 글자를 진국의 위치를 설명한 것으로 보고 그 설명이 필요 없다고 판단해 삭제한 뒤 "辰國"만 남겨놓은 것으로 여겨진다. (…) [그리고 이것들을 종합해] 『한서』와 『통감』이 바탕으로 삼은 『사기』는 모두 "眞番旁辰國"으로 기록한 것이 분명하므로 지금 통용되는 『사기』에서 '辰'을 '衆'으로 쓴 것은 오류가 분명하다. (…) "眞番旁辰國"이라는 말은 『한서』의 찬자처럼 "진번과 그 옆의 진국"으로 해석해도, 『통감』의 찬자처럼 "진번 옆의 진국"으로 해석해도 진번이 진국과 인접한 위치에 있었음을 증명하는 것이다.9

고 이마니시 박사의 이 설명은 『사기』와 『한서』 본문이 달라진 원인을 참으로 명쾌하게 설명한 것으로 나는 적극 동의한다.

이처럼 현재 통용되는 『사기』의 "眞番旁衆國"은 "眞番旁辰國"의 오류이고 진번과 진국은 서로 인접했다는 것이 본래의 의미다. 진국은 안사고가 주석한 대로 『위지』「한전」의 진한이고 위만 조선의 영토는 무제의 정벌 무렵 설치된 4군의 하나인 낙랑군의 관할 구역이 됐다고 생각되지만, 삼국시대에 12국으로 나뉘었다고 한 진한은 지금의 경상북도와 경상남도 일부에 자리 잡았고 낙랑군의 강역은 평안남·북도·황해도·경기도와 충청북도를 차지했으므로 조선왕 위우거가 진번 옆의 진국이 한에 입조하는 것을 막았다면 「조선열전」의 이 기록을 완전히 부정하지 않는 한 진번의 위치는 한반도 중부 이남에서 찾아야만

한다.

그리고 이미 주목한 대로 「조선열전」에서는 조선왕 위만이 한의 위력을 빌려 정복한 것과 관련해 "위만은 군사와 재물을 얻게 돼 그 주변의 작은 읍들을 침략해 항복시켰다. 진번·임둔이 모두 와서 복속하니 [영토가] 사방 수천 리에 이르렀다"고 했고 『전한서』(권6) 「무제본기」 4군 설치 부분(원봉 3년. 기원전 108)의 안사고 주석에 인용된 신찬의 견해에서는 "『무릉서』에 따르면 임둔군 치소는 동이현으로 장안에서 6138리 떨어져 있고 15현이 있다. 진번군 치소는 삽현으로 장안에서 7644리 떨어져 있고 15현이 있다"고 했으므로 — 무릉은 무제의 능 이름이므로 『무릉서』는 무제의 행적을 기록한 책으로 생각된다 — 진번군 치소는 임둔군 치소보다 1500여 리 먼 것으로 모두 앞의 추측을 뒷받침한다.

다만 『위지』(권30) 「한전」 배송지裴松之의 주석에서는 다음과 같이 지적했는데 '貢蕃'은 '眞番'의 오기로 생각된다.

『위략』에서 말했다. "앞서 우거가 패배하기 전 조선상 역계경은 간언했지만 우거가 듣지 않자 동쪽의 진국으로 갔다. 이때 그를 따라 그곳으로 가서 산 백성이 2000여 호였는데, 역시 조선·공번과는 왕래하지 않았다." 魏略曰, 初右渠未破時, 朝鮮相歷谿卿以諫, 右渠不用, 東之辰國. 時民隨出居者二千餘戶, 亦與朝鮮·貢蕃不相往來.

그렇다면 이 기사도 진번이 조선에 인접했고 진한과도 맞닿았다는 한 증거로 판단된다. 후한 때 허신이 쓴 『설문』(11편 하)에서 노鱸·첩鰈·패鮊·국鮪·사鯊·역鱳 같은 물고기 이름을 들고 그것들이 "낙랑반국에서 잡힌다出樂浪潘國"고 한 것도 비슷한 방증이 된다. 낙랑반국은 단옥재段玉裁의 설명대로 진번이 분명하기 때문이다.

그런데 지금까지 서술한 것과 완전히 반대되는 것은 이른바 진번 북재설로 해당 지방을 한반도 바깥의 동만주 동가강(혼강) 유역으로 본다. 그렇다면 그 주장의 근거는 무엇인가? 다음 장에서 그것을 서술하겠다.

3. 진번 북재설과 창해군

진번국과 함께 그 옛 땅에 설치된 같은 이름의 군의 소재를 요동 동쪽, 곧 고구려 영토 안(동가강 유역)에 비정하는 견해는 조선에서는 영조 46년(1770) 편찬된 『동국문헌비고』와 일본에서는 1894년(메이지 27) 『사학잡지』(5편 4호)에 실린 고 나카 미치요 박사의 『조선 고사고朝鮮古史考』의 「조선 낙랑·현도·대방고」가 가장 오래된 것이다. 그리고 고 나카 박사의 견해는 주로 『동국문헌비고』를 바탕으로 한 것이다. 그러나 그런 주장은 메이지 말기부터 쇼와 때까지 조선사 연구가 크게 발전한 지금에는 결론과 무관하게 그 전개 과정에서 크게 무게를 두기 어렵고, 그 내용은 이미 고 이마니시 박사의 「진번군고」에 소개돼 있기 때문에 여기서는 자세히 서술하지 않겠다.

다음으로 같은 북재설의 대표적 견해라고 할 수 있는 고 시라토리 구라키치 박사의 주장(1912)은 『동국문헌비고』와 같은 결론이다.

『동국문헌비고』(권7)에서 "한은 5국을 4군으로 만들어 조선은 낙랑, 예맥은 임둔, 옥저는 현도가 된 것은 모두 명확한 증거가 있는데 고구려 2000리 땅만 어째서 현이었겠는가? 그것은 진번이었던 것이 분명하다大率漢以五國之爲四郡, 而朝鮮爲樂浪, 濊貊爲臨屯, 沃沮爲玄菟, 皆有明證, 獨高句麗二千里地, 豈可只爲一縣哉. 是必爲眞番也"고 해서 진번군을 고구려의 옛 땅에 비정했는데, 참으로 정확한 견해라고 생각한다.

아울러 입론의 바탕이 된 것은 무제 원삭 원년 — 기원전 128년, 곧 고조선이 멸망하기 20년 전 — 에 설치된 창해군인데, 그것은 『동국문헌비고』의 편자가 언급하지 않은 것이다. 고 시라토리 박사는 진번군의 방위를 추정하기에 앞서 다음과 같이 말했다.

지금까지 고증한 바에 따르면 한의 창해군은 지금의 압록강 상류 유역과 동가강 전체 유역을 아우른 지역에 설치된 것으로 생각되고 위만 조선이 영유한 진번국은 이 지역을 버려두고 다른 곳에서 찾을 수는 없으므로 무제의 창해군은 조선의 진번국에 설치된 것으로 판단된다.

"지금까지 고증한 바에 따른다"는 것은 뒤에서 서술하듯 창해蒼海가 발해渤海의 이름으로 봐야 한다는 것을 주요한 논거로 한 것이다. 이런 주장에는 순환논법의 문제점이 있지만, 아무튼 전체적 논지에서 고 시라토리 박사는 자신이 동가강 유역으로 비정한 창해군을 바탕으로 추론을 진행해 진번군의 위치에 대한 전제로 삼았다. 그럼에도 창해군 설치에 대한 그의 설명은 매우 소략하기 때문에 여기서 특별히 고찰할 필요가 있다.

창해군의 설치는 원삭 원년(기원전 128) 가을 예濊(濊·穢와 통용된다)

의 군장 남려가 한에 내속한 것이 계기가 됐다.

『전한서』(권6) 「무제본기」 원삭 원년 가을: 동이 예군 남려 등 28만 명이 항복하자 창해군을 설치했다. 東夷薉君南閭等口二十八萬人降, 爲蒼海郡.

『후한서』에서는 위우거가 다스린 고조선을 남려가 배반해 부部 안의 사람들을 이끌고 요동으로 왔다고 했지만, 비슷한 여러 사례처럼 그 책의 편자가 『전한서』의 기록에 자신의 견해를 자의적으로 덧붙인 것으로 봐야 한다.

『후한서』(권115) 「동이열전」: 예군 남려 등이 우거를 배반해 28만 명을 이끌고 요동에 와 귀의했다. 무제는 그곳을 창해군으로 삼았다가 몇 년 뒤 폐지했다. 薉君南閭等畔右渠, 率二十八萬口, 詣遼東內屬. 武帝以其地爲蒼海郡, 數年乃罷.

또 그 군을 설치한 관련된 공사에 대해서는 다음과 같이 서술했다.

- 『전한서』(권24하) 「식화지食貨志」: 팽오가 예맥과 조선의 길을 뚫어 창해군을 설치했는데, 연과 제 사람들을 모두 동원했다. 彭吳穿穢貊·朝鮮, 置滄海郡, 則燕·齊之間靡然發動.
- 안사고의 주석: 팽오는 사람 이름이다. 본래 모두 황폐하고 막혔는데 처음 길을 뚫었기 때문에 '穿천'이라고 했다. 彭吳, 人姓名也. 本皆荒梗, 始開通之也, 故言穿也.

한편 『사기』(권30) 「평준서平準書」에서 다음과 같이 서술한 것은 『한서』 「식화지」와 호응하는 기사다.

팽오가 조선과 교역하고 창해군을 설치하니 연·제 지역 사람들을 모두 동원했다. 彭吳賈滅朝鮮, 置滄海之郡, 則燕·齊之間靡然發動.

『사기색은索隱』을 지은 당의 사마정司馬貞은 다음과 같이 주석했다.

팽오는 상인의 이름이다. 처음 그 길을 열어 멸망시켰다. 조선은 번 이름이다. 彭吳賈人姓名. 始開其道而滅之. 朝鮮番名.

그러나 이때 조선이 멸망됐다고 한 것은 역사적 사실을 무시한 것이므로 '朝鮮' 앞에 있는 '滅'자는 고 이마니시 박사의 지적처럼 「식화지」 본문을 참조하면 '穢예'와 통용되는 '濊'의 오자로 생각된다.[10] 그리고 그는 '彭吳賈' 아래 '穿'자가 탈락된 것으로 봤는데, '賈'도 이름의 일부이거나 '賈人'을 뜻하는 글자는 아니고 실제로는 '穿'의 오자밖에 될 수 없다고 생각된다.

그런데 『한서』 「식화지」와 『사기』 「평준서」의 이런 기사는 두 책의 앞뒤 부분을 비교·대조하면 전체적으로 형제 관계가 아니라 뒤의 것이 부모이고 앞의 것이 자식임을 쉽게 알 수 있다. 따라서 문제의 『사기』 본문은 그 책이 판본으로 고정되는 동안 이런저런 오류가 생겼고, 예전의 『사기』를 바탕으로 한 『한서』 쪽이 원형을 보유한 것으로 봐야 한다.

또 「평준서」와 「식화지」를 함께 읽으면 조금 이상한 측면이 느껴진다. 두 기록 모두 앞서 인용한 기사 앞에 다음과 같이 서술했다.

당몽과 사마상여는 서남이로 가는 길을 열었는데 산을 뚫고 1000여 리의 길을 이어 파촉을 개척했지만 파촉 백성은 피폐해졌다. 唐蒙·司馬相如開路西南夷, 鑿山通道千餘里, 以廣巴蜀, 巴蜀之民罷焉.

또 그 뒤에서는 거기장군車騎將軍 위청衛靑이 흉노의 하남河南 지역(오로도스)을 정복해 삭방군朔防郡을 건설하고 서남이와 길을 연결하기 위해 몇 년 동안 막대한 인력과 재원을 들였지만 연결되지 못했다고 한 다음 "동쪽으로 창해군에 이르렀는데 인력에 들어간 비용이 남이와 비슷했다東至滄海之郡, 人徒之費, 擬於南夷"고 해서 창해군이 거듭 설치된 것으로 서술했다. 곧 하남에 삭방군을 설치한 것을 중간에 끼워 넣어 동일한 사실에 관련된 서술이 앞뒤에 모두 나오는 것이다. 그리고 창해군만 그런 것이 아니라 서남이도西南夷道 개착을 서술한 부분도 마찬가지다. 그러나 중국의 정사, 특히 그 지志에는 비슷한 사례가 매우 많은데, 동일한 사실을 기록한 두 종류의 사료를 무분별하게 연결시켰기 때문이 틀림없다. 아무튼 기사의 내용을 보면 창해군 설치는 연·제 백성이 모두 동원된 대규모 사업으로 "인력에 들어간 비용은 남이와 비슷"했으며, 무제의 큰 업적 가운데 하나인 서남이도 개착에 견줘진 것은 특히 주목해야 하지 않을까?

이 군은 앞서 인용한 『전한서』 「무제본기」 원삭 원년(기원전 128) 가을에 설치됐다는 기사가 있고 원삭 3년(기원전 126) 봄 "창해군을 폐지했다"고 했다. 이런 기사들에 따르면 원삭 원년 설치된 군은 겨우 2년 뒤 폐지된 것이다. 그러나 그렇게 단순히 정리해서는 안 된다. 앞의 서술에 비춰 다음 기사를 읽으면 그 사이의 경위를 엿볼 수 있다.

『사기』(권112) 「공손홍公孫弘열전」: 원삭 3년 장구가 사직하니 공손홍을 어사대부로 삼았다. 이해에 서남이도를 열고 동쪽에는 창해군, 북쪽에는 삭방군을 설치했다. 공손홍은 쓸모없는 땅을 개척하느라 중앙을 돌보지 않고 있으니 중단하라고 자주 간언했다. 그러자 천자는 주매신 등에게 10가지 조목을 들어 공손홍을 비난하고 삭방군 설치의 장점을 알리게 했지만 공손홍은 하나도 수긍하지 않았다(『집해』: 위소가 말했다. "공손홍의 능력을 볼 때 하나도 수긍할 수 없던 것이 아니라 추진해서는 안 된다고 생각했지만 감히 천자의 뜻을 거스를 수 없었을 뿐이다." 『정의』: 안사고가 말했다. "그 이익과 해악을 10가지 말했지만 공손홍은 대답하지 않았다.") 공손홍은 양보하며 말했다. "산동의 비천한 사람은 그것이 이처럼 이롭다는 것을 모르겠사오니 서남이도와 창해군을 폐지하고 삭방군만 유지하소서." 천자가 허락했다. 元朔三年, 張歐免, 以弘爲御史大夫. 是時通西南夷, 東置滄海, 北築朔方之郡. 弘數諫以爲罷敝中國以奉無用之地, 願罷之. 於是天子乃使朱買臣等難弘置朔方之便, 發十策, 弘不得一(集解. 韋昭曰, 以弘之才, 非不能得一也, 以爲不可, 不敢逆上耳. 正義. 顔師古曰, 言其利害十條, 弘無以應). 弘乃謝曰, 山東鄙人不知其便若之, 願罷西南夷·滄海而專奉朔方, 上乃許之.

어사대부인 공손홍이 스스로를 '산동의 비천한 사람'이라고 부른 것은 제에서 태어났기 때문이다. 삭방군 설치가 필요한 10가지 이유를 무제가 들자 산동 출신인 공손홍은 북방의 지리에 어둡다는 것을 구실로 삼아 대답을 회피하고 무제에게 삭방군 설치에 힘을 쏟는 대신 다른 두 가지 큰 사업인 서남이도 개착과 창해군 건설을 그만두게 했는데, 무제는 그 의견에 따른 것이다.

본래 창해군은 원삭 원년(기원전 128) 가을 동이 예족의 군장 남려가 한에 귀의한 것을 계기로 곧 그곳에 설치됐지만, 그것이 완전히 탁상 위의 계획이던 것은 "창해군을 설치했다爲蒼海郡"는 기록을 자세히 생각해봐도 수긍된다(예군濊君으로 불린 남려는 이전부터 한과 교통해 읍군의 작호를 얻었는지도 모르지만, 한대에는 토착 출신 군장에게 군수의 관직을 주고 이름뿐인 군을 설치한 사례가 없다. 또 "남려 등 28만 명이 항복했다"는 것은 남려가 귀의하면서 자신의 세력을 과시해 부풀린 숫자로 생각된다). 탁상 위의 계획은 그 뒤 실행에 옮겨졌다. 곧 팽오라는 인물이 일을 맡아 연·제 백성을 모두 동원한 것이다. 연에서 징발된 사람들은 육로로, 제에서 징발된 사람들은 해로로 보내진 것으로 생각된다.

그들이 종사한 노역은 창해군에 성을 쌓고 관아를 짓는 것이 아니었다. 그것은 "예맥과 조선의 길을 뚫은" 것이며, 안사고가 "본래 모두 황폐했는데 처음 길을 뚫었기 때문에 '穿천'이라고 했다"고 주석한 대로 예맥과 조선 사이의 황폐한 지역에 도로를 내 새로 예족 안에 설치한 군 치소와 연락하게 한 것이었다. 곧 그 사업은 "인력에 들어간 비용이 남이와 비슷"했기 때문에 공손홍이 중단을 요청한 것이다. 군의 성과 관아만 축조한 것이라면 그것은 외지이고 먼 지역으로 생각되지만 오늘날 만주와 한반도에 남아 있는 한대의 군현 터, 이를테면 무순의 제3현도군 치소 터, 평양 맞은편의 낙랑군 치소 터, 용강의 점제현 터 등에서 추측할 수 있는 것처럼 오히려 매우 쉬운 일이었다. 무제는 공손홍의 간언을 받아들여 그런 대규모 공사를 중단했다. 원삭 3년(기원전 126) 봄 "창해군을 폐지"했다는 것은 사실 그런 뜻이었다. 따라서 창해군은 처음부터 끝까지 탁상 위의 기획이었던 것이다. 다시 말해 설치하려고 했지만 그러지 못한 군이었다.

지금까지 서술한 것은 고 시라토리 박사가 거의 고찰하지 않은 것이다. 그러나 창해군이 설치됐든 아니든 상관없이 주요한 문제는 예군 남려의 거주지가 어디인가 하는 것이다. 그것은 고 시라토리 박사의 주장처럼 요동 동쪽 동가강 유역이었을까?

여기서 제기한 문제는 주로 다음 두 사항과 연결돼 있다. 첫째는 예 또는 예맥으로 알려진 동이족의 거주지, 둘째는 창해라고 불린 새 군의 이름이다. 첫 번째 문제에 대해 고 시라토리 박사는 다음과 같이 주장했다.

예맥의 거주지는 그동안 역사학자들 사이에 견해가 일치되지 않았다.

- 『삼국사기』(권35) 「지리지」: 가탐의 『고금군국지』에서는 "지금 신라의 북쪽 경계인 명주(지금의 강원도 강릉부)가 예의 옛 나라였던 것으로 생각된다"고 했다. 앞 시대의 역사서에서 부여를 예 지역으로 본 것은 잘못으로 여겨진다. 賈耽古今郡國志云, 今新羅北界溟州, 蓋濊之古國. 前史以扶餘爲濊地, 蓋誤.
- 『신증동국여지승람』(권44): 강원도는 본래 예맥 지역이다. 江原道本濊貊之地.
- 유득공柳得恭의 『사군지四郡志』 고적 조: 춘천부(옛 맥의 도성으로 신라는 우수주라고 불렀다. 한의 창해군 지역으로 그 뒤 낙랑에 소속됐다)에는 한의 팽오가 세운 통맥비가 있다고 전해지는데 지금은 없다. 春川府

(按古貊都, 新羅號牛首州. 漢蒼海郡地, 後屬樂浪)舊傳, 有漢彭吳通貊碑, 今無.

이것들은 모두 『위지』와 『후한서』 「동이열전」에 보이는 예맥으로 지금의 강원도에 거주한 민족을 가리킨다. 그러나 무제가 위만 조선을 정벌하기 전 그 동쪽에 위치한 지금의 강원도에 창해군을 설치하는 것은 실제로 생각하기 거의 어려운 일이기 때문에 『사군지』 등의 고찰이 틀렸다는 것은 말할 필요도 없다. 그 때문에 고 나카 박사는 『위지』(권30) 「부여열전」에서 "나라에 옛 성이 있는데 본래 예맥의 땅國有故城, 蓋本濊貊之地"이라고 한 기사에 따라 팽오가 도로를 뚫은 예맥은 한·위대의 부여국이라고 추측했다.

그러나 창해군은 앞서 서술한 대로 조선과 예맥 지역을 복속시킨 것이므로 이 예맥은 조선과 맞닿은 곳에 있어야 한다. 나카 씨의 견해처럼 이 예맥을 부여, 곧 지금의 농안·장춘이라고 생각하면 그 거주지와 조선은 너무 멀리 떨어져 있어 그 사이를 하나의 군으로 만드는 것은 사실상 불가능하다. 한대의 예맥은 부여와 고구려에서 시작해 요동의 만리장성 밖부터 한반도의 동부와 북부에 널리 퍼진 퉁구스 민족을 포괄해 부르는 이름이므로 팽오가 경략한 예맥을 강원도의 예맥이나 부여국의 예맥에 국한해서는 안 된다. 그렇다면 『사기』(권129) 「화식열전」 연燕 조에서 "북쪽으로는 오환·부여와 맞닿았고 동쪽으로는 예맥·조선·진번의 이익을 관할했다"고 한 예맥은 부여를 제외한 예맥이 틀림없고 『한서』(권28) 「지리지」 연 조에서 "무제가 설치한 현도와 낙랑은 모두 조선·예맥·구려의 만이玄菟·樂浪武帝置, 皆朝鮮·濊貊·句麗蠻夷"라고 한 예맥은 고구려를 제외한 예맥을 가리키는 것이다.

그리고 고구려도 맥의 한 종류라는 것은 『위지』(권30) 「동이열전」 고구려 조에서 왕망이 고구려후 추를 정벌했을 때 엄우가 간쟁해 "맥인이 법을 어겼지만 추 때문에 죄를 저지른 것은 아니니 위로해 안정시키는 것이 좋겠습니다. 지금 갑자기 큰 죄를 씌우면 반란을 일으킬까 우려됩니다貊人犯法, 罪不起於騶, 且宜安慰. 今猥被之大罪, 恐其遂反"라고 했고, 『후한서』(권85) 「동이열전」 고구려 조에서 "구려는 '맥'이라고도 한다. 다른 종족이 있는데 소수 근처에 거주하기 때문에 소수맥이라고 한다句麗一名貊耳. 有別種, 依小水爲居, 因名曰小水貊"고 했으며, 일본사에서는 고구려를 '박貊'이라고도 쓰고 '코마'라고 훈독하는 사례를 봐도 알 수 있다. 예맥 민족이 뻗어간 범위가 이미 이처럼 넓었으므로 팽오가 길을 뚫어 교통을 연 예맥은 지금의 강원도와 옛 부여에 거주한 예맥이 아니라 압록강 유역, 곧 고구려의 중심 지역에 거주한 예맥으로 생각된다.

이런 고찰이 틀리지 않았다는 것은 『후한서』(권85) 「동이열전」 예 조에서 "예군 남려 등이 우거를 배반하고 28만 명을 이끌고 요동에 와서 귀의했다. 무제는 그곳을 창해군으로 삼았다가 몇 년 뒤 폐지했다"고 한 기사에 따라 증명된다. 우거는 조선왕 위만의 손자이므로 창해군의 예맥은 무제 원삭 원년(기원전 128)까지는 위만 조선에 예속됐다. 그렇다면 창해군은 예맥의 일종인 고구려의 거주치에 설치됐고 지금의 압록강 상류 유역과 동가강 유역에 있던 것이다.

깊이 생각하지 않고 이 논의를 읽으면 타당해 보이기도 한다. 그러나 숨기지 않고 말하면 이것은 고 시라토리 박사가 야심차게 제시한 형세론이기 때문에 문제의 군이 있던 곳을 동가강 유역이라고 미리 판단하고 그 결론에 맞도록 설명한 경향이 상당히 뚜렷하므로 자연히 그 부분에 논증의 무리가 있다. 고 시라토리 박사가 인용한 『사기』 「화식열전」 연 조의 "북쪽으로는 오환·부여와 맞닿았고 동쪽으로는 예맥·조선·진번의 이익을 관할했다"는 기사는 이미 2장에서 서술한 것처럼 전국시대 연에 관련된 기록으로 예맥과 진번은 기자 조선과 구별돼 있다. 곧 예맥과 진번은 예맥과 조선처럼 각각 그 지역을 달리하고 있는 것으로 봐야 한다. 그리고 여기서 거론하지 않은 고구려는 물론 아직 동가강 유역에 자리 잡지 않았다.

그런데 고 시라토리 박사가 이 기사를 이용해 문제의 창해군이 설치된 예맥의 거주지가 동가강 유역에 있다는 증거의 하나로 삼은 것은 진번족(진번군)의 소재를 동일하게 동가강 유역에 비정하기 위한 전제로 삼은 것이기 때문에 「화식열전」에서 예맥과 진번이 다른 지역에 있던 별개의 존재로 서술된 이상 그의 이 견해는 스스로 전체의 논지를 짓밟은 것이라고 말해야 한다. 또 한대에 예맥으로 불린 동이의 여러 민족은 부여와 고구려를 시작으로 요동의 만리장성 밖부터 한반도의 동북 방면에 퍼져 있던 퉁구스족을 모두 가리키는 것으로 그 범위가 광대하기 때문에 팽오가 개통한 예맥 ─ 문제의 군이 설치된 예맥 ─ 이 지금의 강원도 지방에 있지 않았다면 부여에도 있지 않았다는 것은 연결고리가 없는 논리의 비약이어서 쉽게 수긍되지 않는다. 하물며 좀더 내려온 시대에 처음 동가강 유역에 자리 잡은 고구려가 그런 예맥이라고 본 것은 의문이다.

다음으로 두 번째 문제 ─ 창해라고 붙여진 새 군의 이름 ─ 에 대해 고 시라토리 박사는 "창해는 동해라는 뜻으로 지금의 발해를 가리킨다"고 단정하고 그 증거로 다음 기록을 들었다.

『수서』(권64) 「내호아來護兒열전」: 요동 전투에서 내호아는 누선을 이끌고 창해를 목적지로 삼아 패수로부터 들어왔는데 평양에서 60리 떨어져 있었다. 그는 고구려군을 만났는데 진격해 크게 무찌르고 승세를 타 달성까지 가서 그 성곽을 무너뜨렸다. 遼東之役, 護兒率樓船, 指滄海, 入自浿水, 去平壤六十里. 與高麗相遇, 進擊大破之, 乘勝直達城下, 破其郛郭.

그러면서 ― 패수는 지금의 대동강 ― "이 '滄海'는 '蒼海'로 발해의 다른 이름"이라고 했다. 그러나 「내호아열전」의 창해는 동해라는 뜻으로 발해를 가리키는 것이지만 준準고유명사인 발해의 다른 이름은 아니다. 뿐만 아니라 수대와 한대는 시대가 멀리 떨어져 있기 때문에 이처럼 고립된 한 가지 사례는 그의 단정에 확실한 증거가 되지 않는다. 또 창해滄海·蒼海는 창명滄溟·창영滄瀛과 마찬가지로 본래 커다란 바다를 뜻하는 말로 북중국의 동쪽 바다인 발해만 가리키는 것은 아니다. 그것을 모든 곳의 큰 바다에 임의로 적용했다는 증거는 전한 시대의 문헌에 있다.

- 동중서董仲舒, 『춘추번로春秋繁露』(권9) 「관덕觀德」 편: 그러므로 천명을 받아 나라 안이 순종하는 것은 뭇별이 북극성을 중심으로 돌고 강들이 창해로 들어가는 것과 같다. 故受命而海內順之, 猶衆星之共北辰, 流水之宗滄海也.

- 동방삭東方朔이 썼다는 『십주기十洲記』: 창해도는 북해에 있는데 크기는 사방 3000리고 육지에서 21만 리 떨어져 있다. 물의 깊이는 5000리이고 푸른색이어서 신선이 그것을 창해라고 불렀다. 滄海島在北海中, 地方三千里, 去岸二十一萬里. 海四面繞島, 各廣五千里, 水皆蒼色, 仙

人謂之滄海也.

- 양웅揚雄, 『법언法言』(권2) 「오자吾子」편: 책을 보는 것은 산과 물을 보는 것에 비유할 수 있다. 동악에 오른 뒤에야 뭇 산이 그 주위에 둘려 있는 것을 알게 되니 작은 언덕은 말할 것이 있겠는가? 배를 타고 창해로 나간 뒤에야 황하와 장강이 더러운 물임을 알게 되니 마른 못은 말할 것이 있겠는가? 觀書者, 譬諸觀山及水. 升東嶽而知衆山之邐迤也, 況介丘乎. 浮滄海而知江河之惡沱也, 況枯澤乎.

이런 여러 사례를 들 수 있을 뿐 아니라 우리에게 친숙한 '창해일속滄海一粟'* 같은 말도 그것을 분명히 보여주는 것이 아닐까? 그런데 「내호아열전」에 따라 그 기사의 창해를 발해의 다른 이름이라고 생각한 고 시라토리 박사는 한대 창해군의 이름에서 군의 위치를 추정해 "한반도의 북쪽인 요동의 만리장성 밖에 있던 것이 분명하다"고 하고 다시 "한이 압록강 유역에 자리 잡은 예맥을 창해군으로 만든 것은 당이 장백산 동북쪽에 자리 잡은 말갈을 발해군으로 만든 것에 견줄 만하다"고 설명했다.

그러나 한 무제는 예맥과 조선을 잇는 길을 뚫어 예맥 땅에 군현을 설치했고 당 측천무후則天武后는 이미 어엿한 나라를 건설한 진국왕振(震)國王 대씨에게 발해군왕渤海郡王의 작호를 내렸을 뿐이기 때문에 ─ 그 뒤 발해는 나라 이름을 진국振國이라고 했다 ─ 둘을 같은 것으로 볼 수는 없다. 그리고 창해는 발해의 다른 이름이 아니라 그저 큰 바다를 의미하는 보통명사이므로 요동 동쪽 변방의 분수산맥을 경계로

---

* "푸른 바다에 좁쌀 한 톨"이라는 뜻으로 아주 많거나 넓은 것 가운데 아주 하찮은 부분이나 작은 것을 말한다. 소동파蘇東坡의 「적벽부赤壁賦」에 처음 나온 표현.

그 만리장성 밖에 소속된 동가강 유역, 곧 중국 동쪽의 큰 바다와 완전히 격절된 지방에 설치된 새 군에 글자 그대로 의미해야 하는 창해라는 이름이 붙여졌다고 한 것은 아무래도 이해하기 어렵다.

앞서 말한 대로 아쉽게도 나는 예맥의 거주지와 창해군의 위치에 관련된 고 시라토리 박사의 주장을 아무래도 따르기 어렵다. 이제 아래서는 다시 내 자신의 견해를 서술한다.

『전한서』에는 『사기』와 마찬가지로 「조선열전」은 있지만 「동이열전」은 없다. 『후한서』의 편자는 「동이열전」을 뒀지만, 그 내용은 본기의 기사와 안팎을 이루는 약간의 서술을 빼면 모두 『위지』 「동이열전」을 그대로 옮겨 실은 것에 지나지 않는다. 『위지』(권30) 「동이열전」 가운데 일부는 「예전」인데, 다른 부분과 마찬가지로 위의 어환이 쓴 『위략』을 바탕으로 한 것이다.

예는 남쪽으로 진한, 북쪽으로 고구려·옥저와 맞닿았고 동쪽 끝은 큰 바다니 지금 조선의 동부가 모두 그 지역이다. 호는 2만이다. (…) 한 무제는 조선을 정벌해 멸망시키고 그 지역을 나눠 4군을 설치했다. 그 뒤부터 호족과 한족이 점차 구별됐다. (…) 단단대산령 서쪽은 낙랑에 소속됐고 단단대령 동쪽 7현은 도위(낙랑군 동부도위)가 다스렸는데 모두 예를 백성으로 삼았다. 그 뒤 도위를 폐지하고 그 우두머리를 후로 책봉했다. 지금 불내예는 모두 그 종족이다. 한말 다시 고구려에 복속됐다. 濊, 南與辰韓, 北與高句麗·沃沮接, 東窮大海, 今朝鮮之東皆其地也. 戶二萬. (…) 漢武帝伐滅朝鮮, 分其地爲四郡. 自是之後, 胡·漢稍別. (…) 自單單大山領以西屬樂浪, 自領以東七縣, 都尉主之, 皆以濊爲民. 後省都尉, 封其渠帥爲侯,

今不耐濊皆其種也. 漢末更屬句麗.

『위지』「예전」의 이 기사는 삼국시대의 상태를 서술한 것이지만 부여·고구려·옥저·읍루·한 등 다른 부분과 마찬가지로 한대의 상황을 거슬러 추측할 수 있다. 기사에서 "지금 조선今朝鮮"이라고 한 것은 "옛 조선故朝鮮"의 오기가 분명하고 '今'이라고 하면 다음 두 글자는 '낙랑'이 돼야 한다. 그 때문에 『후한서』「예전」에는 '낙랑'으로 고쳐져 있다. 또 고구려는 전한 무제 때 아직 동가강 유역에 자리 잡지 않아 자연히 역사에 드러나지 않았으므로 검토하지 않아도 된다. 진한은 삼국시대의 상태에서 추측하면 한대에도 강원도와 경상도의 경계를 이루는 태백산맥 남쪽, 낙동강 상류 일대에 자리 잡은 것으로 생각된다.

그런데 앞 기사에 따르면 위만 조선을 멸망시킨 전한 무제는 진번·임둔·낙랑·현도 등 4군을 설치한 뒤 예족의 거주지인 단단대산령 서쪽 부분은 낙랑군에 소속시키고 그 동쪽 7현은 낙랑의 동부도위 관할 아래 뒀는데 그 주민은 모두 예라고 했다. 이 영동 7현은 『위서』「옥저열전」에서도 다음과 같이 말했다.

한은 그곳이 멀고 넓기 때문에 단단대령 동쪽을 나눠 동부도위를 설치하고 불내성에 치소를 둬 따로 영동 7현을 다스리게 했다. 이때 옥저도 현이 됐다.

단단대산령은 지금의 함경남도에서 강원도까지 황초령·철령·금강산·오대산·대관령 등의 여러 산악을 연결한 높고 험준한 줄기산맥에 적용된 한·위대의 이름이다. 한편 『전한서』(권28) 「지리지」에 기록된 낙랑군 25현과 관련해 무제의 뒤를 이은 소제 때 무제가 설치한 임둔군과 현도군을 병합했는데, 그 19번째부터 마지막인 25번째에 이르는 현 이름은 다음과 같다.

19. 동이(강원도 강릉?) 20. 불이(동부도위 치소) 21. 잠태 22. 화려
23. 사두매 24. 전막 25. 부조(옥저. 함경남도 함흥)

이것은 이른바 영동 7현과 같다. 그리고 예를 주민으로 한 이런 7현은 한반도 동쪽의 줄기산맥 동쪽인 동해안의 가늘고 긴 지대(함흥~강릉·울진)에 늘어서 있었다. 그러나 『위지』 「예전」에서 7현의 주민을 "모두 예"라고 한 것은 그 대체적인 상황을 말한 것이고 적어도 7현 가운데 가장 북쪽 현, 곧 지금의 함경남도 함흥에 비정되는 옥저현(무제가 설치한 현도군의 치소)의 주민은 그보다 북쪽으로 멀리 두만강 밖인 지금의 간도 지방까지 퍼져 있던 옥저족으로 생각된다(함흥 지방은 이른바 동옥저, 곧 남옥저의 중심이고 간도 지방은 북옥저의 본거지다). 그리고 단단대령의 동·서쪽에 걸쳐 있던 예족 거주지의 서쪽은 무제가 설치한 낙랑군의 관할 구역과 맞닿았고, 그것은 고조선 본토의 일부가 분명하므로 대체로 지금의 강원도에서 영동의 해안지방을 제외한 부분이 영서의 예 거주지였다고 생각된다.[11]

『위지』 「동이열전」 기사에서 추측할 수 있는 한대 예의 거주지는 이렇지만, 그 가운데 영동의 해안지방이 그들의 본토였다는 것은 「예전」에서 "모두 예를 백성으로 삼았다"고 특별히 말한 데서 알 수 있다. 다만 아쉽게도 이 이족夷族에 관련된 한대의 문헌은 매우 적다. 그러나 후한의 허신이 펴낸 『설문』(11편 하)에 다음과 같은 기사가 있다.

- **면統**: 물고기로 예 사두국에서 난다. 魚也, 出薉邪頭國.
- **옹鰅**: 물고기로 겉에 무늬가 있고 낙랑 동이에서 난다. 신작 4년(기원전 58) 처음 잡혀 고공으로 보냈다. 魚也, 皮有文, 出樂浪東暆. 神爵四年, 初捕收輸考工.

薉는 濊와 같고 邪頭는 7현의 하나인 사두매의 약칭이며 동이도 7현의 하나(임둔군의 치소)여서 모두 영동의 예 지역에서 나는 물고기이므로 — 사두매현이 어디였는지는 정확치 않다. 동이는 강릉일까? 신작은 전한 선제의 연호(기원전 61~기원전 58)다. 고공은 황실의 재정을 관장하는 소부少府에 소속된 관서다 — 이런 기록은 『후한서』(권 115) 「예전」 끝부분의 "바다에서 반어가 나는데 사신이 와서 모두 바친다海出斑魚, 使來皆獻之"(『설문』의 옹어鰅魚)는 기사와 서로 어울려 예의 본토가 영동의 해안 지대였음을 더욱 분명히 한다.

삼국시대에는 위魏 폐제廢帝 제왕齊王 방芳의 정시 5년(244) 유주자사 관구검의 유명한 고구려 정벌이 있었고 이듬해인 6년 다시 두 번째 정벌이 이뤄졌는데, 그것은 첫 번째 정벌의 연장으로 현도군 태수 왕기가 이끈 대규모 동방 원정이었다. 왕기는 고구려왕 궁을 추격해 남옥저(동옥저라고도 한다)에서 북옥저로 들어간 뒤 다시 북진해 동만주의 읍루와 북만주의 부여까지 공격해 이런 이족夷族들에게 위魏의 위력을 보여줬으며, 이 원정에는 예 정벌이 수반됐다.

- **『위지』「옥저열전」**: 관구검이 고구려를 토벌하니 고구려왕 궁은 옥저(남옥저)로 도망쳤다. 마침내 군사를 보내 그를 공격해 옥저의 읍락을 모두 격파했으며 3000여 명을 죽이고 사로잡았다. 궁은 북옥저로 도

망쳤다. (…) 왕기는 따로 장수를 보내 그 동쪽 경계 끝까지 추격했다. 그곳의 노인에게 "바다 동쪽에도 사람이 사는가?"고 묻자 노인이 대답했다. "우리나라 사람이 배를 타고 고기를 잡다가 풍랑을 만나 동쪽으로 수십 일을 흘러가 한 섬에 도착했다. 거기에는 사람이 있었지만 서로 말을 알아들을 수 없었다. 그 풍속에는 7월마다 여자아이를 바다에 집어넣는다." 毌丘儉討句麗, 句麗王宮奔沃沮, 遂進師擊之. 沃沮邑落皆破之, 斬獲首虜三千餘級, 宮奔北沃沮. (…) 王頎別遣追討官, 盡其東界. 問其耆老海東復有人不, 耆老言國人嘗乘船捕魚, 遭風見吹數十日, 東得一島. 上有人, 言語不相曉. 其俗常以七月取童女沈海.

- **『위지』「예전」**: 정시 6년(245) 낙랑태수 유무와 대방태수 궁준은 [단단대]령 동쪽의 예가 고구려에 복속되자 군사를 일으켜 정벌했다. 불내후 등은 읍을 들어 항복했다. 正始六年, 樂浪太守劉茂·帶方太守弓遵, 以嶺東濊屬句麗, 興師伐之. 不耐侯等擧邑降.

이것들은 모두 정시 6년의 동방 대원정에 따른 낙랑군과 대방군 태수의 예 침략 사실을 담은 단편적 기사다. 관련된 사항은 「조위의 동방 경략」에서 살펴봤으므로[12] 자세히 논의하지는 않고 한두 가지 주의할 점만 지적해 당면한 문제를 해결하는 데 이바지하려고 한다.

왕기가 따로 보낸 군대의 장수는 '동쪽 경계' 끝까지 가서 그곳 노인에게 바다의 섬에 대해 들었는데, 그것은 옛 신라시대부터 고려시대까지 울릉도芎陵島로 불리고 나라 이름은 우산국于山國이라고 한 울릉도鬱陵島다. 그러므로 거기서 말한 '동쪽 경계'는 영동 7현이 배치된 함흥 이남의 해안 지대를 가리키는 것으로 봐야 한다. 그리고 왕기가 따로 보낸 장수는 두 번째 기사의 낙랑태수 유무와 대방태수 궁준이 분명하다. 정시 6년(245) 남옥저를 토벌해 고구려왕 궁을 북옥저로 도망치게 한 왕기는 따로 두 군의 태수를 남옥저의 '동쪽 경계'인 영동 지방으로 보내 당시 고구려에 복속됐던 불내현과 화려현 등의 군장을 공격한 것이다.

이때 위군의 공격으로 항복한 불내不耐는 『전한서』「지리지」에는 불이不而로 씌어 있고 전한 때 낙랑군 동부도위 치소였으며, 그곳에 자리 잡은 토착 지배자인 현후縣侯가 가장 유력한 인물이었다. 그런 사실은 다음 기록에서 알 수 있는데, 『위지』「옥저열전」에서는 후한 광무제가 동부도위의 관할 아래 있던 7현의 치소를 폐지하고 현의 우두머리渠帥를 현후로 삼으니 불내현·화려현·옥저현 등은 모두 후국侯國이 됐다고 했다.

불내예후만 지금까지 공조·주부 등의 여러 관서를 유지했는데 모두 예 백성이 맡았다. 옥저 여러 읍의 우두머리는 모두 스스로를 삼로라고 불렀는데, 옛(후한 때) 현국의 제도다. 唯不耐濊侯至今猶置功曹·主簿諸曹, 皆濊民作之. 沃沮諸邑落渠帥, 皆自稱三老, 則故縣國之制也.

「예전」에서 두 군의 태수에게 항복한 영동의 예의 우두머리로 현 이름이 명기된 것은 불내현밖에 없다. 그러나 그 경략은 '동쪽 경계' 끝까지 이뤄졌다고 했으므로 불내현 이하의 현후들이 거주하던 옛 6현 지역을 평정하고 강원도 남쪽 끝 울진까지 이르렀다는 뜻으로 여겨진다. 위군의 장수가 "바다 동쪽에도 사람이 사는가?"라고 노인에게 물었다는 것도 울릉도와 가장 인접해 맑은 날에는 그 섬을 볼 수 있는 그곳에서 실제로 바라본 때의 이야기로 생각되기 때문이다. 또 이 경략의 결과 예가 복속된 상태는 「예전」에 다음과 같이 서술돼 있다.

불내후 등이 읍을 들어 항복했다. 그(정시) 8년 [위魏의] 궁궐에 와서 조공하니 불내예왕에 책봉했다. 그는 백성들과 함께 거처하면서 철마다 군에 와서 알현했다. 두 군(낙랑과 대방)은 전쟁을 일으켜 조세를 건게 되면 [예 백성에게도] 바치게 하고 사역시켜 자신들의 백성처럼 취급했다. 不耐侯等擧邑降. 其八年, 詣闕朝貢, 詔更拜不耐濊王. 居處雜在民間, 四時詣郡朝謁. 二郡有軍征賦調, 供給役使, 遇之如民.

다시 「위지」(권4)의 본기를 보면 다음과 같이 서술했다.

정시 7년(246): 봄 2월 유주자사 관구검이 고구려를, 여름 5월 예맥을 토벌해 모두 격파했다. 春二月, 幽州刺史毌丘儉討高句驪. 夏五月, 討濊貊, 皆破之.

이것은 정시 5년 관구검의 1차 고구려 정벌을 7년으로 잘못 연결하고 이듬해인 6년 낙랑군과 대방군 태수의 예 정벌을 함께 서술했으며 그 아래서도 서로 관계없는 사실을 갖다 붙여 전달한 매우 잘못된 기사지만[13] 앞서 서술한 대로 한·위대 영동 지방의 예족이 '예맥'으로도 불렸음을 알 수 있다는 점에서 가치가 있다. 마찬가지로 본기의 진류왕陳留王 경원景元 원년(261) "낙랑의 외이인 한과 예맥이 각각 그 족속을 이끌고 조공했다樂浪外夷韓·濊貊, 各率其屬朝貢"고 기록된 예맥도 영동의 예가 틀림없다. 이것은 『위지』「옥저열전」의 첫머리에서 "남쪽으로 예맥과 맞닿았다"고 한 것을 볼 때 분명하다.

또 후한 때로 거슬러 올라가 화제·안제 때 고구려왕 궁이 여러 번 침략한 사실을 주목하면 『후한서』(권115) 「고구려열전」에서 원초 5년 (118) "다시 예맥과 함께 현도(지금의 무순)를 침략하고 화려성을 공격했다復與濊貊寇玄菟, 攻華麗城"고 했고 건광 원년(121) 가을 "궁이 마침내 마한·예맥 수천 기를 이끌고 현도를 포위했다"고 했는데 이런 예맥도 영동 지방에 있던 것이다.[14]

지금까지 서술한 것은 한·위대 예 또는 예맥으로 불린 동이족의 거주지와 그들의 행적과 관련해 이용할 수 있는 사료의 범위 안에서 대체로 알 수 있는 모든 내용이다. 여기서 연구하고 있는 예濊·濊의 군장 남려의 거주지와 그곳에 설치됐다고 한 창해군의 이름을 연결해 생각하면 지극히 온당하고 자연스럽게 도출되는 유일한 결론은 문제의 그 지역은 동해안인 이른바 영동 지방이 돼야 한다는 것이다. 따라서 남려를 둘러싼 예맥의 거주지를 "지금의 압록강 상류와 동가강 유역"으로 생각하고 창해를 발해의 다른 이름으로 봐 그 이름이 붙여진 군을 억지로 동일한 지방에 비정한 결과 스스로 많은 모순을 드러낸 고 시라토리 박사의 견해는 당연히 저절로 소멸된다. 그 때문에 나는 그의 진번 북재설에 반대하며, 남재설을 주장한 고 이마니시 박사가 전한 무제 원삭 연간(기원전 128~기원전 123) 창해군 설치 공사에 대해 다음과 같이 판단한 것을 엉뚱하다고 생각하지 않고 나아가 그것에 찬성한다.

팽오가彭吳賈가 뚫은 도로는 압록강 하류 방면에서 평안북도 강계로 나와 설한령을 넘어 남쪽으로 장진 고원을 내려가 멀리 창해를 끼고 함흥

평야로 내려가는 것이거나, 희천熙川으로 나와 검산령을 넘어 정평 방면으로 나가는 것으로 생각된다.[15]

그러나 "압록강 하류 방면에서"라고 말한 것은 따르기 어렵고, 희천(청천강 상류)에서 검산령(대동강 상류의 한 지류의 발원지)을 넘어 정평 방면으로 나갈지도 모른다고 말한 두 번째 견해는 없어도 괜찮다고 생각된다.

요동의 동쪽 변방인 소자하 상류의 노성(전한 소제 때부터 후한 중엽 안제 때까지 제2현도군이 있던 곳)에서 분수산맥을 넘어 동남쪽으로 내려가 부이강富爾江을 따라가면 동가강과 합류하는 지점과 가까운 곳에서 부이강 입구에 이른다. 그곳에서 신개하新開河를 따라 동일한 방향으로 나아가 소판차령小板岔嶺(관구검 기공비가 발견된 곳)을 넘어 마선구麻線溝 계곡을 내려가면 압록강 가의 통구 평야(후한 말 이후 고구려의 수도)로 나온다. 이 평야는 압록강 유역에서 가장 크다.

통구에서 압록강 동안을 건너 독로강을 따라 강계에 이르러 독로강의 한 지류인 남천의 계곡을 동쪽으로 거슬러 아득령牙得嶺을 넘거나, 강계에서 독로강 본류를 따라 그 발원지에 가까운 설한령雪寒嶺을 넘으면 황초령에서 남쪽으로 흘러온 장진강 수역으로 나온다(앞쪽 길을 따르면 얼마 가지 않아 장진읍이고 뒷쪽 길을 따르면 구진리舊鎭里[옛 장진읍]에 이른다). 그리고 황초령 너머의 흑림천黑林川 계곡은 함흥읍을 중심으로 한 지방에 이르러 한반도에서 손꼽히는 비옥하고 넓은 평원이 된다. 함흥이 함경남도의 중심지라는 것은 말할 필요도 없다. 노성에서 동해안에 이르는 도로들 가운데 특히 통구와 함흥의 두 요지를 직접 잇는 자연적 교통로는 여기서 서술한 것밖에 없다.

위 정시 5년(244) 노성의 현도군 치소를 출발해 통구의 고구려 도성(환도성丸都城)을 무너뜨린 관구검은 통구 서쪽 도로의 앞부분을 따라 이듬해 다시 고구려를 정벌했고, 남옥저를 침략한 현도태수 왕기는 그 도로의 뒷부분을 이용해 진군했는데[16] 370년 전 처음으로 이런 도로를 완전히 개통하려고 시도한 것이 바로 전한 무제 원삭 연간(기원전 128~기원전 123) 창해군 설치였던 것이다. 산을 넘고 계곡을 건너 요동에서 동해안에 이르는 새 도로의 개통, 이른바 "예맥과 조선의 길을 뚫었다"는 것은 함흥 이남에서 두 세력이 접촉한 것으로 보이지만, 인력의 소모가 서남이도와 비슷했다고 말한 주요 원인은 거리가 길었기 때문이다. 요동과 동가강 유역 일대를 연결하는 것이었다면 오히려 쉬운 사업이라고 할 수 있었지만, 공손홍이 무제에게 "서남이도와 창해군을 폐지하고 삭방군만 유지하자"고 간언한 것을 볼 때 그렇지 않았음이 틀림없다.

창해군을 설치하려던 곳은 동해안이지만 정확한 위치는 예군 남려의 거주지와 함께 알 수 없다. 그러나 어떤 사정 때문에 부락의 인구를 28만 명이라고 하면서 한에 귀의한 남려는 스스로 과시한 숫자에는 얽매이지 않더라도 상당히 유력한 지도자였던 것 같다. 그리고 그곳에 창해라는 이름의 군이 설치됐다면 함경도 함흥부터 강원도 강릉 사이의 해안 지대에서도 특히 요충지였다고 생각할 수 있다.

전한 시대의 영동 7현 가운데 하나는 함흥의 옥저현(무제가 설치한 현도군의 치소)이고 그 주민은 옥저족이었지만, 그것과 맞닿은 예족의 거주지에 설치된 나머지 6현 가운데 하나인 불내(불이)현은 무제의 뒤를 이은 소제 때 행정구역을 변경하면서 현도군과 임둔군이 낙랑군에 병합된 뒤 영동 7현을 관할한 낙랑 동부도위의 치소로 특수한 지위를 가졌다. 후한 광무제는 도위와 7현의 치소를 폐지하고 현의 우두머리를 현후로 책봉했다. 그 뒤 불내현·화려현·옥저현 등 여러 현은 모두 후국侯國이 됐지만 불내후만은 삼국시대까지 공조功曹·주부主簿 등의 토관土官을 뒀고 다른 현후들 가운데 가장 유력했다는 것은 『위지』 「옥저열전」에 서술돼 있다(앞서 언급). 『위지』 「예전」에서 왕기의 동방 원정과 함께 이뤄진 낙랑군과 대방군 태수의 예 정벌 때 위군魏軍에 항복한 예의 현후를 언급하면서 "불내후 등이 읍을 들어 항복했다"고 불내후만 명기한 것은 그것으로 다른 것을 대표한 것으로 보인다.

『위지』(권28) 「관구검열전」에서 "환도의 산과 불내의 산에 글자를 새겼다"고 했고 관구검이 고구려를 정벌할 때 소판차령 꼭대기에 환도 기공비를 세웠으며, 왕기의 원정 때 불내성에 글씨를 새긴 것도 그 성이 전한 때부터 낙랑 동부도위의 치소였던 전통을 유지했음을 보여주는 일로 생각된다. 그 위치는 문헌에서 증거를 찾기 어렵지만 고고학적으로 그곳으로 여겨지는 유적이 있다. 함경남도 영흥읍 동쪽 10리(3.9킬로미터)쯤 북쪽에 용흥강을 끼고 있는 순녕면順寧面 소라리所羅里의 한대 유적이다. 그것은 조금 높은 언덕을 이용해 쌓은 동서 160칸, 남북 95칸, 둘레 420칸 정도의 작은 토성이다. 나는 1922년 이 유적을 조사해 한대의 기와 조각과 간 돌칼磨製石庖丁·돌화살촉을 2개씩 습득했다. 영동 7현 가운데 다른 현들과 비교해 불내현의 위상은 앞서 서술한 것과 같으므로 이 뚜렷한 유적은 특별한 반증이 없는 한 불내현 터로 비정해도 좋을 것으로 판단된다.

또 거기서 발견된 석기는 당시 예인濊人이 사용한 것이 아닐까 싶다. 이 유적이 있는 영흥은 역사적으로 함경남도에서는 함흥에 다음가는 중요한 지역이다. 여기서 유적과 문헌을 연결해 추측하면 4군이 설치되기 20년 전인 원삭 원년(기원전 128)으로 거슬러 올라가 그해 남려가 귀의한 것을 계기로 창해군을 설치하려던 곳은 군의 이름과 예족 거주지라고 말한 영동의 해안 지대 가운데 불내성 터로 봐야 하는 소라리 유적이 있는 영흥이며, 남려는 그곳의 예족 지도자였다고 생각된다.

앞서 지적한 대로 남려가 한에 귀의한 것을 "우거를 배반했다"고 서술한 『후한서』 「동이열전」의 기록은 그런 사실을 언급하지 않은 『전한서』 「무제본기」 기사와 비교할 때 『후한서』 편자가 덧붙인 개인적 견해로 보인다. 그러나 앞서 남려의 거주지를 영흥으로 본 추측이 다행히 타당하다면 지리적 관계에서 볼 때 『후한서』 편자의 이 견해는 그대로 인정해도 괜찮다. 그리고 그때 무제가 그 사건을 이용해 창해군을 설치한 것은 공적을 과시하기 좋아한 무제의 의도로 정치적으로는 위만조선을 배후에서 위협하는 것과 함께 경제적으로는 동해의 물자를 획득하려던 것으로 생각된다.

4. 진번족과 진번군의 위치

전국시대부터 고조선과 함께 요동 사이에서 교섭한 진번족의 거주지는 한쪽으로는 진한과 맞닿았고 다른 쪽으로는 고조선과 이웃한 곳으로 한반도 중부 이남에서 찾아야 한다는 것은 2장에서 자세히 서술했다. 그 주요 논거는 진번과 조선에 관련된 『사기』와 『한서』의 「조선열전」의 내용, 그 핵심 기사를 본문에 비춰 도출한 해석, 그리고 거리상 그들을 지원했다는 신찬이 인용한 『무릉서』의 기사다.

중국에서 진번 남재설을 제기한 학자는 청말의 양수경이다. 그의 학설은 상당히 간단하다.

신찬이 인용한 『무릉서』의 기사에 임둔둔 치소인 동이현은 장안에서 6138리 떨어져 있고 15현 가운데 진번군의 치소인 삽현은 장안에서 7640리 떨어져 있다고 했으므로 15현은 진번이 임둔보다 1000리 정도 멀리 있음을 보여준다. 임둔이 낙랑 동쪽에 있다는 것은 증거가 있지만 진번 삽현의 방위는 알 수 없다. 그러나 『한서』 「조선열전」에서 "진번·진국이 글을 올려 천자를 알현하고자 했지만 [우거가] 막아 오가지 못했다"고 했으므로 진번은 조선의 남쪽, 곧 삼한과 직접 맞닿은 곳이 돼야 한다.

이 주장은 양수경의 문집 『회명헌고晦冥軒稿』에 실린 「왕사탁 한지석지박의汪士鐸漢志釋地駁議」에서 보이는데, 일본의 고 나이토 도라지로內藤虎次郎 박사는 그것을 소개했으며 동의하는 것으로 여겨진다(직접 그렇게 쓰지는 않았다).

고 시라토리 박사는 진번군의 위치를 논의하면서 창해군의 소재를 먼저 연구해 창해가 발해라는 것을 주요한 논거로 삼아 그것이 동가강 유역에 설치됐다고 판단했다.

지금까지 고증한 바에 따르면 한의 창해군은 지금의 압록강 상류 유역과 동가강 전체 유역을 아우른 지역에 설치된 것으로 생각되고 위만 조선이 영유한 진번국은 이 지역을 버려두고 다른 곳에서 찾을 수는 없으므로 무제의 창해군은 조선의 진번국에 설치된 것으로 판단된다.

앞서 이 문장을 인용하고 지적한 대로 그의 견해는 순환론의 성격이 짙으며, 나아가 진번국과 진번군의 위치를 논증하면서 대체와 형세를 중시해 양수경의 주장과 비슷한 남재설을 거부했다.

『동국문헌비고』에 인용된 김륜金崙의 학설에서 "진번은 임둔보다 멀리 떨어져 있으므로 우리나라 영토 안에는 있을 수 없고 영고탑 근처에 있는 것 같다眞番遠於臨屯, 則我國界內不可得似在寧古塔近處矣"고 했다. 어떤 사람은 『한서』(권95) 「조선열전」에서 『사기』 「조선열전」의 "眞番旁衆國"을 "眞番辰國"이라고 기록한 것에 따라 진번국은 진국, 곧 진한 근처에 있으므로 한반도 남부에 있다고 억측했다. 그러나 이런 논의들은 모두 고립된 기록에 얽매여 추측한 것이며 『사기』와 『한서』의 해당 기록을 정독하고 대체에 따라 그 나라의 방위를 고찰한 것이 아니다. 『사기』 「조선열전」의 첫머리에서 "조선왕 위만은 옛 연 사람이다. 연의 전성기부터 진번·조선을 침략해 복속시켜 관원을 두고 장새를 쌓았다. 진이 연을 멸망시키자 조선은 요동의 변방 지역에 속하게 됐다"고 한 기사를 깊이 생각하면 전국시대의 연은 진번과 조선의 일부를 빼앗아 요동의 변방을 따라 장새를 쌓았으므로 진번국은 한편으로 조선과 인접하고 다른 한편으로는 요동의 변방 지역과 이어졌음을 어렵지 않게 추지할 수 있다. 또 조선국을 차지한 위만이 진번국을 복속시키고 요동의 만리장성 밖에 위력을 떨쳤음은 『사기』(권130) 「태사공 자서太史公自序」에서 "연의 태자 단이 요동으로 도망치자 위만은 그 유망민을 거둬 해동으로 가서 진번을 안정시키고 한의 변방을 지키는 바깥 지역의 신하가 됐다燕丹散亂遼間, 滿收其亡民, 厥聚海東, 以集眞藩, 葆塞爲外臣"고 한 데서 알 수 있다.

그러나 이것은 『사기』와 『한서』의 「조선열전」의 기록을 거의 무시한 것이고, 2장에서 그 내용과 특히 중요한 부분을 자세히 검토해 설명한 대로 나는 대체적 상황에 입각한 이 결론을 인정할 수 없다. 무엇보다 『전한서』(권28 하) 「지리지」의 원도군 주석에는 다음과 같은 응소의 견해가 실려 있다.

응소는 옛 진번과 조선이 오랑캐 나라라고 했다. 應劭曰, 故眞蕃·朝鮮胡國.

응소는 말할 것도 없이 후한 말의 학자다. 그리고 「지리지」의 원도군(현도군)은 무제가 설치한 현도군이 아니라 그다음 소제 때 지금의 함경남도 함흥(옥저성)에서 요동 동쪽 변방인 지금의 노성 지역으로 옮겨진 제2현도군이므로 「지리지」의 이 주석을 그대로 채택하면 진번 북재설에 매우 유리하다. 그 때문에 진번 남재설을 부정한 고 시라토리 박사는 앞서 인용한 문장을 이어 다음과 같이 서술했다.

조선의 북방인 요동의 만리장성 밖에서 국가를 건설할 수 있는 곳은 압록강과 동가강 유역밖에 없으므로 진번국이 그곳에 있었다는 것은 분명하다. 그렇다면 응소가 "현도는 본래 진번국玄菟本眞蕃國"이라고 한 것은 완전한 사실을 전한 것이다.

응소는 반고보다 뒤인 후한 때 학자로 반고가 『전한서』를 편찬한 것에 대해 『한서집해음의漢書集解音義』(24권)를 지었다. 당의 안사고까지 『전한서』의 여러 주석자들 가운데 그는 처음 주석을 단 인물로 생각된다.[17] 『전한서』의 주석에서 반고의 원주原註와 나란히 인용된 응소의 견해는 이 『집해음의』와 다르지 않으므로 중시해야 마땅하다.

그러나 나는 현도군에 관련된 「지리지」의 이 주석을 그대로 채택하지는 않는다. 주석 전체는 다음과 같다.

무제 원봉 4년(기원전 107) 설치됐다. 왕망은 고구려를 하구려라고 부르고 유주에 소속시켰다. 응소는 옛 진번과 조선이 오랑캐 나라라고 했다. 武帝元封四年開. 高句驪, 莽曰下句驪, 屬幽州. 應劭曰, 故眞蕃·朝鮮胡國.

이 앞부분은 반고의 원주인데 "무제 원봉 4년 설치됐다"고 말한 연도는 『전한서』(권7) 「소제본기」 원봉元鳳 6년(기원전 75) "봄 정월 군국의 무리를 모아 요동에 현도성을 쌓았다"는 기사에 따라 그해에 요동 동쪽 변방으로 옮겨졌음을 알 수 있는 제2현도군에는 해당되지 않는 것이다. 또 현도군은 「지리지」 현도군 조에 기록된 대로 고구려·상은태·서개마 등 세 현을 거느렸고 고구려현이 군 치소였다. 그 때문에 반고는 "왕망은 고구려를 하구려라고 부르고 유주에 소속시켰다"는 주석을 현도군에 달았는데, 고구려가 현 이름이므로 현도군 치소가 고구려 지역에 있다고 생각한 것으로 보인다.

그러나 제2현도군은 요동의 일부였지 고구려 지역은 아니다. 또 제2현도군과 나란히 존재한 다른 군은 임둔군과 옥저성의 제1현도군을 합친 뒤의 대낙랑군이다. 그 때문에 「지리지」에서는 현도군(원도군) 다음에 낙랑군만 들고 임둔군과 그보다 앞서 소제 시원 5년(기원전 82)에 폐지된 진번군은 언급하지 않은 것이다. 그리고 낙랑군 주석에서 다음과 같이 서술했는데, 여기서도 반고의 원주와 함께 응소의 견해가 보인다.

무제 원봉 3년(기원전 108) 설치했다. 왕망은 낙선으로 부르고 유주에 소속시켰다. 응소는 옛 조선국이라고 했다. 武帝元封三年開. 莽曰樂鮮, 屬幽州. 應劭曰, 故朝鮮國也.

그런데 4군의 하나인 낙랑군이 '옛 조선국'이라고 한 데는 문제가 없지만 응소가 현도군 주석에서 "옛 진번과 조선은 오랑캐 나라"라고 한 것은 어디에 근거한 것일까? 이 논문 2장에서 서술한 대로 4군 설치 이전 진번국과 관련해 그것이 존재한 사실을 기록한 거의 유일한 문헌은 『사기』 「조선열전」이며, 『전한서』 「조선열전」은 그것을 그대로 옮겨 실은 것이다. 『사기』 「조선열전」에 따르면 진번은 전국시대 연 시기부터 한반도에서 조선과 함께 알려진 오랑캐의 한 부족 이름이고, 그 부족은 기자·위만 조선과 경계를 맞댔으며 무제가 정벌할 때까지 존재했다.

『전한서』에 주석을 단 응소는 『사기』와 『한서』의 「조선열전」을 정독했을 것이 틀림없으므로 "옛 진번과 조선은 오랑캐 나라"라는 그의 견해는 「조선열전」의 서술을 이 한마디로 압축한 것일 뿐 다른 특별한 근거가 있던 것은 아니다. 그리고 특히 『사기』 본문 ― 정확히 말하면 응소가 『한서집해음의』를 지은 후한 때의 『사기』 본문 ― 에는 "眞番旁辰國"으로 돼 있고 『전한서』에는 "眞番辰國"으로 돼 있는 것도 당연히 응소의 주의를 끈 기사였을 것이므로 "왕망은 고구려를 하구려라고 부르고 유주에 소속시켰다"고 반고가 주기한 요동의 현도군을 진국과 경계를 맞댄 "오랑캐 나라인 옛 진번과 조선"이 있던 곳으로 그가 생각했을 가능성은 거의 없다.

그렇다면 어째서 응소의 이 견해는 반고의 원주와 함께 제2현도군 주석의 일부가 된 것일까? 응소의 이 견해는 본래 무제의 정벌 결과 고조선의 옛 땅에 설치된 4군의 하나인 진번군을 설명한 것으로 처음 설치된 현도군과도, 소제 이후의 제2현도군과도 직접 관계가 없던 것으로 판단된다. 그런데 『전한서』「지리지」에는 현도군과 낙랑군 항목만 있고 일찍이 소제 때 폐지된 진번군과 임둔군 항목은 없기 때문에 응소는 낙랑군에 "옛 조선국"이라고 주석하는 동시에 무제가 정벌하기 전 옛 진번족에 의거해 진번군을 설명한 내용을 일단 현도군 항목 아래 뒀으며, 제1·2현도군 가운데 어느 것도 진번족의 거주지에 비정한 것은 아니었다.

나는 이렇게 생각해 「지리지」의 현도군 주석을 현도군에 연결시켜 그대로 채택하지 않는다. 곧 "옛 진번과 조선은 오랑캐 나라"라고 한 응소의 말을 버리지는 않지만 그것은 현도군에 대한 주석의 표면적 의미에 빠진 것이며, 진번이 북쪽에 있었다는 사실을 전한 것은 아니다. 그리고 「지리지」의 이 문제의 주석을 빼면 진번 북재설을 뒷받침하는 옛 역사 기록은 전혀 없으므로 그것을 이렇게 해석하는 것은 결코 부당하지 않다고 생각한다. 고 시라토리 박사의 북재설에 반대하고 남재설을 주장한 고 이마니시 박사가 문제의 주석 내용을 검토·비판하지 않고 응소의 말을 "뛰어난 재능을 지닌 사람이 기억에 의존해 갑자기 집필한 것"으로 "응소 한 사람의 말"로 파악하고[18] 내용 그대로의 가치를 무시하려고 한 것은 받아들이기 어려운 해석이다.

5. 맺음말

이로써 문제는 해결됐다. 진번군은 무제 원봉 3년(기원전 108) 위만 조선의 멸망과 함께 진번국의 옛 땅에 설치됐고 26년 뒤인 소제 시원 5년(기원전 82) 폐지됐지만, 2장에서 서술한 대로 진번국은 한편으로는 지금의 평안남·북도·황해도·경기도·충청북도의 모든 지역을 영유했던 위만 조선과 인접했고 다른 한편으로는 지금의 경상북도와 경상남도 북부에 자리잡은 진한과 경계를 맞댔으며, 3~4장에서 자세히 논증한 대로 그것을 압록강과 동가강 유역에서 찾으려고 한 이른바 북재설은 성립되지 않는다. 그리고 따로 동가강 유역에서 고구려가 건국한 상황을 고찰하면 1장 '머리말'에서 쓴 것처럼 동일한 지방에 진번군이 존재했다는 북재설을 부정하지 않을 수 없고, 소극적 측면에서도 다시 앞의 견해가 뒷받침된다. 다만 그 논증 과정을 요점만 따서 알기 쉽게 서술하기는 어렵기 때문에 전체적인 내용은 지난해 발표한 「고구려의 건국 전설과 역사상의 사실」을 참고하기 바란다. 남재설은 흔들리지 않는다. 확고해 흔들리지 않는다.

고 이마니시 박사의 「진번군고」는 양수경의 남재설을 인정하고 그의 간단한 학설에 독자적 견해를 풍부히 더해 고 시라토리 박사의 북재설을 논박한 것이다. 매우 다양한 측면에 걸친 그 연구에는 내가 이 논문에서 자세히 서술한 범위 안에 있는 것도 있고 나와 견해를 달리하는 사항들도 적지 않지만 — 하나하나 밝힐 수는 없다 — 결론은 완전히 같은데, 진번군의 강역을 충청도와 전라북도로 본 그의 추정에 대해서도[19] 그것을 조금 좁혀 충청남도와 전라북도로 보는 것이 좋지 않을까 생각할 뿐이다. 따라서 15현을 거느린 진번군 치소로 『무릉서』의 일문에 나온 삽현은 금강 유역에 있었을 것으로 추정한다. 이것도 고 이마니시 박사가 이미 언급한 것이다. 곧 문제의 진번군 강역, 거슬러 올라가면 진번족의 거주지는 그 뒤 백제가 당에 멸망한 뒤 그 옛 장수 귀실복신鬼室福信 등이 전개한 부흥운동의 주요 장소가 된 지역과[20] 대체로 비슷하다고 생각된다는 것이 이 짧은 논문의 결론이다.

다시 한마디 덧붙인다. 위만 조선을 멸망시킨 한은 그 나라의 본토를 낙랑군으로 만들고 남옥저 지역에 현도군을, 예맥 지역에 임둔군을, 진번 지역에 진번군을 설치했다. 이것은 한반도에서 남옥저·예맥·진번이 각각 고조선과 경계를 맞댄 호족胡族으로 그 나라에 예속됐음을 말한다. 임둔은 예맥의 유력한 부족을 가리키는 것으로 생각되지만, 진번은 그 위치와 대체적인 강역에서 미뤄볼 때 한족韓族의 일부인 마한의 전신으로 생각된다.

[부설] 동가강 유역의 선주민先住民과 맥·예맥·예의 이름

전한 무제가 4군을 설치하기 전의 진번족이 응소가 말한 "조선의 오랑캐 나라"로 한반도 남부의 진국과 경계를 맞댄 주민이었다면 한반도 북부의 기자·위만 조선의 세력권 밖에 있던 압록강 상류 유역이나 동가강 유역의 이족夷族은 누구였을까? 고구려족이 처음 이 지방에 자리 잡은 것은 요동 동쪽 변방에 제2현도군이 설치(전한 소제 원봉 6년, 기원전 75)되기 직전이지만 그보다 먼저 살던 주민은 누구였을까?

춘추·전국시대 중국 북부 또는 동북부의 이민족은 다음과 같다.

- **맥貊** :『시경』「노송魯頌·비궁閟宮」: 회이淮夷·만맥蠻貊.

  『논어』「위령공衛靈公」: 만맥의 나라蠻貊之邦.

  『묵자』(권5)「비공非攻」: 연·대·호맥의 사이燕·代·胡貊之間.

  『시경』「대아大雅·한혁韓奕」: 추와 맥을 복속시키고 북국을 다스리라는 명령을 받았다. 其追其貊, 奄受北國.

- **맥貉** :『묵자墨子』(권4)「겸애兼愛」: 만이蠻夷·추맥醜貉.

  『맹자』「고자告子」: 맥에는 오곡이 나지 않고 기장만 난다. 夫貉五穀不生, 惟黍生之.

  『사기』(권110)「흉노열전」: 조양자가 구주산(안문雁門에 있다)을 넘어 대를 격파해 차지하고 호맥에 이르렀다. 趙襄子踰句注, 而破并代以臨胡貉.

이런 여러 사례에서 보이듯 어떤 때는 단독으로, 어떤 때는 남쪽의 만蠻, 서북쪽의 호(흉노)와 함께 막연히 맥으로 불렸지만 그 본토는 어디였을까? 북만주의 부여에서 갈라져 나와 남하해 동가강 유역을 차지한 고구려족도 맥으로 불렸는데, 그 까닭은 무엇일까? 나는 선진先秦시대 맥의 거주지, 특히 그 본토를 요동(일찍이 중국인이 차지해 거주했다)과 경계를 맞댄 압록강 상류 지역과 동가강 전체 유역이었다고 추정해 이런 모든 과제에 대답하려고 한다. 또 한반도에서 고조선과 경계를 맞댄 강원도 지방의 예맥은 이 맥족의 다른 종족이고 예는 예맥의 약칭이라고 생각한다.

한·위대의 예맥, 곧 예가 강원도 지방의 주민이라는 것은 이미 이 논문 3장에서 밝혔다. 다만 고 시라토리 박사는 진번군의 위치를 연구하면서 예맥의 이름과 관련해 "한대의 예맥은 부여와 고구려를 시작으로 요동의 만리장성 밖부터 한반도의 동부와 북부 두 방면에 널리 퍼진 퉁구스 민족을 포괄해 부르는 이름"이라고 했다(이 논문 3장에서 인용). 그러나 옛 사서의 기록을 검토하면 그런 증거로 들 수 있는 것이 없다. 『사기』「흉노열전」에는 전한 초 동호東胡를 멸망시킨 흉노의 묵특冒頓 선우單于가 한과 초의 분쟁을 틈타 사방에 더욱 위력을 떨친 상황을 서술한 부분이 있다.

묵특에 이르러 흉노는 가장 강대해져 북쪽의 이적을 모두 복종시키고 남쪽으로는 중국과 맞섰다. (…) 좌방의 왕과 장수들은 동쪽에 거주했는데 상곡(지금의 회래懷來)에서 동쪽으로 예맥·초선과 맞닿았다. 우방의 왕과 장수들은 서쪽에 거주했는데 상군 서쪽에서 월지·저·강과 맞닿았다. 선우가 머무는 곳은 대와 운중에 있다. 至冒頓而匈奴最彊大, 盡服從北夷, 而南與中國爲敵國. (…) 諸左方王將居東方, 直上谷以往者, 東接穢

貉·朝鮮. 右方王將居西方, 直上郡以西, 接月氏·氐·羌. 而單于之庭直代·雲中.

예맥의 이름이 역사에 보이는 것으로 대략 확실한 연대를 알 수 있는 것은 한대 초의 이 기사가 처음이다. 그리고 그것은 조선과 나란히 기록돼 있는데, 『사기』 「화식열전」에서도 "연 또한 발해와 갈석산 사이에 있는 도회지다. (…) 북쪽으로는 오환·부여와 인접했고 동쪽으로 예맥·조선·진번과 교류해 이익을 얻었다"고 해서 예맥과 조선(그리고 진번)을 나란히 놓았을 뿐 아니라 요서의 오환과 함께 따로 부여의 이름을 든 것을 참조하면 4군이 설치되기 전부터 양한·삼국시대에 걸쳐 강원도 지방의 이족에만 적용된 예맥의 이름과 그 범위를 같이한 것으로 널리 요동의 만리장성 밖부터 한반도 동북부에 걸쳐 있던 동이의 여러 부족을 포괄하는 이름이 아니었던 것은 거의 분명하다. 곧 한대 예맥의 이름의 범위에 관련된 고 시라토리 박사의 견해에 대해서는 이런 반증을 들 수 있다.

또 예의 이름을 살펴보면 전한 무제는 동해안 일대에 있던 예濊의 군장 남려의 거주지에 창해군을 설치했다고 했고, 후한 허신의 『설문』에서는 같은 해안지방의 사두매를 "예의 사두국"이라고 했으므로 예는 예맥의 약칭이 분명하다. 『위지』 「동이열전」과 본기의 여러 기록에서 예와 예맥을 완전히 같은 이름으로 교환해 사용한 것도 그것을 증명한다.

그러나 『위지』 「동이열전」에는 지나쳐서는 안 되는 기사가 있다. 곧 부여·고구려·동옥저(남옥저)·읍루·예 등 동이 여러 종족에 대해 처음으로 상세한 사실을 전한 이 기록의 하나인 「부여열전」의 끝부분에는 다음과 같은 기사가 있다.

그 도장에 '濊王之印예왕지인'이라는 문구가 있고 나라에 '예성'이라는 옛 성이 있으니 본래 예맥의 땅으로 생각된다. 부여가 그들 가운데 왕이 됐기 때문에 스스로를 '망명한 사람'이라고 부르는 것 같다. 其印文言濊王之印, 國有故城名濊城, 蓋本濊貊之地. 而夫餘王其中, 自謂亡人, 抑有似[以?]也.

실제로 그동안 맥·예맥·예의 이름에 대해 견해를 밝혀온 논자들은 모두 이 「부여열전」의 기사에 따라 부여가 그렇게 불리기 전 본래의 이름은 예라고 설명했다. 이미 서술한 대로 고 시라토리 박사가 진번군을 연구하면서 한대의 예맥은 요동의 만리장성 밖에서 조선의 동부와 북부에 자리 잡은 부여·고구려 등 동이 여러 부족을 포괄하는 이름이라고 한 것은 이 기사를 염두에 둔 견해가 틀림없고, 그 뒤 따로 부여의 기원에 대해 "전한 초 송화강 발원 지역의 맥 종족(부여를 뜻한다)은 자신들을 예라고 부르고 그 왕을 예왕, 그 성을 예성이라고 불렀으며 부여라는 이름은 아직 나타나지 않았다"고 서술한 것도[21] 마찬가지다(그러나 모두 근거를 명시하지는 않았다).

그러나 『위지』 「부여열전」의 기사는 한대 초가 아니라 삼국시대(위)의 부여에 관련된 기록이므로 고 시라토리 박사의 그런 견해는 그의 다른 연구들에서 거듭 나타나는 것처럼 자신이 근거로 삼은 사료의 연대를 소홀히 여긴 것으로 거기에 뚜렷한 결점이 있다고 말하지 않을 수 없다. 따라서 '한대의 예맥'에 관련된 그의 견해는 앞서 서술한 것 같은 반증을 들 수 있으며, 그런 방법론에도 쉽게 동의할 수 없다. 그렇다면 한대에서 떨어진 삼국시대 북만주의 부여에는 읍루·고구려·동옥저(남옥저)의 거주지를 사이에 둔 강원도 지방의 예맥족과 마찬가지로 예나 예맥의 이름이 따로 있던 것일까?

『위지』「동이열전」은 주로 위의 어환이 지은 『위략』을 바탕으로 한 것이 거의 분명한데, 앞서 서술한 「부여열전」의 앞부분에서 "그 도장에 '濊王之印'이라는 표현이 있고 나라에 '예성'이라는 옛 성이 있다"고 한 것은 『위략』의 서술을 가져온 것이지만 뒷부분에서 "본래 예맥의 땅으로 생각된다. 부여가 그들 가운데 왕이 됐기 때문에 스스로를 '망명한 사람'이라고 부르는 것 같다"고 한 것은 진 초기 『위지』를 편찬한 진수陳壽가 개인적 견해를 덧붙인 것이 틀림없다. 곧 진수는 부여왕의 도장은 '예왕지인'이고 그 나라의 성에는 '예성'이 있다고 한 앞 시대 사서의 기록에 따라 북만주의 삼국시대 부여족 땅이 본래 예맥족의 거주지였다고 생각한 것이다. 그리고 진수가 말한 '예맥'은 그가 쓴 『위지』「예전」의 삼국시대의 예, 곧 그 시대의 예맥과 동일한 의미를 지닌 이름으로 가져온 강원도 지방의 예가 분명하다.

진수는 "부여가 그들 가운데 왕이 됐기 때문에 스스로를 '망명한 사람'이라고 부르는 것 같다"고도 말했지만, 그것은 「부여열전」의 앞 기사에서 "나라의 노인들은 자신을 예전에 망명한 사람이라고 말한다國之耆老自說古之亡人"고 했다 — 「부여열전」의 이 기사는 『위략』에 근거한 것으로 생각된다 — 는 것에 따르고 『위략』에 기록된 부여의 건국 전설, 곧 북쪽의 고리국藁離國에서 망명했다고 한 부여의 시조 동명왕의 전설을[22] 참고한 것으로 보인다(『위략』에 '옛 기록舊志'의 내용이라고 기록된 이 건국 전설은 『위지』「부여열전」에는 실려 있지 않지만 배송지가 주석을 달아 그 열전 끝부분인 앞의 구절 아래 인용했다). 따라서 우리가 문제로 삼은 것에 대해 특히 중시할 것은 이런 진수의 서술이 아니라 그가 그렇게 쓰도록 만든 「부여열전」의 한 기사의 앞부분이다. 그리고 그것이 바탕한 것은 『위략』이지만 그것은 삼국시대의 기록이 분명하다.

다시 『위지』 「예전」을 보면 전한 시대에 낙랑군 동부도위의 치소였던 불내성(영동 7현의 하나)의 예에 대해 다음과 같이 서술했다.

정시 6년(245) 낙랑태수 유무와 대방태수 궁준은 [단단대]령 동쪽의 예가 고구려에 복속되자 군사를 일으켜 정벌했다. 불내후 등은 읍을 들어 항복했다. 정시 8년 [위魏의] 궁궐에 와서 조공하니 조서를 내려 불내예왕에 책봉했다. 其八年, 詣闕朝貢, 詔更拜不耐濊王.

곧 위 폐제 제왕 방의 정시 6년 현도군 태수 왕기를 주장으로 삼아 동방을 원정하면서 낙랑군과 대방군 태수도 예를 침략했을 때 그 군대에 항복한 영동지방(강원도와 함경남도 일부의 동해안)의 불내예 군장은 2년 뒤 직접 위의 도성에 가서 조공하고 불내예왕에 책봉된 것이다.23 이것은 분명한 사실로 그때 그는 예왕의 인장을 받았을 것이 틀림없다. 앞서 서술한 대로 불내예의 거주지는 지금의 함경남도 영흥 부근으로 여겨진다.

그런데 같은 삼국의 위대魏代에 동가강 유역의 고구려와 목단강 유역의 읍루의 거주지를 사이에 두고 북만주 아십하 지방에 나라가 있던 부여의 군장에게 같은 문장을 새긴 인수印綬가 다시 사여됐다면 매우 이해하기 어려운 일이라고 하지 않을 수 없다. 부여에 예성濊城이라는 옛 성이 있다고 한 것도 비슷하다고 봐야 한다. 그러므로 '濊王之印'이라는 부여왕의 도장과 부여의 옛 성 이름인 '예성'에 관련된 기록이 본래 『위략』에 실린 것이었다면 그것은 그 책을 지은 어환이 불내예에 관련된 사실을 부여에 갖다 붙인 것으로 추측된다. 그리고 그

것을 채록한 것으로 봐야 하는 『위지』「부여열전」의 기록은 삭제하는
데 주저하지 않는다.

　이로써 문제는 해결됐다. 요컨대 『위지』「부여열전」의 한 구절에서
가져온 부여족의 본래 이름이 예였다고 하고, 한대의 예맥은 부여·고
구려 등 당시 만주의 여러 종족(퉁구스 민족)을 포괄하는 이름이었다
고 판단한 것은 부여족이 북만주에 자리 잡기 전 그 지방의 주민을
'예맥'이라고 본 진수의 억견과 마찬가지로 허공에 누각을 지은 것 같
다고 해야 한다.

1946년 8월 5일 탈고

1947년 2월 말 수정(『사학잡지』 57편 2·3호)

6편
무순의 역사 유적

이 논문은 1940년 3월 12일 동방문화학원 창립 10주년 기념 강연의 초고인데, 『고고학 잡지』 편자의 요청에 따라 거기에 기고한 것이다. 삽입된 사진은 중국 북부 여행에 동행한 미카미 쓰기오 군이 찍은 것이다.

1.

1938년 5월 나는 중국 북부를 여행했는데, 그때까지 아직 방문하지 못했던 만주의 무순에 올 때와 갈 때 모두 하루씩 할애했다. 그러나 이 지명의 상징처럼 된 석탄石炭을 보려는 목적은 아니었다. 중국 북부의 대동大同에서 서쪽 5리에 있는 운강雲崗 석불을 사흘 동안 둘러보고, 중국 북부 제일의 탄전으로 불리는 서남쪽 7리에 있는 구천진口泉鎭 탄광을 일정에 두지 않은 것처럼 무순의 상징에 대한 식견을 넓히려던 것은 아니었다.

5월 초 첫 번째 방문에서는 무순 도서관장 와타나베 산조渡邊三三 씨와 무순신보撫順新報 사장 구보타 리헤이窪田利平 씨가 나를 환영하고 열심히 안내해줘 위로는 한대부터 아래로는 명·청대까지 무순시 부근에 남아 있는 유물과 유적을 두루 돌아봤으며, 같은 달 말 두 번째 방문에서는 다시 와타나베 씨와 동쪽으로 가서 봉길선奉吉線*의 영반역營盤驛에 가까운 사르후薩爾滸의 옛 성 터를 살펴봤다. 「무순의 역사 유적」이라는 제목으로 아래 서술한 내용은 주로 첫 번째 여행에서 얻은 견문을 바탕으로 한 것이다. 그리고 와타나베 씨 등의 도움을 많이 받았다. 다만 그 당면한 목적은 학술적으로는 중요하지만 유적의 성격상 운강 석불처럼 세상의 주의와 흥미를 널리 끌지 않는 이런 유적을 얼마라도 조명하려는 데 있다. 그 때문에 개략적으로만 설명했을 뿐 자세히 다루지는 않았다.

2.

무순은 봉천에서 혼하를 따라 100리(39킬로미터)쯤 동쪽으로 거슬러 올라간 곳에 있으며 북쪽은 철령·개원開原 방면으로, 남쪽은 본계호本溪湖·봉황성鳳凰城 방면으로 가는 교통의 요충지다. 그곳에서 다시 혼하 북안을 따라 90리(35.3킬로미터)쯤 가면 봉길선의 영반역이 있고, 동남쪽인 동사르후성東薩爾滸城 부근은 청 초기의 유명한 옛 전투지다.

---

* 남만주 철도의 봉천-길림 노선.

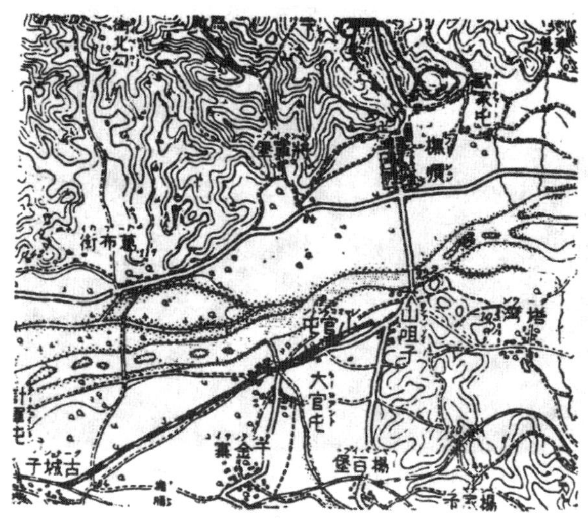

무순 부근 지형도(10만분의 1 축적)

영반 동쪽에서 혼하는 두 갈래로 나뉜다. 북쪽의 흐름이 본류인데, 그것을 거슬러 올라가면 분수령을 넘은 뒤 해룡海龍을 거쳐 길림吉林에 이른다. 남쪽의 흐름은 지류인데 소자하라고 부른다. 그 상류의 노성 부근은 청의 발상지로 그곳을 지나 분수령을 넘으면 통화·환인이나 집안 방면으로 나온다. 그리고 무순 지역은 혼하 상류 유역의 산악지대로 봉천을 중심으로 한 대평원과 경계에 있기 때문에 교통뿐 아니라 지형상으로도 특별한 지리적 조건을 갖추고 있다.

본래 무순은 봉천과 마찬가지로 혼하 북안 지역이 중심이었지만 오늘날은 지난 30여 년 동안 혼하 남안에서 발달한 광업도시다. 그리고 다시 그것은 혼하로 흘러드는 양백보하楊柏堡河라는 작은 하천을 사이에 두고 옛 시가와 새 시가로 나뉜다. 옛 시가는 러일전쟁 결과 원元의 천금채千金寨가 있던 곳에 만들어진 도시인데, 그것이 발전하면서 청말

선통宣統 3년(1911) 혼하 북안의 무순성 안에 있던 관아도 그곳으로 옮겨져 본래의 무순은 완전히 적막해졌다. 그런데 부근의 옛 성에서 노천굴露天掘을 확장하기 위해 시가지 표면을 부수고 새 시가를 건설한 필요가 생겨 1925년 양백보하 동쪽의 소관둔小官屯 터에 근대적 도시계획에 바탕한 훌륭한 도시가 조성돼 시가 서쪽 평탄한 부분은 상업구역이 됐으며 만철滿鐵 무순선의 무순역도 그곳에 있다.

동쪽은 높은 지역인 영안대永安臺로 모두 탄광에 관계된 사람들의 주택이 조성된 쾌적한 구역이다. 영안대의 동쪽 끝에는 완만한 언덕 셋이 이어져 있다. 그곳을 나눠 동공원東公園을 만들었다. 가장 북쪽의 언덕은 북쪽과 동쪽의 조망이 매우 좋으며 조어대釣魚臺라고 부른다. 일본인은 예예구譽譽丘라고 부르는데, 러일전쟁의 표충비表忠碑가 세워져 있기 때문이다. 다음 언덕에는 탄광 순직비가 있어 어령구御靈丘라고 부르고 세 번째 언덕에는 수도 정화시설이 있어 천구泉丘라고 부

북관산성 북문 터에서 바라본 무순 방면

른다. 뒤에서 서술하듯 한대의 뚜렷한 유적은 이런 세 언덕, 곧 동공원 지역에 있다.

새 시가의 주택지에서 영안대를 북쪽으로 내려오면 혼하가 흘러가는 영안교라는 철교가 있다. 철교에서 10정(1090미터)쯤 북쪽으로 떨어진 곳에 있는 성곽이 무순성이다. 문門과 누樓가 모두 갖춰진 높은 벽으로 둘러싸인 상당히 작은 중국식 성이다. 남문에서 북문으로 나가 봉길선 노선을 건너 2~3정(220~330미터)쯤 동북쪽으로 가면 길은 서북쪽으로 꺾어져 철령을 통과하는 도로가 된다. 이 도로의 입구를 끼고 조금 높은 좌우의 언덕 능선에 성벽을 쌓은 상당히 큰 산성이 있다. 곧 오늘날 북관北關산성이라고 부르는 옛 성이다. 그 북부는 높고 남쪽으로 가면서 낮아져 무순성의 평지에 이어지며 그 안은 약간의 평지를 끼고 안쪽이 오목한 성인데, 한눈에 고구려식 산성임을 알 수 있다.

남쪽 입구의 서쪽에는 고이산高爾山이라는 조금 높은 언덕이 있다. 그곳은 산성 서남벽의 일부인데, 그 꼭대기에는 8각형의 기단 위에 여러 층의 전탑塼塔이 높이 솟아 무너진 산성과 주위의 쓸쓸한 풍경에 부드러운 정취를 더한다. 또 산성 남쪽 입구에 가까운 철도 노선의 북쪽에는 갈고리 모양으로 굽은 토성이 남아 있어 그것이 특별한 유구遺構였음을 보여준다. 또 천금채의 옛 시가 서쪽과 남쪽에 맞닿은 노천굴 지대에는 오래전부터 고성자古城子라는 이름이 있었고, 실제로 그 옆을 흐르는 작은 하천은 고성자하古城子河라고 불리는데 지나쳐서는 안 되는 지명이다. 광업도시로서 무순의 생명을 지배하는 탄전炭田은 남북 10리(3.9킬로미터) 정도의 폭으로 고성자하의 좌우부터 동주천東州川의 좌우까지 동서 40리(15.7킬로미터)에 걸쳐 있다. 그러나 이 넓은 구역은 우리의 관심 대상이 아니다. 이것으로 무순 부근의 지리를 대략 설명했고, 이제 주요한 문제를 살펴보겠다.

3.

무순이라는 지명은 명대 초에 붙여졌으며, 그 뒤 이곳의 역사는 수많은 문헌에 기록돼 있다. 그전으로 거슬러 올라가면 원대의 일은 자세하지 않지만 요·금대를 거치면서 봉천이 있는 심주瀋州와 함께 귀덕주貴德州로 불렸으며, 그 뒤 무순에 관련된 사항은 『요사』와 『금사』의 「지리지」와 명대의 두세 지지地誌를 살펴보면 거의 분명히 알 수 있다. 문헌에서 거슬러 올라갈 수 있는 것은 대체로 여기까지다. 그런데 유물로 보면 영안대 동공원의 세 언덕에는 한대의 옛 기와와 토기 조각이 많이 흩어져 있고, 특히 예예구 일대가 가장 뚜렷해 그곳이 한대의 유적임을 부정할 수 없다. 문제는 그것이 그 시대의 어떤 유적인가 하는 것이다.

전한 무제가 위만 조선을 멸망시키고 그곳에 낙랑·진번·임둔·현도의 4군을 설치한 것은 원봉 3년(기원전 108)이다. 26년 뒤인 소제 시원 5년(기원전 82)에는 진번군이 폐지됐다. 다시 7년 뒤인 소제 원봉 6년(기원전 75) 임둔군과 현도군은 낙랑군에 병합됐다. 이런 변화에 앞서 22년 동안 현도군 치소는 함경남도 함흥에 있었지만, 이때 이르러 현도라는 이름이 붙여진 새 군은 동해안에서 멀리 떨어진 요동 지역에 설치됐다. 곧 제2현도군이라고 부를 수 있는 것인데, 그 치소는 소자하 상류의 노성에 있던 것으로 추정된다.

그런데 당시 동가강(혼강) 유역에 자리 잡은 고구려는 그때부터 1세기쯤에 걸쳐 점차 국력을 키웠고, 후한 중엽 궁이라는 국왕이 나와 한의 요동군(치소는 지금의 요양)을 자주 침략했으며 화제 원흥 원년(105) 제2현도군을 무너뜨려 차지했다. 그 때문에 한은 다음 해인 안제 즉위년 요동군 일부를 떼어 제3현도군을 설치했다. 이 현도군의 중심은 삼국시대에도 변하지 않았지만 당시의 기록(『삼국지』「손권孫權열전」에 인용된 『오서吳書』)에는 그것이 요동군 치소(지금의 요양) 북쪽 200리(당시의 단위)에 있었다고 했으므로 주로 문헌에 따라 생각하면 대체로 지금의 봉천으로 여겨진다.[1] 방향·거리 등과 관련해 이것 이상은 문헌에 나오지 않는다.

그런데 야기 소자부로八木奘三郎 씨는 고고학적 측면에서 이 설명에 의심을 품었다. 1929년 『속 만주 구적지續滿洲舊蹟志』를 지은 그는 「무순 현도론撫順玄菟論」이라는 논문에서 봉천 부근을 여러 번 탐사했는데 한대의 군 치소로 보이는 유적이 없으므로 그 시대의 유물도 눈에 띄지 않지만, 무순에서는 한·위대의 것으로 보이는 유물들이 발견됐고 후대의 것으로는 요·금대의 유적도 있었으므로 현도군 치소 터는 무순에서 찾아야 한다고 주장했다. 야기 씨의 이 견해는 타당하며 그 뒤 유물과 함께 유적으로도 실증된 것으로 생각된다. 곧 동공원의 구릉지대에서는 한대의 기와와 토기 조각뿐 아니라 청동화살촉·철화살촉·반량전·오수전 등도 나왔고, 예예구의 서쪽 경사면에 주택을 조성할 때는 한식漢式 기와가 택산굴澤山掘에서 출토됐으며, 특히 1938년 봄(내가 무순을 방문하기 조금 전)에는 고사리 무늬蕨手文가 표면에 새겨져 있거나 '千秋萬歲천추만세'라고 양각된 훌륭한 기와가 출토됐고, 예예구 일대에는 흐릿하지만 한반도의 낙랑군 치소 터 등에서도 보이는 것 같

예예구에서 출토된 한식漢式 와당(사이토 부이치齋藤武— 씨 소장)

은 토루의 흔적이 남아 있었다.[2] 그러므로 대체로 지금 새 시가의 주택 구역, 곧 영안대 지역은 후한 중엽부터 삼국·서진까지 현도군 치소터였음이 거의 분명하다.

다음으로 앞서 말한 것처럼 북관산성은 외형상 고구려식 산성이다. 그 특징은 곳곳에 남아 있는 석성의 축조 방식, 곧 만주 집안현 통구의 산성자山城子산성에서도 보이는 축조 방식에서도 나타나지만, 성안에서 출토된 와당도 통구와 평양의 고구려 유적에서 나온 것과 같은 모양이며 훌륭하고 큰 완전한 암키와平瓦도 발견됐다. 여기서 문제는 이 성의 정체가 무엇인가 하는 것이다.

고구려는 수 문제(재위 581~604) 때부터 당 고종(재위 649~683) 때까지 약 70년 동안 10번 정도 두 나라의 침략을 받았는데, 그런 전쟁과 관련해 신성新城이라는 고구려 변방의 성이 여러 번 기록에 보인다. 수 대업大業 9년(613) 양제煬帝의 2차 원정군은 요동성(지금의 요양)과 신성을 공격했지만 이기지 못했다. 당 고종 영휘永徽 6년(655) 3차 원정에서 정명진程名振·소정방蘇定方 등은 신성을 공격해 그 일부를 불태워 무너뜨렸다. 그다음 현경顯慶 3년(658) 침공에서도 정명진·설인귀薛仁貴 등은 다시 그 성을 공격했다. 건봉乾封 원년(666) 말부터 시작돼 총장 원년(668)까지 3년에 걸쳐 이어진 정벌은 고구려를 무너뜨린 마지막 전쟁이었는데, 그 전쟁에서 요동도遼東道 행군대총관行軍大總管 이적李勣은 "신성은 고

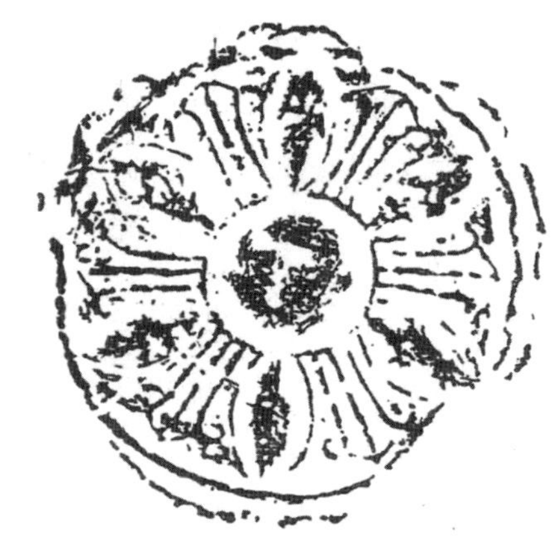

북관산성 출토 고구려식 와당
(사이토 부이치 씨 소장)

구려 서쪽 경계의 가장 중요한 진성이니 먼저 공격하지 않으면 다른 성들을 쉽게 함락시킬 수 없다新城是高麗西境鎭城, 最爲要害, 若不先圖, 餘城未易可下"면서 신성을 먼저 공격해 차지한 뒤 내륙의 성들을 함락시켜 마침내 고구려를 멸망시켰다.

그 성은 고구려가 멸망한 뒤에도 요동 방면에서 매우 중요한 위치를 차지했다. 당은 고구려를 멸망시킨 뒤 안동도호부를 옛 수도인 평양에 설치하면서 신성을 도독부의 하나로 삼았다. 8년 뒤인 의봉儀鳳 원년(676) 당은 한반도를 포기하기로 결정하고 그 해 안동도호부를 요동성(지금의 요양)으로 옮겼다. 그리고 이듬해인 의봉 2년 다시 그것을 문제의 신성으로 옮겨 고구려 유민 통치를 맡겼다. 그리고 이 신성의 도호부는 측천무후 성력聖曆 2년(699) 적인걸狄仁傑의 의견에 따라 폐지될 때까지 22년 동안 존속했다.

지금까지 서술한 사실이 보여주듯 고구려의 신성은 그 나라의 서쪽

변방에서 매우 중요한 성이었고, 그 위치에 관련된 문헌 자료를 볼 때 봉천이나 무순 부근이었던 것으로 여겨졌다.[3] 그런데 1933년 와타나베 산조 씨는 북관산성을 조사해 유적과 유물을 근거로 고구려 때의 산성임을 안 뒤 기존의 여러 학설과 연결해 그것을 신성에 비정했다.[4] 나는 지난 번 무순을 방문했을 때도 그런 주장을 들었는데, 그 뒤 직접 조사한 결과를 문헌에 비춰보고 그 비정이 움직일 수 없음을 확신하게 됐다.

4.

다음은 요·금대지만 일단 뒤로 미뤄두고 명대의 무순을 먼저 서술하겠다. 명은 홍무洪武 21년(1388) 봉천의 심양 중위瀋陽中衛의 외성外城으로 무순 천호소千戶所를 요·금대의 귀덕주 지역에 설치했는데, 명대 전체에 걸쳐 무순성으로 불린 것은 이 천호소의 성 밖에 없다. 그리고 그 성은 비슷한 지위의 작은 성들과 함께 변방의 장벽을 형성해 국경 밖의 건주여진建州女眞에 대비하려는 것이었다. 만력萬曆 46년(청 천명天命 3년, 1618) 노성을 본거지로 삼은 청 태조 누르하치奴兒哈赤는 반명의 기치를 들고 무순성을 공격해 무너뜨린 뒤 돌아갔다. 그 뒤 그 성은 오랫동안 폐허로 남았는데, 강희제康熙帝가 재위 21년(1682) 순행할 때 고사기高士奇는 그 황폐한 모습을 보고 자신의 『호종동순일록扈從東巡日錄』에서 잘 묘사했다. 성 이름도 어느 땐가 무서성撫西城으로 바뀌어 황폐해진 채 90년을 보냈지만 건륭乾隆 43년(1778) 칙명에 따라 중수되고 이름도 예전대로 회복됐다. 그 뒤 몇 차례 수리를 거쳤지만 지금의 무순성은 대체로 그때의 규모를 보존하고 있다.

명대의 무순성 터는 지금의 성과 봉길선 사이에 갈고리처럼 굽은 토루가 남은 것이다. 와타나베 산조 씨의 연구에 따르면 이것은 명대 무순성 터의 북쪽 부분이다.[5] 나도 그렇다고 생각한다. 또 앞서 말한 대로 봉길선을 북쪽으로 넘어 북관산성 입구 가까운 곳에도 갈고리처럼 굽은 토루가 남아 있다. 『전요지全遼志』(명대

무순성

요동의 지지地誌)에 따르면 무순 비어공서備禦公署라는 무순성 소속의 관아가 무순 천호소 치소(무순성) 동쪽에 있다고 했으니, 이것은 그 관아의 흔적으로 생각된다.

거슬러 올라가 요·금대의 유물·유적을 서술하면 북관산성 남쪽 입구 부근에서는 존승다라니경당尊勝陀羅尼經幢이 발견됐는데, '大安四年八月□日建'이라는 명문에 따라 요 도종道宗 대안 4년(1088)의 유물임을 알 수 있다. 발견된 때는 1933년 봄이고 발견한 사람은 와타나베 산조 씨다.[6] 또 10여 년 전 고성자의 노천굴에서 출토된 금석문에는 심주瀋州 쌍성현령雙城縣令 유당劉唐의 조상 세계世系를 새긴 「명당비기明堂碑記」가 있다.[7] 그것은 금 희종熙宗 황통皇統 4년(1144) 2월에 세워졌는데, 쌍성주가 쌍성현이 돼 심주 관할 아래 소속된 이듬해다. 금의 쌍성주나 쌍성현이 그곳에 있었다는 증거는 아니지만, 당시 쌍성현령이

던 유당이라는 인물의 가묘家廟가 고성자 부근에 있다. 또 북관산성 남쪽 입구에서 1정(109미터)쯤 서북쪽에 있는 도로 왼편에 비신이 없는 귀부가 등을 드러내고 있다. 거기 새겨진 무늬를 보면 요·금대의 유물이 거의 분명하지만, 비신이 없어 정확한 연대를 알 수는 없다.

북관산성 안에 있는 귀부龜趺

고이산의 전탑은 8각 다층인데, 상층부가 크게 부서져 현재는 9층까지만 남아 있다. 확실한 조성 연대를 알 수 있는 자료는 없지만 무라다 지로村田治郎 박사는 양식으로 볼 때 금대의 유적이 분명하다고 했다.[8] 옛 도자기도 지나쳐서는 안 된다. 그것들이 출토된 곳으로 알려진 곳은 양백보하 하류 좌안, 곧 새 시가 동쪽과 마주한 대관둔大官屯과 그 부근이다. 그곳에서는 몇 곳의 도요지와 도자기 파편이 버려진 곳도 발견됐다. 그런 도요지에서 구운 것으로 보이는 여러 종류의 도자기는 여기서만 나오지는 않고 고성자와 그 동쪽의 노호대老虎臺에서도 드물지 않게 출토됐는데, 주로 금대의 유물이다. 이런 유적과 유물은 야기 소자부로 씨가 『속 만주 구적지』에서 자세히 서술했다.

끝으로 요·금대 귀덕주의 정확한 위치는 어디였을까? 그 치소로 생각되는 유적은 아직 발견되지 않았다. 그러나 고성자라는 지명에서 미

178

뤄보면 그곳에는 실제로 옛 성이 있었을 것으로 생각된다. 그리고 그 옛 성은 귀덕주의 옛 터였지만 노천굴 때문에 옛 성은 완전히 없어졌고 지금은 지명만 사람들의 기억에 남게 된 것으로 생각된다.

무순 고이산 팔각 전탑

대관둔 부근에서 요·금대와 한·위대의 유물들이 출토된 것은 야기 씨가 서술한 바와 같다. 그의 「무순 현도론」도 여기에 근거한 것이다. 이런 측면을 볼 때 동공원의 한·위대의 유적과 함께 그 시대의 유적이 널리 동·서에 걸쳐 있었다고 추측된다. 원대의 무순에 대해서는 문헌과 고고학 모두 명확한 자료가 없다.

5.

지금까지 최근 10여 년 동안 밝혀진 무순의 역사 유적을 간단히 설명했다. 앞으로도 위와 같은 새로운 발견이 있을 것으로 기대되지만, 유적의 일부는 석탄 채굴과 시가지 경영에 따라 학술적 조사를 거치지 않은 채 없어질 수도 있으므로 오늘날 조금 남아 있는 부분은 더욱 소중히 여겨야 한다. 그러나 그 부분도 토지 개발에 따라 점차 파괴되고 있기 때문에 그것을 보호하면서 조사와 연구에 힘써 문헌적으로 그것을 보존할 필요가 있다.

[보정]

이 글에서는 일단 통설에 따라 요·금대의 귀덕주가 무순에 있었다고 봤지만, 그 뒤의 연구 결과 그렇지 않고 철령 동남쪽의 범하范河 가의 무안보撫安堡가 그곳에 비정됐다. 또 북관산성의 남쪽 입구 가까이에 남아 있는 토루를 명대 무순 비어공서의 유지라고 본 억견을 번복하고, 요대 귀덕주의 속현 가운데 하나인 봉덕현奉德縣을 그것으로 봐야 한다는 새 견해를 제출했다. 자세한 내용은 새로 집필한 「요·금대의 귀덕주에 대해遼金時代の貴德州について」에서 서술했다. 귀덕주 치소의 소재를 고성자 노출굴에서 찾은 것도 잘못이므로 이 고성자는 졸고 「고구려 원정에서 당군의 행동高句麗討滅の役に於ける唐軍の行動」(『만선사 연구』 2권 수록) 4장 3절 주석에서 서술한 것처럼 소노다 가즈키園田一龜 씨의 견해에 따라 고구려 개모성蓋牟城이 있던 곳으로 여겨진다.

무순의 요·금대 유적의 비정과 관련해 앞의 옛 논문을 쓸 때 나는 조금 불안한 부분이 있었다. 그리고 마침내 이전의 잘못을 깨닫고 여기서 그것을 바로잡으니 8년 전인 1938년 5월 6일 처음 이곳의 역사 유적을 두루 살펴본 그날 저녁의 풍경과 따뜻한 바람이 스치던 포플러나무를 지나 이어진 호텔 테라스에서 와타나베 씨와 구보타 씨의 후의厚意에 감사하면서 잠깐 이야기 나눈 때가 눈앞에 떠오르며 가슴이 트이는 것을 느낀다. 그러나 지금 그들의 안부를 생각하면 암울해지는 것을 어쩔 수 없다. 태평양전쟁이 끝난 뒤 만주에 있던 일본인들의 소식은 지금 전혀 알 수 없기 때문이다(1946년 5월 31일).

7편
현도군의 속현 고현의 터

1. 봉천성 심양현 상백관둔의 토성터

나는 올해(1940년) 가을 도쿄제국대학 문학부 강사 미카미 쓰기오 군, 동양도자연구소 연구원 고야마 후지오小山富士夫 군, 자우호우간행회座右寶刊行會 회원 사이토 기쿠다로齋藤菊太郎 군, 사진사 사카모토 만시치坂本萬七 군 등 몇 사람과 함께 만주로 가서 10월 2일부터 16일까지 보름 동안 무순의 역사 유적을 조사했는데, 우연한 기회에 그동안 몰랐던 한대의 토성 터를 하나 발견했다. 장소는 봉천성 심양현 관내에 있는 상백관둔上伯官屯이고, 발견한 사정은 아래와 같다.

무순 도서관장 와타나베 산조 씨는 오랫동안 무순시를 중심으로 한 지방의 유적을 탐사하는 데 힘을 기울여 『무순 사화撫順史話』라는 책을 썼으며, 역사 유적을 연구하는 데 헌신하고 있는 인물이다. 우리의 이번 조사에서도 많은 노고를 마다 않고 처음부터 끝까지 여러 편의를 제공한 그의 호의를 특별히 기록하지 않을 수 없다. 한·위대 제

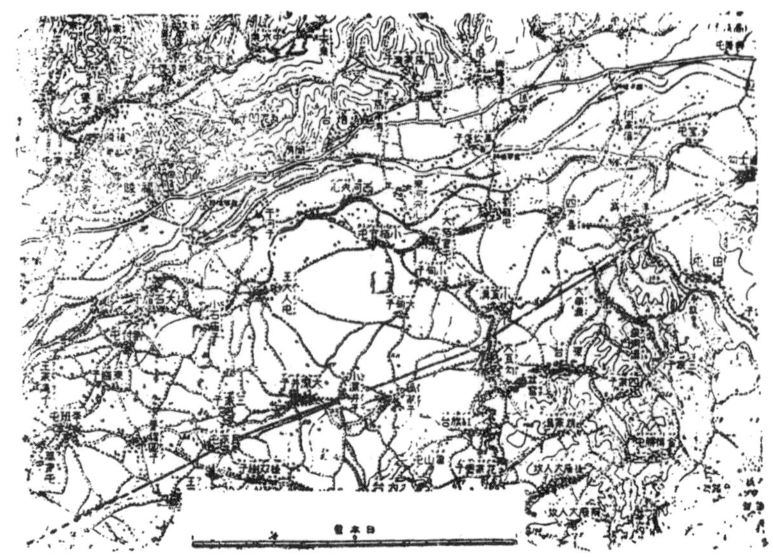

상백관둔 부근 지형도

3현도군 치소는 혼하 남안인 지금의 무순시에 있었는데[1] 적어도 지금
은 그 부근에서 보이지 않는 당시의 고분이 서쪽 50리(20킬로미터)쯤
인 유이둔劉爾屯에 남아 있음을 알린 것도 그였다.

그는 지난해 고 이나바 이와키치 박사 등을 그곳으로 안내했다면서
우리에게도 가서 볼 것을 권유했다. 나는 그 말에 따랐다. 그러나 이번
조사는 일정 등의 이유로 지역을 무순에 한정했을 뿐 아니라 시대도
고구려·요·금을 중심으로 하고 위로는 거슬러 올라가지 않았기 때문
에 이 유적은 조사가 끝나기 전 반나절을 들여 그 현재 상태만 살펴보
는 정도에 그쳤으며, 멀리 떨어지지 않은 하백관둔 남쪽의 토성 터, 곧
만주 10만분의 1 지도에 명기된 사방 4~5정(436~545미터) 정도의 토
성 터의 정체를 탐구하기로 했다.

10월 14일 우리는 와타나베 씨와 함께 무순시청 트럭을 타고 오전 8시 30분 시청을 출발해 1시간쯤 걸려 유이둔 부락 서남쪽에 있는 유적지에 도착했다. 유이둔은 사방대四方臺와 상백관둔의 중간에 있는 마을이다. 고분은 요즘 큰 도로를 내다가 우연히 발견된 것으로 지표에서 5~6척(1.5~1.8미터)쯤 파내려간 도로 양옆의 단면에 벽돌로 쌓았다가 무너진 성곽의 일부가 드러나 있었다. 부장품으로 보이는 토기 파편도 그사이에 섞여 있었는데 주로 한·위대의 유물이었다. 그리고 농사를 짓는 부근의 평지에도 벽돌과 토기 파편이 많이 흩어져 있었다. 벽돌로 축조한 성곽이 완전한 형태로 남아 있는지는 알 수 없었지만 고분의 전체 숫자는 상당히 많아 보였다. 따라서 학술적 조사·발굴을 실시하면 반드시 성과가 있을 것으로 생각됐다.

유이둔을 떠나 차를 서쪽으로 몰았다. 곧 하백관둔 남쪽의 토성 터에 도착했다. 차가 움직이자 나는 좁은 운전석에 함께 앉은 와타나베 씨에게 말했다. "한·위대의 제3현도군 치소인 무순과 이곳은 50리(20킬로미터)쯤 떨어져 있습니다. 그곳에서 죽은 사람을 일부러 이곳에 묻었다고는 생각되지 않으니 이처럼 상당히 많은 묘가 있는 것을 볼 때 이곳에서 그렇게 멀리 떨어지지 않은 곳에 당시의 현 치소가 있었을지도 모르겠습니다." 나는 유이둔의 고분군을 보고 마음속으로 그렇게 생각했기 때문이다. 그리고 덧붙였다. "나중에 그런 유적들을 탐사해보고 싶습니다."

차가 나아가면서 부근의 평지보다 조금 높은 지역이 보이기 시작했다. 주위의 형세는 평범했지만 조금 독특한 느낌이 있었다. 그것은 한반도에 남아 있는 한대의 군 치소 터를 떠오르게 했다. 그러나 이 방면에 지리적 지식이 없는 나는 그 지명을 알지 못한 채 되풀이했다. "저쪽에 뭔가 있는 것 같군요. 저쪽에 뭔가 있는 것 같아요." 차는 도로를 가로질러 흐르는 작은 하천 앞에 멈췄다. 나는 작은 하천의 저편으로 가려고 했는데, 와타나베 씨에게 물으니 상백관둔 부락이라고 했다.

차에서 내려 작은 하천을 건너 마을 동북쪽 구석으로 가서 밭을 가로질러 걸어가자 한대의 기와 조각이 많이 흩어져 있었다. 마을 동북쪽 구석을 둘러 그 북쪽 끝까지 높이 3~4척의 담장이 놓여 있고 서쪽 끝에 이르러 조금 높은 언덕을 이뤘는데, 마을 주위에서 가장 높았다. 토루의 자취로 생각됐다. 마을의 민가와 밭 안에도 벽돌과 암키와 조각이 곳곳에 흩어져 있었다. 모두 한대의 특징을 지닌 것으로 위의 토루 내부가 그 시대의 성터임을 말해줬다. 마을 서남쪽 1정(109미터)쯤 되는 곳에 큰 고분이 있는데 평지보다 조금 높고 거기서 마을을 바라보면 토성의 전체 모습을 또렷이 볼 수 있으며 둘레가 4~5정(436~545미터)쯤 되는 토성이 마을 전체를 감싸고 있다는 것도 알 수

멀리서 본 상백관둔의 한대 토성 터

있다.

　우연히 발견된 상백관둔의 토성과 관련해 우리가 알아낸 것은 대체로 이처럼 매우 피상적이어서 많은 것을 기대할 수 없었으며, 자세한 조사는 다음으로 미뤘다. 내친김에 하백관둔 남쪽의 토성 터(요·금대의 유적으로 추정)도 둘러보려고 오전 11시 무순의 조사 지역인 북관산성 ― 고구려 신성의 옛터 ― 으로 차를 몰았다.

2. 상백관둔의 토성과 한·위대 고현현의 비정

　상백관둔은 무순 서쪽 50리쯤 되는 곳에 있는 마을이다. 무순이나 봉천에서 그곳으로 오는데 만철 무순선을 이용하면 이석채역李石寨驛이 가장 가깝다. 그 역에서 내려 같은 이름의 마을 북쪽을 통과하는 도로를 따라 서쪽으로 10리 10정(5킬로미터)쯤 가면 상백관둔 마을에 이른다. 그리고 그 중간에는 사방대와 유이둔 두 마을이 있고 다시 서쪽으로 10정(1킬로미터)쯤 되는 곳에는 하백관둔 마을이 있다(그림 1에 표시된 대백관둔과 소

상백관둔의 한대 토성 서남쪽 구석의 단면

백관둔은 각각 상백관둔과 하백관둔의 오기다).

이석채 남쪽의 고지대에서 내려오는 작은 하천을 음하陰河라고 한다. 음하는 이 마을 북쪽에서 방향을 서쪽으로 돌려 사방대·유이둔·상백관둔·하백관둔 등 앞서 말한 여러 마을과 무순 방면에서 서쪽으로 흐르는 혼하 사이를 지나 마지막에는 혼하로 들어간다. 따라서 이 작은 하천이 통과하는 지역은 혼하 본류를 북쪽 경계로 하는 넓은 평지고, 남쪽 일대는 해발 100미터 안팎의 언덕이 오르내린다. 상백관둔은 이 지역 중앙부에 있는데 조금 높고 메마르다. 여기 한대의 토성 터가 남아 있는 것은 결코 우연이 아니다. 여기서 혼하의 나루渡津을 건너 봉천의 옛 성까지는 50리 정도로 제3현도군 치소가 있던 오늘날의 무순시(혼하 남안)까지의 거리와 거의 같지만 혼하로 가로막힌 옛 봉천성의 교통은 불편하다.

그렇다면 상백관둔의 토성은 멀리 예전으로 거슬러 올라가 문헌에서 증명할 수 있을까? 이 과제를 고찰한 내 결론은 그동안 정확한 위치를 알 수 없던 한·위대의 요동군이나 제3현도군의 속현 가운데 하나인 고현高顯의 옛 터로 생각된다는 것이다. 이제 그 과정을 순서대로 설명하겠다.

고대 고구려의 국왕인 궁은 전한 말 왕망 때 추 이후 중국 사서에 이름이 남아 있는 첫 국왕으로 후한 중기에 재위했다.[2] 그 이전의 사실은 대부분 명확치 않은 고구려는 이 국왕에 이르러 뚜렷한 발흥의 기세를 보였다.

『후한서』(권115) 「고구려열전」: 고구려왕 궁은 태어나면서부터 눈을 떠 볼 수 있어 나라 사람들이 소중히 여겼다. 자라자 용감하고 씩씩했으며 변경을 자주 침범했다.

다음으로 그가 10여 년에 걸쳐 한의 현도군과 요동군을 자주 침략한 사실은 상당히 자세히 기록돼 있으므로 분명하다. 가장 중요한 사건은 "화제 원흥 원년(105) [고구려가] 다시 요동에 들어와 6현을 침략하니 태수 경기가 무찌르고 그 우두머리를 벴다和帝元興元年春, 復入遼東, 寇略六縣, 太守耿夔擊破之, 斬其渠帥"는 것인데, 이것은 같은 책의 다음 두 기록에 해당한다.

- 『후한서』(권4) 「화제본기」: 원흥 원년 봄 정월. 고구려가 요동군의 경계를 침략했다. 高句驪寇郡界.
- 같은 해 가을 9월. 요동태수 경기가 맥인을 격파했다. 遼東太守耿夔擊貊人破之.

『후한서』「군국지」 현도군 조에는 다음과 같은 기사가 있다.

현도군에는 6성이 있다. 玄菟郡, 六城.

고구려. 요산에서 요수가 나온다. 遼山, 遼水出.

서개조(마?)西蓋鳥(馬?).

상은태.

고현. 예전에는 요동에 소속됐다. 高顯, 故屬遼東.

후성. 예전에는 요동에 소속됐다. 候城, 故屬遼東(『동관서』에 따르면 안제 즉위년[106] 3현을 나눠 소속시켰다).

유소劉昭의 주석에 인용된 『동관서』의 일문에서 말한 "안제 즉위년"은 원흥 원년 이듬해인데, 이 「군국지」의 본문과 주석에 따르면 그해 고현·후성·요양 등 세 현은 요동군에서 떼어져 현도군에 소속됐다. 요동군은 전한 때 양평현 등 18현을 거느렸고 그 치소인 양평은 태자하太子河 중류인 지금의 요양인데, 이 시대의 치소도 동일하다. 현도군은 전한 소제 때 이후 제2현도군이 돼 소자하(혼하의 지류) 상류인 노성 부근에 있었으며3 고구려현을 수현으로 삼고 서개마현과 상은태현을 거느렸다(앞서 인용한 『후한서』 「군국지」에서 西蓋鳥는 西蓋馬의 오기다).

그런데 후한 안제 때 이르러 요동군의 세 현은 현도군에 내속됐다고 했지만, 그 세 현 가운데 고현이 어디 있었는지는 명확치 않다. 요양遼陽은 지금의 요양이 아니고, 『수경주』에 따르면 혼하(한대의 소요수)와 태자하(한대의 대량수大梁水)가 만나는 곳에 가까이 있었거나4 지금의 흑구대黑溝臺에 있지 않았을까 생각된다. 후성은 전한 때 요동군 중부도위 치소였다. 그곳을 지금의 봉천 부근으로 추정한 고 이나바 박사의 견해는 타당하다고 생각한다.5 그렇다면 앞서 말한 안제 초기의 변화는 대체로 현도군의 관할 구역을 혼하 유역으로 확장하고 그 하류 지방까지 미친 것으로 봐도 문제는 없으므로 고현이 있던 곳은 혼하 유역에서 찾아야 한다.

또 현도군과 관련해 『위지』(권30) 「옥저열전」에서는 전한 무제 때 처음 옥저(함경남도)에 설치한 그 군(제1현도군)이 그 뒤(소제 때) 고구려 서북쪽 지역(노성 부근)으로 옮겨졌다고 서술하면서 "지금 옛 현도부라고 하는 곳今所謂玄菟故府是也"이라고만 덧붙였는데, 삼국시대에 이르는 동안 다시 군 치소가 옮겨졌음을 암시하는 것이다. 그리고 「오지吳志」(권2) '손권 열전' 주석에 인용된 『오서』에 따르면 삼국시대의 현도군 치소는 요동군 치소(지금의 요양) 북쪽 200리(당시의 단위)에 있다고 했는데, 지금의 무순에 비정된다[6] 이처럼 현도군 치소는 삼국 또는 그 이전 두 번 옮겨졌는데, 고 야나이 와타리 박사는 그 사정을 화제 원흥 원년(105) 이후 궁의 치세가 끝날 때까지 10여 년 동안 고구려가 여러 번 침략한 사실에 따라 설명하고 다시 그것을 안제 즉위년 세 현이 내속한 것과 연결해 "현도군이 서쪽으로 옮겨진 것은 그해나 그 앞뒤일 것"이라고 말했다.[7]

나는 이 견해가 정확하다고 생각한다. 그러나 다시 한 걸음 나아가 안제 즉위년 현도군 관할 구역의 변경은 사실 군 치소의 이전을 의미하는 것이고, 그것은 그 전해(원흥 원년) 고구려 침입의 직접적 결과로 판단된다고 말하고 싶다. 이 침략 사실을 기록한 앞의 『후한서』 「고구려열전」에서는 "6현을 침략했다"고만 하고 그 6현의 이름을 들지 않았지만, 「화제본기」에 따르면 이해 고구려는 봄부터 가을이 끝날 때까지 침략한 것으로 여겨지므로 그 점에서도 그렇게 볼 수 있다고 생각된다.

이렇게 생각하면 전한 때 제2현도군의 세 현인 고구려·서개마·상은태에 새로 고현·후성·요양을 더해 모두 6성城이 됐다고 한 『후한서』 「군국지」의 기록은 군 치소가 무순으로 옮겨진 뒤의 관할 상태를 정확히 전달하지 않은 것으로 보인다. 이것은 군 치소가 옮겨지기 전의 세 현에 그 뒤의 세 현을 더한 것으로 실제의 사실은 안제 즉위년 앞의 세 현 가운데 군 치소와 같은 곳에 있던 고구려현만 무순으로 함께 옮겨지고, 옛 군 치소와 소자하 유역에 있던 것으로 생각되는 서개마현과 상은태현은 고구려의 영역으로 편입된 것으로 여겨진다. 곧 무순을 중심으로 한 제3현도군은 수현 외에 고현·후성·요양 등 세 현을 거느린 새 군이었다고 봐야 한다. 그리고 그 새 군의 관할 구역은 대체로 무순 서쪽의 혼하 유역으로 생각된다.

다시 『후한서』 「군국지」 요동군 조를 보면 관할 아래 있다고 한 11성은 모두 전한 때의 요동군 18현과 겹친다. 그리고 그 가운데 후성은 있지만 요양과 고현은 없다. 뒤의 두 성이 보이지 않는 까닭은 그것들이 안제 때부터 현도군에 소속됐기 때문으로 생각된다. 그렇다면 후성이 그대로 그 이름을 유지한 것은 오류로 봐야 할까? 나는 그렇게 생각하지 않고 일단 현도군의 소속이 된 뒤 다시 요동군에 소속됐기 때문으로 해석한다. 후성은 봉천 부근을 중심으로 한 현이므로 현도군에 소속시키면 현도군의 관할 구역은 혼하 중류 우안 지역에서 쑥 들어가 자연히 요동군 치소가 있던 양평(지금의 요양)과 요동군 북부를 관할한 철령 부근의 망평현望平縣(그 위치는 뒤에서 서술)의 관계를 가로 막는다. 후성현을 다시 요동군에 소속시킨 까닭은 이런 사항을 고려한 데 있다고 생각된다.

다음으로 『삼국지』에는 「지리지」가 없기 때문에 다음 시대로 옮겨 가면 『진서晉書』(권14) 「지리지」에서는 현도군 소속으로 고구려·망평·고현 등 세 현을 들었다. 고구려와 고현은 후한 때와 같지만 요양이 사라지고 망평이 새로 나타난 것이 눈에 띈다. 망평과 고현 가운데 망평은 전·후한에 걸쳐 요동군 관하에 소속됐는데『수경주』(권14)에서[8] 요수(지금의 요하) 상류의 굽어진 부분 가까이 그 동쪽에 있다고 했으므로 고 이나바 박사의 견해처럼 대체로 지금의 철령 부근에 비정된다.[9] 그리고 이 현은 양한 때 요동군의 현들 가운데 가장 북쪽에 있었다. 그런데 그런 현이 삼국 또는 서진 때 지금의 무순을 중심으로 한 현도군에 소속된 것은 후성이 있던 봉천 방면이 당시 요하 유역에서 세력을 떨치던 선비鮮卑의 소유가 돼 ― 후성의 이름은 『진서』 「지리지」

의 '요동국遼東國' 안에 보이지 않는다 ─ 태자하 중류의 요동군 치소와 직접적인 연락이 끊어졌기 때문이 아니었을까 여겨진다.

한편 후한 중엽 안제 때부터 현도군에 소속된 고현은 삼국시대에도 같은 상태였음은 위 고귀향공高貴鄕公* 감로甘露 2년(257) 4월 조서에서 "현도군 고현현의 관리와 백성이 반란을 일으켰다玄菟郡高顯縣吏民反叛"고 한 것에서 명확하고 『진서』 「지리지」의 기록은 서진 때도 그랬음을 보여준다. 그리고 앞서 서술한 대로 그 위치는 무순 서쪽 혼하 유역으로 생각된다. 그렇다면 『진서』 「지리지」에서 후한 중엽 이후 강등되고 현도군에 소속돼 같은 혼하 하류에 있던 요양현의 이름이 빠진 것은 그것이 후성과 함께 선비의 소유가 됐기 때문이고, 따라서 고현은 이런 두 현보다 현도군 치소에 가까웠고 그 중류에 있던 것으로 봐야 한다.

그런데 진대의 현도군은 그 수현인 고구려현 외에 망평현과 고현현을 거느렸다고 했으므로 무순 정북쪽 100리(39킬로미터)쯤에 있던 철령 부근의 망평현에 대해 다른 한 현인 고현을 혼하 중류 좌안, 무순 서쪽 50리(19.6킬로미터)쯤인 상백관둔에 있는 한·위대의 토성터에 비정하면 고구려현을 수현으로 한 군 치소(지금의 무순시)에 대한 두 현의 배치와 함께 서로 연락하는데 매우 적당하다고 생각된다. 그러므로 내가 발견한 상백관둔 토성에 대해 일단 이렇게 비정하며 최종적인 옳고 그름의 판단은 앞으로의 조사와 연구에 맡기려고 한다.

---

* 삼국시대 위의 황제 조모曹髦(241~260. 재위 254~260). 조비曹丕의 손자로 244년 고귀향공에 책봉됐다. 가평嘉平 6년(254) 사마사司馬師가 조방曹芳을 축출하고 황제로 추대했다. 감로 5년(260) 궁중의 호위병들을 이끌고 사마소司馬昭를 제거하려다가 실패하고 살해됐다.

한마디 덧붙인다. 나는 이번 조사여행 동안 봉천에서 미야케 무네요시三宅宗悅 군에게서 봉천시 근처의 북릉北陵과 탑만塔灣 사이 지역에서 한대의 옛 기와가 많이 출토됐고 그것을 수장收藏한 사람도 있다고 들었다. 그런 사실로 볼 때 그곳이 후성 터가 아닐까도 생각돼 매우 흥미로웠다. 그곳의 전문가가 정밀한 고고학적 조사를 시행하기를 간절히 바란다.

1940년 12월 7일 탈고(『고고학잡지』 31권 2호)

8편
한·위·진의 현도군과 고구려

1. 제1·2현도군과 고구려

현도군은 전한 무제 때 한반도에 처음 설치된 4군의 하나인데, 그 뒤 후한·삼국을 거쳐 서진·동진에 이르는 동안 지리적·역사적으로 큰 변화를 겪었다. 전한 무제는 원봉 3년(기원전 108) 위만 조선을 멸망시키고 그 영토를 4군으로 나눠 중국과 동일한 군현제를 실시했다. 4군은 낙랑·진번·임둔·현도인데, 각각 약간의 현을 거느렸다. 그러나 4군의 통치는 그 상태로 이어지지 않았고 빠르면 다음 소제 때부터 뚜렷한 변화가 나타났다. 곧 4군이 설치된 26년 뒤인 소제 시원 5년(기원전 82) 먼저 진번군이 폐지됐다. 『전한서』(권7) 「소제본기」의 그해 기사에서 "담이군과 진번군을 폐지했다"고 해서 지금의 해남도에 설치됐던 남월의 담이군과 함께 혁파된 것이다.

진번군의 위치와 관련해서는 북재설과 남재설이 있다. 북재설은 압록강 북쪽인 동가강(혼강) 유역, 곧 양평(지금의 요양)을 중심으로 한 요동군 — 진 시황제 때부터 존재했다 — 동쪽의 분수령 밖에 있다는 주장으로 메이지 말년에 발표된 시라토리 구라키치 박사의 학설이 대표적이다.[1] 그것에 대해 문제의 지방을 완전히 반대 방면, 곧 낙랑군의 관할 구역이던 평안남·북도·황해도·경기도를 사이에 두고 그 남쪽인 충청도와 전라북도 방면에 비정한 것은 1916년 발표된 고 이마니시 류 박사의 견해로 진번 남재설을 대표한다.[2] 그리고 이런 두 주장은 그 뒤 서로 논쟁도 없이 대립하면서 오늘에 이르렀지만, 전자의 주요 부분은 이른바 형세론인 것에 대해 후자는 상당히 유력한 문헌적 증거에 바탕하고 있기 때문에 나는 북재설을 부정하고 남재설을 지지한다.

또 임둔군은 대체로 지금의 강원도에 해당하는 지방이고, 현도군은 함경남도 함흥을 중심으로 한 옛 옥저 지방으로 이 두 군의 위치에 대해서는 거의 문제가 없다. 그러므로 소제 시원 5년(기원전 82)의 변화는 앞서 든 『전한서』「소제본기」의 기사에서 보이듯 남부의 이 한 군이 폐지된 것일 뿐이고 나머지 세 군의 존재와는 무관한 것이었다.

그런데 그 7년 뒤(4군 설치 33년 뒤) 같은 소제 원봉 6년(기원전 75) 낙랑·임둔·현도 세 군과 관련해 큰 변화가 나타났다. 이 세 군이 병합돼 임둔군은 완전히 사라졌고, 현도군은 요동군 동쪽 변방에 새로 설치됐으며, 한반도에 있던 낙랑군은 남부의 한족韓族 거주지를 제외한 그 대부분을 관할하는 유일한 큰 군이 된 것이다. 그러나 이때 이뤄진 변화는 이것만이 아니라 현도군과 임둔군을 합병해 대낙랑군의 동쪽 변방, 곧 예전 두 군의 일부였던 동해안의 가늘고 긴 지방 — 이른바 영동 7현 — 을 '동부'로, 황해도 자비령산맥 이남 지방 — 그 뒤의 대방군 — 을 '남부'로 만들고 각각 도위를 배치해 이런 특별구역을 나눠 관할하게 한 것이었다.[3]

　　　　　　　　　　　　　　　　　　　　　　　　　　　

또 세 군의 병합과 동시에 요동군 동쪽 변방에 설치된 현도군은
4군이 설치된 때부터 33년 동안 함경남도 옥저 지역에 있던 옥저성(지
금의 함흥)의 현도군과 이름은 같지만 지리적으로는 아무 관계도 없고
제2현도군이라고 부를 수 있는 새 군이었으며, 고구려·상은태·서개마
등 세 현을 거느리고 혼하 상류의 지류인 소자하(한대의 남소수) 유역
을 관할구역으로 삼았다. 그리고 세 현 가운데 고구려현은 군의 수현
으로 군 치소가 있었으며 소자하 상류인 흥경노성興京老城 부근에 비정
된다.[4] 널리 알듯 흥경노성은 청 태조 누르하치가 요동으로 진출하기
전의 근거지였다.

그렇다면 어째서 소제 원봉 6년(기원전 75) 임둔군과 현도군이 낙
랑군에 합병되고 제2현도군이 신설되는 큰 변화가 일어난 것일까? 거
기에는 이 문제와 함께 또 다른 역사상의 큰 문제가 있다. 그것은 확
실한 문헌으로 증명할 수 없는 고구려의 건국에 관련된 문제로[5] 본래
부여의 다른 종족이던 고구려, 곧 북만주의 아십하(아성현阿城縣) 지방
을 근거로 삼아 부여족에서 나온 고구려가 언제 어떻게 동가강 유역
에 나라를 세웠는가 하는 것이다.

확실한 문헌에 나오는 고구려의 이름은 제2현도군의 수현 이름인
'高句驪(麗)'가 처음이기 때문에 그것과 이것을 연결해 생각해보면 두
문제는 모두 쉽게 풀린다. 곧 부여족의 다른 종족이라고 한 고구려가
북만주에서 남쪽으로 내려와 동만주의 동가강 유역에 나라를 세운 것
은 제2현도군이 신설되기 직전의 일이다. 사실 제2현도군을 설치한 직
접적인 목적은 요동 서부에 있던 요동군의 전위로서 이 신흥 세력을
제압하는 데 있던 것이 분명하며, 그것과 같은 때 제1현도군과 임둔군
을 낙랑군에 병합하고 낙랑군 동부·남부도위를 설치한 것 또한 고구

려가 동가강 유역을 차지한 새로운 정세에 대처하기 위해 한반도에서 군현의 통치를 강화한 조처로 해석된다.

요컨대 4군 설치 뒤 30년이 지나면서 한이 이미 7년 전 폐지한 진번군 외의 세 군을 병합하는 동시에 옥저성의 현도군의 이름을 이어받은 제2현도군을 요동군 동쪽 변방에 신설한 것은 고구려가 동만주에서 건국하면서 일어난 정세 변화에 곧바로 대응한 조처였다고 할 수밖에 없다.[6] 그러므로 제1현도군의 폐지와 함께 이뤄진 제2현도군의 신설과 고구려의 건국은 매우 밀접한 관계가 있는 것이다.

2. 고구려의 제2현도군 침략과 제3현도군

남만주와 북만주의 경계에 가까운 곳에 있는 장춘이 만주의 중요한 도시가 된 오늘날 한반도의 동해안과 장춘의 직접적인 연락은 함경북도 청진淸津이나 나진羅津에서 북쪽으로 올라가 두만강을 건넌 뒤 서쪽으로 방향을 돌려 연길延吉·돈화敦化·길림 등을 통과하는 철도선을 따라가는 것이지만 위로는 선진시대부터, 아래로는 명·청의 근대에 이르기까지 만주의 중심이 요양 방면에 있던 과거에 가장 중요한 교통로는 함경남도 함흥을 기점으로 삼아 동가강과 혼하의 각 유역을 경유하는 것이었다.

함흥은 성천강과 그 지류가 관통하는 비옥한 평야를 끼고 있어 말할 것도 없이 한반도의 동해안에서 가장 중요한 요지인데, 거기서 서북쪽으로 황초령을 넘어 장진강이 흐르는 고지대를 강을 따라 북쪽으로 내려간 뒤 구진리舊鎭里(옛 장진읍)에서 서쪽으로 꺾어 줄기산맥의 설한령을 지나 독로강 지류의 계곡을 내려오면 강가의 큰 군현인 강계를 지나 압록강 중류의 집안(통구)에 이른다. 이것은 함흥평야와 압록강 또는 동가강 유역을 연결하는 유일하고 자연적인 통로이며, 집안은 고구려의 두 번째 수도 — 장수왕이 평양으로 천도하기 전 — 인 환도성(국내성)이 있던 곳이다. 집안에서 고구려의 첫 수도였던 동가강 가의 환인(옛 이름은 회인)에 이르러 다시 동북쪽으로 가면 소자하가 발원하는 분수령에 이른다. 곧 동만주와 남만주의 경계다.

소자하 상류인 흥경노성 부근은 이 방면의 요지로 제2현도군 치소가 있던 곳이자 청의 발상지다. 소자하는 혼하 상류의 한 지류인데, 청초의 전투지로 유명한 사르후 옛 성 — 만력 47년(1619) 청 태조 누르하치가 명의 대군을 무찔렀다 — 옆을 지나 혼하 본류와 합쳐진다. 그 합류점에서 혼하를 따라 조금 서쪽으로 내려가면 무순이 있고, 혼하 상류 유역에 속한 산악지대와 봉천을 중심으로 한 대평원의 경계에 위치한 청대의 무순성(명대에도 이름이 같다)의 남은 성채 밖에서 다시 거슬러 올라가면 요·금대와 고구려 때의 뚜렷한 유적도 있다. 무순에서 봉천을 지나는 도로는 남쪽으로 내려가 태자하 중류에서 요양과 연결된다. 요양은 요동 지방의 중심으로 한·위대의 요동군 치소였던 양평이다.

동해안과 요동지방의 직접적인 연락은 고대부터 이런 도로를 따라 이뤄졌는데, 한대의 제1현도군 치소와 그것을 대신해 설치된 제2현도군 치소 모두 이 교통선 위에 있던 것은 특히 주목해야 한다. 또한 고구려는 전한 소제 때 이런 제1·2현도군 사이인 동만주의 동가강 유역에 나라를 세웠다. 그 뒤 고구려의 역사에는 전한 말 왕망 때 추驪라는 국왕이 있지만 왕망이 보낸 장군의 꾐에 빠져 살해된 것을 빼고는

1세기가 넘는 긴 기간 알려진 것이 없다가 후한 중엽에 이르러 비로소 조금씩 밝아졌다.[7] 당시 고구려에는 궁이라는 뛰어난 국왕이 있어 한의 현도군과 요동군을 자주 침략했고, 화제 원흥 원년(105) 소자하 유역에 있던 현도군을 무너뜨려 차지했다. 그 때문에 한은 이듬해인 안제 즉위년(106) 요동군의 일부를 떼어 제3현도군을 설치했다.[8]

이 제3현도군의 중심은 삼국시대까지도 변하지 않았는데, 『오지』(권2) 「손권열전」 주석에 인용된 『오서』의 일문에 따르면 양평(요동군 치소. 지금의 요양) 북쪽 200리(당시의 단위)에 있었다. 고 야나이 와타리 박사가 삼국시대 또는 서진시대의 현도군 치소를 봉천 부근으로 본 것은 이런 문헌적 증거에 바탕한 것으로[9] 실제로 『오서』의 기록을 증거로 삼으면 방향과 거리의 관계에서 더 이상 추정할 수는 없다.

그 뒤 고고학적 측면에서 야기 소자부로 씨가 주장한 이른바 '무순 현도론'은[10] 요즘 유물과 유적에서 더욱 확실한 증거를 확보하는 것 같다. 혼하 남안의 광업도시인 지금의 무순시 동쪽 경계의 구릉지(영안대동공원)에서 일찍이 야기 씨가 주목한 한대의 암키와 토기 조각뿐 아니라 청동 화살촉·반량전·오수전 등이 출토됐고, 특히 1938년 봄에는 고사리 무늬나 '千秋萬歲'라는 글자가 새겨진 대형 와당이 발견됐으며, 조어대라는 가장 북쪽의 언덕(예예구)에는 흐릿하지만 한반도의 낙랑군 치소에서 보이는 것과 비슷한 토루의 흔적이 남아 있다.[11] 그러므로 대체로 지금의 새 시가의 택지가 된 영안대 지역은 후한 중엽 이후 제3현도군 치소 터가 거의 분명하다고 생각된다.[12]

이 제3현도군은 소자하 유역의 제2현도군이 고구려 영토가 되자 새로 요동군 일부를 떼내 설치한 것으로 네 현을 거느렸다. 곧 군 치소와 같은 곳에 있던 고구려현 — 제2현도군의 수현 이름을 이어받았다

— 외에 고현·후성·요양 등 세 현이다. 고현은 무순과 봉천의 중간쯤에 있는 혼하 좌안에 가까운 상백관둔이고 후성은 봉천 부근이며, 요양은 지금의 요양이 아니라 혼하와 태자하의 합류점 부근이다. 곧 군의 관할구역은 대체로 무순 아래의 혼하 하류 유역이던 것으로 보인다.[13] 따라서 고구려가 발전하면서 한의 세력이 위축됐음을 보여주는 이 현도군도 앞서 설명한 함흥·요양 사이의 간선 도로 일부를 관할구역으로 삼은 것이다.

한편 제2현도군을 무너뜨린 고구려는 소자하를 따라 늘어선 상은태현과 서개마현 대신 목저성木底城과 남소성이라는 독자적인 두 성을 건설해 그 점령지를 확보했다.[14] 고구려가 멸망할 무렵 남소성·목저성과 함께 창암성蒼巖城의 이름이 처음 역사에 보이고 이들의 상호 위치에서 그것은 흥경노성 부근으로 비정되는데,[15] 역시 제2현도군의 옛 성을 대신해 설치된 것은 아닐까 생각된다. 요컨대 후한 중엽 제2현도군의 몰락은 요동 방면에서 고구려 세력이 처음 발전했음을 뜻하는 것이다.

또한 동쪽으로 눈을 돌리면 동해안의 영동 7현 지역은 후한 초 낙랑군의 동부도위 치소를 없앤 뒤 7현의 토착 지배자를 현후로 책봉해 자치에 맡겼는데, 고구려가 처음 그 지방에 세력을 미치게 된 것도 궁의 재위 때로 보인다.[16]

3. 제3현도군의 몰락과 고구려의 신성

후한 말부터 삼국 초까지 중국에서 전란이 끊이지 않던 동안 공손 씨는 양평(지금의 요양)을 본거지로 삼아 요동 일대에 독자적인 세력을 떨쳤다. 공손탁의 아들 공손강은 동쪽을 침략해 당시 비류수(지금의 혼강, 곧 동가강) 유역에 있던 고구려의 수도를 파괴하고, 당시 고구려 왕 이이모伊夷模(산상왕山上王 연우延優)와 왕위를 다툰 그의 형 발기拔奇 를 도와 내란의 파문을 확대시켰다. 그 결과 이이모는 압록강 가의 환 도성(지금의 집안)으로 천도할 수밖에 없었다. 공손씨는 이처럼 고구려 의 세력을 제압했을 뿐 아니라 남쪽으로 한반도에도 손을 뻗어 낙랑 군을 손에 넣고 군의 남부 절반인 황해도 자비령산맥 이남 부분을 잘 라내 새로 대방군을 설치했으며, 중국의 세력이 미치지 않은 틈을 타 반항했던 한족과 예족을 정벌하고 군현의 통치를 다시 견고하게 만들 었다.[17]

공손씨를 토벌해 요동과 낙랑군·대방군을 차지한 것은 삼국의 위 였다. 위의 유주자사 관구검은 널리 알려진 두 차례의 동방 원정을 수행했다. 1차 원정에서는 고구려의 수도 환도성이 도륙됐고, 이듬해 2차 원정에서는 국왕 위궁(동천왕)이 멀리 남옥저(함흥 지방)으로 도망 쳤다. 위군은 계속해서 남옥저로 쳐들어갔고 위궁을 북옥저(간도 지방) 까지 추격했다. 그들과 따로 낙랑군과 대방군의 태수는 당시 고구려에 복속된 영동지방의 예족의 현후들을 항복시켰다. 이처럼 위의 세력이 한반도를 휩쓴 것은 위 폐제 조방의 정시 5~6년(244~245)의 일이었 다.[18]

그러나 이처럼 화려한 시대는 아주 짧았고 자세한 사정과 분명한 연대 모두 전혀 알 수 없지만, 위 정시 말부터 서진 초인 무제 태시 10년까지 25년(248~274) 정도 사이의 어떤 기회에 위의 동방 경략에 반발한 고구려의 남침으로 생각되는데 역사에 기록되지 않은 사건이 일어나 낙랑군의 대동강 이북 현들은 모두 자취를 감췄다. 그리고 그 것은 서진 말 낙랑군이 무너지는 한 단계가 됐다.[19]

서진 말부터 동진 초까지 요서를 본거지로 한 선비의 모용외慕容廆는 진의 요동군을 점령했다. 그 때문에 진의 세력이 한반도에 미치지 않은 것을 틈타 고구려는 낙랑군을 멸망시켰다. 서진이 멸망하기 3년 전(민제 건흥 원년, 313) 고구려 미천왕美川王 을불리乙弗利 때의 일이었다.[20] 또 동진 원제가 새 나라를 강남에 세우고 10여 년 뒤 고구려는 전연前燕의 군주 모용외가 세상을 떠나면서 일어난 모용씨의 분열 ― 모용외의 넷째 아들 모용인慕容仁의 반란 ― 을 틈타 요동에서 두 번째 발전의 기회를 얻어 모용씨의 영토 일부가 된 제3현도군을 침탈했다.

이것은 고구려의 발전사에서 특히 주목되는 중요한 사건이지만 기록에 나타나지 않기 때문에 그동안 밝히지 못했다. 여기에 관련된 상세한 연구는 「진대의 요동晉代의 遼東」이라는 졸고에서 서술했으므로[21] 여기서는 생략하지만, 『삼국사기』(권18) 「고구려본기」에서 "나라 북쪽에 신성을 축조했다築國北新城"고 아주 간단히 기록한 고구려 고국원왕 故國原王 5년(동진 성제成帝 함강咸康 원년, 335)의 신성 건설은 이 사실의 일부를 언급한 것이다. 그리고 4년 뒤인 성제 함강 5년(339) 전연의 군주 모용황이 신성을 공격한 목적은 고구려에게 빼앗긴 현도군을 탈환하려는 데 있었다.

『자치통감』(권96): 모용황이 고구려를 공격해 군사가 신성에 이르렀는

데, 고구려왕 쇠(고국원왕 사유斯由)가 화친을 요청하자 돌아갔다. 慕容皝
擊高句麗, 兵及新城. 高句麗王釗乞盟, 乃還.

무엇보다 함강 원년(335) 고구려의 신성 건설은 모용씨의 영토였던
제3현도군을 그들이 침략했음을, 곧 후한 중엽 이후 지금의 무순시를
군 치소로 삼아 존재한 현도군이 몰락했음을 뜻한다고 말한 것은 신
성이라는 고구려 성의 정확한 위치를 염두에 둔 것이다. 신성의 위치
와 관련해서는 지금의 봉천이나 무순에 있었다고 한 고 마쓰이 히토
시 씨와 고 야나이 와타리 박사, 쓰다 소키치 박사 등의 견해가 있지
만 모두 충분치 않은 문헌적 증거에 바탕한 것이어서 더 이상 정확한
위치를 결정할 수 없었다.[22]

그런데 지난 1933년 무순 도서관장 와타나베 산조 씨는 지금의 무
순현 관내에 있는 북관산성을 조사해 유적과 유물을 근거로 그곳이
고구려 때의 산성 터임을 안 뒤 앞서 말한 여러 학설에 비춰 그 산성
을 문제의 신성에 비정했다. 혼하 남안에 인접한 지금의 무순시 영안
대 동공원에는 앞서 서술한 대로 제3현도군 터가 지금까지 남아 있고,
북관산성은 그 유적의 반대편인 혼하 북안에서 북쪽으로 멀지 않은
청대 무순성의 동북쪽 몇 정 되는 곳에 있어 혼하를 끼고 있는 두 곳
의 거리는 20정(2180미터)쯤이다. 무순성 남문 바깥은 남관南關, 북문
바깥은 북관이라고 하는데 산성은 북관에 있기 때문에 북관산성이라
고 부르는 것이다. 나는 1938년 봄 중국을 여행하면서 그 산성을 한번
둘러봤고 지난해(1940) 가을 다시 자세한 고고학적 조사가 이뤄졌는
데, 와타나베 씨의 비정은 움직일 수 없다고 믿는다.[23]

무순의 북관산성이 신성 터고 그것과 제3현도군 치소 터의 지리적 관계가 이러하므로 신성은 동진 초기인 성제 함화咸和 9년(334)이나 이 듬해인 함강 원년 고구려의 고국원왕이 제3현도군을 점령하고 그것과 가까운 적합한 지점을 선택해 새로 건설한 산성이 될 수밖에 없다. 신성이라는 특별한 이름도 이렇게 보면 비로소 설명할 수 있는데, 강남의 현도성에 대해 강북에 새로 축조된 성이라는 뜻으로 생각된다. 달리 말하면 신성은 현도군의 옛 성에 맞서 고구려가 스스로 세운 현도군의 새 성인 것이다. 산성은 현재 남아 있는 터를 봐도 시설이 견고하고 규모가 큰데, 이 방면의 지리상 현도군의 옛 성과 함께 고구려가 새로 점령한 지역의 수비를 강화하기 위해 건설했다는 것은 다시 말할 필요도 없다. 동진 초 고구려가 신성을 축조한 사정은 이랬다. 그리고 그 성은 그 뒤 동진부터 남북조를 거쳐 수·당대에 이르기까지 요동·요서 또는 중국 북부를 영유한 여러 세력과 고구려의 충돌에 관련돼 앞서 서술한 고구려의 남소성·목저성 등과 함께 특히 중요한 역할을 했다.

한편 옛 현도군성은 어땠는가? 현도성의 이름은 당 태종 정관 19년 (645)의 고구려 친정과 관련해 역사에 보이고 얼마 전 낙양洛陽 망산邙山에서 출토된 천남생泉男生(고구려 말의 권신 연개소문淵蓋蘇文의 아들)의 묘지에도 남생이 거처한 성으로 나온다. 이것은 마지막 현도군인 제3현도군의 옛 성밖에 될 수 없으므로 동진 초 고구려의 영토가 된 뒤에도 몇 세기에 걸쳐 오랫동안 그 이름과 실체를 모두 보존한 것이다.[24] 그 때문에 무순 동공원의 현도군 치소 터에서는 한·위대의 여러 유물과 함께 고구려의 기와 조각도 많이 발견된 것이다.

4. 요약

    지금까지 자세히 서술한 것은 한대 이후 세 곳에 존재했던 현도군과 고구려의 관계를 연구한 대략적 내용으로 따로 발표할 동진 또는 남북조시대 요동에 관련된 내 연구의 머리말이다. 그것을 요약하면 전한 소제 때 제1현도군을 낙랑군에 병합하면서 제2현도군을 소자하 상류에 신설한 것은 그 무렵 고구려가 동가강 유역을 차지해 새로 나라를 세웠기 때문이고, 특히 제2현도군을 새로 설치한 직접적 목적은 고구려의 세력을 제압하는 데 있었다. 그러나 후한 중엽 안제 때 이르러 고구려가 그곳을 침탈했기 때문에 군 치소를 무순으로 후퇴시켰다. 제3현도군이라고 부를 수 있는 무순의 현도군은 삼국을 거쳐 서진이 끝날 때까지 존속하다가 동진 초 선비의 모용씨의 소유가 됐지만, 고구려는 모용외가 죽은 뒤 일어난 모용씨의 내분을 틈타 그곳을 점령하고 동일한 무순에 신성이라는 성을 축조해 수비를 강화했다. 곧 그 성은 고구려의 현도 신성으로 다른 상황에서 현도군이 연장된 것이었다.

1941년 12월 12일 탈고(『사원史苑』 14권 3호)

9편

고대 고구려 왕실의 세계

1. 머리말

한 나라의 역사를 그것이 시작된 때로 거슬러 올라가 고찰하면 오래 될수록 본래의 모습을 포착하기 어렵다. 얼핏 보기에는 진실을 전한 것 같아도 학술적 견지에서 보면 대부분 후대의 조작이다. 따라서 그런 전설에 포함된 그 나라의 몇몇 국왕은 역사상의 인물이 아니며, 실제의 세계로는 으레 후대에 덧붙여진 것에 지나지 않는다. 이제 살펴볼 고대 고구려 왕실의 세계도 비슷한데, 그것을 충분히 비판해 후대의 고구려인에게 확실히 알려진 실재한 첫 국왕을 밝히는 것이 이 작은 논문의 목적이다. 고구려의 고대사를 연구하면서 후대에 남겨진 고구려의 유일한 기록으로 생각되는 『삼국사기』 「고구려본기」 ― 후대에 편찬된 이 책에는 중국 사서의 기록이 적지 않게 포함돼 있기 때문에 그것들은 처음부터 제외해야 한다 ― 를 이용할 때는 특히 이 점을 명확히 해둘 필요가 있기 때문이다.

2. 궁왕 이전의 세계

후한 중엽 재위한 고구려의 국왕은 궁이라는 인물이었다. 고구려의 역사가 점차 명확해지기 시작한 것은 이 국왕 때부터인데, 궁 이전으로 거슬러 올라가 왕실의 세계를 기록한 사료는 셋이다. 첫째는 광개토왕비, 둘째는 『위서』「고구려열전」, 셋째는 『삼국사기』「고구려본기」다.

호태왕비好太王碑라고도 부르는 고구려 광개토왕의 기공비紀功碑는 왕이 세상을 떠난 이듬해인 장수왕 2년(갑인년, 414), 곧 동진이 멸망하기 6년 전에 세워졌다. 이 비에서는 첫머리에서 시조 추모왕이 건국한 과정을 서술한 뒤 광개토왕까지 17대 가운데 첫 부분의 국왕 이름을 다음과 같이 기록했다.

왕명을 이어받은 세자 유류왕은 법도에 따라 나라를 잘 다스렸고 대주류왕은 왕업을 이어 나라를 발전시켰다. 17대손 국강상광개토경평안호태왕에 이르렀다(이하 생략). 顧命世子儒留王以道興治, 大朱留王紹承基業. □(傳?)至十七世孫國岡上廣開土境平安好太王.

곧 고구려를 건국한 추모왕은 세자 유류에게 왕위를 물려줬고, 유류는 대주류에게 물려줬다는 것이다.

다음으로 『위서』(권100) 「고구려열전」은 고구려 건국 설화를 실은 가장 오래된 중국 문헌이다. 시조 주몽을 주인공으로 한 그 내용은 광개토왕비보다 훨씬 자세한데, 거기 이어지는 주몽부터 궁까지 국왕의 세계는 다음과 같다.

앞서 추몽이 부여에 있었을 때 부인이 아이를 가졌다. 주몽은 도피한 뒤 아들을 하나 낳았는데 처음에는 자字를 여해라고 했다. 자라서 주몽이 국왕이 된 것을 알고 어머니와 함께 도망쳐오니 이름을 여달이라고 하고 나랏일을 맡겼다. 주몽이 세상을 떠나자 여달이 왕위를 이었다. 여달이 세상을 떠나자 아들 여율이 왕위를 이었다. 여율이 세상을 떠나자 아들 막래가 왕위를 이었다. (…) 막래의 자손이 왕위를 이어 후손 궁에 이르렀다. 그는 태어나면서부터 눈을 떠 볼 수 있으니 나라 사람들이 그를 미워했다. 자라서 흉악하고 사나웠기 때문에 나라가 쇠잔해졌다. 初朱蒙在夫餘時, 妻懷孕. 朱蒙逃後生一子, 字始閭諧. 及長, 知朱蒙爲國主, 卽與母亡而歸之, 名之曰閭達, 委之國事. 朱蒙死, 閭達代立. 閭達死, 子如栗代立. 如栗死, 子莫來代立. (…) 莫來子孫相傳, 至裔孫宮. 生而開目能視, 國人惡之. 及長凶虐, 國以殘破.

곧 주몽은 비문의 추모고 주몽 뒤는 여달·여율·막래의 세 국왕이 부자관계로 왕위를 계승했으며, 다시 막래의 자손이 몇 대를 이어 궁왕에 이르렀다는 것이다. 고구려는 장수왕 23년(435) 처음으로 북위에 조공한 뒤 그가 오래 재위하는 동안 상당히 자주 통교했기 때문에 그 과정에서 고구려의 고대에 관련된 사항은 사신을 거쳐 위魏에 전해졌을 것으로 생각된다. 『위서』에 기록된 건국 전설은 그런 내용을 위인魏人이 쓴 것으로 생각되는데, 설화의 내용에서 봐도 그렇게 추측된다. 그것을 비문과 비교하면 훨씬 자세하지만 뼈대는 대체로 동일하다.

그렇다면 시조부터 몇 대의 세계는 어떤가? 여율은 발음으로 볼 때 비문의 유류가 분명하고 그 앞뒤에 비문에는 기록되지 않은 여달과 막래라는 국왕이 있다. 그리고 비문의 대주류에 해당하는 국왕은 보이지 않는다. 비문과의 이런 차이는 광개토왕(392~413)부터 장수왕(413~491)까지 해당하는 5세기에 적어도 이런 몇 대 국왕의 세계가 고구려인들에게 서로 다르게 전해졌음을 보여주는 것이 분명하다.

세 번째는 『삼국사기』 「고구려본기」로 거기에도 시조 주몽의 건국 설화가 실려 있다. 그 전설을 『위서』와 비교하면 인명·지명 등이 많이 덧붙여졌고 내용도 조금 다르지만 전체적인 구조는 같으므로 『위서』를 바탕으로 윤색한 것으로 생각된다. 그런데 주몽부터 궁까지의 세계는 다음과 같아 『위서』와 다르다.

1. 시조 동명성왕 주몽(추모鄒牟 또는 상해象解라고도 한다)

2. 유리명왕瑠璃明王 유리類利(유류孺留라고도 한다. 전왕의 맏아들)

3. 대무신왕大武神王 무휼無恤(대해송류왕大解宋留王이라고도 한다. 전왕의 셋째아들)

4. 민중왕閔中王 해색주解色朱(전왕의 동생)

5. 모본왕慕本王 해우解憂(해애루解愛婁라고도 한다. 전왕의 맏아들)

6. 태조대왕太祖大王(국조왕國祖王이라고도 한다) 궁(유리왕의 손자)

이런 국왕들 가운데 6대 궁에게는 태조대왕이나 국조왕이라는 칭호가 있는데, 『위서』에는 4대 막래의 후손(몇 대인지는 분명치 않다)으로 돼 있다. 그런데 「고구려본기」에는 유리왕의 손자로 나온다. 또 궁과 관련해서는 중국의 확실한 기록이 있다. 『위서』와 『삼국사기』 모두 고구려에서 나온 것이지만 따로 독자적인 가치를 지닌 기록은 중국에 있다. 곧 『후한서』의 본기와 「고구려열전」, 『위지』 「고구려열전」인데 신뢰할 수 있는 이런 기록에서 궁의 일부 행적을 살펴볼 수 있으며 안제

건광 원년(121) 세상을 떠난 것도 알 수 있다. 앞서 고구려의 역사는
궁 때부터 조금씩 명확해진다고 한 것은 주로 이런 의미였다.

『전한서』(권100) 「왕망열전」에는 1세기 초 왕망이 신을 건국한 무렵
고구려에 관련된 기사가 있다. 당시 요동의 만리장성 안쪽에 거주한
고구려인들은 왕망의 징병령에 따르지 않고 만리장성 밖 동가강(혼강)
유역에 있는 자신들의 본토로 도망쳤는데, 그 때문에 당시 고구려왕
추에게 죄가 돌아갔고 시건국 4년(12) 왕망이 보낸 장군이 그를 꾐에
빠뜨려 살해했다는 것이다. 이것은 궁 이전 고구려와 관련해 확실하고
가장 오래된 사실이지만, 사건과 세계에서 앞뒤와 연결되지 않고 완전
히 고립됐기 때문에 고구려 역사의 시작으로 볼 수는 없다.

그렇다면 궁 이전 주몽 이하 다섯 국왕은 어떤가? 그들의 이름에
주목하면 시조 동명의 이름인 주몽은 『위서』의 기록과 동일하고, 2대
유리왕의 다른 이름인 유류孺留는 비문의 유류儒留와 상통한다. 3대 대
무신왕 무휼의 다른 이름이라고 한 대해송류는 비문의 대주류와, 해
우 또는 해애루라는 이름을 지닌 5대 모본왕은 『위서』의 막래와 상통
한다. 모본의 '본'과 막래의 '래'는 어느 한쪽을 잘못 옮겨 적은 것이
분명하지만 지금은 어느 쪽이 맞는지 가릴 수 없다. 또 유리類利·무휼
無恤·해우解憂 같은 이름이나 그것을 다르게 표기한 것으로 생각되는
이름은 비문과 『위서』에 모두 보이지 않는다. 그리고 『위서』의 여달 대
에는 그와 세대의 순서가 다른 4대 민중왕 해색주가 추가돼 있는 것
도 주의할 필요가 있다.

이처럼 궁 이전의 세계를 적은 고구려의 사료는 비문과도 다르므로
북위에 전해진 것과 다른 세 번째 계보가 있음을 알 수 있다. 곧 궁왕
까지 고구려 왕실의 세계는 어떤 시대에는 비문의 기록처럼, 어떤 시

대에는 북위에 전해진 『위서』의 기록처럼, 어떤 시대에는 『삼국사기』 「고구려본기」의 서술처럼 고구려인에게 적어도 세 가지 전승이 있던 것으로 생각된다. 그리고 이처럼 다양한 기록이 생겨난 까닭은 시조 주몽부터 그 뒤 몇 대의 국왕은 실재한 인물이 아니라 후대의 고구려 인이 공상적으로 만들었기 때문으로 여겨진다.

또 『삼국사기』에 따르면 궁 다음에 재위한 7대 국왕은 이름이 수성 遂成이고 왕호는 차대왕이다. 수성은 중국 사료인 『후한서』(권115) 「고 구려열전」에 "궁이 세상을 떠나자 아들 수성이 즉위했다宮死, 子遂成立" 고 명기된 실재의 국왕인데, 이처럼 궁에게는 태조대왕이나 국조왕이 라는 칭호가 있고 그다음 수성에게는 차대왕이라는 칭호가 있다고 한 것은 어떤 시대의 고구려인이 중국 사서에 명기된 궁을 실제의 국 조로 삼고 그를 기준으로 앞뒤의 세계를 구획했음을 암시하는 것으로 봐야 한다. 그렇다면 이것도 궁까지의 국왕을 공상의 인물로 본 내 추 측을 뒷받침하는 것으로 여겨진다.

3. 궁왕 이후의 세계와 국왕들의 이름

고구려 왕실의 세계에 관련된 다음 문제는 궁 이하 몇 대 사이에 있는 국왕들의 계승 관계와 이름에 관련된 것이다. 아래서는 이 문제 를 고찰해 허구의 세계에서 실제의 세계를 추출하려고 한다.

• 『후한서』 「고구려열전」

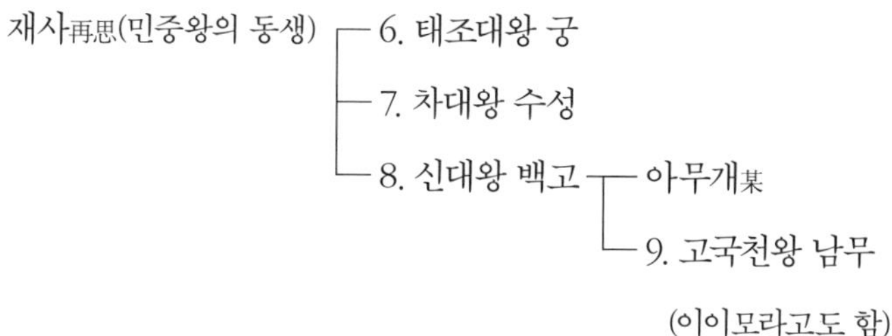

(1) 세계에 관련된 중국 사서와 『삼국사기』 「고구려본기」의 차이

『후한서』 「고구려열전」에 따르면 궁의 아들은 수성이고 수성의 아들은 백고다. 『위지』 「고구려열전」에는 수성의 이름이 빠져 있고 백고를 궁의 아들이라고 했지만 잘못된 것이며, 『후한서』에서는 안제 건광 원년(121) 궁이 세상을 떠난 이듬해 수성이 한의 포로를 돌려보내고 이전처럼 현도군에 복속되겠다고 요청한 사실을 기록하면서 그때 안제가 내린 조서를 실었다.

『후한서』: 수성이 죽자 아들 백고가 즉위했다. 그 뒤 예맥이 복속되니 동쪽 변방에 사건이 줄었다. 遂成死, 子伯固立. 其後濊貊率服, 東垂少事.

또 수성의 치세는 위의 기록처럼 그가 세상을 떠난 바로 뒤에 순제 양가陽嘉 원년(132)의 사실을 서술한 것에 따라 추측하면 궁이 훙거한 뒤 10년을 넘지 않는 짧은 기간이었던 것이 틀림없다. 『위지』에서 궁은 상제殤帝·안제 연간(106~125) 자주 요동을 침략했고 백고가 재위한 순제·환제 연간(126~167) 다시 요동을 침범했다고 기록한 것도 그것을 증명하는 것으로 생각된다.

<중국과 한국 사서의 기년 대조표>

	광무제 건무 29년 (53)	화제 원흥 원년 (105)	안제 건광 원년 (121)	순제 양가 원년 (132)	질제 본초 원년 (146)	환제 연가 8년 (165)	영제 건녕 2년 (169)	영제 광화 2년 (179)	영제 중평 6년 (189)	헌제 건안 2년 (197)	헌제 건안 9년 (204)
『후한서』 『위지』	궁		수성	백고							
「고구려 본기」	궁 (94)			수성 (20)			백고 (14)			남무 (18)	

다음으로 백고의 사망은 『위지』에 분명히 기록돼 있다. 그 연도는 밝히지 않았지만 앞뒤 문맥에서 추측하면 공손탁이 요동에 세력을 떨친 시기로 생각된다. 공손탁은 『위지』(권8) 「공손탁열전」에 따르면 영제 중평 6년(189) 요동 태수가 됐고 헌제 건안 9년(204) 사망했으므로 백고는 순제 초부터 헌제 초까지 6~7년 동안 재위한 것으로 생각된다. 백고에게는 두 아들이 있었는데 맏아들은 발기拔奇, 작은 아들은 이이모다. 그리고 백고를 이어 즉위한 인물은 이이모다. 이것은 『위지』에 분명히 기록돼 있다.

다시 『삼국사기』 「고구려본기」를 보면 앞서 말한 대로 중국 기록과 다른 점이 많다. 궁·수성·백고는 이름·표기·계승 순서 모두 다른데, 세 국왕의 관계를 부자 상속이 아니라 형제 상속으로 하고 각각 태조대왕·차대왕·신대왕이라고 불렀다. 또 백고를 계승한 국왕은 그의 둘째아들인 고국천왕 남무라고 했는데, "이이모라고도 한다或云伊夷模"고 주기한 것에 따르면 그는 『위지』의 이이모에 해당한다.

다른 점은 이것들만이 아니다. 「고구려본기」에 따르면 수성은 질제 본초 원년(146) 태조대왕 궁의 선양을 받아 20년 동안 재위하다가 환제 연희延熹 8년(165) 궁이 훙거한 해에 살해됐고, 백고는 재위 14년인 영제 광화 2년(179) 세상을 떠났다. 그를 이은 고국천왕 남무의 치세는 헌제 건안 2년(197)까지 이어졌다. 건안 초는 공손탁이 요동을 장악한 시기로 『위지』에서는 백고가 죽은 때다.

그렇다면 중국 기록과의 이런 차이는 왜 나타났을까? 이것은 반드시 설명해야 하는 문제지만, 일단 이 문제는 남겨두고 수성·백고·남무가 재위하는 동안 중국과의 교섭에 관련된 「고구려본기」의 기사를 검토해보자.

(2) 중국과의 교섭에 관련된 「고구려본기」 기사의 비판

「고구려본기」에는 궁의 재위 94년(질제 본초 원년, 146), 곧 궁이 수성에게 양위한 해에 다음과 같은 기사가 있다.

국왕(궁)이 장수를 보내 한의 요동 서안평현을 습격해 대방령을 죽이고 낙랑태수의 처자를 잡아왔다. 王遣將, 襲漢遼東西安平縣, 殺帶方令, 掠得 樂浪大守妻子.

이 기사는 백고가 재위한 시기의 『후한서』「고구려열전」의 다음 기록을 가져온 것이다.

질제·환제 연간(146~167) 다시 요동 서안평을 침범해 대방령을 죽이고 낙랑태수의 처자를 잡아갔다. 質·桓之間, 復犯遼東西安平, 殺帶方令, 掠得 樂浪大守妻子.

아울러 '질제·환제 연간'을 편의상 질제 한 시대로 처리한 것인데 — 질제는 영가 원년(145) 즉위해 이듬해인 본초 원년(146) 시해됐다 — 고구려왕의 세대를 2대 거슬러 올라가 궁에 연결시킨 것은 그저 자의적인 서술일까? 아니면 다른 근거가 있었을까?

「고구려본기」에 따르면 궁은 후한 광무제 건무 29년(53)부터 질제 본초 원년(146)까지 94년이라는 긴 기간 동안 재위한 뒤 마침내 친동생 수성에게 선위했다. 곧 궁이 양위한 해는 『후한서』에서 안제 건광 원년(121) 그가 사망했다고 명기한 해부터 말하면 25년 뒤다. 그리고 그는 양위한 뒤 19년을 더 살다가 환제 연희 8년(165) 차대왕 수성이 시해된 것을 앞뒤로 119세에 훙거했다고 돼 있다. 「고구려본기」의 이 기록은 『삼국사기』를 편찬할 때 남아 있던 『해동고기海東古記』라는 옛 기록에 바탕한 것으로 궁왕 본기 끝부분의 주석에 명기돼 있다.

『후한서』에서는 "안제 건광 원년(121) 고구려왕 궁이 죽고 아들 수성이 즉위했다"고 했다. (…) 『해동고기』를 살펴보면 "고구려 국조왕 고궁은 후한 건무 29년 계사년(53. 계축년의 오기)에 즉위했는데, 일곱 살이어서 어머니가 섭정했다. 효환제(질제의 오기) 본초 원년(146) 병술년 친동생 수성에게 양위했다. 이때 궁의 나이 100세로 94년 동안 재위했다"고 했다. 그렇다면 건광 원년은 궁이 재위한지 69년째 되는 해이므로 『한서』와 『해동고기』의 기록이 어긋난다. 『한서』의 기록이 잘못된 것일까? 後

漢書云, 安帝建光元年, 高句麗王宮死, 子遂成立. (…) 案海東古記, 高句麗國
祖王高宮, 以後漢建武二十九年癸巳卽位, 時年七歲, 國母攝政. 至孝桓帝本初
元年丙戌, 遜位讓母弟遂成. 時宮年一百歲, 在位九十四年. 則建光元年, 是宮在
位第六十九年, 則漢書所記與古記, 抵梧不相符合. 豈漢書所記誤耶.

그러나 오늘날 전해지지 않는 『해동고기』라는 옛 기록이 어떤 자료
인지 상관없이 — 그 책과 관련해서는 뒤에서 서술 — 재위와 생존 연
대가 너무 긴 이 기록은 믿기 어렵다고 말하지 않을 수 없다. 근거 없
이 그것을 중국 사서의 오류로 돌릴 수는 없다.

여기서 먼저 생각해봐야 할 것은 궁의 즉위년이다. 『후한서』에 따르
면 그것은 화제 원흥 원년(105) 이전이지만 그것만 알 수 있는 것은 아
니다. 곧 광무제 건무 25년(49) "고구려가 우북평·어양·상곡·태원을
침략했다句驪寇右北平·漁陽·上谷·太原"고 해서 선비 등 호족의 침략을 고구
려의 행동으로 본 기사가 있고, 그것에 이어 "고구려왕 궁은 태어나면
서부터 눈을 떠 볼 수 있어 나라 사람들이 소중히 여겼다. 자라자 용
감하고 씩씩했으며 변경을 자주 침범했다"고 했으며, 다음으로 화제
원흥 원년 봄에는 다시 요동을 침략해 그 6현을 약탈했다고 했다. 그
렇다면 궁이 건무 29년에 즉위했다는 『해동고기』의 기록은 중국 사료
와 완전히 독립된 것인가? 그렇지는 않다. 궁 이전의 세계를 서술한 중
국 기록으로 가장 오래된 것은 남북조시대의 『위서』「고구려열전」이다.

주몽이 세상을 떠나자 [아들] 여달이 왕위를 이었다. 여달이 세상을 떠
나자 아들 여율이 왕위를 이었다. 여율이 세상을 떠나자 아들 막래가
왕위를 이었다. 그는 부여를 정벌해 크게 이기고 마침내 복속시켰다. 막

래의 자손이 왕위를 이어 후손 궁에 이르렀다. 그는 태어나면서부터 눈을 떠 볼 수 있으니 나라 사람들이 그를 미워했다. 자라서 흉악하고 사나웠기 때문에 나라가 쇠잔해졌다("태어나면서부터 눈을 떠 볼 수 있었다"는 부분 다음은 『위지』 「고구려열전」과 거의 같다).

앞서 말한 대로 『위서』의 이 세계 가운데 주몽부터 막래까지는 5세기 북위에 조공한 고구려 장수왕의 사신이 자국의 고대 왕실의 세계를 이렇게 이야기한 것에 근거했다고 생각된다. 그러나 "태어나면서부터 눈을 떠 볼 수 있었다"는 등 궁에 관련된 부분은 그것과 무관하고 『후한서』와 『위지』의 기록에 바탕한 것이 분명하다. 곧 『위서』의 이 세계는 남북조시대의 어떤 기록과 『후한서』 『위지』를 결합해 만든 것으로 특히 "막래의 자손이 왕위를 이어 후손 궁에 이르렀다"고 한 중간 부분은 『위서』를 편찬한 북제北齊의 위수魏收가 막래와 궁을 연결시킬 때 덧붙인 것으로 생각된다.

또 『위서』의 막래는 「고구려본기」의 모본왕에 비정되는데 — '本'과 '來' 가운데 어느 한쪽이 오류로 생각된다 — 모본왕 다음 국왕을 궁이라고 한 「고구려본기」의 세계는 『위서』에서 "막래의 자손이 왕위를 이었다"고 해서 세대와 왕명 모두 알 수 없는 부분을 생략한 것과 일치한다. 또 「고구려본기」에는 조선 등 호족胡族의 침략을 고구려의 행동으로 서술한 『후한서』의 건무 25년(49) 기사가 같은 해인 모본왕 2년 조에 실려 있는데, 그 조는 4년 뒤 『해동고기』를 근거로 한 궁의 즉위년(53)과 이어진다. 이것으로 보면 『해동고기』에서 궁의 즉위년을 건무 29년(53)이라고 한 것은 『후한서』와 『위서』 외에 따로 근거한 자료가 있던 것은 아니다.

좀더 자세히 말하면 『해동고기』의 찬자는 원흥 원년(105) 이전의 일이라는 것만 알던 궁의 즉위를 『후한서』의 건무 25년 기사에 접근시켜 건무 29년의 일로 하는 동시에 건무 25년부터 궁의 시대까지는 중국 사서에 아무 기록이 없기 때문에 건무 25년의 기사를 『위서』의 세계 가운데 세대가 나타난 국왕으로 궁과 가장 가까운 막래, 곧 모본에 연결시킨 것으로 생각된다.

이렇게 생각하고 처음의 문제로 돌아가면 『후한서』에서 백고 때의 사실로 질제·환제 연간(146~167) 고구려가 요동의 서안평을 침범했다고 한 것을 「고구려본기」는 편의상 질제 한 시대로 처리하고 다시 그것을 백고에서 2대 거슬러 올라간 궁 94년(질제 본초 원년, 146)에 연결시킨 것은 아무 근거 없이 그렇게 한 것이 아니라 역시 『해동고기』의 기년에 바탕한 것으로 생각된다.

'질제·환제 연간'이라고 한 『후한서』 기사의 본문에 대해 말하면, 그것은 아래에 근거한 것이다.

『위지』: 백고는 즉위한 뒤 순제·환제 연간(126~167) 다시 요동을 침범해 신안·거향을 약탈했다. 또 서안평을 공격해 길에서 대방령을 죽이고 낙랑태수의 처자를 잡아갔다 伯固立, 順·桓之間, 復犯遼東, 寇新安·居鄕. 又攻西安平, 於道上殺帶方令, 略得樂浪太守妻子.

다만 『후한서』의 편자가 '순제·환제 연간'을 '질제·환제 연간'으로 고친 것은 『후한서』의 앞 기사에서 "백고가 즉위했다. 그 뒤 예맥이 복속되니 동쪽 변방에 사건이 줄었다. 순제 양가 원년(132) 현도군에 둔전 6부를 설치했다順帝陽嘉元年, 置玄菟郡屯田六部"고 기록한 양가 원

년의 사실(「순제본기」에는 "현도군에 둔전 6군을 다시 설치했다復置玄菟郡屯
田六郡"고 돼 있다. 군郡은 부部의 오기로 생각된다)에 대해 순제 한 시대
(126~144)의 일로 처리한 한 것이다.

다음으로 차대왕 수성의 본기에는 중국 사서에서 가져온 것으로 보
이는 기사는 없다. 신대왕 백고의 본기를 살펴보면 재위 4년(168)에 다
음과 같은 기사가 있다.

한의 현도태수 경림이 쳐들어와 우리 군 수백 명을 죽였다. 왕은 항복하
고 현도에 소속되기를 빌었다. 漢玄菟太守耿臨來侵, 殺我軍數百人. 王自降,
乞屬玄菟.

이해는 영제 건녕 원년에 해당한다. 이것은 『후한서』 「고구려열전」의
끝부분을 그대로 가져와 1년 앞에 둔 것이다.

건녕 2년(169) 현도태수 경림이 [고구려를] 토벌해 수백 명을 죽이니 백
고는 항복하고 현도에 소속되기를 빌었다고 했다. 建寧二年, 玄菟太守耿
臨討之, 斬首數百級, 伯固降服, 乞屬玄菟云.

그러나 『후한서』가 근거로 삼은 『위지』 「고구려열전」에서는 건녕
2년 백고의 항복과 희평 연간(172~177) 현도 복속을 구별해 기록했다.

건녕 2년 현도태수 경림이 [고구려를] 토벌해 수백 명을 죽이고 포로로
잡았다. 백고는 항복해 요동에 소속됐다. 희평 연간 백고는 현도에 소속
되기를 빌었다. 建寧二年, 玄菟太守耿臨討之, 斬首虜數百級, 伯固降屬遼東.

熹平中, 伯固乞屬玄菟.

그러므로 중간 부분을 생략해 뒤의 것을 앞의 것에 합쳤다고 봐야 하는 『후한서』의 기사를 채택하는 것은 타당하지 않다.

「고구려본기」 신대왕 5년(169): 왕은 대가 우거·주부 연인 등을 보내 군사를 거느리고 현도태수 공손탁을 도와 부산의 도적을 토벌케 했다. 王遣大加優居·主簿然人等, 將兵助玄菟太守公孫度, 討富山賊.

이것은 『위지』의 앞 기사에 이어지는 다음 기록을 조금 고쳐 실은 것이다.

공손탁이 해동을 지배하자 백고는 대가 우거·주부 연인 등을 보내 그를 도와 부산의 도적을 격파했다. 公孫度之雄海東也, 伯固遣大加優居·主簿然人等助度, 擊富山賊, 破之.

그러나 이것은 영제 중평 6년(189) 공손탁이 요동태수가 된 뒤의 일이 돼야 하므로 그것을 적어도 20년 이상 거슬러 올라가 건녕 2년(169)에 해당하는 백고 5년에 연결시킨 것은 매우 이상하다. 이 의문은 뒤에서 따로 설명할 것이다.

『삼국사기』 백고 8년(영제 희평 원년, 172) 조에서는 "한의 대군이 우리를 공격했다漢以大兵嚮我"고 갑자기 쓴 뒤 그것에 대한 방어 논의를 서술하고 좌원坐原이라는 곳에서 전투가 벌어졌는데 "한의 군대는 크게 패배해 말 한 필도 돌아가지 못했다漢軍大敗, 匹馬不反"고 끝맺은 긴 기사가 있다. 「고구려본기」의 다른 사례에서 미뤄보면 대화적 서술은 대개 후대의 날조임을 자백하는 것으로 보이는데, 이런 고구려 정벌은 중국 사서에 보이지 않으므로 허구로 생각된다. 다만 앞서 서술한 대로 앞의 백고 4년(168) 조에서는 『후한서』 「고구려열전」의 끝부분의 기사를 가져와 건녕 2년(169) 백고가 항복한 사실을 전했지만 『위지』에서 "희평 연간 백고는 현도에 소속되기를 빌었다"고 명기한 또 다른 항복 사실은 수록하지 않은 것을 보면 그런 공백을 메꾸기 위해 반대되는 사실을 날조해 희평 원년에 해당하는 해(백고 8년, 172)에 둔 것이 아닐까 생각된다.

다음으로 고국천왕 남무의 본기에는 다음과 같은 기사가 있다.

- 재위 6년(영제 중평 원년, 184): 한의 요동태수가 군사를 일으켜 우리를 공격하자 왕은 왕자 계수를 보내 막게 했지만 이기지 못했다. 왕은 직접 정예 기병을 거느리고 한의 군대와 좌원에서 싸워 무찌르니 목을 벤 것이 산처럼 쌓였다. 漢遼東太守興師伐我, 王遣王子罽須拒之. 不克. 王親帥精騎, 往與漢軍戰於坐原敗之, 斬首山積.

- 19년(헌제 건안 2년, 197): 중국이 크게 어지러워 난리를 피해 투항해 오는 중국인이 매우 많았다. 한 헌제 건안 2년이었다. 여름 5월 왕이 세상을 떠나니 고국천원에 장사지냈다. 中國大亂, 漢人避亂來投者甚多. 是漢獻帝建安二年也. 夏五月, 王薨. 葬于故國川原.

첫 번째 기사에서 한의 장수는 요동태수라고만 하고 이름은 빠져 있는데, 3대 대무신왕 11년 위나암성尉那巖城이 공격받은 일을 기록하면서 "한의 요동태수가 군사를 거느리고 공격해왔다漢遼東太守將兵來伐"

고 한 것과 같은 서술 방식으로 여기서 허구의 흔적을 느낄 수 있다. 『위지』「공손탁열전」에서 "동쪽으로 고구려를 정벌하고 서쪽으로 오환을 공격해 위세가 바다 밖까지 알려졌다東伐高句驪, 西擊烏丸, 威行海外"고 한 뒤 초평 원년(190)의 일을 서술한 것을 염두에 두고 만든 기사로 생각된다. 두 번째 기사에서 "중국이 크게 어지러워졌다"고 한 것은 영제 중평 원년(184) 황건적이 일어나기 시작해 헌제 건안 초에 이르러 가장 심각해졌는데, 당시 동쪽으로 피란했다면 낙랑군으로 간 것이 자연스럽고 침략을 일삼은 이적夷狄의 나라에 투항하지는 않았을 것이므로 이것도 후대의 조작이 분명하다.

그러나 『위지』에는 어느 정도 비슷한 사실을 전한 기사가 있다. 백고가 죽자 둘째 아들 이이모가 나라 사람들에게 옹립됐다고 서술한 뒤 "백고 때부터 요동을 자주 침략했으며 망명한 오랑캐 500여 가를 받아들였다自伯固時, 數寇遼東, 又受亡胡五百餘家"고 한 것이다. 이 망명한 오랑캐, 곧 고구려에 투항한 오랑캐는 요동군 관내에 있던 오환이나 선비로 생각된다. 그리고 『위지』의 앞뒤 기사에 따르면 백고는 건안 원년(196) 무렵 공손탁이 요동에서 세력을 떨치던 사이에 훙거했다. 그런데 이미 서술한 대로 「고구려본기」의 백고의 치세는 오래전부터 이어져왔고 그 대신 『위지』의 이이모와 같은 인물이라고 한 남무의 재위는 광화 2년(179)부터 건안 2년(197)까지 걸치는 것으로 했으므로 『위지』에 백고 만년晩年의 사건으로 기록된 호족의 망명과 남무 말년 중국인의 투항은 연대가 대략 일치하게 된다.

또 『위지』에는 공손씨의 고구려 정벌과 관련해 "건안 연간(196~220) 공손강이 군사를 보내 고구려를 격파하고 읍락을 불태웠다建安中, 公孫康出軍擊之, 破其國, 焚燒邑落"는 기사가 있는데, 이것은 백고가 세상을 떠

난 뒤 공손탁의 아들 공손강 — 건안 9년(204) 아버지를 대신해 요동
후遼東侯라고 불렸다 — 이 백고가 살아있을 때 고구려가 한 무례한 행
위(요동을 침략하고 망명한 호족을 받아들인 것)를 응징하는 군사를 보낸
것이다. 그런데 백고가 훙거한 뒤의 이 사실에 상당하는 기사는 「고구
려본기」의 어디에도 보이지 않는다. 이것으로 보면 「고구려본기」의 중
국인 귀의 기사를 지은 사람은 완전히 공상에서 그것을 생각해낸 것
은 아니고 오랑캐의 망명에 관련된 『위지』의 기사를 참조하고 거기에
조작을 더한 것으로 생각된다.

지금까지 서술한 대로 「고구려본기」의 궁·수성·백고 3대의 재위 기
간은 중국 사서와 뚜렷이 다르고, 백고가 공손탁을 위해 원군을 보냈
다는 기사 같은 것은 적어도 20년 이상 앞당겨졌으며, 백고의 재위를
단축시킨 부분에는 남무라는 한 국왕이 삽입됐다. 그렇다면 이것은
다른 기록을 전달한 것일까? 아니면 뒷사람이 조작한 것일까?

(3) 백고 이후의 계승 관계와 남무를 둘러싼 문제

앞에서 제기한 문제와 관련해 먼저 생각해봐야 하는 것은 백고 사
후의 왕위 계승 관계다. 『위지』에 따르면 백고 다음의 국왕은 그의 둘
째 아들 이이모이고, 이이모를 계승한 인물은 그의 서자庶子 위궁이다.
좀더 자세히 말하면 백고에게는 발기라는 맏아들이 있었지만 어리석
었기 때문에 백고가 죽자 둘째 아들 이이모가 옹립됐고, 다음으로 이
이모에게는 적자嫡子가 없었기 때문에 그의 왕위는 서출庶出의 아들,
곧 이이모가 관노부灌奴部(고구려 5부족部族의 하나)의 여성과 사통해 낳
은 위궁에게 전해졌다고 한다. 그러나 「고구려본기」의 기록은 다르다.

                                                    만선사 연구 1권

• 『위지』

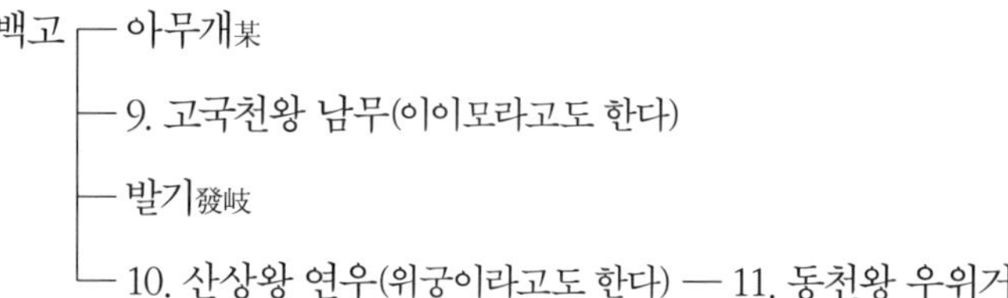

• 「고구려본기」

곧 백고의 둘째 아들은 9대 고국천왕이고, 맏아들은 아무 기록도 없으므로 이름도 알 수 없다. 남무의 동생은 발기이고, 그다음 동생은 10대 산상왕 연우다. 연우의 왕위는 그 아들에게 계승됐으니 11대 동천왕 우위거다. 이 기록은 고구려의 사료에 근거한 것으로 생각된다. 그리고 『위지』의 내용과 뚜렷한 차이를 보이지만, 이 세계도 한 걸음 나아가 생각해보면 서로 일치점이 없는 것은 아니다. 『위지』에 보이지 않는 남무를 "이이모라고도 한다"는 주석과 함께 일단 세계 밖에 두고, 그 대신 산상왕 연우를 "위궁이라고도 한다"는 주석에 상관없이 백고의 둘째 아들로 봐 이이모에 비정하면 발기發岐와 그의 조카 우위거는 친족관계와 발음의 유사성에서 각각 『위지』의 발기拔奇와 위궁에 해당돼 두 기록의 세계는 완전히 일치한다.

또 『위지』에는 발기拔奇와 이이모가 형제 사이로 왕위를 다툰 일이 기록돼 있다.

발기는 형이면서도 왕이 되지 못한 것을 원망해 연노부의 가加와 함께 각각 하호 3만여 명을 이끌고 공손강에게 투항했다가 돌아와 비류수 유역에 거주했다. 앞서 항복했던 오랑캐(백고 때 요동에서 망명해 온 오랑캐로 생각된다)도 이이모를 배반했다. 이이모는 새로 나라를 세웠는데, 지금 있는 곳(환도)이다. 발기는 마침내 요동으로 가고 아들은 고구려(비류수 유역)에 머물렀는데, 지금 고추가 교위거다. 拔奇怨爲兄而不得立, 與涓奴加各將下戶三萬餘口詣康降, 還住沸流水. 降胡亦叛伊夷模, 伊夷模更作新國, 今日所在是也. 拔奇遂往遼東, 有子留句麗國, 今古雛加駮位居是也.

이것과 대응하는 「고구려본기」에는 연우가 즉위한 기사에 내용은 상당히 다르지만 발기發岐와 연우가 왕위를 다툰 사건이 실려 있다. 그 뒤 동천왕 우위거 본기에는 위궁이 재위할 때의 사실을 적은 『위지』의 두 기사가 채록돼 있다.

- 경초 2년(238) 태위 사마선왕(사마의司馬懿)이 군사를 이끌고 공손연을 토벌하자 궁은 주부·대가(고구려의 관직)에게 수천 명을 이끌고 가서 돕게 했다. 景初二年, 太尉司馬宣王率衆討公孫淵, 宮遣主簿·大加將數千人助軍.
- 정시 3년(242) 궁이 서안평을 침략했지만 유주자사 관구검에게 패배했다. 正始三年, 宮寇西安平, 爲幽州刺史毌丘儉所破.

그러므로 앞서 지적한 세계의 일치는 거의 움직이기 힘든 것으로 볼 수밖에 없다. 그러나 일단 세계 밖으로 밀어낸 남무라는 국왕을 어떻게 처리해야 하는가는 다른 문제로 남아 있다.

「고구려본기」에 따르면 남무는 백고의 둘째 아들이므로 이름을 알 수 없는 맏아들 아무개某를 『위지』의 발기拔奇로 보면 남무는 이이모에 해당하며 실제로 그의 이름 아래는 "이이모라고도 한다"고 주기돼 있다. 그리고 다시 산상왕 연우에도 그 이름 아래 앞서 일단 다루지 않은 "위궁이라고도 한다"는 주석이 있는데, 이것은 어떻게 해석해야 할까? 그대로 따른다면 「고구려본기」의 기록은 스스로 심각한 모순에 빠지지 않을 수 없다. 왜냐하면 『위지』의 발기拔奇와 이이모의 왕위 다툼에 해당하는 사실을 백고의 맏아들 아무개와 둘째 아들 남무의 다툼이 아니라 발기發岐와 연우의 다툼으로 기록하고, 위궁(『위지』에 기록된 이름) 때 이뤄진 관구검의 고구려 정벌에 관련된 『위지』의 기사를 연우(일명 위궁)의 본기가 아니라 동천왕 우위거의 본기에 실었기 때문이다.

「고구려본기」에는 스스로 이런 모순이 있기 때문에 그 모순을 다시 생각해 보지 않을 수 없다. 이미 서술한 대로 위궁의 재위 때 일을 서술한 『위지』의 경초 2년(238) 기사(사마의의 공손연 정벌)와 정시 3년(242) 기사(궁의 서안평 공격)를 동천왕 우위거 본기에 실은 것은 「고구려본기」의 편자 김부식일 것이다. 그리고 그것은 우위거가 위궁임을 인정한 상태에서 이뤄진 것이므로 산상왕 연우의 다른 이름이 위궁이고 고국천왕 남무의 다른 이름이 이이모라고 한 것은 김부식이 아니라 「고구려본기」가 근거한 어떤 옛 기록의 편찬자로 생각된다.

그 옛 기록이 언제 작성됐는지는 알 수 없지만 고구려 때의 자료라고 해도 그리 오래되지는 않았고, 아무튼 『위지』의 기사를 참고해 이이모와 위궁 등의 왕명을 알게 된 뒤 작성한 것으로 봐야 한다. 그렇다면 고구려에는 이 옛 기록에 대해 따로 '제1사료'라고 부를 수 있는 옛 사서가 있고, 거기서는 중국 기록과 상관없이 고국천왕 남무의 두 동생이 발기發岐와 산상왕 연우고 연우의 아들은 동천왕 우위거라고 한 것으로 생각된다. 그리고 발기發岐·연우·우위거 같은 이름은 그 옛 기록의 독자적인 내용이 틀림없다.

이렇게 생각하고 다시 남무 이전의 세 국왕인 궁·수성·백고를 살펴보면, 먼저 왕명이 문제다. 이 세 국왕의 이름이 중국 기록과 완전히 무관하다면 연우와 우위거, 그리고 여기서는 문제가 되지 않는 그 이하 역대 국왕의 이름처럼 중국 사료와 다르게 표기돼야 하지 않을까? 그런데 「고구려본기」의 궁·수성·백고는 『후한서』『위지』와 동일하게 표기돼 있고, 『삼국사기』 태조대왕 궁의 본기에 인용된 『해동고기』라는 옛 기록에 보이는 궁과 수성의 이름도 『후한서』와 같다(이 장 2절 인용문 참조).

신대왕 백고 본기의 국왕 이름에 관련된 주석에서 "고는 구로도 돼 있다固一作句"고 했지만, 그것은 발음이 다르다는 것이 아니라 『후한서』『위지』의 표기가 변형됐음을 지적한 것으로 생각된다. 세 국왕의 이름뿐 아니라 그 왕호에 주의하면 남무 이하 국왕들의 왕호는 고국천왕·산상왕·동천왕 등처럼 모두 장지葬地에 따른 것이라고 했으므로 궁이 태조대왕이나 국조왕, 수성이 차대왕, 백고가 신대왕으로 불린 것은 이런 왕호와 성격을 달리하는 것이다. 이것은 이 세 국왕이 어떤 시대의 고구려인부터 세계상 특별하게 생각됐음을 암시하는 것으로 여겨진다.

이처럼 지금의 「고구려본기」에 실린 고구려 왕실의 세계는 본래 순일純一한 것이 아니고 남무를 경계로 그 앞뒤에서 서로 유래가 다른 것 같다. 자세히 말하면 남무와 그 뒤의 어떤 부분은 비교적 옛 시대의 고구려인에게 전해진 고구려 고유의 세계고, 그것에 대해 왕명이 중국 기록과 동일한 남무 이전의 세 왕은 고구려 때 있었지만 그 뒤 지금의 「고구려본기」가 직접 바탕한 어떤 옛 기록이 있던 때 그 옛 기록의 작자가 『후한서』와 『위지』에서 얻은 지식에 근거해 추가한 것으로 생각된다. 그리고 고구려 고유의 세계를 전한 옛 기록은 '제1사료'라고 말한 것이며, 그 후대의 저술로 여겨지는 어떤 옛 기록은 『해동고기』밖에 없다고 판단된다.

『해동고기』에서는 태조대왕 궁이 건무 29년(53)에 즉위했다고 했고 「고구려본기」를 편찬한 김부식은 그것을 근거로 삼았다고 썼는데, 이 장 2절에서 서술한 대로 『해동고기』의 기년이 바탕한 자료는 중국의 『후한서』와 『위서』 뿐이다. 그런데 『위서』를 보면 후한대의 궁과 삼국시대의 위궁과 관련해 다음과 같이 서술했다.

막래의 자손이 왕위를 이어 후손 궁에 이르렀다. 그는 태어나면서부터 눈을 떠 볼 수 있으니 나라 사람들이 그를 미워했다. 자라서 흉악하고 사나웠기 때문에 나라가 쇠잔해졌다. 궁의 증손 위궁도 태어나면서부터 눈을 떠 볼 수 있으니 사람들이 증조 궁을 닮았다고 해서 위궁이라고 이름 붙였다. 고구려에서는 서로 닮은 것을 '위'라고 한다. 莫來子孫相傳, 至裔孫宮. 生而開目能視, 國人惡之. 及長凶虐, 國以殘破. 宮曾孫位宮亦生而視, 人以其似曾祖宮, 故名爲位宮. 高句麗呼相似爲位.

미리 말해두지만 『위서』의 이 기사에서 "태어나면서부터 눈을 떠 볼 수 있었다"는 부분 아래는 『위지』나 그보다 오래된 『위략』에 근거한 것이다. 한편 「고구려본기」에서는 산상왕 연우 즉위년(197)에 다음과 같이 서술했다.

산상왕은 이름이 연우(위궁이라고도 한다)로 고국천왕의 동생이다. 『위서』에서는 다음과 같이 말했다. "주몽의 후손 궁은 태어나면서부터 눈을 떠 볼 수 있었는데, 그가 태조다. 지금 국왕은 태조의 증손으로 태어나면서부터 사람을 알아보는 것이 증조 궁과 같았다. 고구려에서는 서로 닮은 것을 '위'라고 하기 때문에 '위궁'이라고 이름 붙였다." 山上王, 諱延優(一名位宮), 故國川王之弟也. 魏書云, 朱蒙裔孫宮, 生而開目能視, 是爲太祖. 今王是太祖曾孫, 亦生而視人, 似曾祖宮. 高句麗呼相似爲位, 故名位宮云.

주기한 것처럼 연우의 다른 이름을 위궁이라고 했으며, 『위서』에 근거했다고 말하면서 그 문장을 조금 고쳐 인용하고 궁의 칭호를 태조대왕이라고 했다. 그런데 앞서 서술한 것처럼 김부식은 동천왕 우위거를 암묵적으로 위궁에 비정했으므로 이런 서술은 『해동고기』의 편찬자가 한 것이며, 남무와 이이모를 같은 인물로 본 것도 그 책으로 생각된다.

이제 앞서 문제로 남겨둔 세계에서 남무의 위치를 규명해야 하는데, 중국 사서에 보이지 않는 이 국왕의 이름은 발기發岐·연우·우위거 등과 함께 고구려의 '제1사료'에 명기된 것으로 생각된다. 그리고 다음 국왕 연우는 『위지』의 이이모이며, 형인 발기發岐(『위지』의 拔奇)와 왕위를 다툰 결과 부왕 백고를 이어 즉위한 것이 분명하다. 백고와 이이모의 왕위 계승 관계와 그 경위를 전한 『위지』의 기록은 매우 명료해 의문을 품을 수 없기 때문이다. 그런데 남무와 백고는 같은 인물이 아니기 때문에 당연히 확실한 세계 밖으로 밀어낼 수밖에 없다.

(4) 세계에서 남무의 위치

앞서 서술한 대로 남무는 앞뒤 국왕들의 세계에서 매우 특이한 인물이다. 그렇다면 어떻게 해서 그런 국왕이 백고(신대왕)과 연우(산상왕) 사이에 재위한 것처럼 됐을까? 먼저 생각해봐야 할 것은 그가 실재의 인물인가 하는 것이다. 이미 2장에서 서술한 대로 고구려 왕실의 계보는 시조부터 몇 대 사이가 공상의 인물로 꾸며져 있다. 5세기 초 광개토왕비의 첫머리에 나오는 계보와, 동일한 5세기의 사실을 풍부하게 담고 있는 『위서』의 기록은 서로 다르지만 아무튼 광개토왕의 치세 앞뒤, 곧 말할 것도 없이 이미 한자를 사용해 서술하는 방법을 알고 있던 그 시대의 고구려인은 스스로 그런 계보를 만들어 당시 그들 사이에 어느 정도 확실히 전해진 실재의 국왕과 건국 설화의 신이한 주인공 주몽(추모)을 연결한 것이 분명하다. 「고구려본기」의 계보는 본래 그런 것의 하나였는데, 『해동고기』 같은 옛 기록에 실려 후대에 전해짐으로써 김부식이 이용할 수 있던 것으로 생각된다. 정말 그렇다면 그런 계보를 전한 옛 기록의 하나인 이른바 '제1사료'에는 모본왕(『위서』의 막래) 이하의 부분은 어떻게 됐던 것일까?

나는 앞서 「고구려본기」의 남무와 그 뒤 어떤 부분의 세계는 지금은 사라진 것으로 보이는 고구려 고유의 계보인데 견줘 궁·수성·백고의 3대는 후대의 『해동고기』 편찬자가 『후한서』『위지』『위서』의 기사에서 얻은 지식을 바탕으로 추가한 것 같다고 말했는데, 그것을 이 문제와 연결해 생각하면 본래 모본왕은 남무를 바로 뒤의 국왕으로 하고 연우 이하의 세계에 접속시켰다고 판단된다. 곧 남무는 이 옛 형태의 세계에서 앞뒤에 모본왕과 연우가 있고, 공상의 인물로 봐야 하는 국왕들과 역사상 확실하게 존재한 국왕들의 경계에 서게 되는 것이다.

그런데 『해동고기』의 편찬자는 중국 사서의 기록에 따라 자국의 고대에 궁·수성·백고라는 세 국왕이 있었음을 알고 그들에게 각각 태조대왕·차대왕·신대왕이라는 왕호를 부여해 옛 계보에 편입시킨 뒤 궁의 순서를 모본왕 다음에 둔 것이다. 그러나 그것은 아무렇게나 한 것은 아니고 『위서』를 참고한 결과로 보인다. 『위서』에서는 막래의 자손이 서로 계승해 궁에 이르렀다고 했지만 그 사이의 대수代數와 국왕 이름을 밝히지 않았기 때문에 알 수 없으며, 막래에 비정할 수 있는 모본왕을 직접 궁에 연결시킨 것이다.

『해동고기』에 따라 고구려 고유의 세계에 이런 조작을 더하면서 남무는 모본왕에서 떨어져 나와 백고 바로 다음 국왕이 돼 역사상의 인물처럼 보이게 됐다. 남무에게 고국천왕이라는 왕호가 부여된 것도 그 무렵으로 생각된다. 그러나 백고의 뒤를 이은 국왕은 이이모에 해당하는 백고의 둘째 아들 연우이고, 그 사이에 재위한 국왕이 없는 것은 중국 사서에 따라 분명하므로 『해동고기』의 편찬자가 삽입한 세 국왕은 곧바로 연우와 이어져야 한다. 그 때문에 나는 세계에서 남무의 위치를 궁 바로 앞, 모본왕 바로 뒤로 옮겨 공상의 국왕인 모본왕과 그 이전 국왕들의 사이에 넣는 데 주저하지 않는다. 한번 세계 밖으로 밀려난 남무는 마침내 그 자리를 얻었으니 스스로 만족스러워 할 것이다.

(5) 기년의 조작

앞서 서술한 대로 『해동고기』의 편찬자는 고구려에 전해진 본래의 세계에 있는 국왕인 남무가 시조 주몽 이하 공상의 국왕들 가운데 마지막 인물임을 모르고 실재의 국왕인 중국 사서의 백고를 그 앞에 뒀다. 남무를 백고의 둘째 아들로 하는 동시에 이름을 알 수 없는 만아들을 설정하고 남무를 이이모라고도 한다고 했으며, 다시 위궁을 연우의 다른 이름이라고 한 것은 그 결과일 수밖에 없었다. 이처럼 매우 무리한 비정을 감행한 것은 『위지』에 보이지 않는 남무의 재위를 인정했기 때문이다.

또 「고구려본기」 남무의 마지막 해에 앞서 지적한 대로 위인魏人의 투항을 서술하고 "한 헌제 건안 2년(197)이었다"고 밝혔는데(이 편 1절 '중국과 한국 사서의 기년 대조표' 참조) 본문에서 연대를 제시한 방식은 앞뒤에 그런 사례가 적지 않다. 이것은 「고구려본기」의 편찬자 김부식이 『해동고기』 기년에 따랐음을 잘 보여주는 증거로 생각된다. 그리고 「고구려본기」에 따르면 남무는 영제 광화 2년(179)부터 그해까지 19년 동안 재위했다.

그런데 『위지』의 내용에서 엿볼 수 있는 백고의 말년은 공손탁이 요동을 지배한 건안 초기에 해당하기 때문에 『해동고기』의 편찬자는 역사상 아무 의미 없는 남무의 치세를 백고의 치세에 편입시키고 그만큼 백고의 재위 기간을 단축시킨 것이다. 「고구려본기」에서는 공손탁이 요동을 지배하자 백고가 그를 도와 부산의 도적을 공격했다는 『위지』의 기사를 수록하면서 영제 중평 6년(189) 공손탁이 처음 요동태수가 된 때부터 20년 전인 백고 5년(건녕 2년, 169)에 연결시켰다. 이것도 동일한 관계에서 나타난 김부식이나 『해동고기』 편찬자의 조작으로 올바른 연대가 아니고 왕명만 논리에 맞춘 것이 틀림없다.

4. 맺음말 — 고대의 세계와 역사적 사실

지금까지 자세히 서술한 것을 요약하면 「고구려본기」에 따라 지금까지 전해진 고구려 왕실 세계의 상대 부분에서 고구려인이 알던 실재의 국왕 가운데 가장 오래된 인물은 『위지』의 이이모에 해당하는 10대 연우(산상왕)였으며, 9대 남무(고국천왕)는 시조 주몽부터 5대 모본왕과 함께 확실한 세계 밖으로 제외해야 한다. 그리고 태조대왕·차대왕·신대왕으로 불린 6대 궁, 7대 수성, 8대 백고는 후대의 고구려인 사이에서 그 이름조차 잊혀졌다. 한마디로 말하면 환도 시대의 고구려인은 비류수 시대 국왕들의 이름을 전혀 몰랐던 것이다. 따라서 궁 등 세 국왕과 그 이전의 국왕들에 관련된 「고구려본기」의 기록은 모두 그것들이 어느 시대엔가 어떤 방법으로 작성된 것이지만, 중국 사서의 기사를 가져와 그대로 올바른 연대에 둔 부분을 제외하면 모두 믿을 수 없다.

궁 등 세 국왕의 계승이 부자 관계가 아니라 형제 관계라고 한 것, 궁이 양위한 뒤 19년이라는 긴 기간을 살다가 수성과 같은 해 세상을 떠났다는 것, 궁의 치세 마지막 해를 중국 사서의 기록보다 25년 뒤에 놓아 수성의 재위 기간도 적어도 10여 년 늘었고 따라서 백고의 치세는 위쪽에서 다시 그만큼 잘라 60~70년 정도 돼야 하지만 겨우 15년이라고 한 것 등은 모두 확실한 근거가 있는 기록이 아니고 중국 사서를 참고하면서 그렇지 않은 것처럼 보이려고 한 『해동고기』 편찬자의 조작일 뿐이다.

1940년 3월 17일 탈고(『동아학』 3집)

1947년 4월 가필

10편
공손씨의 대방군 설치와 조위의 낙랑군·대방군

1.

후한 말 헌제 건안 9년(204) 공손탁의 뒤를 이어 사실상 요동왕이 된 그의 아들 공손강은 고구려왕 이이모(『삼국사기』 「고구려본기」의 산 상왕 연우)가 즉위한 직후 동쪽으로 출병해 당시 비류수(지금의 동가강) 유역에 있던 고구려의 수도를 무너뜨리고, 고구려의 왕위 경쟁자였던 이이모의 형 발기拔奇(「고구려본기」의 發岐)를 도와 내란의 파문을 확대 시킴으로써 이이모를 압록강 가의 환도성으로 천도하게 만들었다. 그 는 요동 동쪽에서 이처럼 고구려의 세력을 억제했을 뿐 아니라 남쪽 의 한반도로 손을 뻗어 낙랑군을 차지했다. 대방군이라는 새 군의 설 치는 그것을 의미했다.

『위지』(권30) 「한전韓傳」: 환제·영제 말 한과 예가 강성해 군현을 통제할 수 없게 되자 많은 백성이 한국으로 흘러 들어갔다. 건안 연간(196~220)

공손강이 둔유현 이남의 황무지를 나눠 대방군으로 만들고 공손모·장창 등을 보내 남은 백성을 모아 군사를 일으켜 한과 예를 정벌하니 옛 백성이 조금씩 돌아왔다. 그 뒤 왜와 한은 마침내 대방에 복속됐다. 桓·靈之末, 韓·濊彊盛, 郡縣不能制, 民多流入韓國. 建安中, 公孫康分屯有縣以南荒地爲帶方郡, 遣公孫模·張敞等收集遺民, 興兵伐韓·濊, 舊民稍出. 是後倭·韓遂屬帶方.

이 기사에서 '환제·영제 말'은 공손탁이 처음 요동에서 세력을 일으킨 무렵인데, 당시 한·예 등 낙랑군 남쪽과 동남쪽의 이적이 세력을 떨친 것은 중국의 세력이 내부의 전란 때문에 한반도에 미치지 못했기 때문이다. 그리고 그들을 제어할 수 없었다고 한 군현은 전한 소제 때 3군이 병합 — 임둔군과 현도군을 폐지해 낙랑군에 합병한 것 — 된 뒤 한반도에서 유일한 군이 된 대낙랑군의 군현이다. 그 결과 낙랑군을 점령한 공손강은 낙랑군의 둔유현 이남을 떼내 대방군을 새로 설치하고 한과 예를 정벌해 군현의 통치를 견고하게 했다. 낙랑군은 후한 광무제가 옥저와 예 지역 일부에 설치한 요조현天租縣(옥저현) 이하 7현 — 이른바 영동 7현 — 을 방기한 이후 25현을 조선·남감·패수·함자·점제·수성·증지·대방·사망·해명·열구·장잠·둔유·소명·누방·제해·혼미·낙도 등 18현으로 줄여 거느렸다.[1]

이때 새로 대방군의 소속이 된 것은 이 18현 가운데 함자·대방·해명·열구·장잠·제해 등 6현과 새로 설치됐는지 이름을 바꿨는지 확실치 않은 남신을 합친 7현이고, 군 치소의 소재는 말할 것도 없이 대방현(지금의 경성[서울] 부근)이었다.[2] 그리고 새 군의 북쪽 경계는 대동강 유역의 남쪽 변방을 이룬 자비령산맥으로 생각되므로 분할 뒤 낙랑군의 속현 가운데 가장 남쪽에 있던 것으로 봐야 하는 둔유현은 지금의 황해도 황주 부근에 비정된다.

여기서 우리의 고찰은 자연히 대방군이 나눠 설치되기 전 둔유현 이남 지방이 '황무지'였다고 한 기사의 해석으로 옮겨가는데, '황무지' 라는 것은 낙랑군의 그 부분이 남쪽의 한족韓族과 동쪽의 예족의 침 입에 따라 황폐해진 상태를 가리키는 것으로 생각된다. 그렇다면 그 것은 황폐해져 군이 설치될 때는 토착의 중국인과 이적夷狄의 거주자 가 없던 것일까? 앞의 인용문에서 "환제·영제 말 한과 예가 강성해 군 현을 통제할 수 없게 되자 많은 백성이 한국으로 흘러 들어갔다"고 한 것에 따르면 그렇게 여겨진다. 이 기사의 전체적인 뜻은 한족과 예족 은 강성했지만 낙랑의 군현은 무력해 낙랑군 안의 중국인이 한국韓國, 곧 한족韓族의 본거지로 많이 흘러 들어갔다는 것이기 때문이다.

그러나 한족과 예족이 강성했다고 했으므로 그들이 낙랑군을 침입 한 것은 사실이지만 그 침략을 받은 중국인이 그런 이적의 본거지로 흘러 들어갔을 리는 없다. "흘러 들어갔다流入"는 표현은 아마 잘못된 것이고, 실제로는 낙랑군 지역이 인접한 변경에서 침입한 한족韓族과 예족에게 유린됐다는 것을 그렇게 돌려 말한 것으로 생각된다. 곧 낙 랑군 안의 중국인은 침략한 이적의 세력 안으로 쓸려 들어간 것이다. 그리고 그렇게 쓸려 들어간 지방은 주로 두 종족과 직접 경계를 맞댄 낙랑군의 남부였던 것으로 생각된다.

그렇다면 "둔유현 이남의 황무지"는 토착의 중국인이 도망쳐 한인韓 人과 중국인 모두 출몰하지 않게 된 황량한 지방을 말한 것이 아니라 이런 이적에게 점유돼 군현 통치의 질서가 완전히 파괴됨으로써 혼란 스러워진 상태를 나타낸 것으로 이해된다. 따라서 대방군을 나눠 설치할 때 요동에서 파견된 장수들 — 공손모·장창 등 — 이 "남은 백성을 모아 군사를 일으켜 한과 예를 정벌하니 옛 백성이 조금씩 돌아왔다"고 한 것은 그곳을 점유한 한족과 예족 세력을 무력으로 그들의 본거지로 쫓아버리고 잃어버린 중국인의 거처를 원래대로 회복하거나 포로가 된 사람들을 해방시킨 것으로 한마디로 말해 "옛 영토를 회복"한 것이라고 할 수 있다.

이렇게 생각하면 대방군을 나눠 설치한 사정은 더욱 분명해진다. 공손강이 한반도에 세력을 뻗치고 그 점유를 확실하게 하려던 당시의 상황에서 강성한 한족과 예족의 침입으로부터 낙랑군 남부를 보호하고 두 종족을 억제하는 데 낙랑군 치소(지금의 평양)는 아쉽게도 조금 북쪽에 치우쳐 있었다. 아니, 그것만으로는 부족했다. 대방현을 대방군으로 승격시키고 둔유현 이남의 6~7현을 분할해 소속시킨 것은 이 결점을 보완하려는 조처가 분명했다. 그리고 앞서 인용한 「한전」에 따르면 대방군을 설치한 결과 왜와 한이 대방군에 복속됐다고 했는데, 이 부분에 대한 설명은 편의상 뒤로 미루고 위대魏代를 살펴보겠다.

2.

공손강은 위 문제 황초黃初 2년(221) 이전 사망했고 동생 공손공公孫恭이 요동태수에 추대됐다. 이것은 공손강의 아들 공손황公孫晃·공손연 등이 모두 어렸기 때문이지만 공손공도 병약해 나라를 잘 다스리지 못했다. 그 결과 명제 태화太和 2년(228) 그는 공손연에게 자리를 빼앗겼다.[3] 이 무렵 중국에서 군웅의 할거는 삼국이 정립鼎立하는 상황으로 변화했다. 그 결과 오왕 손권은 공손씨를 바깥의 지원세력으로 만들려고 계획해 황룡黃龍 원년(위 태화 3년, 229) 스스로 황제에 오른 뒤 바닷길로 사신을 요동에 보냈고, 가화嘉禾 원년(위 태화 6년, 232)에도 다시 사신을 보냈다.

공손연도 손권이 두 번 사신을 보낸 것에 답례로 사신을 보냈다. 기뻐한 손권이 답례품을 후히 주어 장미張彌·허안許晏 등을 양평(지금의 요양)으로 보내자 공손연은 그 일행 400여 명을 요동의 여러 현과 현도군(지금의 무순시)에 나눠 가두고 장미·허안 등을 처형해 그 수급을 위魏에 보냈다.[4] 이때 손권이 사신을 보낸 목적은 공손연에게 위에 맞서도록 하려는 것이었지만, 그는 멀리 떨어진 오와 연합하지 않고 우세한 위와 친화하는 태도를 보인 것이다. 그 결과 공손연은 위로부터 낙랑공에 책봉됐다.

그러나 위는 언제나 요동에서 독립적 세력의 존재를 용인하려고 하지 않았다. 마침내 위는 경초 원년(237) 유주자사 관구검 등에게 대군을 이끌고 요동의 남쪽 경계에 주둔케 하고 명제의 옥새가 찍힌 문서를 보내 공손연을 소환했다. 공손연은 따르지 않고 태자하 입구 근처의 요수遼隧에서 위군을 맞아 공격했으며, 불리해진 관구검이 퇴각하자 스스로 연왕에 올랐다. 이듬해인 경초 2년(238) 위의 사마의가 이끈 대군은 요동 정벌을 시작해 양평에서 공손연을 포위해 크게 무찌르고 마침내 공손씨를 멸망시켰다.[5]

이 전쟁의 결과 요동과 한반도의 공손씨 영토는 모두 위의 소유가 됐다.

• 『위지』 「명제본기」: 해동의 군들이 평정됐다. 海東諸郡平.

•「**공손탁열전**」: 요동·대방·낙랑·현도가 모두 평정됐다. 遼東·帶方·樂
浪·玄菟悉平.

「공손탁열전」에서는 요동 방면으로 진격한 위군의 행동을 상당히 자세하게 서술했지만 한반도에서 낙랑군과 대방군을 정벌했다는 기록은 없다. 『위지』(권30) 「동이열전」의 첫머리에서 "경초 연간(237~239) 대군을 일으켜 공손연을 죽이고 몰래 바다를 건너 낙랑군과 대방군을 수습했다景初中, 大興師旅, 誅淵, 又潛軍浮海, 收樂浪·帶方之郡"고 한 것에 따르면 두 군의 경략은 육로로 이뤄진 것이 아니라 해로를 이용해 한반도로 간 별군別軍의 행동이었다.

『위지』(권30) 「한전」의 다음 기사도 주목된다. 이미 서술한 대로 대방군 분치 기사 끝부분에서 "그 뒤 왜와 한은 마침내 대방에 복속됐다"고 한 뒤 이렇게 서술했다.

경초 연간(237~239) 명제는 몰래 대방태수 유흔과 낙랑태수 선우사를 보내 바다를 건너 두 군을 평정하고, 여러 한국의 신지들에게는 읍군의 인수印綬를 더 내려줬으며, 그다음 사람에게는 읍장의 벼슬을 줬다. 그들의 풍속은 두건 쓰기를 좋아해 하호가 군에 가서 알현할 때는 모두 옷과 두건을 빌려 착용했으며, 스스로 인수와 옷·두건을 착용한 사람이 1000여 명이나 됐다. 부部(郡?)의 종사 오림은 본래 낙랑이 한국을 다스렸다는 이유로 진한 8국을 분할해 낙랑에게 주려고 했다. 그때 통역한 관리가 말을 옮기면서 틀리게 설명하자 신지와 한이 격분해 대방군의 기리영을 공격했다. 이때 [대방]태수 궁준과 낙랑태수 유무가 군사를 일으켜 정벌했는데, 궁준은 전사했지만 두 군은 마침내 한을 멸망시졌다. 景初中, 明帝密遣帶方太守劉昕·樂浪太守鮮于嗣越海定二郡, 諸韓國臣智加賜邑君印綬, 其次與邑長. 其俗好衣幘, 下戶詣郡朝謁, 皆假衣幘, 自服印綬·衣幘千有餘人. 部從事吳林以樂浪本統韓國, 分割辰韓八國以與樂浪, 吏譯轉有異同, 臣智激韓忿, 攻帶方郡崎離營. 時太守弓遵·樂浪太守劉茂興兵伐之, 遵戰死, 二郡遂滅韓.

"경초 연간 (…) 바다를 건너 두 군을 평정했다"는 것은 「동이열전」과 동일한 사실을 기록한 것으로 대방태수 유흔과 낙랑태수 선우사는 두 군에 대한 위魏의 출병(경초 2년, 238) 이전부터 그 관직에 있던 것은 아니고 임명과 동시에 수군을 이끌고 자신들의 임지에서 바다를 건넌 것으로 생각된다. 곧 두 군을 토벌해 위의 소유로 만든 장수의 이름은 이 기사에 따라 알 수 있다.

그리고 후한 말 공손강이 대방군을 나눠 설치한 결과 "왜와 한이 마침내 대방에 복속"된 것은 「한전」의 이 기사 앞에서 "[한韓은] 한대에 낙랑군에 소속돼 철마다 조알했다[韓]漢時屬樂浪郡, 四時朝謁"고 한 것과 이어지는 기사다.

『전한서』(권28하) 「지리지」 연燕 조 끝부분: 낙랑의 바다에는 왜인이 100여 국에 나뉘어 살면서 때마다 와서 알현하고 공물을 바친다고 한다. 樂浪海中有倭人, 分爲百餘國, 以歲時來獻見云.

이 기사에 따르면 일본 규슈九州 지방의 토착민은 이미 전한 때부터 중국과 자주 교통한 것으로 보이는데, '낙랑의 바다'라고 서술해 왜국의 위치를 나타낸 것에 따라 살펴보면 한漢과의 교류는 낙랑군에서,

또는 낙랑군을 경유해 이뤄진 것이 분명하므로 낙랑군은 왜인과 한漢의 중간에서 왜인의 조공을 관장한 것으로 생각된다. 그리고 낙랑군은 왜인뿐 아니라 한인韓人의 조공도 관장했다고 생각되며 ― 한인의 조공은 매우 빈번했던 것으로 보인다 ― 후한 때도 같은 모습이었던 것으로 추정된다.6 『위지』에서 "[한韓은] 한대에 낙랑군에 소속돼 철마다 조알했다"고 한 것은 이런 관계를 서술한 것이 분명하다. 그렇다면 대방군을 새로 설치한 결과 "왜와 한이 마침내 대방에 소속됐다"고 한 것은 오직 조공과 관련해 그동안 낙랑군이 관할한 것이 새로 설치된 대방군으로 옮겨졌다는 뜻이며, 이것은 말할 것도 없이 새 대방군의 지리적 위치 때문에 그렇게 된 것이다.

이제 "여러 한국의 신지들에게 읍군의 인수를 더 내려줬다"는 기사로 주의를 돌리면, 이것은 두 군이 위의 소유가 된 뒤 한족韓族 부락들의 조공 상태를 말한 것으로 그 한인韓人의 추장 ― 신지는 추장 가운데 세력이 큰 사람을 말한다 ― 에게 읍군·읍장 등의 인수印綬를 주거나 의복·두건을 바라고 온 하호에게 그것을 준 것은 대방군(예전 공손씨가 설치한 것을 계승)으로 이해된다. 곧 "하호가 군에 가서 알현했다"고 한 군은 대방군밖에 될 수 없다.

한대 낙랑군과 한인韓人의 관계는 다른 측면에서 조공의 관장에 관련된 사실에서도 유추할 수 있다.

『위지』「고구려열전」: 한대에 북·피리·악공을 하사했고 늘 현도군7을 거쳐 조복과 두건을 받아갔으며 고구려령(현도군의 고구려현령)이 그 명단을 관리했다.8 그 뒤 점차 교만해져 다시는 현도군에 오지 않았다.9 동쪽 경계에 작은 성을 쌓아 조복과 옷과 두건을 거기 두고 해마다 [고구려인이] 와서 가져가게 했다. 지금도 오랑캐들은 그 성을 책구루라고 부른다. 구루는 고구려말로 성이다.[10] 漢時賜鼓吹·技人, 常從玄菟郡受朝服·衣幘, 高句麗令主其名籍. 後稍驕恣, 不復詣郡. 于東界築小城, 置朝服·衣幘其中, 歲時來取之. 今胡猶名此城爲幘溝漊. 溝漊者, 句麗名城也.

한대에 고구려의 조공은 주로 요동의 현도군이 관장했다. 곧 고구려는 "한대에 한韓은 낙랑군에 소속돼 철마다 조알했다"고 한 것과 같은 의미에서 현도군에 소속된 것이었다. 따라서 당시의 낙랑군이 그것과 동일하게 한인韓人의 조공을 처리한 것은 거의 분명하다.

그런데 공손강이 낙랑군을 분할한 결과 한인의 조공을 관장하는 권력은 낙랑군에서 새로 설치된 대방군으로 옮겨졌고, 두 군이 위의 소유가 된 뒤에도 잠시 그대로 남게 됐다. 여기서 마침내 여러 한국을 둘로 나누고 그 절반을 낙랑군에 조공케 하는 새 제도가 만들어졌다. "부部의 종사 오림은 본래 낙랑이 한국을 다스렸다는 이유로 진한 8국을 분할해 낙랑에게 주려고 했다"는 「한전」의 기사가 그것이다('부部'는 '군郡'의 오기가 분명하므로 대방군이다. 종사는 대방태수의 종사관이다). 그리고 여기서 진한 8국이라고 한 진한은 「한전」의 다른 조항에 명기된 것처럼 12국으로 나뉘었으므로 그런 조처 아래 대방군 소속으로 남은 것은 4국이었던 것으로 생각된다. 그러나 한족韓族에는 진한 외에 마한과 변한의 두 종족이 있었고 앞의 것은 54국, 뒤의 것은 12국으로 나뉘어 모든 국명이 「한전」에 실려 있다. 이것은 진한뿐 아니라 이런 여러 한국의 추장도 대방군에 조공했기 때문으로 생각되지만[11] 그것이 이런 변화의 시기에 어떻게 구분됐는지는 지금 알 수 없다.

끝으로 살펴봐야 하는 것은 이런 조처와 함께 일어난 한인韓人의 반란이다. "통역한 관리가 말을 옮기면서 틀리게 설명하자 신지와 한이 격분해 대방군의 기리영을 공격했다"는 기록에 따르면 위魏의 군 관리가 진한의 신지(추수酋帥)에게 전달한 변화의 내용이 통역자를 거치면서 정확히 전달되지 않은 것이 발단이 돼 한인이 격분하게 됐다. 다만 한인이 어떻게 생각해서 격분했는지 상세한 사정은 추측할 수 없다. 잘못 이해했기 때문인지도 모르지만 어떤 이유에서 강한 압박을 느낀 것으로 생각된다. 기리영이 어디인지도 알 수 없다. 그러나 반란은 상당히 큰 규모였던 것 같고, 대방군과 낙랑군의 태수는 직접 군사를 이끌고 출정했으며 특히 대방태수 궁준은 전사했다. 그런데 그 결말은 "두 군이 마침내 한을 멸망시켰다"고 해서 아무튼 두 군은 무력으로 그것을 진압했다. 그러나 "한을 멸망시켰다"는 것은 과장된 표현으로 보인다.

그렇다면 사실은 어떤 것이었을까? 그것에는 따로 참고할 수 있는 기사가 있다. 먼저 이 반란은 「한전」에 연도가 명기되지 않았지만 고나카 미치요 박사가 지적한 대로 정시 7~8년(246~247) 무렵이 틀림없다.[12]

- 『위지』 「예전」: 정시 6년(245) 낙랑태수 유무와 대방태수 궁준은 [단단대]령 동쪽의 예가 고구려에 복속되자 군사를 일으켜 정벌했다. 불내후 등은 읍을 들어 항복했다(단단대령 동쪽은 강원도 태백산맥 동해안의 가늘고 긴 지역을 말한다).

- 『위지』 「왜인열전」: 정시 원년 [대방]태수 궁준. (…) 정시 8년(247) 태수 왕기가 부임했다. 正始元年, [帶方]太守弓遵. (…) 其八年, 太守王頎到官.

왕기는 궁준의 후임으로 대방태수가 됐다고 봐야 하므로 궁준이 전사한 해는 정시 7년(246)으로 추정되기 때문이다. 『위지』(권28) 「관구검열전」에 따르면 왕기가 정시 6년 현도군 태수로 고구려 정벌에 참가한 것도 이 추정을 보강한다. 여기서 『위지』(권4) 「제왕 방본기」의 다음 기사를 주목해야 한다.

정시 7년 봄 2월 유주자사 관구검이 고구려를, 여름 5월 예맥을 토벌해 모두 격파했다. 한의 나해 등 수십 국이 각각 자기 종족을 이끌고 항복했다. 春二月, 幽州刺史毌丘儉討高句驪. 夏五月, 討濊貊, 皆破之. 韓那奚等數十國各率種落降.

이 기사에 따르면 한의 나해 등 수십 국은 관구검에게 정벌된 예맥의 부락들로 보이지만 정말 그럴까? 관구검의 유명한 고구려 정벌은 「조위의 동방 경략」에서 자세히 고찰했으므로 여기서는 서술하지 않지만 그 1차 정벌은 정시 5년(244), 2차는 6년이므로 「제왕 방본기」에서 7년이라고 한 것은 잘못이다.[13] 앞의 「예전」에서 말한 6년의 예 정벌도 2차 정벌의 일부였으므로 현도태수 왕기가 옥저(함흥 지방)로 도망친 고구려왕 위궁을 추격했을 때 낙랑군과 대방군 태수(유무와 궁준)는 옥저와 함께 고구려에 복속된 영동지방의 예(예맥)의 부락들을 토벌한 것이다.[14] 그렇다면 「제왕 방본기」에서 "예맥을 토벌해 모두 격파했다"는 것은 앞의 기사와 함께 1년 전(정시 6년)에 연결돼 이 영동의 예 정벌에 비정해야 하는 것이 아닐까?

그런데 이 정벌 때 두 군의 태수에게 항복한 예의 군장은 불내후 등이었다고 했으므로 — 후한 때 불내현·화려현·옥저현 등 영동지

방 이적夷狄의 군장은 전한 때 7현의 사례에 따라 현후에 책봉됐다 ─
「제왕 방본기」에 나오는 한의 나해 등 수십 국은 이들과 다른 것으로
봐도 문제가 없다. 그 때문에 나는 이런 수십 국이 항복했다는 기사
를 관구검 정벌에 관련된 앞 기사에서 잘라내 정시 7년의 사실로 보
고 "한의 나해 등 수십 국"을 "한의 나해 이하 수십 국"으로 해석해 바
로 이 구절이 대방태수 궁준을 전사시킨 한인韓人 반란의 결말을 그나
마 구체적으로 전한 것으로 생각한다.

「제왕 방본기」의 정시 7년(246) 기사를 이렇게 해석하면 정시 6년
관구검의 2차 고구려 정벌, 그리고 그것과 함께 이뤄진 예 정벌은 한
인韓人의 반란과는 무관하고 이 한인의 반란은 1년 뒤인 정시 7년, 곧
위가 낙랑군과 대방군을 점령한 경초 2년(238)부터 햇수로 9년 뒤에
일어난 사건이며, 「한전」에서 "두 군이 마침내 한을 멸망시켰다"는 것
은 나해 등 한의 여러 국의 우두머리가 자신들의 부락을 들어 두 군
에 항복했음을 의미하는 것이다. 「한전」에 나오는 진한 12국의 이름
가운데 하나는 염해冉奚인데 나那와 염冉은 서로 잘못 쓸 수 있는 글자
이므로 염해는 나해로 볼 수도 있다고 여겨진다(어느 한쪽을 잘못 쓴 것
이다).

그렇다면 반란의 범위는 어느 정도였을까? 수십 국이 항복했다고
했으므로 진한 12국의 몇 배가 된다. 그러나 본래 진한 8국을 낙랑군
에 나눠 복속시켰기 때문에 일어난 반란이므로 적어도 진한 외의 한
국들은 참여하지 않았다고 보는 것이 타당하지 않을까? 이른바 나해
등 수십 국은 큰 부락에 적용된 '국'이라는 이름을 그 안의 작은 부락
에도 적용해 계산한 막연한 숫자라고 생각된다.[15]

[부기附記]

위대 한반도의 두 군에 대해 서술하면서 왜의 야마토국邪馬臺國 여왕 히미코卑彌呼가 대방군을 거쳐 처음으로 위와 통교한 것은 위가 한반도를 차지한 이듬해인 명제 경초 3년(239)이었음을 덧붙인다.

『위지』「왜인열전」: 경초 2년 6월 왜의 여왕이 대부 나시메 등을 군(대방군)에 보내 천자께 입조하고 공물을 드리기를 요청했다. 태수 유하는 관원과 장수를 보내 도성(낙양)으로 안내했다. 그해 12월 [명제는] 왜 여왕에게 조서를 보냈다. 景初二年六月, 倭女王遣大夫難升米等詣郡, 求詣天子朝獻. 太守劉夏遣吏將, 送詣京都. 其年十二月, 詔書報倭女王曰.

간 마사토모菅政友가 지적한 대로 '2년'은 '3년'의 오기로 『일본서기』 진구神功 황후 39년(238) 주석에 인용된 『위지』의 이 기사에는 3년으로 돼 있다. 『양서』(권54) 「동이열전」 왜 조에 "위 경초 3년 공손연이 처형된 뒤 히미코가 처음으로 사신을 보내 조공했다至魏景初三年, 公孫淵誅後, 卑彌呼始遣使朝貢"고 한 것도 참고할 수 있다.[1] 그러나 대방군과 야마토국, 또는 그 밖에 왜의 여러 나라와의 교섭은 이때 시작된 것이 아니라 공손씨 시대부터 있었다고 생각된다.

1926년 9월 4일 탈고(『사원史苑』 2권 6호 및

『나이토 박사 송수기념 사학논총內藤博士頌壽記念史學論叢』)

1945년 12월 가필

이 논문은 1926년 화갑을 맞이한 교토 제국대학 교수 나이토 도라지로 박사의 송수頌壽(80세)를 기념해 그와 알고 지내던 이들의 논문을 모아 출판하려고 기획할 때 투고한 것이다. 그때 나는 서로 밀접한 관계를 지닌 다른 논문을 쓰고 있었는데, 이 논문을 뒤의 논문보다 먼저 발표하려고 했다. 그런데 기념 논문집은 예정대로 발간되지 않았고, 그 사이에 몇 년이 흘러 뒤의 논문을 발표해야 했기 때문에 어쩔 수 없이 기념 논문과 똑같은 것을 『사원』 1929년 9월 호에 싣게 됐다. 『나이토 박사 송수기념 사학논총』이 간행된 것은 이듬해인 1930년 6월이다. 같은 논문을 두 번 발표하고, 특히 축하의 뜻을 담은 것이 나중에 나왔기 때문에 그것에 대한 사람들의 의혹, 아니 차라리 비방을 걱정해 간단히 변명해둔다.

11편
조위의 동방 경략

1. 머리말

후한 말부터 삼국 초까지 중국에서 전란이 끊이지 않던 기간 동안 요동의 공손씨는 양평(지금의 요양)을 근거지로 삼아 그 지방과 한반도의 낙랑군·대방군을 점령하고 동방의 이적夷狄 나라들에도 세력을 미쳤지만, 위는 명제 경초 2년(238) 사마의를 주장으로 삼아 요동을 정벌해 공손씨를 멸망시키고 바다로도 군사를 보내 한반도의 두 군을 평정했다.[1] 그리고 그 옛 땅을 평주의 관할 아래 둔 뒤 동방의 이족들을 통치하는 기관으로 동이교위東夷校尉를 평주의 치소인 양평에 설치했다.

『진서』(권14) 「지리지」 평주 조: 후한 말 공손탁은 스스로 평주목이 됐다. 그의 아들 공손강과 공손강의 아들 공손문의(공손연)가 요동을 멋대로 차지하니 동이 9종족이 모두 복종해 섬겼다. 위는 양평(요양)에 동

이교위를 두고 요동군·창려군(요서군의 오기)·현도군·대방군·낙랑군
등 5군을 나눠 평주를 만들었다. 後漢末, 公孫度自號平州牧. 及其子康, 康
子文懿, 竝擅據遼東, 東夷九種皆服事焉. 魏置東夷校尉, 居襄平, 而分遼東·昌
黎·玄菟·帶方·樂浪五郡爲平州.

그리고 몇 년 뒤 폐제 제왕 방 정시 5~6년(244~245) 위는 요동과
한반도 사이에 있는 고구려에 큰 타격을 줬으며, 한반도 동해안에 나
라를 세운 예족과 옥저족 같은 종족들도 침략했다. 뿐만 아니라 위군
은 다시 북쪽으로 만주의 읍루와 부여를 공격함으로써 이런 동이 여
러 나라에 세력을 떨쳤다. 이 짧은 논문의 목적은 위의 유주자사 관구
검이 이끈[2] 유명한 고구려 정벌의 과정과 그 정벌과 관련해 그런 대규
모 경략이 이뤄진 것을 밝히는 데 있다.

2. 관구검의 고구려 정벌

후한 헌제 건안 9년(204) 요동 지방을 지배한 공손탁이 세상을 떠
났다. 뒤를 이은 사람은 아들 공손강이었다. 공손강은 아버지 때 여러
번 요동을 침략한 고구려를 공격해 당시 비류수(지금의 동가강) 유역에
있던 그 도성을 불태웠다. 그는 국왕 이이모(『삼국사기』 「고구려본기」의
산상왕 연우)와 왕위를 다퉜던 그의 형 발기拔奇(「고구려본기」의 發岐)를
도와 내란의 파문을 확대시켰으며, 결국 이이모는 압록강 가의 환도성
으로 천도했다. 이이모가 세상을 떠나자 그의 서자 위궁이 왕위를 이
었다.

『위지』(권30) 「고구려열전」: 경초 2년(238) 태위 사마선왕(사마의)이 군사를 이끌고 공손연을 토벌하자 궁은 주부와 대가(고구려의 관직)를 보내 수천 명을 이끌고 돕게 했다. 정시 3년(242) 궁은 서안평을 침략했지만 정시 5년 유주자사 관구검에게 패배했다.

이 기사에 나오는 궁은 위궁으로 『삼국사기』 「고구려본기」의 동천왕 우위거에 해당한다. 곧 공손씨가 몰락할 무렵 고구려의 국왕은 위궁이었다. 「고구려본기」에서는 동천왕 우위거의 즉위년을 위 명제 태화 원년(227)이라고 했지만, 그 근거를 알 수 없기 때문에 쉽게 믿을 수 없다. 「오지」(권2) 손권 열전 가화 2년(위 명제 청룡 원년, 233) 조와 그 주석에 인용된 『오서』에 따르면 이해 고구려왕 궁(위궁)은 공손연의 영토가 된 현도군(지금의 무순시)에 잡혀 있다가 탈출해 온 오의 사신 일행을 그 본국으로 돌려보냈다. 출처를 알 수 있는 사료에 보이는 궁의 이름은 이것이 가장 이르므로 궁이 청룡 원년 이전에 즉위했다는 것은 확실하다고 할 수 있다.

오왕 손권은 1년 뒤인 가화 4년(청룡 3년, 235) 고구려에 사신을 보내 지난날의 호의에 보답하기 위해 궁에게 선우單于의 호칭을 줬다. 그 사신은 명령을 수행했지만 궁은 이미 오의 적국인 위魏에 설득됐기 때문에 — 유주자사의 권유로 — 조서가 도착하기 전 서로의 관계는 조금 틀어졌다. 이듬해인 가화 5년(청룡 4년, 236) 오는 다시 고구려에 사신을 보냈다. 그 무렵 궁의 태도는 『위지』(권3) 명제 본기 그 해 7월 "고구려왕 궁은 손권의 사신 호위 등의 목을 베 유주로 보냈다高句麗王宮斬送孫權使胡衛等首, 詣幽州"고 보이는 것과 같다. 그리고 경초 2년(238) 위가 공손씨를 정벌하자 궁은 원군 수천 명을 보냈다. 그러나 입술이 없으면 이가 시리듯 끝내 위의 공격을 피할 수 없었다. 앞서 인용한 『위지』「고구려열전」에 따르면 궁은 정시 3년(242) 서안평(지금의 구련성 부근)을 침략했지만, 그것은 관구검이 고구려를 정벌할 기회를 줬다.

관구검의 정벌은 다음과 같이 기록돼 있다.

- 『위지』(권28) 「관구검열전」: 정시 연간(240~249) 관구검은 고구려가 자주 침략하자 보병과 기병 1만 명을 이끌고 현도를 나가 여러 길로 고구려를 쳤다. 고구려왕 궁은 보병과 기병 2만 명을 거느리고 비류수 가로 진군해 양구에서 크게 싸웠지만 연이어 패배해 도망쳤다. 마침내 관구검은 말굽을 싸매고 수레를 서로 엮어 험한 산길을 행군해 환도에 올라 고구려의 도읍을 도륙하고 1000여 명을 죽이거나 사로잡았다. 고구려의 패자(관명) 득래는 여러 번 궁에게 간언했지만 그가 따르지 않자 "이곳에서 곧 쑥이 자라는 것을 보겠구나"라고 탄식했다. 득래가 마침내 식사를 끊고 죽으니 모든 사람이 그를 현명하게 여겼다. 관구검은 군사들에게 그의 무덤을 훼손하지 말고 그곳의 나무를 베지 못하게 했으며 그의 처자를 모두 풀어줬다. 궁이 처자만 이끌고 도망치니 관구검은 군사를 이끌고 돌아왔다.

  정시 6년(245) 다시 고구려를 정벌하자 궁은 마침내 매구로 달아났다. 관구검은 현도태수 왕기를 보내 추격하게 했다. 왕기는 옥저를 지나 1000여 리를 가서 숙신씨의 남쪽 경계에 이르러 비석을 세워 공훈을 기록했으며 환도의 산과 불내의 성에 글자를 새겼다. 죽이거나 받아들인 사람이 8000여 명이었다. 正始中, 儉以高句驪數侵叛, 督諸軍步騎萬人出玄菟, 從諸道討之. 句驪王宮將步騎二萬人, 進軍沸流水上, 大戰梁口, 宮連破走. 儉遂束馬縣車, 以登丸都, 屠句驪所都, 斬獲首虜以千數. 句驪沛者

名得來數諫宮, 宮不從其言, 得來歎曰, 立見此地將生蓬蒿. 遂不食而死, 擧
國賢之. 儉令諸軍不壞其墓, 不伐其樹, 得其妻子, 皆放遣之. 宮單將妻子逃
竄. 儉引軍還. [正始]六年復征之, 宮遂奔買溝. 儉遣玄菟太守王頎追之, 過沃
沮千有餘里, 至肅愼氏南界, 刻石紀功, 刊丸都之山, 銘不耐之城. 諸所誅納
八千餘口.

- 『북사』(권94) 「고려열전」: 정시 5년(244) 유주자사 관구검이 1만 명을
  이끌고 현도를 나와 위궁을 토벌해 비류에서 크게 싸웠다. 위궁이 패
  주하자 관구검은 혁현까지 추격해 말굽을 싸매고 수레를 서로 엮어
  험한 산길을 행군해 환도산에 올라 고구려의 도읍을 도륙했다. 위궁
  은 처자만 이끌고 멀리 도망쳤다. 6년 관구검이 다시 침략하니 위궁은
  서둘러 가加(고구려의 귀족)들을 이끌고 옥저로 도망쳤다. 관구검이 장
  군 왕기에게 추격케 하니 옥저를 가로질러 1000여 리를 가 숙신 남쪽
  에 이르러 비석을 세워 공훈을 기록했다. 또 환도산과 불내성에 글자
  를 새기고 돌아왔다. 正始五年, 幽州刺史毋丘儉將萬人, 出玄菟, 討位宮,
  大戰於沸流. 敗走, 儉追至赬峴, 懸車束馬登丸都山, 屠其所都. 位宮單將妻
  息遠竄. 六年, 儉復討之, 位宮輕將諸加奔沃沮. 儉使將軍王頎追之, 絶沃沮
  千餘里, 到肅愼南, 刻石紀功. 又刊丸都山·銘不耐城而還.

「관구검열전」을 통독하면 관구검의 고구려 정벌로 역사에 유명한
위 정시 연간(240~249)의 동정東征은 한 번만 있던 것이 아니었다. 먼
저 정시 6년 이전 어느 때 — '정시 연간'이라고 서술된 — 당시 유주
자사였던 관구검은 직접 군사를 이끌고 고구려를 정벌해 환도성을 도
륙했고, 궁은 도망쳤다. 이것이 1차 침입으로 관구검은 그대로 군사를
이끌고 서쪽으로 돌아갔다. 『위지』「고구려열전」에서 "그(정시) 5년 유

주자사 관구검에게 패배했는데,「관구검열전」에 기록돼 있다"고 한 것이 그것에 해당하는 기사로 생각되며, 곧 1차 정벌은 정시 5년(244)에 있던 것이 틀림없고 이 추정은 '정시 5년'이라고 명기된 『북사』「고려열전」의 기록과 일치한다. 『위지』「고구려열전」과 「관구검열전」은 본래 『북사』의 기사와 동일하지만 『위지』의 편자가 양쪽에 나눠 실은 것으로 생각된다.

또 청 광서光緖 31년(1905) 중국 봉천성 동변도東邊道 집안현 판석령板石嶺(소판차령)에서 발견된 관구검 기공비의 조각에는 다음과 같이 새겨져 있다[3].

1. 正始三年高句驪□(寇?)

2. 督七牙門討句驪五□(年?)[4]

3. 復遺寇六年五月旋□(師?)[5]

4. 討寇將軍魏烏丸單于[6]

5. 威寇將軍都亭侯[7]

6. 行裨將軍領□

7. □(行?)裨將軍

깨진 비석에 남은 글자가 적지 않은 것은 그나마 다행인데, 1행에 '正始三年', 2행에 '五□(年?)', 3행에 '六年五月旋□(師?)'라고 돼 있는 것에 따라 살펴보면 1행은 고구려의 서안평 침략, 2행은 1차 고구려 정벌, 3행은 정벌을 마친 뒤 관구검의 개선을 서술한 것으로 보인다. 곧 1차 정벌은 정시 5년(244)에 시작돼 이듬해인 6년 5월에 끝난 것이다.

다음으로 관구검이 개선한 해(정시 6년, 245) 다시 2차 원정이 시작됐다. 『북사』에서는 "6년 관구검이 다시 침략했다"고 했지만 「관구검열전」을 참조하면 이 원정에 참가한 사람은 현도군 태수였고 관구검 자신은 출정하지 않은 것으로 보인다. 『북사』에서 "6년 관구검이 다시 침략했다"고 하고 「관구검열전」에서 "6년 다시 정벌했다"고 한 것은 1차 정벌을 끝내고 돌아온 관구검이 다시 왕기를 보내 2차 원정을 수행하게 했다는 뜻으로 생각된다. 그리고 비석에 2차 정벌을 언급한 부분이 보이지 않는 것은 관구검 자신이 출정한 1차 원정의 기공비이기 때문으로 해석할 수 있다. 고구려 국왕 궁은 왕기의 2차 원정이 일어나자 옥저로 도망쳤고, 왕기는 숙신국 남쪽 경계까지 그를 추격했다. 「관구검열전」과 『북사』에서 "숙신씨의 남쪽 경계에 이르러 비석을 세워 공훈을 기록했다"는 기공비를 세운 인물은 왕기로 판단된다.

또 『위지』(권4) 「제왕본기」를 보면 관구검의 고구려 원정과 관련해 "정시 7년 봄 2월 유주자사 관구검이 고구려를, 여름 5월 예맥을 토벌해 모두 격파했다. 한의 나해 등 수십 국이 각각 자기 종족을 이끌고 항복했다"고 서술했는데, '정시 7년'이라는 연대는 「관구검열전」이나 『북사』와 일치하지 않는다. 그러나 한의 나해 등 수십 국이 각각 자기 종족을 이끌고 항복한 것은 관구검의 고구려 정벌과는 무관한 사실로 「제왕본기」의 이 기사는 정시 5년(244)의 1차 정벌 및 6년의 2차 정벌과 함께 이뤄진 예맥 정벌(4장에서 서술)을 7년 진한 부락들의 반란이 종결된 것을 서술한 기사 ― 한의 나해 등 수십 국의 항복 ― 에 끌어다 붙인 것으로 해석된다. 이 문제는 다른 논문에서 상세히 서술했으므로 여기서는 생략한다.[8] 아래서는 장을 바꿔 이런 두 번의 전쟁을 좀더 자세히 살펴보겠다.

3. 관구검의 고구려 정벌과 2차 원정에서 왕기의 행동

정시 5년(244) 1차 원정에서 관구검은 현도군에서 출정해 고구려왕 궁이 이끌고 온 군사를 비류수 가에서 만나 양구라는 곳에서 싸워 무찔렀다. 후한 중엽 이후 현도군(제3현도군)의 치소는 지금의 무순시였으므로9 관구검은 혼하의 한 지류인 소자하를 따라 옛 현도군(제2현도군)의 치소였던 흥경노성 부근에 도착해 분수산맥을 동쪽으로 넘어 동가강 유역에 이른 것이 분명하다. 동가강이 비류수로 비정되는 것은 이미 정설이다.

관구검 군과 맞서 싸운 궁은 환도성에서 나왔다가 다시 환도성으로 퇴각한 것으로 보이는데, 이 성(일명 국내성)의 옛터가 있는 압록강 가의 통구 평야는 평야의 서쪽 끝에서 압록강으로 유입되는 마선구麻線溝, 분수령을 사이에 두고 그 반대 방향으로 흐르는 신개하新開河, 통화·회인 사이의 동가강 연안의 부이강 입구富爾江口에서 만나는 부이강, 이런 세 강의 각 계곡을 서북쪽부터 순서대로 따라 나아오는 도로를 거쳐 소자하 상류의 흥경 지방과 이어진다.10 따라서 비류수 가에 있던 것으로 생각되는 양구는 부이강이나 그 부근으로 추정된다. 또 신개하와 마선구를 가르는 분수산맥에는 소판차령이라는 고개가 있다. 곧 부이강 입구에서 신개하를 따라 동남쪽으로 나아가 소판차령을 넘으면 마선구 계곡으로 나온다.11

그런데 앞서 인용한 『북사』「고려열전」으로 주의를 돌리면 『위지』「관구검열전」을 축약해놓은 것 같은 그 기사에는 비류수 전투 다음에 「관구검열전」에는 보이지 않는 "관구검이 혁현까지 추격했다"는 사실이 덧붙여져 있다. 『통전』(권186, 고구려)과 『문헌통고』(권325, 고구려)

의 관구검 정벌에 관련된 기록도 『북사』와 동일하며 혁현視峴을 정현 頹峴으로 쓴 것만 다르다. 「고려열전」의 '혁視'은 자전에 나오지 않는 글 자이므로 붉은색을 뜻하는 '정頹'의 오기로 생각된다. 그리고 『통전』과 『문헌통고』의 '정頹'은 '정頹'의 속자다.

앞서 인용한 『북사』의 기사는 『위지』 「관구검열전」에 바탕한 것이 며, 아울러 『북사』 『통전』 『문헌통고』 등에도 실려 있는 어떤 옛 기록 — 위 어환의 『위략』으로 생각된다 — 의 내용을 『위지』의 편자(서진의 진수)는 생략했지만 『북사』(당 이연수李延壽 편찬), 『통전』(당 두우杜佑 편 찬), 『문헌통고』(송 마단림馬端臨 편찬)의 편찬자는 그대로 채록한 것으 로 생각된다. 이렇게 보면 정현頹峴은 양구에서 궁을 추격한 관구검이 환도성을 공격하기 전 넘은 고갯길이 될 수밖에 없으므로 나는 그것 을 소판차령에 비정하려고 한다. 소판차령은 세키노 다다시 박사 등의 실제 조사에 따르면 통구 서북쪽 60리(23.6킬로미터)쯤에 있는 고개로 유명한 관구검 기공비의 조각이 발견됐다.[12]

환도성의 위치는 고구려의 다른 성인 국내성과 함께 예부터 이설이 많아 정설로 인정할 만한 것이 없지만 시라토리 박사는 「환도와 국내 성고丸都及國內城考」라는 논문에서[13] 언어학과 문헌적 측면에서 환도성 과 국내성을 같은 도성에 부여된 두 이름으로 해석 — 뒤쪽이 앞쪽의 한역漢譯 — 하면서 세키노 박사와 도리이 류조鳥居龍藏 박사 등의 현지 답사 결과를 이용해 통구 지방에 남아 있는 옛 성터가 환도성이자 국 내성이라고 주장했다.

이것과 다른 견해를 지닌 대표적 연구자는 두 성의 위치에 초점을 맞춘 논문을 발표한 세키노 박사다.[14] 그는 그 뒤 다시 「환도성고丸都城 考」라는 논문을 발표해 통구 평야의 국내성 터와 구별되는 것으로 생

관구검 기공비 파편.
만주 봉천박물관 소장.
『통구』 권1에서 인용.

각되는 환도성의 위치는 고구려식 고분이 군집한 유수림자楡樹林子 부근(통구 서남쪽 약 200리[78.5킬로미터])라고 주장했다.[15] 그는 직접 답사한 결과 옛 성터를 발견할 수 없었다고 했지만[16] 뚜렷한 약점이 있는 것으로 보이므로 나는 환도성과 국내성이 같은 곳이라는 시라토리 박사의 견해가 확실하다고 믿는다.

통구 지방에는 옛 성터가 두 곳 있다. 하나는 마선구와 나란히 압록강으로 흘러 들어가는 동구하洞溝河 하류의 좌안에 가까운 통구성(집안현성)이고, 다른 하나는 이 작은 하천의 계곡을 30정(3,270미터)쯤 거슬러 올라간 곳에 있는 산성자산성山城子山城이다. 세키노 박사는 두 성의 현재 상태를 다음과 같이 설명했다.[17]

• **통구성**: 집안현 치소인 통구 주위는 지금 석축의 성벽으로 둘러싸여 있다. 동서 약 7정(763미터), 남북 약 5정(545미터)이고 동쪽 면은 한 곳, 서쪽 면은 두 곳에 옛 성문 터가 남아 있다. 곧 하나의 옹성甕城을 이루고 있다. 성벽의 높이는 약 20척(6.1미터)이고 곳곳마다 치성雉城을 쌓았다. 성안에는 옛 기와 조각이 매우 많다. 대체로 1300년 전쯤

256

의 붉은색 기와다. 1500년 전 아래로 내려가는 회흑색 기와 조각도 자주 섞여 있다. 나는 성 서북부에서 주춧돌을 하나 발견했다. 이런 기와와 주춧돌은 그 기법에서 볼 때 고구려 때의 것이 분명하다. 또 성벽의 석재를 쌓은 방식은 상당히 오래돼 고구려 때 것으로 보는 것이 타당하다(조금 후대에 축조된 것도 있기는 하다).

- 산성자성: 통구 북쪽 약 30정(3270미터)인 산성자에 있다. 험준한 봉우리가 4면을 둘렀고 가운데는 움푹 파인 넓은 지역을 이뤘으며, 그 안에서 작은 시내가 남쪽으로 흘러 성 밖으로 나가 동구하洞溝河로 들어간다. 석축의 성벽은 이 주위의 산봉우리를 둘러싸고 앞쪽으로 내려가고, 시내 옆에 성문이 설치돼 있다. 성안 조금 높은 곳은 약간 평탄하다. 예전에 창고가 있던 곳으로 생각되고, 주춧돌과 약 1300년 전의 붉은색 옛 기와가 많이 흩어져 있다.

세키노 박사는 이 두 성이 지형상 서로 밀접한 관계가 있는 것으로 보고 평양 동북쪽에 있는 고구려 유적인 안학궁安鶴宮 터와 대성산大城山산성을 보기로 들면서 통구성은 왕궁·관아 등이 있던 국내성의 중심이고 산성자산성은 평소 무기·양식을 비축해 적이 오면 의지해 방어하는 곳으로 둘은 분리해 볼 수 있는 것이 아니라 하나의 성이라고 했다.[18] 이것은 쉽게 수긍할 수 있는 주장이다. 그렇다면 그것은 환도성과 국내성을 같은 곳으로 보는 견해에 해당되지만, 통구성은 왕도로서의 환도성이고 산성자성은 주로 전시에 활용한 부속 산성으로 봐야 한다. 이런 판단은 문헌으로도 뒷받침된다. 『위지』「고구려열전」의 첫머리에서 "도성과 환도의 아래都與丸都之下"라고 한 것은 평지에 있는 앞의 것을 뜻하고 「관구검열전」에서 "말굽을 싸매고 수레를 서로 엮어 험한 산길을 행군해 환도에 올랐다"는 것은 산성인 뒤의 것을 가리키는 것으로 생각되기 때문이다.

지금까지 고찰한 것이 틀리지 않는다면 부이강 입구 부근(양구)에서 신개하를 따라 궁을 추격해온 관구검은 험준한 소판차령(정현)을 넘어 통구에 있던 고구려의 왕도를 압박하고 궁이 주둔해 지키던 산성 자산성을 공격해 무너뜨린 것으로 여겨진다. 그러나 관구검은 산성만 함락시킨 것이 아니고 환도의 중심인 도성(통구성)도 파괴하지 않았는가? "고구려의 도성을 도륙했다"는 말에는 그것도 포함된 것으로 생각된다. 이렇게 관구검은 1차 정벌을 마쳤다. 그리고 그는 다시 소판차령을 거쳐 돌아오면서 전망이 트인 그 고개에 자신의 기공비를 세운 것으로 보인다.

정약용丁若鏞은 『아방강역고我邦疆域考』 「환도고丸都考」(권3)에서 다음과 같이 말했다.

지금 동가강 동쪽에 왜두정자와 홍석정자가 있는데, 환도는 홍석정자의 꼭대기가 아닌가 싶다. 今佟家江之東, 有歪頭頂子·紅石頂子二山, 所謂丸都疑在紅石之山頂也.

그리고 정현과 관련해서는 『북사』를 인용해 다음과 같이 설명했다.

정현은 지금의 홍석정자다. 환도는 왼쪽으로 압록강을 의지하고 오른쪽은 파저강(동가강)으로 막혀 있고 뒤쪽에는 태산을 등지고 있어 두 강이 교차하니 참으로 사방이 막힌 요새다. 嶺峴者, 今之紅石頂子也. 蓋此丸都, 左據鴨水, 右阻婆瀦, 背負太山, 二水交衿, 誠四塞之地也.

곧 정약용은 정현과 환도산을 동일한 산으로 본 것이지만, 『북사』의 기사를 주의 깊게 읽지 않고 이름이 다른 두 산이 약간 떨어져 있어야 한다는 것을 생각하지 않았기 때문이 틀림없다. 그리고 그런 잘못된 판단에 따라 억지로 비정한 홍석정자는 유수림자의 서북쪽 50리(19.6킬로미터)쯤인 외차구문外岔溝門 북쪽 6리(2.4킬로미터)쯤에 있는 홍석립자紅石砬子라는 산이다. 자세히 말하면 이 산은 외차구문에 가까운 압록강에 흘러 들어가는 하천의 계곡을 북쪽으로 60리(23.6킬로미터)쯤 거슬러 올라가 신개하의 한 지류의 발원지를 넘어 들어가는 도로의 왼쪽에 있는데, 오른쪽의 왜두립자歪頭砬子와 마주보고 있는 고개로 돌문石門의 모습을 하고 있다. 이것은 세키노 박사 등의 실제 조사에 따라 명확해졌다.[19] 환도성의 위치를 유수림자 부근이라고 믿은 세키노 박사는 정약용의 주장을 대체로 인정하면서 정현을 홍석립자에 비정한 것을 탁견으로 평가했다.[20] 그러나 나는 앞서 서술한 이유로 유감스럽지만 거기에 찬성할 수 없다.

다음으로 2차 원정을 살펴보겠다. 이 원정은 앞서 본 대로(2장 인용문) 다음과 같이 서술돼 있다.

- 「관구검열전」: 정시 6년(245) 다시 고구려를 정벌하니 마침내 궁은 매구로 달아났다. 관구검은 현도태수 왕기를 보내 추격하게 했다. 왕기는 옥저를 지나 1000여 리를 가서 숙신씨의 남쪽 경계에 이르렀다.
- 『북사』: 정시 6년 관구검이 다시 침략하니 위궁은 서둘러 가들을 이끌고 옥저로 도망쳤다. 관구검은 장군 왕기에게 추격케 하니 옥저를 가로질러 1000여 리를 가 숙신 남쪽에 이르렀다.

『위지』(권30) 「옥저열전」에는 같은 사실이 좀더 자세히 서술돼 있다.

관구검이 고구려를 토벌하니 고구려왕 궁은 옥저로 도망쳤다. 마침내 진격해 옥저의 읍락을 모두 격파했으며 3000여 명을 죽이고 사로잡았다. 궁은 북옥저로 도망쳤다. 북옥저는 치구루라고도 하는데 남옥저와 800여 리 떨어져 있다. 毌丘儉討句麗, 句麗王宮奔沃沮, 遂進師擊之. 沃沮邑落皆破之, 斬獲首虜三千餘級, 宮奔北沃沮. 北沃沮一名置溝婁, 去南沃沮八百餘里.

1차 원정에서 환도산성이 함락되자 궁은 처자만 이끌고 도망쳤다. 어디로 도망쳤는지는 알 수 없지만 관구검 군이 떠난 뒤 곧 도성으로 돌아온 것으로 보인다. 그런데 다시 현도군 태수 왕기가 공격해 오자 작년 전쟁으로 파괴된 도성과 산성으로는 방어할 수 없었기 때문에 서둘러 가加 — 고구려에서는 귀족을 '가'라고 불러 그것에 따라 높은 신분과 낮은 신분을 구별했다[21] — 들을 이끌고 옥저로 도망쳤다.

통구에서 압록강 동안을 건너 독로강을 따라 강계에 이르러 독로강의 한 지류인 남천의 계곡을 동쪽으로 거슬러 아득령牙得嶺을 넘거나, 강계에서 독로강 본류를 따라 그 발원지에 가까운 설한령雪寒嶺을 넘으면 황초령에서 남쪽으로 흘러온 장진강 수역으로 나온다. 앞의 길을 따르면 장진읍을 지나 곧 그렇게 되고, 뒤의 길을 따르면 구진리舊鎭里(옛 장진읍)에서 그렇게 된다. 그리고 황초령 건너편의 흑림천 계곡은 함흥읍을 중심으로 한 지방에 이르러 한반도 굴지의 비옥하고 넓은 평원이 된다.[22] 통구는 압록강 유역에서 가장 넓고 비옥한 평야고 함흥은 함경남도의 중추인데, 두 요지를 직접 연결하는 자연적 교통로는 이것밖에 없다.

『위지』「옥저열전」: 전한 무제 원봉 2년(기원전 109) 조선을 정벌해 위만의 손자 우거를 죽이고 그 지역을 나눠 4군을 설치했는데, 옥저성을 현도군으로 삼았다.

이 옥저성 — 무제가 처음 설치한 현도군(제1현도군)의 치소 — 은 지금의 함흥읍에 비정되므로 이어지는 기사에서 "그 땅은 비옥하며, 산을 등지고 바다를 앞에 뒀다. 오곡이 잘 자라고 농사에 적합하다其土地肥美, 背山向海. 宜五穀, 善田種"고 한 것은 옥저가 위치한 풍요로운 함흥 평야를 설명한 것이다. 그런데 고구려왕 궁은 옥저로 도망쳤다고 했으므로 그가 먼저 도망간 곳이 이 지방임은 쉽게 이해된다. 그렇다면 그를 추격한 현도태수 왕기는 앞서 말한 도로로 진격했을 것이고, 「옥저열전」에서 "마침내 군사를 보내 그를 공격해 옥저의 읍락을 모두 격파했으며 3000여 명을 죽이고 사로잡았다"고 한 것은 함흥 지방에 침입한 왕기 군의 행동을 기록한 것이 분명하다.[23]

이처럼 위군이 옥저로 침입하자 궁은 다시 북옥저로 도망쳤다. 「옥저열전」에서 "궁은 북옥저로 도망쳤다. 북옥저는 치구루라고도 하는데 남옥저와 800여 리 떨어져 있다"고 한 것에 따르면 북옥저와 상대되는 남옥저는 함흥 지방의 옥저를 가리키는 것이 분명하다. 그리고 「관구검열전」에서 "마침내 궁은 매구로 달아났다"고 한 매구는 「옥저열전」의 치구루에 해당하고, 이어진 기사에서 왕기가 궁을 추격해 옥저를 지나 1000여 리 되는 곳에 있는 숙신씨의 남쪽 경계에 이르렀다고 한 것은 남옥저에서 북옥저로 진격했다는 뜻으로 해석할 수 있다. 곧

「옥저열전」의 800여 리와 「관구검열전」의 1000여 리는 모두 남·북옥저 사이의 대체적인 거리로 생각된다. 그러나 「관구검열전」만 보면 궁은 관구검이 왕기를 보내기 전 매구로 도망친 것으로 보이는데, 이것은 서술 순서가 잘못된 것이고 남옥저에서 왕기의 행동을 생략한 불완전한 기사가 분명하다.[24]

동해안의 비옥하고 비교적 넓은 평지로 많은 주민이 거주한 지역 가운데 앞서 서술한 함흥평야와 함께 특히 중요한 역사적 위치를 차지한 곳은 두만강 밖의 국자가局子街(연길현)를 중심으로 한 포이합도하布爾哈圖河·해란하海蘭河 유역, 곧 이른바 간도이며 그것에 견줄만한 곳은 함흥 이북, 두만강 이남에는 없다. 그 때문에 나는 주저하지 않고 남옥저에 대한 북옥저의 거주지를 간도에 비정한다. 매구와 치구루는 시라토리 박사가 무제가 창건한 4군의 강역을 연구하면서 다음과 같이 말했다.

매구는 매구루買溝婁의 약칭으로 '수성水城'의 뜻이고 치구루의 '치'는 옮겨 적는 과정에서 일어난 오류다. 정말 그렇다면 매구루는 옥저 전체를 가리키는 것이 아니라 그 수도의 이름으로 생각된다.

그리고 그 주석에서 다음과 같이 설명했는데, 동의한다.

『삼국사기』에 실린 고구려의 지명에는 '아무 매某買'라는 것이 많은데 '매'는 하천이나 물의 의미인 것 같다(그런 보기는 생략한다). 한국어에서 '水'나 '川'은 '물'이라고 하므로 '매'는 거기에 대응하는 발음으로 생각된다. 『위지』「동옥저열전」에서 "그 언어는 고구려와 대체로 같으며 때로 조금씩 다르다其言語, 與句麗大同, 時時小異"라고 했으므로 「동옥저열전」의 치구루는 잘못 표기한 것이고 「관구검열전」의 매구루가 정확한 것으로 보인다. 『위지』「고구려열전」에 따르면 고구려어에서는 성城을 구루溝漊라고 했으므로 옥저어의 매구루는 매성買城의 뜻으로 생각된다.[25]

그러나 그곳이 어딘지 묻는다면 나는 포이합도하 가의 국자가 부근이라고 대답하며, 경성鏡城으로 본 시라토리 박사의 견해는 따르기 어렵다.

왕기가 궁을 추격한 전투와 관련해서는 「관구검열전」과 「옥저열전」에서 위와 같은 사실을 엿볼 수 있다. 그러나 궁이 북옥저로 도망친 뒤의 행적은 전혀 알 수 없다. 궁이 남옥저로 왔다가 다시 북옥저로 도망친 것은 당시 남·북옥저가 고구려에 소속됐기 때문으로 생각된다.

4. 낙랑·대방태수의 예 경략

『위지』「옥저열전」에서는 앞서 인용한 대로 "북옥저는 치구루라고도 하는데 남옥저와 800여 리 떨어져 있다"고 한 뒤 다음과 같이 서술했다.

그 풍속은 남·북옥저가 똑같다. 읍루와 맞닿아 있는데, 읍루는 배를 타고 자주 노략질을 했다. 북옥저는 그들을 두려워해 여름에는 늘 산속 깊은 동굴에서 수비했으며 겨울에 얼음이 얼어 뱃길이 막히면 마을로 내려와 살았다. 其俗南北皆同. 與挹婁接, 挹婁喜乘船寇鈔, 北沃沮畏之. 夏月恒在山巖深穴中爲守備, 多月冰凍, 船道不通, 乃下居村落.

계속해서 다음과 같이 이어진다.

왕기는 따로 장수를 보내 그 동쪽 경계까지 추격했다. 그곳의 노인에게 "바다 동쪽에도 사람이 사는가?"고 묻자 노인은 대답했다. "우리나라 사람이 배를 타고 고기를 잡다가 풍랑을 만나 동쪽으로 수십 일을 흘러가 한 섬에 도착했다. 거기에는 사람이 있었지만 서로 말을 알아들을 수 없었다. 그 풍속에는 7월마다 여자아이를 바다에 집어넣는다."

고구려왕 궁을 추격한 위의 장수 이름은 앞 장에서 서술한 대로 「관구검열전」의 기사에서 알 수 있고, 그것에 해당하는 「옥저열전」의 기사(앞 장에서 인용)에는 보이지 않는다. 그 장수인 왕기의 이름이 여기서 처음 나타나는 것은 매우 이상하지만, 「옥저열전」의 기사가 두세 가지 사료를 연결해 만들었기 때문으로 생각된다. 그렇다면 궁을 북옥저까지 추격한 왕기가 따로 군사를 보내 동쪽 경계 끝까지 추격했다는 것은 무슨 뜻일까?

먼저 「옥저열전」 첫머리의 읍루에 대해 생각해보면 그 거주지는 니콜리스크Nikolisk(쌍성자雙城子)를 중심으로 한 수분하綏芬河 유역으로 추정된다. 이 지방은 아무르만Amur灣·포스제트만Possjet과 두만강 하류를 거쳐 포이합도하·해란하 수역으로 연결되고 혼춘琿春을 경유하는 육로 교통도 편리해 그 지리적 조건이 「옥저열전」에 기록된 사실, 곧 읍루는 북옥저와 맞닿아 있고 해상에서 침략해 그것을 괴롭게 여겼다고 한 것과 잘 부합되기 때문이다. 무엇보다 읍루는 수분하 유역에만 거주하지 않았고, 다음 장에서 서술하듯 호이객하瑚爾喀河* 상류가 그들의 본거지였다.

만선사 연구 1권

왕기가 추격하는 장수를 보낸 '동쪽 경계'는 그 앞에 '그其'라는 글자가 붙여져 연속된 문장이라고 할 수 있어 읍루의 동쪽 경계가 분명하므로 수분하 유역보다 더 먼 러시아 영토인 연해주沿海州 지방으로 생각하게 된다. 아울러 "왕기가 따로 장수를 보내 추격했다"는 부분의 앞뒤 기사는 이미 서술한 것처럼 각각 다른 사료에 바탕한 것으로 보이므로 이 추단의 전제가 된 그 연속성은 표면적인 것으로 그리 중시하지 않게 된다.

그리고 위군은 북옥저 동쪽에 거주한 읍루 지역까지 갔다고 했으니 읍루에 관련된 「옥저열전」의 기록은 당시 종군한 사람의 보고에 바탕한 것으로 생각되지만, 그것이 북옥저 쪽에서만 서술된 것에 따라 살펴보면 위군은 북옥저에서 그런 사실을 전해 들었을 뿐 읍루의 거주지까지 들어간 것은 아니었다. 그렇다면 왕기가 보낸 별군의 장수가 간 '동쪽 경계'는 읍루의 동쪽 경계가 아니었고, 자연히 그것을 연해주 지방에 비정할 수 없다.

왕기가 보낸 별군의 장수는 이른바 '동쪽 경계' 끝까지 가서 그곳의 노인에게서 먼 바다에 사람이 사는 섬이 있다는 것을 알게 됐다고 했다. 동해에 사람이 살 수 있는 비교적 큰 섬은 육지에 가까운 화태도樺太島를 제외하면 울릉도뿐인데, 그 섬은 면적 73제곱킬로미터로 강원도 울진읍 동쪽 약 90해리에 있다. 일찍이 신라 때부터 고려 때까지 울릉亐陵 ― 또는 우릉芋陵·羽陵·오릉迂陵 ― 이라고 했고 우산국于山國으로도 불리면서 독립적 나라의 면모를 유지했던 이 특별한 섬은 『위지』「옥저열전」에 이름이 나오지 않으며, 삼국시대 전부터 거기 산 주

---

* 중국 지린성吉林省·헤이룽장성黑龍江省을 흐르는 쑹화강의 지류. 길이는 670킬로미터 정도.

민은 강원도 지방에서 이주한 예족으로 추정된다.[26]

정말 그렇다면 문제의 '동쪽 경계'는 매우 어긋난 방향에 있는 두만강 방면이 아니라 여기서 곧장 서남쪽으로 내려가 적어도 함흥 이남의 해안지방이 돼야 한다. 그리고 이 지방은 전한 때 낙랑군에 소속된 영동 7현 ─ 동이(임둔군 치소)·불이(낙랑군 동부도위 치소. '불내'로도 돼 있다)·잠태·화려·사두매·전막·요조(옥저와 동일) ─ 이 있던 곳이고, 낙랑군의 관할 밖에 있던 후한 때는 옥저성의 옥저 군장과 불내현·화려현 등 예의 거수渠帥는 앞 시대 7현의 이름에 따라 각각 현후에 책봉됐다.[27]

이렇게 생각하고 『위지』(권30) 「예전」의 다음 기사를 주목하면 그 연도와 내용에 관련된 의문은 갑자기 풀린다.

정시 6년(245) 낙랑태수 유무와 대방태수 궁준은 [단단대]령 동쪽의 예가 고구려에 복속되자 군사를 일으켜 정벌했다. 불내후 등은 읍을 들어 항복했다.

곧 왕기가 따로 파견한 장수는 당시 낙랑태수 유무와 대방태수 궁준 밖에 될 수 없고, 정시 6년 남옥저를 정벌해 궁을 북옥저로 도망치게 한 왕기는 따로 군의 태수를 남옥저의 '동쪽 경계'인 영동지방으로 보내 불내현·화려현 등의 예 군장 ─ 당시 고구려에 예속됐다 ─ 을 정복한 것으로 생각된다. 그러나 불내현과 화려현 등은 정확한 방위에서 말하면 옥저성(함흥읍)을 중심으로 한 남옥저의 남쪽이지 결코 동쪽 경계는 아니다. 그러나 『위지』 「옥저열전」의 주제로서 옥저 전체를 가리키는 이름처럼 사용된 '동옥저'는 사실 남·북옥저 가운데 남옥저를 따로 그렇게 부른 것이 분명하므로 남옥저의 남쪽 지방을 '그 동쪽 경계'라고 부른 것도 그리 이상하지는 않다.

그렇다면 두 군의 태수는 강원도 동해안을 따라 영동지방을 어디까지 남하했을까? '그 동쪽 경계 끝'이라는 말은 불내현 이하 여러 현후가 거주한 옛 6현 지역을 평정해 강원도의 남쪽 끝인 울진읍 근처에 이르렀다는 뜻이 아닐까? 동쪽 경계 끝까지 간 위의 장수가 "바다 동쪽에도 사람이 사는가?"라고 노인에게 물었다는 것도 울릉도와 가장 가까워 그 섬의 모습을 멀리서 볼 수 있는 그곳에서[28] 실제로 바라본 때의 말로 여겨진다.

위군에게 항복한 예의 현후들 가운데 「예전」에 이름이 명기된 것은 불내후 뿐이다. 불내성은 본래 영동 7현을 관할했던 낙랑군 동부도위의 치소였고, 그곳에 거주한 현후가 가장 유력한 추수渠帥였기 때문에[29] 다른 이들을 대표한 것으로 생각된다(영흥읍 동쪽 10리[3.9킬로미터], 용흥강 남안에 있는 한대의 토성 터가 불내성으로 추정된다). 또 이 경략의 결과 예가 복속된 상태는 「예전」에 다음과 같이 서술돼 있다.

불내후 등이 읍을 들어 항복했다. 그(정시) 8년(247) [위魏의] 궁궐에 와서 조공하니 불내예왕에 책봉했다. 그는 백성들과 함께 거처하면서 철마다 군에 와서 알현했다. 두 군(낙랑과 대방)은 전쟁을 일으켜 조세를 걷게 되면 [예 백성에게도] 바치게 하고 사역시켜 [군郡의] 백성처럼 취급했다.

『위지』(권4) 「진류왕본기」 경원 2년(261) "낙랑의 외이인 한과 예맥이 각각 그 족속을 이끌고 조공했다"고 한 예맥도 영동의 예로 생각된

다.[30]

5. 읍루와 부여에 대한 왕기의 원정

북옥저로 도망친 뒤 고구려왕 궁의 소식은 전혀 알 수 없지만 그곳까지 궁을 추격한 왕기는 그대로 군사를 돌렸을까? 「관구검열전」에서 "옥저를 지나 1000여 리를 가서 숙신씨의 남쪽 경계에 이르러 비석을 세워 공훈을 기록했다"고 한 것은 옥저 강역의 끝이 숙신국의 남쪽 경계임을 말하는 것일 뿐, 이 의문에 대답한 것은 아니다. 또 계속해서 "환도의 산과 불내의 성에 글자를 새겼다"고 했지만, 이런 일들은 옥저 경략을 이끈 왕기가 관여하지 않았다고 생각된다(비석 파편이 발견돼 유명해진 기공비를 관구검이 소판차령 꼭대기에 세운 것은 앞서 서술한 것처럼 환도성을 도륙하고 서쪽으로 돌아온 때로 여겨지고, 불내성에도 비석을 세웠다면 그것은 낙랑태수 유무와 대방태수 궁준이 한 것으로 추측된다). 그러나 북옥저에서 사라진 왕기의 모습은 의외의 방면에서 다시 나타났다.

『위지』(권30) 「부여열전」: 정시 연간(240~249) 유주자사 관구검이 군사를 이끌고 고구려를 토벌했다. 현도태수 왕기를 보내 부여에 이르니 위거는 견가를 보내 교외에서 맞이하고 군량을 보냈다. 正始中, 幽州刺史毌丘儉將兵討句麗. 遣玄菟太守王頎, 詣夫餘, 位居遣犬加郊迎, 供軍糧(위거는 부여의 인명이고 견가는 관명이다).

이것을 부여·읍루·북옥저의 지리적 관계에서 보면 왕기는 북옥저에서 다시 진군해 이른바 숙신씨의 나라인 읍루의 본토 안을 통과하면서 서쪽으로 방향을 돌려 부여로 간 것 같다. 읍루의 본토는 『위지』 「읍루열전」에서 "남쪽으로 북옥저와 맞닿았는데 (…) 옛 숙신씨의 나라南與北沃沮接, (…) 古之肅愼氏之國也"라고 하고 「옥저열전」에서 "북쪽으로 읍루·부여와 맞닿았다北與挹婁·夫餘接"고 했으며, 부여는 「부여열전」에서 "동쪽으로 읍루와 맞닿았다東與挹婁接"고 했기 때문이다.

왕기를 교외에서 맞이하고 군량을 공급한 「부여열전」의 위거는 당시 부여왕 마여麻余를 이름뿐인 국왕으로 만들고 권력을 휘두르던 부여의 대신이었다.[31] 물론 그는 그 수도에 있던 것이 분명한데, 부여의 수도는 지금의 아륵초객(아십하) 부근이었다.[32] 그렇다면 간도 지방의 북옥저를 경략한 왕기는 그곳에서 호이객하(목단강) 유역으로 들어가 그 서북쪽으로 이어진 소백산小白山 일대의 산맥을 넘어 아륵초객 평야로 내려온 것으로 보인다.

포이합도하와 해란하 유역에 소속된 간도 지방의 중심은 「관구검열전」의 매구루에 비정되는 국자가(연길현)인데, 그곳과 아륵초객을 연결하는 주요한 교통로는 둘이었다. 하나는 북도라고 부를 수 있는 것으로 호이객하가 관통해 흐르는 지역의 중심인 영고탑을 경유한다. 곧 국자가에서 백초구百草溝(왕청현汪淸縣) 북쪽의 알아하嘎呀河(갈합리하噶哈里河) 계곡을 거슬러 장령자長嶺子산맥의 고갯길을 지나 영고탑에 이른다. 영고탑에서는 서북쪽으로 방향을 틀어 옛 영고탑성 옆을 흐르는 해랑하海浪河를 건넌 다음 울창한 오래된 숲으로 덮인 필전와집령畢展窩集嶺에서 소백산 일대의 분수산맥을 넘고 그 산에서 흘러나오는 마연하瑪延河가 일면파一面坡에 이르러 방향을 북쪽으로 돌릴 때까지 그 계곡을 내려간 뒤 다시 조금 앞으로 나아가 마침내 아륵초객하 유역으로 나온다.

다른 하나는 돈화敦化와 액목색額木索(옛 이름은 악묵화색라顎黙和索羅)을 통과하는 남도다. 국자가에서 포이합도하를 따라 올라가 장령자산맥의 서남쪽으로 이어진 합이파령哈爾巴嶺을 서쪽으로 넘으면 늑복성하勒福成河(호이객하 상류)가 관통해 흐르는 고원高原으로 나온다. 고원의 중심은 돈화며 늑복성하를 따라 북쪽으로 내려오는 도로는 영고탑에서 길림으로 가는 도로와 액목색에서 만난다. 액목색 서북쪽에는 필전와집령 서쪽으로 뻗어있는 산맥이 가로놓여 있다. 이것은 돈화의 고원과 길림 방면의 송화강 유역을 나누는 장광재령張廣才嶺이며, 길림으로 뻗어있는 산맥을 넘는 고갯길은 와과참臥瓜站으로 이어진다. 그 고갯길의 이름은 울창한 숲으로 덮여 이른바 "나무의 바다樹海"로 유명한 나목와집那木窩集이다(와집은 삼림森林을 뜻하는 만주어 웨지weji의 음역이다). 와과참에서 북쪽으로 방향을 돌리면 험준한 고개와 가파른 절벽을 지나 납림하拉林河의 발원지에 이르고, 그 계곡을 내려오면 오상현五常縣·납림진拉林鎭 등을 거쳐 아륵초객에 다다른다. 이것은 현재의 교통로지만 고대에도 널리 알려졌던 것이 분명하고 왕기의 진군로도 이것밖에 없었을 것으로 생각된다.

『위지』(권30) 「읍루열전」에는 그 나라의 상황이 다음과 같이 서술돼 있다.

읍루는 부여 동북쪽 1000여 리에 있는데, 큰 바다와 맞닿았고 남쪽은 북부여와 인접했으며 북쪽 끝은 어디인지 알 수 없다. 그 땅은 산이 많고 험하다. 사람들의 모습은 부여와 비슷하지만 언어는 부여·고구려와 다르다. 오곡·소·말·마포가 생산된다. 사람들은 매우 용감하고 힘이 세다. 큰 권력을 지닌 군장은 없고 읍락마다 대인이 있다. 늘 숲속 동굴에서 사는데, 큰 집은 깊이가 아홉 계단이나 되며 계단이 많을수록 좋게 여긴다. 기후는 부여보다 춥다. 돼지를 많이 길러 그 고기는 먹고 가죽은 옷을 만들어 입는다. 겨울에는 돼지기름을 몇 푼이나 되도록 두껍게 몸에 발라 추위를 막는다. 여름에는 알몸에 한 자 정도의 베 조각으로 앞뒤를 가려 맨몸을 감춘다. 청결하지 않아 집 한가운데 변소를 만들고 그 주위에 둘러 산다.

활의 길이는 4척인데 위력은 쇠뇌와 같다. 화살은 싸리나무로 만드는데 길이는 1척 8촌이다. 화살촉은 푸른 돌로 만드는데 읍루가 옛 숙신씨의 나라이기 때문이다. 활을 잘 쏴 사람을 쏘면 모두 명중시킨다. 화살에 독을 바르기 때문에 맞은 사람은 모두 죽는다. 붉은 옥과 좋은 담비 가죽이 나는데, 지금 읍루의 담비가죽이 그것이다.

한대 이후 부여를 신하로 섬겼는데, 부여가 세금과 부역을 무겁게 물리자 황초(위 초기. 220~226) 연간 반란을 일으켰다. 부여가 여러 번 정벌했는데, 인구는 적지만 험한 산속에 살고 이웃 나라 사람들은 그들의 활과 화살을 두려워해 끝내 굴복시키지 못했다. 그들은 배를 타고 다니면서 노략질하니 이웃 나라에서 골칫거리로 여겼다. 동이는 음식을 먹을 때 모두 그릇을 사용했지만 읍루만 그렇지 않아 법률과 풍속에 가장 기강이 없었다. 挹婁在夫餘東北千餘里, 濱大海, 南與北沃沮接, 未知其北所極. 其土地多山險. 其人形似夫餘, 言語不與夫餘·句麗同. 有五穀·牛·馬·麻布. 人多勇力. 無大君長, 邑落各有大人. 處山林之間, 常穴居, 大家深九梯, 以多爲好. 土氣寒, 劇於夫餘. 其俗好養豬, 食其肉, 衣其皮. 冬以豬膏塗身, 厚數分, 以禦風寒. 夏則裸袒, 以尺布隱其前後, 以蔽形體. 其人不絜, 作溷在中央, 人圍其表居. 其弓長四尺, 力如弩. 矢用楛, 長尺八寸, 靑石爲鏃, 古之肅愼氏之國也.

善射, 射人皆入. 因矢施毒, 人中皆死. 出赤玉·好貂, 今所謂挹婁貂是也. 自漢已來, 臣屬夫餘, 夫餘責其租賦重, 以黃初中叛之. 夫餘數伐之, 其人衆雖少, 所在山險, 隣國人畏其弓矢, 卒不能服也. 其國便乘船寇盜, 隣國患之. 東夷飮食類皆用俎豆, 唯挹婁不, 法俗最無綱紀也.

『후한서』「읍루열전」은 말할 것도 없이 『위지』의 이 기사를 줄인 것으로 사료로서 독자적인 가치는 없다. 따라서 읍루에 관련된 중국 정사의 기록은 『위지』「읍루열전」이 가장 오래된 것이다. 그리고 그것은 『위지』「동이열전」의 다른 부분 — 부여·고구려·옥저·예·한·왜인전 등 — 과 마찬가지로 위의 어환이 편찬한 『위략』을 주요 자료로 삼았다고 생각된다. 읍루는 북옥저와 부여 사이에 있어 왕기의 원정군은 그 거주지를 통과해 부여국에 이르렀다고 했으므로 상당히 자세한 읍루의 상황이 삼국시대 사서에 처음 기록된 것은 결코 우연이 아니다. 삼국 이전에는 없던 이런 대규모 원정이 실시된 결과 그동안 전해들은 것 밖에는 잘 알지 못했던 만주 지방의 지리·기후·주민·언어·풍속·관습 등을 처음으로 알게 되면서 중국인들은 그때의 보고를 바탕으로 『위략』의 기사를 쓸 수 있던 것으로 생각된다. 읍루가 "옛 숙신씨의 나라"라고 한 것도 『위략』에서 그렇게 말했기 때문이다. 그것은 다음 기록을 보면 분명히 알 수 있다.

• 당 장초금張楚金의 『한원翰苑』33 부여 장章 주석(당 옹공예雍公叡의 주석)에 인용된 『위략』의 일문: 부여국은 현도의 장성 북쪽에 있는데, 현도와 1000여 리 떨어져 있다. 남쪽은 고구려, 동쪽은 읍루, 곧 숙신국과 맞닿아 있다. 夫餘國在玄菟長城北, 去玄菟千餘里, 南接句驪, 東接挹婁, 卽

肅愼國者也.

• 『후한서』(권100) 「공융孔融열전」 당 장회태자章懷太子(고종의 아들)의 주
석: 『위략』에서 "읍루는 숙신씨라고도 한다"고 했다. 魏略曰, 挹婁一名
肅愼氏.

그러나 『위지』(권3) 「명제본기」 청룡 4년(236) 5월 "숙신씨가 싸리나
무로 만든 화살을 바쳤다肅愼氏獻楛矢"고 한 것은 읍루의 조공을 그렇
게 기록한 것으로 생각되므로 읍루의 이름은 왕기의 원정이 이뤄진
정시 6년(245) 이전부터 중국에 알려졌다고 생각된다. 옛 자료의 숙신
씨와 삼국시대 읍루의 민족·명칭 관계는 특별히 고찰할 필요가 있는
문제지만 다른 논문인 「숙신고肅愼考」로 미루고[34] 여기서는 서술하지
않겠다.

앞서 설명한 국자가-아륵초객 사이의 교통로에 따라 생각하면 왕
기의 원정군은 호이객하 상류 유역이나 중류 유역을 통과했을 것이다.
그런데 그 방면에서 가장 중요한 지리적 위치에 있으며 비교적 평지가
많아 자연히 경작에 적합한 지역도 넓고 토질도 비옥한 곳은 말할 것
도 없이 영고탑 부근이니 읍루의 중심으로 그 주민 대부분이 거기 살
았다고 생각된다. 앞서 인용한 「읍루열전」에서 "오곡·소·말·마포가 생
산된다"고 한 것도 영고탑 지방을 중심으로 관찰한 서술로 보인다. 또
호이객하 유역은 산맥이 가로놓여 있고 산이 중첩돼 취락이 될 수 있
는 계곡이 적으며 그 산지는 울창한 삼림으로 덮여 있다. 이것도 왕기
일행의 눈길을 끈 것이 분명해 「읍루열전」에서 "그 땅은 산이 많고 험
하다. (…) 큰 권력을 지닌 군장은 없고 읍락마다 대인이 있다. 늘 숲속
동굴에서 산다"고 기록한 까닭으로 여겨진다.

내가 부여국의 중심으로 생각한 아륵초객과 쌍성 사이의 지방은 낮고 습한 충적층沖積層*으로 평탄하고 넓으며 관개에 편리해 풍부한 농업 생산을 얻을 수 있어 험준한 호이객하 유역과 지형적으로 뚜렷이 다르다. 『위지』「부여열전」에서 "동이 지역에서 가장 평탄해 오곡이 잘 자란다於東夷之域最平敞, 土地宜五穀"고 한 것은 부여의 지리·풍토·관직·풍속·물산 등 그 나라의 상황을 매우 자세히 기록한 이 열전의 주요 부분과 함께, 「읍루열전」의 기록과 마찬가지로, 왕기의 원정 결과 처음 중국에 알려진 사실로 여겨진다. 그 때문에 「읍루열전」에서 "북쪽 끝은 어디인지 알 수 없다"고 한 것이다.

『진서』(권97) 「동이열전」: 숙신씨는 읍루라고도 하는데 불함산 북쪽에 있고 부여에서 60일 거리에 있다. 동쪽에 큰 바다가 있고 서쪽으로 구만한국과 맞닿아 있으며 북쪽 끝은 약수다. 肅愼氏, 一名挹婁, 在不咸山北, 去夫餘可六十日行. 東濱大海, 西接寇漫汗國, 北極弱水.

이 약수는 『위지』「부여열전」에서 "북쪽에 약수가 있다北有弱水"고 한 약수와 동일하고 눈강嫩江으로 흘러 들어간 뒤의 동류 송화강을 가리키는 것이 분명하지만, 읍루의 북쪽 경계와 관련해 이런 지식을 얻은 것은 위의 멸망이 멀지 않은 원제 경원 연간(260~263)이었으므로[35] 왕기의 원정 당시의 견문은 호이객하로 흘러 들어가는 부분의 송화강, 곧 지금의 삼성 부근에는 미치지 못한 것으로 생각된다. 읍루 지역이 부여보다 춥다고 한 것은 영고탑 방면에 해당하는 서술로 그곳

---

* 하천이 운반한 자갈·진흙·모래·토탄土炭 등이 쌓여 이뤄진 지층.

의 혹독한 추위는 청 오진신吳桭臣의 『영고탑기략寧古塔紀略』에 다음과 같이 서술돼 있다.[36]

8월에 큰 눈이 내리고 9월에는 강이 모두 언다. 10월에는 땅이 한 척 가까이 갈라져 눈이 내리자마자 땅은 딱딱하게 얼어붙어 해가 뜨겁게 내리쬐도 녹지 않는다. 처음 오는 사람은 반드시 털옷이 세 벌 있어야 하고 오래 산 사람은 두 벌이면 추위를 막을 수 있다. 3월이 되면 추위는 끝나 얼음이 풀리기 시작하지만 초목은 아직 싹을 틔우지 못한다. 八月中, 即下大雪, 九月中, 河盡凍. 十月地裂盈尺, 雪才到地, 即成堅冰, 雖白日照灼不消. 初至者必三襲裘, 久居即重裘禦寒也. 至三月終, 凍始解, 草木尙未萌芽.

읍루의 중심은 영고탑 부근이었으므로 아래 기사는 부여의 거주지와 지리적 관계에서 쉽게 이해할 수 있다. 아륵초객하·납림하 유역과 산악이 중첩된 호이객하의 분지는 소백산부터 장광재령에 걸쳐 있는 분수산맥을 자연적 경계로 해 서로 인접했기 때문이다.

「읍루열전」: 한대 이후 부여를 신하로 섬겼는데, 부여가 세금과 부역을 무겁게 물리자 황초(위 초기, 220~226) 연간 반란을 일으켰다. 부여가 여러 번 정벌했는데, 인구는 적지만 험한 산속에 살고 이웃 나라 사람들은 그들의 활과 화살을 두려워해 끝내 굴복시키지 못했다.

그렇다면 이어서 "그들은 배를 타고 다니면서 노략질하니 이웃 나라에서 골칫거리로 여겼다"는 것은 무슨 말일까? 이것은 「옥저열전」에서 "북옥저는 (…) 읍루와 맞닿아 있다. 읍루는 배를 타고 자주 노략질을 해 북옥저는 그를 두려워했다"는 것에 해당하는 기록이 분명하지만 「옥저열전」의 이 읍루는 「읍루열전」에서 서술한 앞의 읍루와 같은 지방의 주민이 아니고, 그들이 배를 타고 북옥저(간도 지방의 주민)을 침략했다는 것에 따라 미뤄보면 그 거주지는 니콜리스크를 중심으로 한 수분하 유역이 돼야 한다. 아울러 수분하 유역은 목릉와집령穆稜窩集嶺과 노송령老松嶺의 분수산맥에 따라 호이객하 중류 유역과 서로 인접했고 그 산맥을 넘어 가는 교통도 매우 편리하므로 두 주민이 모두 읍루라고 불린 것은 그리 이상하지 않다고 여겨진다. 다만 앞 장에서 지적한 것처럼 니콜리스크 방면의 읍루에 관련된 지식은 북옥저에서 간접적으로 얻은 것이고 왕기 군이 그곳에 직접 간 것으로는 보이지 않는다.

여기서 앞서 인용한 「읍루열전」 첫머리에서 읍루의 네 경계에 대해 "읍루는 부여 동북쪽 1000여 리에 있는데 큰 바다와 맞닿았고 남쪽은 북부여와 인접했으며 북쪽 끝은 어디인지 알 수 없다"고 한 것으로 주의를 돌리면 이 가운데 "큰 바다와 맞닿았다"는 것은 읍루의 동쪽 경계에 관련된 확실한 지리적 지식에 바탕한 서술이 아니라 읍루가 바다에서 북옥저를 침략했다고 말한 것에 따라 『위략』이나 『위지』의 편찬자가 막연히 그렇게 추측한 것에 지나지 않는다. "읍루는 부여 동북쪽 1000여 리에 있다"는 것도 방향이 옳지 않고 거리가 너무 멀다는 점에서 역시 같은 편찬자가 작성한 것으로 생각된다.

이처럼 『위지』 「읍루열전」의 기사의 유래를 살펴보고 그 내용을 검토하면 간도 지방의 북옥저를 경략한 왕기의 원정군은 나아가 영고탑 부근의 읍루의 본토에 이른 것이 거의 분명하다. 다만 장령자산을 북쪽으로 넘는 북로를 경유했는지, 아니면 돈화를 거치는 남로를 선택했는지, 억측의 가능성은 어디에도 있으므로 갑자기 판단할 수는 없지만 영고탑부터는 대체로 지금의 동지 철도선東支鐵道線*을 따른 도로를 내려가 아륵초객하 가의 부여 왕도에 이른 뒤 다시 농안·개원 등지를 거쳐 당시 지금의 무순시에 있던 현도군 치소로 돌아갔을 것으로 생각된다.

삼국시대 역사의 뒷면에 숨겨져 있던 왕기의 원정이 앞서 서술한 것처럼 뚜렷한 사건이 돼 표면에 나타나니 요 성종聖宗 통화統和 13년(995) 화삭노和朔奴의 원정이 연상된다.

• 『요사』 「화삭노열전」(권85): 통화 13년(995) 가을 도부서로 옮겨 올야를 정벌했다. 철려에 주둔해 몇 달 동안 말을 먹인 뒤 진군해 올야성에 이르렀다. 포로를 잡고 약탈하는 것이 유리하다고 여겨 항복을 요청했지만 허락하지 않고 맹렬히 공격케 했다. 성 안 사람들은 크게 두려워하며 모두 죽음을 각오하고 싸웠다. 화삭노는 이길 수 없음을 알고 부부서副部署 소항덕의 의견에 따라 동남 지역을 약탈하고 고려의 북쪽 경계를 따라 돌아왔다. 지역이 멀고 양식이 떨어져 군사와 말이 죽거나 다치니 조서를 내려 봉작을 깎았다. 統和十三年秋, 遷都部署, 伐兀惹. 駐於鐵驪, 秣馬數月, 進至兀惹城. 利其俘掠. 請降不許, 令急攻之. 城中大恐, 皆殊死戰. 和朔奴知不能克, 從副部署蕭恒德議, 掠地東南, 循高麗北界而還. 以地遠糧絶, 士馬死傷, 詔降封爵.

---

* 하얼빈을 중심으로 만주리滿洲里-수분하-다롄大連을 잇는 2,430킬로미터의 철도 노선. 동청철도東淸鐵道라고도 한다. 러시아가 부설해 1901년 개통됐으며 1935년 만주국에 매각됐다가 1952년 중국에 반환됐다.

• 『요사』(권88) 「소항덕열전」: 도부서 화삭노를 따라 올야를 토벌했는데 싸우기도 전에 올야가 항복을 요청했다. 소항덕은 포로와 전리품을 얻으려는 목적에서 허락하지 않았다. 올야가 죽음을 각오하고 싸우니 성을 함락시킬 수 없었다. 화삭노가 퇴각하려고 하자 소항덕이 말했다. "저들이 너무 드세기 때문에 우리가 황제의 명령을 받들어 토벌하러 온 것입니다. 아무 공로 없이 돌아가면 여러 부족이 우리를 어떻게 말하겠습니까? 빈손으로 돌아가는 것보다는 깊이 쳐들어가 전리품과 포로를 많이 얻는 것이 낫습니다." 화삭노는 어쩔 수 없이 나아가 동남 지역의 부들을 공격하고 고려 북쪽 변경에 이르렀다. 돌아올 때 길이 멀고 양식이 떨어져 군사와 말이 매우 많이 죽고 다쳤다. 그 죄로 공신 칭호를 빼앗겼다. [통화] 14년(996) 행군도부서가 돼 포로모타부를 정벌하고 돌아왔다. 從都部署和朔奴討兀惹, 未戰, 兀惹請降. 恒德利其俘獲, 不許. 兀惹死戰, 城不能拔. 和朔奴議欲引退, 恒德曰, 以彼倔强, 吾奉詔來討, 無功而還, 諸部謂我何. 若深入多獲, 猶勝徒返. 和朔奴不得已, 進擊東南諸部, 至高麗北鄙, 比還. 道遠糧絶, 士馬死傷甚衆. 坐是削功臣號. 十四年, 爲行軍都部署, 伐蒲盧毛朶部還.

「소항덕열전」에 따르면 화삭노 등은 여진 부족이 거주한 올야라는 성을 공격하는 데 실패하고 일단 본국인 요로 돌아왔다가 이듬해(통화 14년) 다시 출정해 포로모타부를 정벌한 것으로 보이지만 사실은 그렇지 않고, 올야성에서 고려의 북쪽 변방을 거쳐 돌아오는 동안 포로모타부를 공격했으며 "동남 지역의 부들을 공격"한 것이 포로모타부를 정벌한 것이었다. 곧 『요사』의 편자는 통화 13년부터 이듬해까지 이어진 한 번의 원정을 다른 두 사료에 바탕해 그렇게 기록한 것으로 생각

된다.[37]

요의 장수 화삭노 등이 올야성으로 진격하기 전 몇 달 동안 주둔했다고 한 철려 부족[의 거주지]는 만주 아륵초객 평야이고[38] 올야성은 발해의 수도였던 홀한성忽汗城으로 영고탑 서남쪽 60리(중국 단위, 30킬로미터)에 있는 지금의 동경성東京城이며[39], 포로모타부는 함흥 지방 여진 부락들을 모두 가리키는 이름이다.[40] 그리고 화삭노 등이 고려의 북쪽 변방을 거쳐 돌아왔다고 한 것은 함흥에서 황초령을 지나 장진강 상류 유역으로 나와 설한령이나 그 북쪽의 아득령에서 장진군과 강계군을 나누는 분수산맥을 넘어 독로강 유역으로 내려와 통구성(고구려의 옛 수도 환도성. 요의 환주桓州)를 거쳐 서쪽으로 돌아왔음을 뜻한다.[41] 또 아륵초객 방면의 여진 부족들에 대응하는 요 변경의 주요 거점은 황룡부黃龍府(이통하 가의 농안)이므로 화삭노 등은 그곳을 거쳐 진군해 철려에 주둔한 것으로 생각된다. 이렇게 보면 화삭노 등은 옛 왕기의 원정로를 거꾸로 나아간 것으로 철리부鐵利府·올야부·포로모타부의 거주지는 각각 삼국시대의 부여·읍루·남옥저의 거주지에 해당한다.

6. 맺음말

지금까지 살펴본 것을 종합하면 위는 요동의 공손씨를 무너뜨리고 요동과 한반도의 두 군을 차지했으며(경초 2년, 238) 몇 년 뒤인 정시 5년(244) 유주자사 관구검이 이끄는 군대를 보내 고구려에 큰 타격을 줬다. 관구검은 이듬해인 정시 6년 5월 개선했고, 2차 원정에 나선 현도군 태수 왕기는 고구려왕 궁이 옥저로 도망치자 그를 추격하는 동시에 남·북옥저를 공격했다. 그리고 왕기가 보낸 낙랑군·대방군 태수는 따로 남하해 당시 고구려의 지배 아래 있던 동예의 추장들을 평정했다. 뿐만 아니라 왕기의 원정군은 일찍이 중국인이 가보지 못한 읍루와 부여의 거주지까지 진격해 위의 위력을 이런 동이 여러 나라에 과시했다. 삼국 이전 대부분 명확치 않던 만주 방면의 상황을 오늘날 『위지』의 기사에서 엿볼 수 있는 것은 이런 원정의 소득이었다.

[부설] 관구검의 고구려 정벌에 관련된 『삼국사기』의 기사

관구검의 고구려 정벌은 『삼국사기』(권17) 「고구려본기」에는 동천왕 우위거 20년(246) 조에 보인다. 아울러 『위지』 「고구려열전」의 위궁에 비정되는 우위거는 후대의 고구려인에게 실재의 인물로 그 이름이 확실히 알려진 두 번째 국왕이기 때문에[42] 이 시대 「고구려본기」의 기사는 쉽게 믿을 수 없다. 그 때문에 나는 「조위의 동방 경략」에서 관구검의 고구려 정벌 사실을 연구하면서 『위지』만 근거로 삼았고 「고구려본기」는 참고하지 않았지만, 그 내용과 역사적 가치는 따로 고찰할 필요가 있다.

『삼국사기』의 기년에 따르면 동천왕 20년은 위 정시 7년(246)으로 『위지』 「제왕본기」에서 "봄 2월 유주자사 관구검이 고구려를, 여름 5월 예맥을 토벌해 모두 격파했다. 한의 나해 등 수십 국이 각각 자기 종족을 이끌고 항복했다"고 한 해다. 아울러 「제왕본기」의 이 기사는 내가 연구한 결과에 따르면 정시 5년(244)과 6년 두 차례의 원정을 7년 진한 부락들 ─ 한의 나해 등 수십 국 ─ 의 반란 결과를 서술한 기사에 가져다 붙인 것으로[43] 관구검이 직접 고구려를 정벌한 것은 정시 5년이고, 낙랑군·대방군 태수가 옥저 경략에 참여한 현도태수 왕기와 협력해 예맥(영동의 예)를 공격한 것은 이듬해인 정시 6년이다. 따라서 「고구려본기」에서 관구검의 고구려 정벌을 동천왕 20년(정시 7년)의 사건으로 기록한 것은 따로 근거가 있는 것이 아니라 「제왕본기」의 연대를 비판 없이 채택하고 그 오류를 그대로 따른 것이 분명하다.

「고구려본기」의 관구검 침입 기사는 세 부분으로 나뉜다. 첫 부분은 다음과 같다.

가을 8월 위의 유주자사 관구검이 1만 명을 거느리고 현도를 나와 침략했다. 국왕은 보병과 기병 2만 명을 거느리고 비류수 가에서 맞아 싸워 무찔러 3000여 명을 죽였으며, 다시 군사를 이끌고 양맥 골짜기에서 싸워 무찌르고 3000여 명을 죽이거나 사로잡았다. 국왕은 장수들에게 말했다. "위의 군사는 많지만 우리의 적은 군사보다 못하다. 관구검은 위의 명장이지만 오늘 그의 목숨은 내 손 안에 있다." 그리고는 철갑기병 5000기를 이끌고 공격했다. 관구검이 방진方陣을 치고 죽기로 싸우니 우리 군은 크게 무너져 1만8000여 명이 죽었다. 국왕은 1000여 기만 이끌고 압록원으로 도망쳤다. 秋八月, 魏遣幽州刺史毌丘儉將萬人, 出玄菟來侵. 王將步騎二萬人, 逆戰於沸流水上, 敗之, 斬首三千餘級. 又引兵再戰於梁貊之谷, 又敗之, 斬獲三千餘人. 王謂諸將曰, 魏之大兵, 反不如我之小兵. 毌丘儉者, 魏之名將, 今日命在我掌握之中乎. 乃領鐵騎五千, 進而擊之, 儉爲方陣, 決死而戰, 我軍大潰, 死者一萬八千餘人. 王以一千餘騎, 奔鴨淥原.

이것을 『위지』 「관구검열전」과 비교하면 비류수 가의 전투 외에 양맥 골짜기의 전투가 있고 그다음에 고구려왕이 압록원으로 도망친 전투가 있어 좀더 상세하다. 두 번째 부분에서는 먼저 이렇게 서술했다.

겨울 10월 관구검이 환도성을 공격해 무너뜨리고 도륙한 뒤 장군 왕기를 보내 국왕을 추격케 했다. 국왕은 남옥저로 도망[치려고] 죽령에 이르렀는데 군사가 거의 다 흩어졌다. 冬十月, 儉攻陷丸都城, 屠之, 乃遣將軍王頎追王. 王[欲]奔南沃沮, 至于竹嶺, 軍士分散殆盡.

다음은 이런 위기에서 국왕의 곁에 있던 동부 사람 밀우密友가 죽음을 결심하고 용감히 싸워 국왕이 샛길로 남옥저로 도망치게 했다는 것, 남옥저에서는 동부 사람 유유紐由가 거짓으로 위군에 항복해 그 장수를 찌르고 함께 죽었다는 것, 그것으로 승패의 형세가 뒤바뀌어 "위군이 마침내 혼란에 빠지자 국왕은 세 길로 군사를 나눠 빠르게 공격했다. 위군은 무너져 싸우지 못하고 마침내 낙랑에서 퇴각魏軍遂亂, 王分軍爲三道, 急擊之. 魏軍擾亂, 不能陳, 遂自樂浪而退"하는 것으로 전쟁이 귀결됐다는 것, 전쟁이 끝난 뒤 국왕은 밀우와 유유의 공로를 1등에 뒀다는 것 등을 서술했다. 이 부분은 처음부터 끝까지 『삼국사기』(권45) 「밀우·유유열전」의 기사와 똑같다.

세 번째 부분은 모두 「관구검열전」의 기사를 그대로 옮겨 실은 것이다.

이 전쟁에서 위의 장수는 숙신의 남쪽 경계에 이르러 비석을 세워 공훈을 기록했으며 환도산과 불내성에 글자를 새긴 뒤 돌아갔다. (…) 앞서 그 신하 득래는 국왕이 중국을 배반해 침략하는 것을 보고 여러 번 간언했지만 따르지 않자 "이곳에 곧 쑥이 자라는 것을 보겠구나"라고 탄식했다. 득래는 마침내 식사를 끊고 죽었다. 관구검은 군사들에게 그의 무덤을 훼손하지 말고 그곳의 나무를 베지 못하게 했으며 그의 처자를 모두 풀어줬다. 是役也, 魏將到肅愼南界, 刻石紀功, 又到(刊?)丸都山, 銘不耐城而歸. (…) 初其臣得來見王侵叛中國, 數諫, 王不從, 得來嘆曰, 立見此地將生蓬蒿. 遂不食而死. 毌丘儉令諸軍, 不壞其墓, 不伐其樹, 得其妻子, 皆放遣之.

첫 번째 기사에 따르면 관구검이 고구려를 침입하자 동천왕은 보병과 기병 2만을 이끌고 비류수 가에서 무찔렀으며 다시 양맥 골짜기에서 싸워 이겼다고 했다. 이것은 「관구검열전」에서 "고구려왕 궁은 보병과 기병 2만 명을 거느리고 비류수 가로 진군해 양구에서 크게 싸웠지만 연이어 패배해 도망쳤다"고 한 기사를 바탕으로 패배를 승리로 고쳐 승패를 뒤바꾼 것이 분명하므로 그 조작자는 뒷시대의 고구려인으로 생각된다.

양맥 골짜기라는 지명은 비류수 가에 있는 양구梁口와 어느 정도 비슷하지만 실제의 지명일까? 같은 지명은 「고구려본기」 중천왕中川王 12년(259) 조에도 보인다. 곧 그해(위 감로 4년. 관구검의 고구려 원정 15년 뒤) 위지해尉遲楷라는 위의 장수가 침략하자 중천왕은 양맥 골짜기에서 크게 무찔렀다. 또 양맥과 관련해서는 유리왕 33년(왕망 천봉 天鳳 원년, 14) 서쪽 양맥을 정벌해 그 나라를 멸망시켰다는 것, 신대왕 2년(후한 연희 9년, 166) 국상國相 명림답부明臨答夫에게 나라 안팎의 군무를 맡게 하고 양맥 부락을 다스리게 했다는 것, 숙신의 침입을 서술한 서천왕西川王 11년(서진 태강 원년, 280) 국왕의 동생 달가達賈에게 나라 안팎의 군사 업무를 맡게 하고 양맥·숙신의 부락들을 통솔하게 한 것 등의 기사가 있다.

아울러 중천왕 12년(259) 위의 장수 위지해의 침략과 관련해 '위지'라는 성은 쓰다 소키치 박사가 아래 자료를 근거로 지적한 대로 남북조시대 북위 이전에는 알려지지 않은 것이기 때문에 공상의 기사로 볼 수밖에 없고[44] 양맥에 관련된 기사들도 역사적 사실을 기록한 것이 아님은 거의 분명하다.

• 『북사』(권62) 「위지회尉遲廻열전」: 그 선조는 위의 별('부部'가 생략된 것

같다)로 위지부라고 불렸기 때문에 그것을 성씨로 삼았다. 其先魏之別,
號尉遲部, 因而氏焉.

- 『위서』(권113) 「관씨지官氏志」: 서쪽의 위지씨는 그 뒤 위씨로 고쳤다. 西
方尉遲氏, 後改爲尉氏.

그리고 양맥이라는 부족 이름과 그 거주지를 뜻하는 양맥 골짜기라
는 지명도 허구로 생각된다.

『위지』「고구려열전」: 또 소수맥이 있다. 고구려는 나라를 세우고 큰 하
천에 의지해 거주했다. 서안평현 북쪽에 작은 하천이 있는데 남쪽으로
흘러 바다로 들어간다. 고구려의 다른 종족이 그 작은 하천에 의지해
나라를 세웠기 때문에 소수맥이라고 불렸다. 맥궁이라는 좋은 활이 생
산된다.

이 기사에 따르면 삼국시대 중국인은 당시 서안평 부근의 작은 하
천의 계곡에 거주한 고구려의 한 부족을 소수맥이라고 불렸다(한·위대
의 중국인은 고구려인을 맥이라고 불렀다). 서안평현은 지금의 구련성 부
근이므로 그 북쪽에서 남쪽으로 흘러 바다로 들어가는 작은 하천은
지금의 포석하蒲石河로 생각된다. 작은 하천에 대비된 큰 하천은 말할
것도 없이 구련성 옆을 흐르는 압록강이다. 사실은 이렇지만 만약 이
작은 하천을 비류수에 비정하고 그곳에 살던 맥인을 소수맥으로 불렀
다고 해석해 그것을 「관구검열전」의 비류수 가의 양구와 연결하면 양
맥이라는 부족 이름과 함께 그 부족 이름이 붙여진 지명도 될 수 있
다. 이른바 양맥 골짜기는 고구려의 어떤 역사 편찬자가 「관구검열전」

의 기사를 조작할 때 그렇게 생각해낸 지명으로 여겨진다. 그렇다면 압록원이라는 지명을 듣고 동천왕이 그곳으로 도망쳤다고 서술한 패전 부분도 동일한 역사 편찬자가 「관구검열전」의 기사에 마음대로 덧붙인 사족이 분명하다.

다음으로 「밀우·유유열전」과 똑같은 두 번째 부분의 내용은 앞서 원문을 인용한 부분을 제외하면 주로 『위지』에 보이지 않는 사건을 서술한 것이다. 동천왕이 왕기 군에게 쫓겨 남옥저로 도망친 것은 『위지』 「옥저열전」에서 엿볼 수 있는 사실이지만 "위군은 무너져 싸우지 못하고 마침내 낙랑에서 퇴각했다"는 것은 『위지』에 보이지 않는다. 「밀우·유유열전」의 지은이는 「옥저열전」을 참고하고 거기에 자신의 자의적인 상상을 덧붙였는데, 남옥저를 낙랑 근처에 있다고 생각했기 때문인 것 같다. 그리고 여기서 이 열전의 지은이가 삼국시대 한반도의 지리와 역사를 잘 모르는 먼 시대의 인물이었음을 미뤄 알 수 있다. 그러나 먼 시대의 인물이라고 해도 고려 때나 통일신라 때 사람은 아니다. 역사적 사실로 인정하기 어려운 일이지만 낙랑에서 위군이 패배했다고 서술하고 그 전쟁을 고구려에 유리하도록 마무리한 것은 반드시 고구려인의 행위로 생각되기 때문이다.

그리고 동천왕이 남옥저로 도주한 것과 관련해 죽령이라는 이름이 보인다. 죽령은 계립령鷄立嶺과 함께 신라 영토에 있는 유명한 고갯길로 신라인에게만 친숙한 것은 아니다. 신라 진흥왕의 영토 확장 ― 재위 12년, 고구려 양원왕陽原王 7년(551) ― 이전 죽령 서쪽의 남·북한강 유역은 고구려의 소유였다. 따라서 이 지방을 신라에 빼앗긴 뒤 그 시대의 고구려인은 죽령에 대한 집착을 끊지 않았다.

이를테면 『삼국사기』(권45) 「온달溫達열전」에서 고구려의 장군 온달은 양강왕陽岡王(영양왕嬰陽王. 590~618)에게 요청해 신라로 출정하면서 "계립현과 죽령 서쪽을 되찾지 못하면 돌아오지 않겠다鷄立峴·竹嶺已西, 不歸於我, 則不返也"고 스스로 맹세했고, 『삼국사기』(권5) 「신라본기」 선덕왕 11년(고구려 보장왕寶藏王 원년, 642) 고구려 보장왕이 백제를 정벌하려고 원병을 요청하러 온 신라의 재상 김춘추에게 "죽령은 본래 우리 땅이니 죽령 서북 땅을 돌려준다면 군사를 보내줄 수 있다竹嶺本是我地分, 汝若還竹嶺西北之地, 兵可出焉"고 대답한 것은 그런 측면을 잘 보여준다. 그렇다면 「밀우·유유열전」에서 죽령이라는 지명을 제시한 것도 고구려인이라고 봐서 틀리지 않을 것이다. 요컨대 이 열전은 그것이 근거한 어떤 옛 기록이 있고, 그 옛 기록은 『위지』를 참고한 비교적 뒷시대의 고구려인이 작성한 것으로 생각된다. 그리고 그런 관계는 첫 번째 기사에서도 확인할 수 있다.

밀우와 유유의 무용담 가운데 보이는 인명에는 부部 이름이 앞에 달려 있다. 곧 '동부의 밀우東部密友' '하부의 유옥구下部劉屋句' '동부 사람 유유東部人紐由' 등이다. 그리고 이런 부 이름은 동천왕 앞뒤에 걸쳐 「고구려본기」에 보인다. 고구려에는 수도와 지방에 각각 5부제가 있어 동부는 지방의 5대 행정구역인 동·서·남·북·중 5부 가운데 하나고, 하부는 도성의 구획인 전·후·상·하·내 5부의 하나지만 실제로 그런 5부제가 시행된 것은 동천왕 때보다 많이 내려온 고구려 중엽 이후다.[45] 이렇게 보면 「밀우·유유열전」에 실린 두 사람의 무용담은 역사적 사실을 기록한 것이 아니며, 『위지』를 자의적으로 다룬 고구려의 역사가가 지어낸 것은 아니라도 민간에 떠돌던 옛이야기에 지나지 않는 것으로 판단된다.

이렇게 생각하면 관구검의 침입과 관련해 고구려에 전해진 역사적 사실로 볼 수 있는 것은 「고구려본기」에 아무것도 없다. 이것은 매우 유감스럽다. 그러나 고구려의 고대 국왕 가운데 후대의 고구려인에게 확실히 알려진 첫 인물은 산상왕 연우(『위지』「고구려열전」의 이이모)고 그다음은 동천왕 우위거이며, 산상왕 앞의 고국천왕 남무는 고구려 왕실의 세계가 만들어진 때 이런 실재의 국왕들에 덧붙여진 공상의 인물 가운데 한 사람이므로[46] 마침내 세계가 처음 확실해진 우위거와 관련해 사실다운 사실이 후세에 전해지지 않은 것은 오히려 당연하다고 말하지 않을 수 없다.

「고구려본기」 영양왕 11년(600): 대학박사 이문진에게 조서를 내려 옛 역사를 요약해 『신집』 5권을 만들게 했다. 건국 초 문자를 처음 사용할 때 어떤 사람이 사실을 100권으로 기록해 『유기』라고 했는데 이때 와서 다듬고 정리했다. 詔大學博士李文眞, 約古史爲新集五卷. 國初始用文字時, 有人記事一百卷, 名曰留記, 至是刪修.

'건국 초'라고 한 것은 막연한 시대 관념을 말한 표현이지만 동천왕 때의 고구려인은 아직 기록을 남길 수 있는 문화 단계에 이르지 못한 것으로 생각된다.

- **「고구려본기」 동천왕 8년(위 청룡 원년, 233):** 위에서 사신을 보내 화친했다. 魏遣使和親.
- **같은 왕 11년(236):** 위에 사신을 보내 경초 원년으로 연호를 바꾼 것을 축하했다. 遣使如魏, 賀改年號, 是景初元年也.

　　따라서 동일한 사실을 『위지』에서 증명할 수 없는 이런 기사들도 후대 고구려인의 위작으로 생각할 수밖에 없다. 정시 8년(247)에 해당하는 동천왕 21년 "국왕은 환도성이 난리를 겪어 다시 수도가 되기 어렵다고 판단해 평양성을 축조하고 백성과 종묘·사직을 옮겼다王以丸都城經亂, 不可復都, 築平壤城, 移民及廟社"고 한 것도 자의적인 상상에서 나온 비슷한 종류의 기사로 봐야 한다.

1928년 3월 탈고(『만선지리역사연구보고』 12책)

1945년 12월 가필

12편

진대晉代의 요동

1. 모용씨의 요동 점령

후한 말부터 삼국 초에 걸쳐 중국 본토가 혼란에 빠져 있던 동안 공손씨는 양평을 중심으로 한의 요동군을 본거지로 삼아 한반도에서 낙랑군과 대방군을 합병하고 동이 여러 나라에 세력을 미쳤다. 양평은 진秦 이후 요동군의 치소로 지금의 요양이고, 대방군은 공손탁의 아들 공손강이 낙랑군의 남부를 분할해 새로 설치한 군이다. 그러나 위 명제 경초 2년(238) 공손씨는 위에 멸망됐다. 위는 그 옛 땅을 평주 관하에 두고 동이족들을 견제하는 기관으로 동이교위를 평주 치소인 양평에 설치했다.

『진서』(권14) 「지리지」 평주: 후한 말 공손탁은 스스로 평주목이 됐다. 그의 아들 공손강과 공손강의 아들 공손문의(공손연)가 요동을 멋대로 차지하니 동이 9종족이 모두 복종해 섬겼다. 위는 양평(요양)에 동이교위를 두고 요동군·창려군(요서군의 오기)·현도군·대방군·낙랑군 등 5군을 나눠 평주를 만들었다.

「지리지」의 이 기사를 이어 "공손문의를 멸망시킨 뒤 양평에 호동이 교위를 설치했다文懿滅後, 有護東夷校尉, 居襄平"는 것은 같은 사실을 거듭 서술한 것일 뿐이다. 위는 결국 평주를 폐지하고 요동군 이하 5군을 유주에 소속시켰다. 폐제 조방 정시 5년(244) 명장 관구검이 유주자사로 동정에 참여한 것은 그 때문이었다.

그 뒤 서진은 건국 10년 뒤인 무제 태시 10년(274) 유주에서 창려·요동·낙랑·현도·대방 등 5군을 나눠 다시 평주를 설치했으며, 양평을 치소로 한 동이교위 제도도 위의 옛 제도에 따랐다.

- 『진서』(권3) 「무제본기」 같은 해 2월: 유주의 5군을 나눠 평주를 설치했다. 分幽州五郡, 置平州.
- 같은 책(권14) 「지리지」 요동군의 수현 양평 주석: 동이교위가 거주하는 곳이다. 東夷校尉所居.

그러나 같은 책 「지리지」 평주 조에서는 "함녕 2년(276) 10월 창려·요동·현도·대방·낙랑 등 군국을 나눠 평주를 설치했다咸寧二年十月, 分昌黎·遼東·玄菟·帶方·樂浪等郡國, 置平州"고 기록했는데, 이것은 태시 10년(274)의 그 사실과 앞서 서술한 위 경초 2년(238) 평주 설치 사실을 혼동하고 그것을 함녕 2년에 잘못 연결시킨 것으로 생각된다. 동이교위의 임무는 만주부터 한반도에 걸치는 넓은 지역의 동이족을 통제하는 것이었다.

- •『진서』(권97)「동이열전」 부여: 무제 때 자주 조공했다. 태강 6년(285) 모용외의 공격으로 패배해 그 왕 의려는 자살하고 자제들은 옥저로 달아나 목숨을 건졌다. (…) "호동이교위 선우영이 부여를 구하지 않아 대응할 기회를 놓쳤다"고 담당 관원이 아뢰니 조서를 내려 선우영을 파직하고 하감으로 교체했다. 武帝時, 頻來朝貢. 至太康六年, 爲慕容廆所襲破, 其王依慮自殺, 子弟走保沃沮. (…) 有司奏護東夷校尉鮮于嬰不救夫餘, 失於機略. 詔免嬰, 以何龕代之.

- •같은 열전 마한: 무제 태강 원년(280)과 2년 그 군주가 자주 사신을 보내 특산물을 바쳤다. 7·8·10년 다시 자주 사신을 보냈다. 태희 원년(290) 동이교위 하감에게 와서 조공했다. 武帝太康元年·二年, 其主頻遣使. 七年·八年·十年, 又頻至. 太熙元年, 詣東夷校尉何龕上獻.

무제 함녕 2년(276)부터 태희 원년(290)까지 동이 10여 또는 수십 국이 귀의·조공한 기사가 해마다 『진서』 본기에 보이는 것은 서진 초 그 위력이 실제로 동이 여러 나라에 미쳤음을 증명하는데, 태희 원년 이듬해인 혜제 원강 원년(291) "이해에 동이 17국이 (…) [동이]교위에게 와서 귀의했다是歲, 東夷十七國 (…) 詣[東夷]校尉內附"고 한 것은 그런 기사들 가운데 마지막 것이다.

『진서』에 따르면 서진 때 동이 여러 나라의 조공은 혜제 때 완전히 중단된 것으로 보이는데, 그 왕대 전체에 걸쳐 16년 동안(291~306) 중원을 혼란에 빠뜨린 8왕의 난* 때문으로 여겨진다. 5호가 중국 본토를

---

* 290년 무제武帝가 죽고 혜제惠帝가 어린 나이로 즉위하면서 16년 동안 제위를 둘러싸고 일어난 내란. 황족인 사마씨 8명의 왕이 관여했기 때문에 그렇게 부른다. 8왕은 권력을 잡기 위해 흉노·선비 등 북방 민족을 끌어들였는데, 그 결과 그런 이족들이 중국 북부에 세력을 확장함으

침략한 영향의 일부로 선비족들이 발해만 서북쪽 연안 지방에서 강력한 세력으로 자리 잡은 것도 이때의 일로 단씨段氏는 산해관山海關 서쪽 난하灤河 하류에 소속된 요서군 지방을 차지했으며, 모용씨는 대릉하大凌河 하류 유역을 포함한 창려군을 점유했다. 요동군의 만리장성 밖에 있던 우문씨宇文氏의 세력도 이들과 비슷했다.

그 결과 진의 위력은 뚜렷이 쇠퇴했지만, 회제 영가 3년(309) 요동군에서는 당시 태수 방본龐本이 개인적 원한 때문에 동이교위 이진李臻을 죽인 것을 계기로 만리장성 밖에 거주하던 선비가 난을 일으켜 여러 현을 함락시키니 백성이 흩어져 군 전체가 거의 몰락하고 2년이 지났다. 새 태수와 새 교위가 부임했지만 중원의 전란 때문에 관군이 적어 상황을 쉽게 진정시키지 못했기 때문이다. 이때 서쪽 국경 지역을 차지한 모용외는 황제를 보호한다는 명분으로 군사를 요동으로 보내 반란을 일으킨 선비를 항복시키고 그 무리를 자신의 영토 안으로 이주시켰다. 그 결과 요동군은 부흥됐다. 그러나 그때부터 요동태수·평주자사·동이교위는 관내의 민정을 시행하는 것을 빼고는 거의 아무 일도 하지 못하게 됐다.[1]

한편 중국 북부에서는 혜제 때부터 산서 지방을 근거로 계속 세력을 키워온 흉노의 유씨劉氏가 영가 5년(311) 낙양을 함락시키고 다시 5년 뒤인 건흥 4년(316) 장안을 점령했는데, 앞의 전쟁에서는 회제를, 뒤의 전쟁에서는 민제를 사로잡아 마침내 진을 무너뜨렸다. 이듬해 사마소司馬昭(무제의 아버지)의 조카손자姪孫 낭야왕瑯邪王 사마예司馬睿(동진 원제)는 무너진 나라를 일으켜 강남의 건강建康에서 제위에 올

로써 그 뒤 5호16국이 할거하는 원인이 됐다.

랐지만(건무 원년, 317) 이미 유씨의 소유가 된 중국 북부 일대는 처음부터 조금도 건드릴 수 없었다. 그 결과 요서의 선비 여러 나라와 만주 동부의 고구려 사이에 있던 요동 지역은 멀리 강남의 조정에 소속되지 않았으며, 아울러 완전히 고립돼 아무 도움을 받지 못하는 상황에 놓였다. 고구려가 한반도의 낙랑군을 무너뜨린 것은 서진이 멸망하기 3년 전이었는데(민제 건흥 원년, 313) 그것 또한 이미 중국 본토와 한반도의 연락이 원활하지 않았기 때문이었다.

이때 동진의 평주자사 겸 동이교위 최비崔毖는 국면을 전환시킬 계획을 고안해 몰래 고구려·단씨·우문씨를 꾀어 모용외를 공격해 멸망시키려고 했다. 그러나 이 계획을 실패로 끝났다. 세 나라의 군사가 자신의 수도인 극성棘城(지금의 금현錦縣)을 압박하자 모용외는 교묘하게 세 나라를 이간해 화친을 요청하게 만들었다. 그러나 음모가 탄로나 최비는 고구려로 달아났고 그 무리는 모두 모용외에게 항복했다. 그 결과 모용외는 자신의 아들 모용인을 정로장군征虜將軍으로 삼아 요동을 진압케 했다. 요동 지역은 이때 이르러 완전히 모용씨의 소유가 됐다. 서진이 멸망한 3년 뒤인 동진 원제 대흥 2년(319) 12월의 일이다.[2]

대흥 2년의 이 사건 뒤 고구려는 요동으로 출병해 모용씨와 충돌했다.

• 『자치통감』(권91) 「진기晉紀」 대흥 2년: 고구려가 자주 요동을 침략하자 모용외는 모용한과 모용인을 보내 토벌했다. 고구려왕 을불리가 와서 맹약을 요청하자 모용한과 모용인은 돌아왔다(모용한은 모용외의 서자 가운데 맏아들庶長子이고 모용인은 넷째 아들이다. 을불리는 미천왕의 이름이다). 高句麗數寇遼東, 厖遣慕容翰·慕容仁伐之. 高句麗王乙弗利逆來求盟, 翰·仁乃還.

• **대흥 3년**: 고구려가 요동을 침략하자 모용인이 맞서 싸워 크게 무찔렀다. 이때부터 모용인의 영토를 침범하지 못했다. 高句麗寇遼東, 慕容仁與戰, 大破之. 自是不敢犯仁境.

그 결과 모용씨는 요동을 점령해 고구려와 국경을 맞댔다. 대흥 2년 이후 동진 때의 요동을 연구하려면 그 이전 고구려의 역사를 살펴봐야 한다.

2. 현도군의 변천과 고구려

전한 무제는 원봉元封 3년(기원전 108) 위만 조선을 멸망시키고 그곳에 낙랑·진번·임둔·현도의 4군을 뒀는데, 현도군은 함경남도 함흥을 중심으로 한 옥저족 지역에 설치됐으며 치소는 함흥에 비정되는 옥저성이었다. 30년 뒤인 소제 원봉元鳳 6년(기원전 75) 이 현도군은 지금의 강원도에 해당하는 임둔군과 함께 서쪽의 낙랑군에 병합됐으며, 제2현도군이라고 부를 수 있는 새 군이 옥저성의 현도군(제1현도군)의 이름을 이어받아 요동군의 동쪽 변방에 건설됐다.

현도군과 임둔군을 병합한 대낙랑군의 동쪽 변방, 곧 옛 현도군과 임둔의 일부였던 동해안의 좁고 긴 지방 — 이른바 영동 7현 — 을 '동부', 황해도의 자비령산맥 이남 부분 — 뒤의 대방군 — 을 '남부'로 삼고 각각 도위라는 관원을 둬 이런 특별구역을 나눠 관할케 한 것도 같은 때 일어난 변화였다.[3] 이 변화는 부여족의 다른 종족인 고구려가 만주 북부에서 남쪽으로 내려와 압록강 북쪽인 동가강(혼강) 유역에 나라를 건설하자 그런 상황에 즉시 대응하고 한반도에서 군현의 통치를 강화한 조처로 생각된다.[4] 특히 제2현도군을 새로 설치한 직접적 목적은 요동군의 전위로 삼아 이 신흥 세력을 제압하는 데 있었으며, 고구려·상은태·서개마의 세 현을 거느린 그 군은 혼하 상류의 한 지류인 소자하(한대의 남소수) 유역을 관할했으며 군 치소인 고구려현은 소자하 상류의 요지인 흥경노성 부근에 설치됐다.[5]

이처럼 고구려는 전한 소제 때 만주 동부의 동가강 유역에 나라를 세웠고, 그 시기는 제2현도군이 설치(원봉 6년, 기원전 75)되기 직전이었다. 그 뒤 그 나라의 역사는 전한 말 왕망이 보낸 장수에게 추라는 국왕이 유인돼 살해된 것을 제외하고 1세기 정도 전혀 알려지지 않았다가 후한 중엽부터 조금씩 드러나기 시작했다.[6]. 그때 재위한 궁이라는 걸출한 국왕은 한의 현도군과 요동군을 자주 침략해 화제 원흥 원년(105) 소자하 유역의 제2현도군을 무너뜨리고 그 지역을 점령했다.

그러자 한은 이듬해인 안제 즉위년(106) 요동군의 일부를 떼 제3현도군을 설치했다.[7] 이 현도군은 북쪽에 혼하가 흐르는 지금의 무순시 영안대를 치소로 하고 군 치소와 동일한 곳인 고구려현 외에 고현현·후성현·요양현을 거느렸다. 고현현은 무순과 봉천의 중간쯤에 위치한 혼하 좌안에 가까운 상백관둔이고, 후성현은 봉천 부근, 요양현은 혼하와 태자하가 만나는 지점 부근(지금의 요양은 아니다)이었으며 군의 관할구역은 대체로 무순 이남의 혼하 하류 유역으로 생각된다.[8]

그리고 제2현도군을 무너뜨린 고구려는 소자하를 따라 설치된 상은태현과 서개마현 대신 목저성과 남소성을 독자적으로 설치하고 그 점령지를 방어했다.[9] 고구려가 멸망할 무렵 남소성·목저성과 함께 창암성이 당시의 역사에 처음 보이는데, 서로 관련된 이들의 위치에서 홍경노성 부근에 비정되지만[10] 그것 또한 제2현도군의 옛 성 대신 설치된 것은 아닐까 여겨진다. 요컨대 후한 중엽 제2현도군의 몰락은 요동 방면에서 고구려의 세력이 발전했음을 뜻하는 것이다. 또 동쪽을 살펴보면 후한 초 낙랑군 동부도위 치소를 폐지하고 그 뒤 7현의 토추土酋를 현후에 책봉해 자치에 맡긴 동해안의 영동 지방에 고구려가 처음 세력을 미친 것도 궁왕의 재위 기간이었던 것으로 판단된다.[11]

후한 말부터 삼국 초에 걸쳐 요동 일대에서 독자적인 세력을 떨친 것은 공손씨였는데, 공손탁의 아들 공손강은 동쪽으로 출병해 당시 비류수(지금의 동가강) 유역에 있던 고구려의 수도를 파괴하고 당시 고구려왕 이이모(산상왕 연우)와 왕위를 다툰 그의 형 발기拔奇를 도와 내란을 확대시켰다. 그 결과 이이모는 압록강 가의 환도성(지금의 집안)으로 천도할 수밖에 없었다. 그는 이처럼 고구려의 세력을 제압했을 뿐 아니라 남쪽으로 한반도에 손을 뻗쳐 낙랑군을 손에 넣고 황해도의 자비령산맥 이남을 나눠 대방군을 새로 설치했으며, 중국의 세력이 미치지 않는 것을 틈타 흥기하던 한족韓族과 예족을 정벌해 군현의 통치를 다시 확고히 했다.[12]

공손씨를 멸망시켜 요동군과 낙랑·대방군 지역을 차지한 것은 삼국의 위였다. 위는 유주자사 관구검을 보내 유명한 두 차례의 동방 원정을 수행했다. 1차 원정에서는 고구려의 수도 환도성을 도륙했고, 이듬해의 2차 원정에서는 국왕 위궁(동천왕)을 멀리 남옥저(함흥 지방)로 도망치게 만들었다. 위군은 계속해 남옥저를 공격하고 북옥저(간도 지방)까지 위궁을 추격했으며, 따로 낙랑군과 대방군 태수는 당시 고구려에 복속된 영동지방 예족의 현후들을 항복시켰다. 위 폐제 제왕 방의 정시 5~6년(244~245)의 일로 위의 세력은 한반도를 휩쓸었다.[13]

　그러나 이처럼 화려한 시대는 매우 짧았고, 자세한 사정과 확실한 연대 모두 전혀 알 수 없지만 위 정시 말부터 서진 초인 무제 태시 10년까지 25년(248~274) 사이의 어떤 기회에 위의 동방 경략에 반발한 고구려의 남침으로 생각되는데, 역사에 기록되지 않은 사건이 일어나 낙랑군의 대동강 이북 현들은 모두 자취를 감췄다. 그리고 그것은 서진 말 낙랑군이 완전히 멸망하는 한 단계가 됐다.[14]

　고구려의 미천왕(을불리)은 여러 해에 걸쳐 공격한 끝에 진의 낙랑군을 멸망시켰다.

　『자치통감』(권88) 서진 민제 건흥 원년(313) 4월: 요동의 장통은 낙랑군과 대방군을 거점으로 고구려왕 을불리와 서로 공격했지만 여러 해가 지나도록 승부가 나지 않았다. 낙랑의 왕준이 설득하자 장통은 자기 백성 1000여 가를 이끌고 모용외에게 귀순했다. 모용외는 낙랑군을 설치해 장통을 태수로 삼고 왕준을 참군사로 삼았다. 遼東張統據樂浪·帶方二郡, 與高句麗王乙弗利相攻, 連年不解. 樂浪王遵說統帥其民千餘家歸廆, 廆爲之置樂浪郡, 以統爲太守, 遵參軍事.

　이해는 서진이 멸망하기 3년 전이다. 서진 때의 고구려와 관련해서는 이 사건 외에 확실한 사료에 실린 것이 없기 때문에 거의 알 수 없다. 그리고 동진 때 들어와 그 3년째인 대흥 2년(319) 모용외가 요동 지방을 점령하는 사건이 일어났다. 그 사건은 단씨·우문씨와 함께 고구려가 관여했는데, 사변을 일으켰다가 실패한 최비는 고구려로 도망갔다. 그뿐 아니라 앞 장 끝에서 서술한 대로 고구려는 그 뒤 요동을 공격해 모용씨와 충돌했다. 그것은 요동을 점유한 모용씨와 직접 경계를 맞대게 됐기 때문으로 생각된다.

여기서 문제가 되는 것은 이 무렵 제3현도군이 어디 소속됐는가 하는 것이다. 그것은 이미 고구려의 소유가 됐을까? 아니면 삼국이나 서진 때의 상태가 이어져 모용씨의 영역 안에 들어갔을까?

3. 고구려의 제3현도군 점령

『삼국사기』(권17) 「고구려본기」에는 미천왕이 현도·낙랑·대방군을 차례로 침략한 기사가 있는데, 재위 14년 이후 3년 동안 낙랑·대방·현도군을 차례로 격파한 것으로 보인다.

- •3년(302): 가을 9월 미천왕이 군사 3만을 이끌고 현도군을 침략해 8000명을 포로로 잡아 평양으로 이주시켰다. 秋九月, 王率兵三萬, 侵玄菟郡, 虜獲八千人, 移之平壤.
- •14년(313): 겨울 10월 낙랑군을 침략해 남녀 2000여 명을 포로로 잡았다. 冬十月, 侵樂浪郡, 虜獲男女二千餘口.
- •15년(314): 가을 9월 남쪽으로 대방군을 침략했다. 秋九月, 南侵帶方郡.
- •16년(315): 봄 2월 현도성을 공격해 무너뜨려 매우 많은 사람을 죽이고 사로잡았다. 春二月, 攻破玄菟城, 殺獲甚衆.

그러나 『자치통감』에는 미천왕 14년에 해당하는 서진의 마지막 황제인 민제 건흥 원년(313) 조에 앞 장 끝에서 인용한 낙랑군의 몰락과 관련된 기사만 있고 현도군의 일은 언급하지 않았다. 「고구려본기」의 기사가 바탕한 것은 『통감』인데, 3년 동안 세 군을 멸망시켰다는 것은 편찬자의 조작으로 생각된다. 「고구려본기」 미천왕 12년(311) "가을 8월 장수를 보내 요동 서안평을 습격해 차지했다遣將襲取遼東西安平"고 했지만 이것도 쉽게 믿기 어렵다. 서안평은 압록강 하류 우안에 있는 지금의 구련성 부근이다.

대흥 2년(319)의 사건 뒤 요동과 관련해서는 다음 기록들에 그 결말이 서술돼 있다.

- 『자치통감』(권91): 최비는 기병 수십 명과 함께 집을 버리고 고구려로 도망쳤으며, 그가 거느린 무리는 모두 모용외에게 항복했다. 모용외는 자신의 아들 모용인을 정로장군으로 삼아 요동을 평정하니 관청과 민간이 예전처럼 안정됐다. 毖與數十騎棄家奔高句麗, 其衆悉降於廆. 廆以其子仁爲征虜將軍, 鎭遼東, 官府·市里案堵如故.

- 같은 책, 대흥 3년(320): 고구려가 요동을 침략하니 모용인이 맞서 싸워 크게 무찔렀다. 이때부터 모용인의 영토를 침범하지 못했다.

- 대흥 4년(321) 12월: 모용외를 도독 유·평이주·동이제군사·거기장군·평주목으로 삼고 요동공에 책봉했다. 선우가 예전처럼 사신을 보내 곧 인수를 주고 제도를 계승해 관청과 관원을 두도록 허락하자 모용외는 신하들을 갖춰 배치했다. (…) 모용외는 아들 모용황을 세자로 삼았다. (…) 모용외는 모용한에게 요동을, 모용인에게 평곽(지금의 개평蓋平 부근)을 평정케 했다. 모용한은 백성과 이적을 안정시켰는데 위엄과 은혜가 매우 컸고, 모용인도 그에 버금갔다. 以慕容廆爲都督幽·平二州東夷諸軍事·車騎將軍·平州牧, 封遼東公. 單于如故, 遣謁者, 卽授印綬, 聽承制置官司·守宰. 廆於是備置僚屬. (…) 廆立子皝爲世子. (…) 廆徙慕容

翰鎭遼東, 慕容仁鎭平郭. 翰撫安民夷, 甚有威惠, 仁亦次之.

• 『진서』(권109) 「재기載記」모용한 열전. 요동을 안정시키니 고구려가 침략하지 못했다. 백성을 잘 위무했다. 作鎭遼東, 高句麗不敢爲寇. 善撫接.

요동을 점령한 모용외는 아들 모용한과 모용인에게 그곳을 다스려 안정시키게 한 것이다. 다만 대흥 2년(319)의 사건이 일어났을 때 현도군의 소식은 역사에 나오지 않는데, 그 뒤 어떻게 됐을까? 사건 14년 뒤인 동진 성제 함화 8년(333) 5월 모용외는 죽고 세자였던 셋째 아들 모용황이 뒤를 이어 요동공이 됐다. 다음 달(6월) 새 군주 모용황은 사면령을 내리는 동시에 모용외 아래서 낭중령으로 있던 고후를 현도태수에 임명했다.

『자치통감』(권95): 여름 5월 갑인일 요동 무선공 모용외가 죽었다. 6월 세자 모용황이 평북장군 행평주자사로 영토를 다스렸다. 그는 죄수를 풀어주고 장사 배개를 군자좨주로, 낭충령 고후를 현도태수로 삼았다. 夏五月甲寅, 遼東武宣公慕容廆卒. 六月, 世子皝以平北將軍行平州刺史, 督攝部內. 赦繫囚, 以長史裴開爲軍諮祭酒, 郎中令高詡爲玄菟太守.

이어지는 기사를 보면 이보다 앞서 모용외 아래서 양무가 요동태수로 있었다는 것도 알 수 있다. 이것으로 보면 대흥 2년(319) 사건의 결과 지금의 무순시 영안대를 치소로 한 제3현도군은 요양의 요동성을 중심으로 한 요동군과 함께 모용외(전연)의 영토 일부가 됐고 모용외가 세상을 떠날 때까지 그대로 군의 이름을 보존한 것이 분명하다. 그리고 그것은 그대로 다음 군주인 모용황에게 전해졌다.

모용황은 대방태수 왕탄을 좌장사에 임명했다. 왕탄은 요동태수 양무가 유능하다면서 사양하니 모용황은 그 말을 따르고 왕탄을 우장사에 임명했다. 皝以帶方太守王誕爲左長史. 誕以遼東太守陽鶩爲才而讓之, 皝從之, 以誕爲右長史.

동진 성제 함강 5년(339)은 모용황이 세상을 떠난 아버지 모용외를 이어 전연의 군주가 된 6년 뒤인데, 『자치통감』(권96)에는 그 해 모용황의 고구려 정벌을 서술한 기사가 있다.

모용황이 고구려를 공격해 군사가 신성에 이르렀는데, 고구려왕 쇠(고국원왕)가 화친을 요청하니 돌아갔다.

요동 방면의 성인 신성의 이름이 중국 사서에 기록된 것은 이것이 처음이다. 그 성은 그 뒤 동진부터 남북조를 거쳐 수·당대까지 요동·요서나 중국 북부를 점령한 여러 세력과 고구려의 항쟁에 관련돼 고구려의 남소성·목저성 등과 함께 자주 역사에 나온다. 호삼성胡三省은 앞의 『통감』 기사에 다음과 같이 주석했다.

신성은 고구려의 서쪽 변방에 있는데, 서남쪽에는 산이 있고 동북쪽은 남소성·목저성 등과 맞닿았다. 新城, 高句麗之西鄙, 西南傍山, 東北接南蘇·木底等城.

신성의 위치는 지금의 봉천이나 무순으로 본 고 마쓰이 히토시 씨, 고 야나이 와타리 박사, 쓰다 소키치 박사 등의 견해가 있지만 모두 충분치 않은 문헌적 증거에 바탕한 것이어서 더 이상 정확한 위치를 결정할 수는 없었다. 그런데 지난 1933년 무순 도서관장 와타나베 산조 씨는 지금의 무순현 관내에 있는 북관산성을 조사해 유적과 유물을 근거로 그것이 고구려 때의 산성 터였다는 것을 알아내고 앞서 말한 여러 주장에 비춰 그 산성을 문제의 신성에 비정했다. 혼하 남안에 인접한 지금의 무순시 영안대에는 제3현도군 터가 있는데, 북관산성은 이 유적 맞은편인 혼하 북안에서 북쪽으로 멀지 않은 청대의 무순성에서 동북쪽으로 몇백 미터 떨어진 곳에 있고 북방회원보_{北方會元堡}를 거쳐 철령으로 가는 도로를 끼고 있는 큰 옛 성이다. 나는 1938년 봄 이 옛 성을 한번 봤고 1940년 가을 다시 정밀한 고고학적 조사를 실시했는데, 와타나베 씨의 비정은 확실하다고 믿는다.[15]

한편 『삼국사기』(권18) 「고구려본기」에는 동진 함강 원년(335)에 해당하는 고국원왕 5년 "나라 북쪽에 신성을 쌓았다築國北新城"는 간단한 기사가 있는데, 그 해는 앞서 서술한 모용황의 신성 공격보다 4년 앞, 곧 모용황이 계승한 다음 해다. 이 신성은 앞의 신성과 같은 성을 가리키는 것 같은데, 고구려가 그 해에 처음 그 성을 쌓았다면 그것은 고구려의 현도군 점령을 뜻하는 것이 분명하다. 무순시의 영안대에 있는 제3현도군 터와 무순성에 가까운 신성 터인 북관산성의 지리적 관계는 그렇게 생각하기에 충분하기 때문이다. 다만 『삼국사기』 「고구려본기」의 이 시대 기록은 앞서 서술한 낙랑군·대방군·현도군의 몰락 기사와 그 밖의 여러 사례 — 서진 말에 해당하는 봉상왕烽上王 2년(원강 3년, 293)과 5년(원강 6년, 296)의 모용외 침입 등 — 처럼 갑자기 믿기 어렵기 때문에 당시 고구려가 모용씨를 그렇게 침략할 수 있었는지는 다른 측면에서 따로 생각해봐야 한다.

앞서 서술한 대로 대흥 2년(319) 사건 이후 모용외의 영토가 된 요동군과 현도군은 모용외가 죽자 그대로 세자 모용황에게 전해졌지만, 모용황의 계승과 함께 일어난 형제의 분쟁으로 그 상태는 갑자기 어지러워졌다. 모용황의 서형庶兄 모용한과 함께 오랫동안 요동의 진무를 맡은 동생 모용인은 모용황을 폐출하려고 군사를 일으켰고, 그에 따라 요동은 몇 년 동안 전란에 휩싸였다. 전란의 과정은 『자치통감』(권95)에 자세히 기록돼 있지만 『진서』(권109) 「재기」 모용황 열전에 주요 내용이 있기 때문에 인용한다.

앞서 모용황의 서형 건위장군 모용한은 무예와 재능이 뛰어나 평소 모용황의 시기를 받았다. 동생 정로장군 모용인과 광무장군 모용소는 모두 모용외에게 총애를 받았는데, 모용황은 그것도 못마땅하게 여겼다. 모용외가 죽자 그들은 모두 모용황에게 용납되지 못할 것을 두려워했다. 이때 이르러 모용한은 단요(난하 하류 유역을 다스린 단씨의 주요 인물)에게 달아났다. 모용인은 모용소에게 군사를 일으켜 모용황을 폐위시키자고 권유했다. 모용황은 모용소를 죽인 뒤 사신을 보내 모용인의 동태를 살피고 험독(요서의 한 곳)에서 모용인을 만나게 했다.

모용인은 일이 발각된 것을 알고 모용황의 사신을 죽이고 동쪽의 평곽(개평 부근)으로 돌아갔다. 모용황은 동생 건무장군 모용유와 사마 동수 등을 보내 그를 토벌케 했다. 모용인이 모든 군사를 모아 맞서 싸우니 모용유 등은 대패하고 모두 모용인에게 항복했다. 양평령 왕빙·장군 손기는 요동성을 거점으로 모용황에게 반란을 일으켰다. 동이교위 봉추·호군 을일·요동상 한교·현도태수 고후 등은 성을 버리고 도망쳐 돌아왔다. 모용인은 요동 지역을 모두 점령하고 스스로 거기장군·평주자

사·요동공에 올랐다. 우문귀·단요와 선비의 부족들도 그를 도왔다. 初
皝庶兄建威翰驍武有雄才, 素爲皝所忌. 母弟征虜仁·廣武昭並有寵於廆, 皝亦
不平之. 及廆卒, 並懼不自容. 至此, 翰出奔段遼. 仁勸昭擧兵廢皝. 皝殺昭, 遣
使按檢仁之虛實, 遇仁於險瀆. 仁知事發, 殺皝使, 東歸平郭. 皝遣其弟建武
幼·司馬佟壽等討之. 仁盡衆距戰, 幼等大敗, 皆沒於仁. 襄平令王冰·將軍孫機
以遼東叛于皝. 東夷校尉封抽·護軍乙逸·遼東相韓矯·玄菟太守高詡等棄城
奔還. 仁於是盡有遼左之地, 自稱車騎將軍·平州刺史·遼東公. 宇文歸·段遼
及鮮卑諸部並爲之援.

이것은 모용황이 계승한 해(함화 8년, 333)에 일어난 일로 그를 폐위
시키고 대신 즉위한 모용인은 요동 지역을 모두 장악하고 스스로 그
주인이 됐다. 현도태수 고후는 앞서 서술한 대로 모용황이 계승할 때
새로 임명됐지만 성을 버리고 도망쳐 돌아왔다고 한 것은 특히 주목
되는데, 『자치통감』에 따르면 그는 이 전란이 이어지는 동안 모용황의
토벌군에서 참모 장수로 활동했다. 곧 현도군도 고후가 서쪽으로 도망
치면서 모용인의 영토가 된 것이다.

다음으로 이듬해인 함화 9년(334)의 기사(『진서』「재기」 모용황 열전)
을 살펴보면 모용황이 본국에서 단요·모용한과 벌인 전투에 관련된
부분은 생략돼 있지만 그 뒤의 내용은 모용황이 직접 이끈 요동 정벌
에 관련된 것이다.

모용황이 직접 요동을 정벌해 양평을 점령했다. 모용인이 임명한 거취
령 유정은 성을 들어 항복했고, 신창 사람 장형은 현재縣宰를 잡아 항복
했다. 모용황은 모용인이 임명한 관원들을 처형하고 요동의 치소를 극

성(지금의 금현錦縣)으로 옮겼으며 화양현·무차현·서락현 등 세 현을 설치하고 돌아왔다. 皝自征遼東, 尅襄平. 仁所署居就令劉程以城降, 新昌人張衡執縣宰以降. 於是斬仁所置守宰, 分徙遼東大姓於棘城, 置和陽·武次·西樂三縣而歸.

양평은 말할 것도 없이 요동군의 치소인 요동성이고 거취와 신창은 군 북부의 속현이다. 곧 모용황은 이 정벌로 모용인이 소유한 요동 북부를 경략한 것이다. 남부 정벌은 해를 넘겨 다시 해로를 이용해 이뤄졌다.

『진서』「재기」모용황 열전: 함강 초 (…) 모용황은 해로를 이용해 모용인을 토벌하려고 했는데, 아랫사람들은 해로는 위험하니 육로를 이용해야 한다고 모두 간언했다. 모용황이 말했다. "옛 해로는 얼지 않는다. 모용인이 반란을 일으킨 뒤 언 적은 세 번이었다. 옛날 한 광무제는 호타가 언 것을 이용해 대업을 이뤘다. 내가 이 기회를 타 그를 무찌르도록 하늘이 돕는 것이다. 내 계획은 결정됐으니 반대하는 사람은 처형하겠다." 그러고는 삼군을 이끌고 창려(대릉하의 하류)에서 얼음을 건너 진군했다. 모용인은 모용황이 올 것을 걱정하지 않았는데, 군사가 평곽에서 7리 떨어진 곳에 이르렀을 때 척후 기병이 보고했다. 모용인은 허둥지둥 출전했다가 모용황에게 사로잡혔다. 모용황은 모용인을 죽이고 돌아왔다. 咸康初 (…) 皝將乘海討仁, 羣下咸諫, 以海道危阻, 宜從陸路. 皝曰, 舊海水無凌. 自仁反已來, 凍合者三矣. 昔漢光武因滹沱之冰以濟大業. 天其或者欲吾乘此而克之乎. 吾計決矣, 有沮謀者斬. 乃率三軍從昌黎踐凌而進. 仁不虞皝之至也, 軍去平郭七里, 候騎乃告. 仁狼狽出戰, 爲皝所擒. 殺仁而還.

양평은 요동 북부의 중심지고 평곽(지금의 개평 부근)은 남부 해안의 요충지다. 모용인은 그곳을 본거지로 삼아 스스로 평주자사·요동공에 올랐지만 바다에서 공격해 온 모용황의 습격으로 이때 멸망했다. 『통감』의 기사를 참조하면 군사를 일으킨 지 4년째인 함강 2년(336) 정월의 일이었다.

함화 8년(333)부터 함강 2년 초에 걸친 요동의 전란은 지금까지 말한 것과 같은데, 특히 전란 초 현도군수 고후가 성을 버리고 서쪽으로 달아나자 그것을 틈타 고구려는 자연히 그곳에 침략의 손을 뻗쳤다. 1장 끝에서 서술한 것처럼 동진 초인 대흥 2년(319)의 사건 뒤 고구려는 자주 요동을 침략했는데, 모용외에게 진압되고 모용인에게 격파되면서 비로소 요동의 경계를 침범하지 않게 된 것으로 보이지만 그런 사례도 있지 않을까?

그런데 『삼국사기』의 문제의 기사 ─ "나라 북쪽에 신성을 쌓았다" ─ 를 다시 살펴보면 그 해는 고구려 고국원왕 5년, 곧 모용외의 계승과 함께 일어난 모용인의 반란 3년째인 함강 원년(335)이고, 그 내용인 고구려의 신성 축조는 신성 터에 비정되는 북관산성이 무순시 영안대의 제3현도군 터와 혼하를 사이에 두고 남북으로 마주보고 있어 고구려의 현도군 점령을 뜻하는 것으로 해석하는데 문제가 없으므로 이 간단한 기사는 모용인이 반란을 일으킨 동안 고구려가 현도군을 점령했다는 것이 단지 추정이 아니라 충분히 확실한 사실로 인정하게 하는 매우 유력한 증거가 아닐 수 없다.

그 결과 나는 자칫하면 의심할 수 있던 『삼국사기』의 신성 축조 기사를 충분히 믿게 됐고, 고구려가 전연前燕의 영토 일부였던 현도군을 침탈한 것은 현도태수 고후가 현도군 성을 버리고 도망친(함화 8년) 뒤인 함화 9년(334)의 일로 추정한다. 그리고 고구려는 그다음 해(함강 원년) 신성을 새로 축조한 것이다.[16] 『삼국사기』에는 서천왕 7년(함녕 2년, 276)과 19년(태강 9년, 288) 왕이 신성에 행차했다는 기사가 있고, 앞서 의심스럽다고 한 봉상왕 2년(원강 3년, 293)과 5년(원강 6년, 296) 모용외의 침입 기사에 신성의 이름이 보이지만 이런 기사는 모두 후대 역사가의 조작으로 여겨진다.

함화 말부터 함강 초까지 이어진 모용인의 반란에서 고구려 고국원왕이 제3현도군을 점령한 것은 후한 중엽 당시 고구려왕 궁이 소자하 유역에 설치된 제2현도군을 무너뜨리고 그 지역을 점령한 것과 함께 요동 방면에서 고구려가 이룬 두 번째 발전이었다. 신성에 비정되는 북관산성은 견고한 요지로 큰 규모의 고구려식 산성이다. 제3현도군 치소 터가 남아 있는 무순시 영안대 예예구에서 바라보면 혼하를 사이에 두고 북쪽으로 겨우 20여 정(2180미터) 거리에 요·금대의 옛 탑이 높이 솟은 산성이 손닿을 듯 있다. 전연의 모용씨에게서 제3현도군 지역을 빼앗은 고구려는 그 옛 군성에 가까이 가장 좋은 지점을 선택해 새로 이 산성을 축조한 것이다.

신성이라는 특별한 이름도 이렇게 생각하면 비로소 설명되는데, 곧 혼하 남안의 현도성에 대해 새로 강 북쪽에 축조했기 때문으로 여겨진다. 달리 말하면 신성은 옛 현도군성에 대응하는 고구려 자신의 산성인 현도 신성이었던 것이다. 그리고 그것을 축조함으로써 이 방면의 지리적 상황에서 옛 현도군성과 함께 고구려가 새로 점령한 지역의 수비를 강화한 것은 말할 필요도 없다.

4. 전연과 고구려의 충돌

모용황이 모용인의 반란을 평정한 뒤 전연의 세력은 더욱 커져 성제 함강 5년(339) 고구려의 신성을 공격하자 고국원왕은 화친을 요청했다. 앞서 인용한 대로 『자치통감』(권96) 같은 해 "모용황이 고구려를 공격해 군사가 신성에 이르자 고구려왕 쇠(고국원왕)가 화친을 요청하니 돌아갔다." 『진서』(권109) 「재기」 모용외 열전에서도 거의 비슷한 내용을 실었는데, 신성의 이름을 누락하고 "이듬해 쇠가 세자를 보내 모용황에게 입조했다明年釗遣其世子, 朝於皝"고 덧붙였다. 신성은 몇 년 전 모용인의 반란 동안 고구려에게 빼앗겼지만 "군사가 신성에 이르렀다"라는 표현을 볼 때 공격을 멈추지 않은 것으로 보인다. 아울러 고국원왕이 화친을 요청하고 이듬해 세자를 모용황에게 입조시킨 것으로 볼 때 고구려에 상당히 큰 타격을 준 것으로 생각된다. 모용황은 모용각을 도요장군에 임명해 요동의 진무를 맡겼다.

『자치통감』(권96) 함강 7년(341) 겨울 10월: 연왕 모용황은 모용각을 도요장군으로 삼아 평곽을 다스리게 했다. 모용한과 모용인의 뒤를 이을 만한 장수가 없었는데, 모용각이 평곽에 부임해 옛 제도를 정비하고 새 질서를 세워 고구려군을 여러 번 격파하니 고구려는 그를 두려워해 영토를 침범하지 못했다. 燕王皝以慕容恪爲渡遼將軍, 鎭平郭. 自慕容翰·慕容仁之後, 諸將無能繼者, 及恪至平郭, 撫舊懷新, 屢破高句麗兵, 高句麗畏之, 不敢入境.

다만 이 시점은 의심스럽다. 모용인의 반란이 평정된 뒤의 일로 여겨진다. 평곽(개평 부근)은 모용인의 본거지고, 모용각은 모용황의 넷째 아들이다.

함강 8년(342)에는 앞서 5년의 신성 공격 다음으로 큰 규모의 고구려 정벌이 이뤄졌다. 이 정벌은 적의 의표를 찔렀을 뿐 아니라 고구려의 수도인 환도를 도륙하고 고국원왕의 어머니를 사로잡았으며 전왕(미천왕)의 묘를 파헤쳐 그 시신을 싣고 돌아옴으로써 고구려에 엄청난 타격을 준 것으로 널리 알려져 있다. 그 상황은 『자치통감』(권97) 함강 8년 10월 조에 자세히 기록돼 있다.

연왕 모용황이 (…) 고구려를 공격하려고 했다. 고구려에는 두 길이 있는데 북도는 평탄하고 넓지만 남도는 험하고 좁아 북도를 이용하자는 사람이 많았다. 모용한이 말했다. "적은 상식에 따라 대군이 반드시 북도로 올 것으로 판단해 북도를 중시하고 남도를 경시할 것입니다. 왕께서 정예병을 이끌고 남도를 따라 공격해 그들이 생각지 못한 곳으로 나오면 환도는 따로 빼앗을 것도 없을 것입니다. 일부 병력을 따로 북도로 보내면 문제가 생겨도 그 배와 심장은 이미 무너졌을 것이니 팔다리는 아무 일도 할 수 없을 것입니다." 모용황은 그 말에 따랐다.
11월 모용황은 직접 정예군 4만을 이끌고 남도로 나갔으며, 모용한과 모용패를 선봉으로 삼고 따로 장사 왕우 등에게 군사 1만5000명을 이끌고 북도로 나가 고구려를 정벌케 했다. 과연 고구려왕 쇠(고국원왕)는 동생 무에게 정예병 5만을 이끌고 북도를 막게 하고 자신은 허약한 군사를 이끌고 남도를 방어했다. 모용한 등은 먼저 도착해 쇠와 싸웠고, 모용황은 대군을 이끌고 뒤이어 왔다. 상시 선우량이 말했다. "신은 포로였지만 왕께 국사로 대접받는 은혜를 입었으니 보답하지 않을 수 없습

니다. 오늘이 신이 죽을 날입니다." 그리고는 홀로 기병 몇 명과 함께 고
구려 진영을 공격해 가는 곳마다 무찌르니 고구려 진영이 흔들렸다. 그
틈을 타 대군이 공격하니 고구려군은 대패했다. 좌장사 한수가 고구려
장수 아불화도가를 베니 군사들이 승기를 타고 추격해 마침내 환도까
지 들어갔고, 쇠는 홀로 도주했다. 경거장군 모여니는 왕의 어머니 주씨
와 왕비를 포로로 잡아 돌아왔다. 그때 왕우 등은 북도에서 싸웠는데
모두 패배했다. 이 때문에 모용황은 끝까지 추격하지 않고 사신을 보내
쇠를 회유했지만 쇠는 나오지 않았다.

모용황이 돌아가려고 하자 한수가 말했다. "고구려 땅은 지킬 수 없습
니다. 지금 그 군주는 도망치고 백성은 흩어져 산골짜기에 숨어 있지
만 대군이 돌아가면 반드시 다시 모여 남은 힘을 모을 것이니 근심거리
가 되기에 충분합니다. 그 아버지의 시신을 싣고 그 어머니를 포로로 잡
아가서 그가 자신의 몸을 묶고 스스로 귀순하기를 기다린 뒤 돌려보내
면서 은혜와 믿음으로 어루만지는 것이 가장 좋은 계책입니다." 모용황
은 그 말에 따라 쇠의 아버지 을불리(미천왕)의 묘를 파헤쳐 그 시신을
싣고 여러 대에 걸쳐 창고에 쌓인 보물을 가져갔다. 남녀 5만여 명을 포
로로 잡고 그 궁실을 불태웠으며 환도성을 파괴한 뒤 돌아갔다. 燕王皝
(…) 將擊高句麗. 高句麗有二道, 其北道平闊, 南道險狹, 衆欲從北道. 翰曰, 虜
以常情料之, 必謂大軍從北道, 當重北而輕南. 王宜帥銳兵, 從南道擊之, 出其
不意, 丸都不足取也. 別遣偏師從北道, 從有蹉跌, 其服心已潰, 四支無能爲也.
皝從之. 十一月, 皝自將勁兵四萬, 出南道, 以慕容翰·慕容霸爲前鋒, 別遣長史
王寓等將兵萬五千, 出北道, 以伐高句麗. 高句麗王釗果遣弟武, 帥精兵五萬拒
北道, 自帥羸兵以備南道. 慕容翰等先至, 與釗合戰, 皝以大衆繼之. 常侍鮮于
亮曰, 臣以俘虜, 蒙王國士之恩, 不可以不報, 今日臣死日也. 獨與數騎先犯高

句麗陳, 所嚮摧陷, 高句麗陳動. 大衆因而乘之, 高句麗兵大敗. 左長史韓壽斬高句麗將阿佛和度加, 諸軍乘勝追之, 遂入丸都. 釗單騎走. 輕車將軍慕輿埿獲其王母周氏及妻而還. 會王寓等戰於北道, 皆敗沒. 由是皝不復窮追, 遣使招釗, 釗不出. 皝將還, 韓壽曰, 高句麗之地, 不可戍守. 今其主亡民散, 潛伏山谷, 大軍旣去, 必復鳩聚, 收其餘燼, 猶足爲患. 請載其父尸, 囚其生母而歸, 俟其束身自歸, 然後返之, 撫以恩信, 策之上也. 皝從之, 發釗父乙弗利墓, 載其尸, 收其府庫累世之寶. 虜男女五萬餘口, 燒其宮室, 毀丸都城而還.

『진서』「재기」모용황 열전의 아래 기사는 이 전투와 관련해 간략하지만 핵심을 실었다. 그러나 함강 7년은 8년의 오기로 생각된다.

함강 7년 모용황은 용성(지금의 조양朝陽)으로 천도한 뒤 정예병 4만을 이끌고 남협으로 들어가 우문씨와 고구려를 정벌했다(우문씨를 함께 거론한 것은 오류다). 또 모용한과 아들 모용수를 선봉으로 삼고, 장사 왕우 등에게 군사 1만5000명을 이끌고 북치北置에서 나아가게 했다. 고구려왕 쇠는 모용황 군이 북로를 이용할 것으로 생각해 동생 무에게 정예병 5만으로 북치를 막게 했으며, 자신은 약한 군대를 이끌고 남협을 방어했다. 모용한은 목저성에서 싸워 쇠를 크게 무찌르고 승세를 타 마침내 환도로 들어갔다. 쇠는 홀로 도망쳤다. 모용황은 쇠의 아버지 을불리의 묘를 파서 그 시신과 그의 어머니와 왕비, 진귀한 보물을 탈취했다. 또한 남녀 5만여 명을 포로로 잡았으며 그 궁실을 불태우고 환도를 파괴한 뒤 돌아왔다. 咸康七年, 皝遷都龍城, 率勁卒四萬, 入自南陝, 以伐宇文·高句麗. 又使翰及子垂爲前鋒, 遣長史王寓等, 勒衆萬五千, 從北置而進. 高句麗王釗, 謂皝軍之從北路也, 乃遣其弟武, 統精銳五萬, 距北置, 躬率弱卒, 以防南陝. 翰

與釗戰于木底, 大敗之, 乘勝, 遂入丸都. 釗單馬而遁. 皝掘釗父利墓, 載其尸幷

其母妻·珍寶, 掠男女五萬餘口, 焚其宮室, 毁丸都而歸.

이 기사에는 『통감』에 보이지 않는 목저성이 나오는데, 문맥상 남도(남협)과 북도(북치)가 만나는 곳에 있던 것으로 생각된다. 그동안 여러 주장이 있던 남도·북도와 목저성의 위치는 올해 봄~여름에 쓴 「고구려 원정에서 당군의 행동」에서 자세히 설명했기 때문에 번잡을 피하기 위해 여기서는 되풀이하지 않는다. 결론을 말하면 "평탄하고 넓은 북도"는 신성과 현도성이 있던 혼하와 그 지류인 소자하로路고 "험하고 좁은 남도"는 요양에서 동쪽으로 가는 태자하로며, 고구려의 대군이 패배한 목저성은 소자하 중류의 목기木寄에 가까운 수수보자水手堡子산성이다.[17] 참고로 덧붙인다. 신성·목저성과 함께 자주 역사에 나오는 고구려의 성은 남소성이다. 그것은 지금의 소자하에 비정되는 한·위대의 남소수에서 온 이름인데, 혼하와 소자하가 만나는 곳에서 가까운 사르후 고성薩爾滸古城과 방금 말한 목저성(수수보자산성)의 중간에 있는 하협하下夾河·상上협하 주위에 있던 것으로 생각된다. 이것도 앞의 졸고에서 서술했다.[18]

이처럼 모용황은 고구려를 철저히 격파했다. 이것도 앞서 고구려가 현도성을 침략한 것에 보복한 것이 분명하다. 이듬해(동진 강제康帝 건원 원년, 343) 2월 고구려의 고국원왕은 스스로 신하라고 부르면서 동생을 전연에 보내 진귀한 물건을 바치고 부왕의 시신을 갖고 돌아올 수 있었다. 그러나 어머니 주씨는 인질로 계속 남아 있었다.[19] 2년 뒤인 목제穆帝 영화 원년(345) 모용황은 다시 넷째 아들 모용각에게 고구려를 정벌케 했으며, 모용각은 남소성을 함락시키고 수비군을 둔 뒤 돌

아왔다.[20]

　고국원왕이 전연의 다음 국왕인 모용준慕容儁(모용황의 셋째 아들)에게 인질을 보내 공물을 바치고 어머니를 귀국시킬 수 있던 것은 영화 11년(355)이었다. 이때 고국원왕은 정동征東대장군·영주營州자사의 관직을 받고 낙랑공에 책봉됐다.[21] 이보다 앞서 영화 4년(348) 모용황의 뒤를 이어 전연의 군주가 된 모용준은 이듬해 수도를 중국 북부로 옮겼고 그 뒤에는 고구려와 전쟁을 벌이지 않았지만, 모용황의 치세 초기 고구려의 소유가 된 현도성, 그리고 그것과 함께 축조된 신성은 그 뒤 앞서 서술한 정세 아래 다시 고구려에서 전연의 영토로 돌아간 것이 틀림없다. 곧 고구려 고국원왕이 현도군을 점령한 기간은 신성 축조(335) 뒤 몇 년 동안에 지나지 않았던 것이다.

　함강 8년(342) 고구려를 굴복시킨 모용황은 건원 2년(344) 우문씨를 공격해 멸망시켰다. 우문씨는 서진 때부터 요하 상류 시라무렌西喇木倫 유역에서 세력을 떨친 선비의 강국이었다. 여기서 모용황의 예봉은 다시 부여로 향했다. 부여는 한대부터 지금의 아성阿城을 중심으로 한 아십하 유역을 본거지로 만주 북부를 장악해 중국과는 주로 제2·3현도군과 요동군에서 접촉했는데, 서진 초인 무제 태강 6년(285) 모용외의 공격으로 그 왕 의려가 자살하는 등 멸망에 가까운 큰 타격을 받았지만 진晉 황제의 도움으로 겨우 나라의 명맥을 이을 수 있었다. 그때 의려의 아들들은 도망쳐 북옥저(지금의 간도 지방)에 부여의 별국別國을 세웠다. 모용황의 부여 정벌은 다음 기록에 나온다.

　• 『진서』(권109) 「재기」 모용황 열전: 3년 세자 모용준과 모용각을 보내 기병 1만 7천을 이끌고 동쪽으로 부여를 공격케 하니 이기고 그 왕과

백성 5만여 명을 포로로 잡아 돌아왔다. 三年, 遣其世子儁與恪, 率騎萬
七千, 東襲夫餘, 克之, 虜其王及部衆五萬餘口以還.

- 『자치통감』(권97) 목제 영화 2년(346) 정월: 처음에 부여는 녹산에 거
  주했는데, 백제의 침략으로 부락이 흩어져 서쪽으로 연과 가까운 곳
  으로 옮겼지만 그들에 대한 방비를 갖추지 않았다. 연왕 모용황은 세
  자 모용준을 보내 모용군·모용각·모여근 세 장수와 기병 1만7000명을
  거느리고 부여를 습격케 했다. 모용준은 진영 안에서 지휘하고 군사
  적 업무는 모두 모용각에게 맡겼는데, 마침내 부여를 함락시켜 그 왕
  현과 그 부락 5만여 명을 사로잡아 돌아왔다. 모용황은 현을 진군장
  군에 임명하고 딸을 시집보냈다. 初夫餘居于鹿山, 爲百濟所侵, 部落衰散,
  西徙近燕, 而不設備. 燕王皝遣世子儁, 帥慕容軍·慕容恪·慕輿根三將軍,
  萬七千騎, 襲夫餘. 儁居中指揮, 軍事皆以任恪, 遂拔夫餘, 虜其王玄及部落五
  萬餘口而還. 皝以玄爲鎭軍將軍, 妻以女.

『진서』「재기」에는 ‘3년’이라고만 돼 있는데 아래 기사에서 모용황
의 죽음을 ‘영화 4년’에 연결시킨 것에서 추측하면 그 전 해인 영화
3년(347)으로 여겨진다. 아울러 『통감』의 ‘2년’과 1년의 차이가 있는
데, 『통감』 쪽이 옳다고 생각된다. 또 『통감』에서 “처음에 부여는 녹산
에 거주했다”고 한 녹산은 부여의 본래 근거지였던 아성 지방의 어느
산을 가리키는 것 같고, 그곳을 침입했다고 한 ‘백제’는 ‘고구려’의 오
기가 분명하다. 녹산에 있던 부여는 공격을 받은 결과 “부락이 흩어져
서쪽으로 연과 가까운 곳으로 옮겼다”고 했는데, 고구려의 그런 부여
정벌은 미천왕이나 고국원왕이 한 것으로 판단된다. 또 “서쪽으로 연
과 가까운 곳으로 옮겼다”고 한 것은 그곳이 전연의 모용씨에게 침입

받기 쉬운 옛 부여의 서쪽 변방의 요지였을 것에서 추측하면 이통하가의 농안 부근 — 곧 발해 때 부여부扶餘府가 설치된 곳 — 이 아니었을까 여겨진다. 정말 그렇다면 모용황 군이 부여를 침략했을 때 부여왕 현이 거처하던 성은 농안 부근이며 아성 방면은 아니었을 것으로 판단된다.[22]

5. 고구려와 후연·북연의 충돌 — 고구려의 요동 점령

동진 폐제 해서공海西公 태화 5년(370) 전연은 전진前秦(부진符秦)의 부견符堅에게 멸망됐다. 그에 따라 요동은 전진의 영토가 됐다. 그러나 13년 뒤인 효무제 태원 8년(382) 전진의 부견은 대군을 일으켜 한번에 동진을 무너뜨리려고 했지만 도리어 비수淝水 전투에서 대패해 세력이 크게 꺾였고, 그 영향으로 국토가 분열돼 모용수(모용황의 다섯째 아들)는 전진을 배반하고 전연의 뒤를 이어 건국했다(384). 곧 후연後燕이다. 이런 변화가 일어나면서 중국 북부와 요서 지방은 크게 동요했고 고구려의 고국양왕故國壤王 — 후연이 건국한 해에 즉위 — 은 그 기회를 타고 태원 10년(385) 출병해 현도성과 요동성을 함락시켰다. 말할 것도 없이 현도성은 혼하 좌안에 있는 옛 현도군성이고 요동성은 지금의 요양이다.

고국양왕의 이 출병은 현도성을 함락시켰다는 점에서 전연 때 잃었던 영토의 회복을 뜻하는 것이었다. 그러나 모용수가 보낸 모용농慕容農은 요서의 동란을 평정한 뒤 곧바로 고구려를 공격해 두 성을 회복했으며, 평곽(지금의 개평 부근)에 장수를 배치하고 요동태수를 임명해 요동을 안정시켰다.[23] 그 결과 고국양왕의 출병은 실패로 끝났다. 다만 이때 쟁탈의 대상이 된 성은 현도성과 요동성이고 혼하 우안에 있던 신성은 그 대상 바깥에 있었던 것으로 보이는데, 그 성은 그전의 어떤 기회에 이미 고구려가 수복했기 때문으로 생각된다.

그 뒤 동진 안제 융안隆安 2년(398) 후연왕 모용보慕容寶는 탁발위跖跋魏의 예봉을 피해 중국 북부에서 요서의 용성(지금의 조양)으로 옮겼다. 그것과 함께 후연은 그 세력을 요동에서 발전시켰으며, 다음 왕인 모용성慕容盛은 융안 4년(400) 고구려의 광개토왕이 순종하지 않는다는 구실로 직접 대군을 이끌고 고구려를 정벌해 신성과 남소성을 함락시키고 그 주변을 침탈했다.

『자치통감』(권111) 융안 4년 2월: 고구려왕 안(광개토왕)이 연을 섬기는데 예절을 지키지 않았다. 2월 병신일 연왕 모용성은 직접 군사 3만을 이끌고 공격했다. 선봉이 된 표기대장군 모용희는 신성과 남소성을 함락시키고 700여 리의 영토를 넓혀 5000여 호를 이주시키고 돌아왔다. 高句麗王安事燕禮慢. 二月丙申, 燕王盛自將兵三萬襲之. 以驃騎大將軍熙爲前鋒, 拔新城·南蘇二城, 開境七百餘里, 徙五千餘戶而還.

이 신성과 남소성을 차지한 데는 옛 현도군성도 포함된 것으로 생각된다. 고구려는 이런 침략을 받았지만 이미 쇠약해진 후연을 쉽게 생각한 것이 분명하다. 2년 뒤인 원흥 원년(402) 과감하게 보복을 단행했다.

『자치통감』(권112) 원흥 원년: 고구려가 숙군을 공격하자 연의 평주자사 모용귀는 성을 버리고 도망쳤다. 高句麗攻宿軍, 燕平州刺史慕容歸棄城走.

호삼성의 주석에 따르면 숙군은 용성(지금의 조양) 동북쪽에 있었으므로 이때 고구려군은 요하를 넘어 멀리 후연의 본토까지 침입한 것이다. 그 뒤 원흥 3년(404)에도 고구려는 다시 연을 침략했다. 이것은 『통감』에 "고구려가 연을 침략했다高句麗侵燕"고만 기록돼 있어 자세한 사항을 알 수 없다. 그리고 그 이듬해(안제 의희義熙 원년, 405) 후연왕 모용희는 스스로 군사를 이끌고 고구려를 공격했지만 요동성을 함락시키지 못했다.

『자치통감』(권114) 의희 원년 정월: 연왕 모용희가 고구려를 정벌했다. 무신일 요동성을 공격해 함락되려고 하자 모용희는 군사들에게 명령했다. "먼저 올라가지 말고 그 성을 완전히 무너뜨려 평지로 만든 뒤 짐이 황후와 함께 가마를 타고 들어갈 것이다." 그 때문에 성안에서는 방어를 엄중히 할 수 있어 이기지 못하고 돌아갔다. 燕王熙伐高句驪. 戊申, 攻遼東城, 且陷, 熙命將士. 毋得先登, 俟剗平其城, 朕與皇后乘輦而入. 由是城中得嚴備, 不克而還.

이 사실은 그보다 앞서 요동성은 물론 그 동북 방면에 위치한 옛 현도군성과 신성, 그리고 그 동북쪽의 남소성 — 신성과 함께 앞서 모용성의 공격으로 함락됐다 — 도 모두 고구려의 소유가 됐음을 말한 것인데, 그것은 고구려의 숙군 원정과 그 2년 뒤의 사실로 『통감』에서 "고구려가 연을 침략"했다고 한 무렵으로 생각된다. 그 결과 이듬해(의희 2년, 406) 모용희는 직접 날랜 군사를 이끌고 고구려의 목저성을 공격했다.

『자치통감』(권114) 의희 2년 정월: 연왕 모용희는 형북에 이르러 거란의 대군을 두려워해 돌아오려고 했지만 부견은 듣지 않았다. 무신일 마침내 군수품을 버리고 날랜 군사로 고구려를 습격했다. (…) 같은 해 2월. 연군이 3000리를 행군하니 지쳐 얼어 죽은 군사와 말이 길에 가득했다. 고구려의 목저성을 공격했지만 이기지 못하고 돌아왔다. 燕王熙至陘北, 畏契丹之衆, 欲還, 符后不聽. 戊申, 遂棄輜重, 輕兵襲高句麗. (…) 燕軍行三千餘里, 士馬疲凍, 死者屬路. 攻高句麗木底城, 不克而還.

특히 날랜 군사를 이끌고 진격했고 단독으로 목저성을 공격했으며, 그 성이 소자하 중류의 목기木奇에 가까운 수수보자산성에 비정되는 것 등에서 추론하면 이때 모용희는 신성과 남소성이 있던 혼하의 소자하로路 — 함강 8년(342) 모용황의 고구려 정벌에서 "평탄하고 넓은 북도" — 를 경유하지 않고 요양에서 동쪽으로 가는 태자하로 — 그 전쟁에서 "험하고 좁은 남도" — 로 나아가 곧장 신성과 남소성의 배후를 공격한 것으로 여겨진다. 그러나 이기지 못하고 돌아왔다. 이처럼 후연은 중국 북부에서 용성으로 옮겨온 뒤 모용성이 신성과 남소성을 함락시켜 700리의 땅을 차지했다고 했지만 사실 그것은 짧은 기간이었고, 다음 왕인 모용희 때 고구려의 광개토왕은 전연의 모용황에게 빼앗겼던 옛 현도군성과 신성을 공격해 확실히 회복했을 뿐 아니라 요동성도 다시 확보했다.

얼마 뒤인 의희 5년(고구려 광개토왕 19년, 409) 후연에서 벼슬하던 중국인 풍발馮跋은 후연을 무너뜨리고 북연을 개창했다. 15년 뒤 강남의 동진은 멸망했고, 다시 10여 년 뒤 송 초기인 문제 원가元嘉 10년 (436)은 고구려 장수왕 24년으로 그가 처음 북위(탁발위)와 교류한 이듬해인데, 그해 북연은 북위 태무제太武帝의 공격으로 멸망했다. 공격받기 전 북연왕 풍홍馮弘이 구원을 요청하자 장수왕은 대군을 용성으로 보냈으며, 위군이 도착하기 전 풍홍이 망명을 요청하자 받아들였다.

북위는 풍홍의 송환을 자주 요청했지만 장수왕은 따르지 않았으며, 2년 동안 그를 요동성에 거처케 하다가 평곽에 안치한 뒤 곧 북풍北豊으로 이주시켜 살해했다.[24] 평곽은 요동 남부인 지금의 개평 부근이고 북풍도 거기서 멀지 않은 곳으로 생각되므로 고구려가 이 사건이 전개되는 동안이나 그전에 요동 일대를 모두 차지한 것은 거의 분명하다. 요컨대 고구려는 동진 말부터 송 초에 걸친 북연 때, 자국에서는 장수왕의 긴 치세 초기에 요동 지방을 장악했으며, 이것은 동진 초무순에 현도의 신성을 설치한 뒤 이 방면에서 이룬 세 번째 커다란 발전이었다.

앞 장에서 서술한 대로 서진 무제 태강 6년(285) 만주 북부의 아성 지방에 있던 부여는 모용외의 침략을 받자 그 왕 의려의 자제들은 북옥저(지금의 간도 지방)로 도망쳐 부여의 별국을 세웠다. 이 부여는 고구려 광개토왕비에 보이는 '동부여'로 동진 안제 의희 6년(410)에 해당하는 광개토왕 영락永樂 20년 그의 공격을 받아 고구려의 영토로 편입됐다. 그 뒤 장수왕 23년(송 무제 원가 12년, 435) 북위 태무제는 사신 이오李敖를 고구려로 보내 장수왕에게 책명冊命을 줬다.

『위서』(권100) 「고구려열전」: 이오는 장수왕이 거처하는 평양성에 와서 그 나라의 일을 물어본 뒤 돌아가 말했다. "요동(요양) 남쪽 1000여 리에 있는데 동쪽은 책성(지금의 간도 지방), 남쪽은 작은 바다(동해), 북쪽은 옛 부여(만주 북부 아성 지방)에 이르며 민호는 전위(조위) 때의 3배입니다." 敕至其所居平壤城, 訪其方事, 云遼東南一千餘里, 東至柵城, 南至小海, 北至舊夫餘, 民戶參倍於前魏時.

책성은 광개토왕이 동부여를 정복한 뒤 그 옛 땅에 설치된 고구려의 성이고, 동쪽 변방의 이 성과 함께 고구려의 북쪽 경계였던 '옛 부여'는 미천왕이나 고국원왕이 경략한 아성 지방을 가리키는 것으로 생각된다.[25]

요동 방면에서 고구려의 발전은 북연 말 정점에 이르렀고 그 뒤 남북조시대에 걸쳐 북위·동위·북제·북주와 차례로 경계를 맞댔지만, 그 영역은 요하 서쪽까지 확대되지는 않았다. 그 상태는 수·당대도 그대로 이어졌다. 광개토왕의 뒤를 이은 장수왕의 치세는 고구려의 전성기였기 때문에 그 시대에 고구려가 요동 전체를 차지하고 지리적 형세에 따라 그것이 후대까지 유지된 것은 참으로 당연한 일이었다.

1941년 12월 5일 탈고(『제국 학사원 기사帝國學士院紀事』 1권 1호)

13편
고구려의 5족과 5부

1. 고구려의 5족과 5부

『위지』(권30) 「고구려열전」에는 그 5족을 설명한 기사가 있다.

본래 5족이 있는데 연노부·절노부·순노부·관노부·계루부다. 본래 연노부에서 왕이 나왔지만 점차 미약해져 지금은 계루부에서 왕이 나온다. (…) 왕의 친척으로 대가('가'는 호족이나 귀족의 뜻)인 사람은 모두 고추가라고 불린다. 연노부는 본래 국왕을 배출했는데 지금(삼국시대)은 왕위를 잇지 못하지만 적통을 이은 대인은 고추가로 불릴 수 있으며 종묘를 세우고 신령한 별과 사직에게 제사지낼 수 있다. 절노부는 대대로 왕과 혼인했기 때문에 고추가의 칭호를 더했다. 本有五族, 有涓奴部·絶奴部·順奴部·灌奴部·桂婁部. 本涓奴部爲王, 稍微弱, 今桂婁部代之. (…) 王之宗族, 其大加皆稱古雛加. 涓奴部本國主, 今雖不爲王, 適統大人, 得稱古雛加, 亦得立宗廟, 祠靈星·社稷. 絶奴部世與王婚, 加古雛之號.

『후한서』(권115) 「고구려열전」은 모두 『위지』 「고구려열전」의 기사를 가져온 것이다. 따라서 이 부분도 동일하고 '연노부涓奴部'를 '소노부消奴部'로 쓴 것만 다르지만, 이 부분에 관련된 당 장회태자(고종의 아들)의 주석은 특히 주목된다(2장 그림 참조).

지금(당 초기) 고구려의 5부를 살펴보면 첫째는 내부로 황부라고도 하며 계루부다. 둘째는 북부로 후부라고도 하며 절노부다. 셋째는 동부로 좌부라고도 하며 순노부다. 넷째는 남부로 전부라고도 하며 관노부다. 다섯째는 서부로 우부라고도 하며 소노부다. 案今高驪五部, 一日內部, 一名黃部, 卽桂婁部也. 二曰北部, 一名後部, 卽絶奴部也. 三曰東部, 一名左部, 卽順奴部也. 四曰南部, 一名前部, 卽灌奴部也. 五曰西部, 一名右部, 卽消奴部也.

곧 『후한서』에 주석을 단 장회태자는 당 초기에 알려진 고구려의 5부를 『위지』에서 말한 옛 5족으로 본 것이다.

『삼국사기』 「고구려본기」를 보면 12대 중천왕 이전 연나부椽那部·관나부貫那部·조나부藻那部·환나부桓那部·주나부朱那部·비류나부沸流那部·제나부提那部 등의 부명이 기록돼 있고, 인명·관명 앞에 동·서·남·북 4부의 이름이 붙여진 것은 3대 대무신왕 15년(32), 9대 고국천왕 13년(191), 11대 동천왕 이후, 15대 미천왕 이전의 여러 기사에 보인다. 그리고 좌·우·전·후의 각부 이름은 하나도 보이지 않지만 하부下部는 동부와 함께 동천왕 20년(246) 조, 상부는 평강왕平岡王(25대 평원왕) 때 사람인 「온달열전」(『삼국사기』 권45)에서 인명들 앞에 붙여져 있다. 또 일본 사서에는 『일본서기』[1], 『속일본기續日本紀』[2], 『일본후기日本後紀』[3],

『신찬성씨록』[4]에 부명을 앞에 둔 고구려인에 관련된 기사가 30개 정도 있는데, 종류대로 구별하면 전부 14명, 후부 16명, 상부 9명, 하부 4명, 남·서·동부 각 1명이다. 좌·우부는 「고구려본기」와 같은 것이 하나도 없다.

『위지』에 기록된 연노부(또는 소노부) 등 고구려의 5족(5부족)에 대해서는 고 나카 미치요 박사, 시라토리 구라키치 박사, 이마니시 류 박사 등이 서로 다른 견해를 내놨다. 고 나카 박사는 유저『조선 고사고』에 실린 「고구려의 5족句麗の五族」에서[5] 『후한서』「고구려열전」의 장회태자 주석을 그대로 인정하면서 앞서 서술한 「고구려본기」와 일본 사서의 관계 기사를 참조해 「고구려본기」의 관나·환나·연나는 『위지』의 관노·연노·절노로 봐야 한다는 것(관나貫那와 관노灌奴, 환나와 연노는 발음에 따라, 연나와 절노는 고구려 왕실과 통혼했다는 기사들에 따라), 일본 사서에 보이지 않는 좌부·우부는 동부·서부의 다른 이름이고 상부·하부는 5부에 들어가지 않을지도 모른다는 것, 내부의 다른 이름인 황부는 「고구려본기」와 일본 사서에 모두 보이지 않지만 왕족이 고씨이기 때문에 부 이름을 들지 않은 것이고 「고구려본기」와 일본 사서에 '고 아무개高某'라고 기록된 고구려인은 대체로 내부, 곧 계루부 출신으로 생각된다는 것 등을 지적했다.

다음으로 시라토리 박사의 견해는 고구려 고대의 수도였던 환도성과 국내성이 다른 곳이 아님을 밝힌 논문에 보인다.[6] 그는 계루부가 연노부를 대신해 고구려의 주인이 됐다고 한 『위지』의 기록은 왕통의 변화를 뜻하는 것이 아니라 도성의 변경, 곧 후한 말 고구려왕 이이모가 형 발기와 왕위를 다툰 결과 당시 수도가 있던 비류수(지금의 동가강. 일명 혼강) 유역을 떠나 압록강의 환도성(지금의 집안현 치소가 있는 통구)에 새 수도를 세웠다는 의미로 보고, 따라서 『위지』의 5부는 부족의 고유 이름이 아니라 행정구역의 이름으로 해석해야 한다고 주장했다. 그는 다시 그것을 확실히 하기 위해 계루부 이외의 4부의 이름인 절·순·연·관은 각각 후·좌·우·남을 의미하는 고구려 고유어의 음역이고 거기 붙어있는 '노奴'도 오늘날 한국어에서 네 방위에 해당하는 고구려어로 생각된다는 언어학적 판단을 내린 뒤 『위지』에 고구려의 5부족으로 기록된 것은 이이모가 환도 지역에 새 수도를 창건하면서 그곳을 중심으로 삼아 국토를 5구역으로 나눈 행정구역이 분명하다고 단정했다. 간단히 말하면 시라토리 박사는 당 초기 고구려의 5부제를 삼국시대 『위지』의 5부족으로 본 장회태자의 견해를 그대로 인정하면서 그것을 철저하고 충분하게 설명한 것이다.

그러나 이마니시 박사는 『위지』에서 "본래 5족이 있었다"고 하고 거기에 관련된 삼국시대의 두세 가지 사실로 "본래 연노부에서 왕이 나왔지만 점차 미약해져 지금은 계루부에서 왕이 나온다" "연노부는 본래 국왕을 배출했는데 지금(삼국시대)은 왕위를 잇지 못하지만 적통을 이은 대인은 고추가로 불릴 수 있다" "절노부는 대대로 왕과 혼인했기 때문에 고추가의 칭호를 더했다"는 것 등에 따라 고구려의 5부족을 이이모(「고구려본기」의 10대 산상왕 연우)가 천도할 때 설치된 5대 행정구역이라고 본 것은 매우 무리한 해석이라면서 장회태자의 주석에 반대하고 세 번째 견해를 제시했다. 그는 『사림史林』에 발표한 「고구려 5족·5부고高句麗五族·五部考」에서 고구려 고대의 5족과 후대의 5부는 완전히 다른 것이라면서 5족으로 불린 것은 부족이고 5부는 도성 안의 행정구역이자 귀족의 소속을 구분한 것이라고 결론지었다.7

『위지』의 기록에 따라 5족의 성격을 추측하면 그것은 삼국시대 앞뒤에 걸쳐 고구려족에 있던 유력한 씨족으로 보인다. 아울러 오행사상에 바탕해 오방五方에 배치한 행정구역으로 보이는 모습은 전혀 엿볼 수 없으므로 나는 이마니시 박사와 마찬가지로 그것을 장회태자의 주석에서 분리해 생각하는 데 망설이지 않는다. 고구려는 전한 소제 때 부여족의 일부가 만주 북부에서 남쪽으로 내려와 동가강과 압록강 유역을 차지하고 세운 나라인데,**8** 씨족제는 이미 그때부터 있던 것으로 보인다.

『위지』: 큰 산과 깊은 계곡이 많고 평원이 적다. 산골짜기를 따라 거주하고 골짜기의 물을 먹는다. 좋은 밭이 없다. 多大山深谷, 無原澤. 隨山谷以爲居, 食澗水. 無良田.

이렇게 기록된 지형에 따라 살펴보면 외부의 침입자였던 고구려인은 자신들이 차지한 지방의 토착 맥족을 복종시키고(이른바 하호의 대부분은 피정복자였던 이들 토착민이었을 것이다) 산간의 계곡 가운데 눈에 띄는 곳에 읍락을 만들었는데, 혈족적 관계나 선조가 같다는 전설에 따라 세습의 지도자 아래 연결된 씨족단체였던 것으로 생각된다. 「고구려본기」의 연나부·관나부·조나부 등에 관련된 기사는 곧장 역사적 사실로 취급할 수는 없기 때문에 일단 논의하지 않지만, 그것에서 엿볼 수 있는 여러 부의 성격은 역시 씨족단체로 생각된다.

『후한서』「고구려열전」: 건무 23년(47) 겨울 고구려 잠지락의 대가 대승 등 1만여 명이 낙랑에 귀의했다. 建武二十三年冬, 句驪蠶支落大加戴升等萬餘口, 詣樂浪內屬.

이 기사의 잠지락이라는 큰 부락도 하나의 씨족단체로 봐도 문제가 없을 것 같다. 만약 그렇다면 『위지』의 5족은 삼국과 그 이전에 있던 몇몇 씨족 가운데 특히 유력한 것을 말한 것이고 전체 숫자는 본래 많았으며, 건국 이후 오랜 시대에 걸쳐 일정하지도 않았을 것이다. 이런 측면은 이마니시 박사도 대체로 같게 생각했다. 그리고 부 이름 아래 덧붙인 『위지』의 '노奴' 곧 「고구려본기」의 '나那'는 방위와는 무관하고 혈족·씨족을 뜻하는 고구려의 고유어가 아닐까 여겨진다.

그렇다면 이런 5족과 완전히 다른 것으로 생각되는 고구려의 5부는 고려 때 수도 개경을 동·남·서·북·중의 5부로 나누고 다시 그것을 작은 방坊·리里로 나눈 이른바 5부 방리제,[9] 그리고 그것을 계승한 조선 한성부의 5부와[10] 같은 성격이 아닐까? 아니면 발해의 상·중·동·서·남의 5경제처럼 넓은 영토에 걸쳐 설치된 행정구역은 아닐까? 이마니시 박사는 앞의 것, 곧 수도의 5부이자 "귀족의 소속을 구별"한 것으로 봤지만, 이것은 다시 좀더 고찰해야 하는 중요한 문제다.

2. 고구려의 지방 5부

고구려의 5부와 관련해서는 당 초기 장회태자의 주석 외에도 주목할 만한 두세 기사가 있다.

『북사』(권94) 「고구려열전」: 그 왕은 궁궐을 잘 짓는 것을 좋아한다. 평양성에 도읍했는데 장안성이라고도 한다. (…) 그 밖에 국내성과 한성이 있는데 또 다른 수도여서 나라에서는 삼경이라고 부른다. 요동성·현도성 등 수십 성이 있는데 모두 관원을 둬 다스렸다. (…) 또 내평·5부 욕살이 있다. 其王好修宮室. 都平壤城, 亦曰長安城. (…) 其外復有國內城及 漢城, 亦別都也. 其國中呼爲三京. 復有遼東·玄菟等數十城, 皆置官司以統攝. (…) 復有內評·五部褥薩.

특히 설명해야 할 문제는 윗점을 붙인 부분이다. 『북사』와 거의 같은 『수서』(권81) 「고려열전」의 기사에는 그 부분에 내평과 대비되는 외평이 덧붙여져 있다(復有內評·外評·五部褥薩).

다음으로 『구당서』(권199, 상) 「고려열전」에서는 앞 두 책의 5부 욕살과 같은 관명으로 생각되는 녹살傉薩에 대해 다음과 같이 서술했다.

가장 높은 관직은 대대로다. (…) 대대로 이하의 관직은 모두 12등급이다. 지방에는 주·현에 60여 성을 뒀다. 큰 성에는 녹살 1명을 뒀는데 도독과 비슷하다. 다른 성들에는 도사를 뒀는데 자사와 비슷하다. 그 아래에 각각 보좌관이 있어 일을 나눠 관장한다. 其官大者, 號大對盧. (…) 對盧以下官, 總十二級. 外置州縣六十餘城. 大城置傉薩一, 比都督. 諸城置道使, 比刺史. 其下各有僚佐, 分掌曹事.

5부는 당이 고구려를 멸망시킨 뒤 실시한 조처를 서술한 부분에 나오는데, 녹살과의 관계를 언급한 내용은 없다.

고구려는 예전에 5부로 나뉘어 176성 69만 7000호가 있었는데, 그 땅을 나눠 9도독부 42주 100현을 뒀으며 안동도호부를 설치해 다스리게 했다. 그 지도자 가운데 공로가 있는 사람을 뽑아 도독·자사·현령에 임명하고 중국인과 함께 백성을 다스리게 했다. 좌무위장군 설인귀를 보내 군사를 통솔해 지키게 했다. 高麗國舊分爲五部, 有城百七十六, 戶六十九萬七千. 乃分其地置都督府九·州四十二·縣一百, 又置安東都護府以統之. 擢其酋渠有功者授都督·刺史及縣令, 與華人參理百姓. 乃遣左武衛將軍薛仁貴, 總兵鎭之.

그러나 정관 19년(645) 태종이 직접 안시성을 공격한 기사에는 도독에 해당한다고 한 욕살(傉·耨薩)의 관직 앞에 북부·남부의 이름이 붙어 있다.

고구려 북부 욕살 고연수와 남부 욕살 고혜정이 고구려와 말갈 군사 15만을 이끌고 안시성을 구원하러 왔다. 高麗北部傉薩高延壽·南部耨薩高惠貞率高麗·靺鞨之衆十五萬, 來援安市城.

그리고 같은 책(권199, 상) 「백제열전」에서 백제를 평정한 뒤 실시한 조처를 다음과 같이 기록했는데, 「고려열전」의 "고구려는 예전에 5부로 나뉘었다"고 한 것과 똑같은 서술 방식이다.

그 나라는 예전에 5부로 나뉘어 37군, 200성, 76만 호를 거느렸다. 이때 그 땅을 나눠 웅진·마한·동명 등 5도독부를 둬 각각 주·현을 다스리게 하고 그 지도자를 도독·자사·현령에 임명했다. 우위낭장 왕문도를 웅진도독으로 삼고 군사를 통솔해 그곳을 다스리게 했다. 其國舊分爲五部, 統郡三十七·城二百·戶七十六萬. 至是乃以其地分置熊津·馬韓·東明等五都督府, 各統州縣, 立其酋渠爲都督·刺史及縣令. 命右衛郎將王文度爲熊津都

督, 總兵以鎭之.

지금까지 열거한 기사 가운데 내평이나 내평·외평 앞에 붙여진 5부 욕살에 관련된 『북사』와 『수서』의 기사는 뒤에서 설명하기로 하고, 맨 끝 『구당서』에서 말한 고구려 말엽(당 초기)의 5부, 곧 당의 장회태자가 『후한서』의 주석에서 "지금 고구려의 5부를 살펴보면"이라고 말한 때의 5부는 백제의 5부와 동일하게 그 나라의 영토 전체에 걸친 5대 행정구역이며 욕살은 그 각각의 장관으로 봐도 문제가 없다.

그런데 다시 우리의 주의를 끄는 것은 『한원』의 옛 사본 가운데 빠진 제30권[11] 「번이蕃夷」 고려 장章의 주석이다. 『한원』은 당 고종부터 측천무후 때까지 벼슬한 장초금의 저서로 고종 현경 5년(660), 곧 백제가 멸망한 해에 찬술됐다. 그리고 그 주석을 쓴 옹공예는 장초금보다 조금 뒷시대 사람으로 생각된다.[12] 그 본문의 "관직은 9등급을 숭상한다官崇九等"는 부분에 대한 옹공예의 주석은 다음과 같은데, 앞서 인용한 『구당서』「고려열전」의 첫 부분보다 상세하다.

『고려기』의 내용이다. "그 나라에서는 관직을 만들면서 9등급으로 했다. (…) 큰 성들에는 욕살을 뒀는데 도독과 비슷하다. 성들에는 처려필자사를 뒀는데 도사라고도 한다. 도사의 치소는 비라고 한다. 작은 성들에는 가라달을 뒀는데 장사와 비슷하다. 또 성에는 누초를 뒀는데 현령과 비슷하다." 高麗記曰, 其國建官有九等. (…) 又其諸大城置傉薩, 比都督. 諸城置處閭匹刺史, 亦謂之道使. 道使治所, 名之曰備. 諸小城置可邏達, 比長史. 又城置婁肖, 比縣令.

또 같은 본문의 "부는 5종을 중시한다部貴五宗"는 부분의 주석은 다음과 같다.

『위략』에서 말했다. "그 나라에는 본래 5족이 있다. 소노부·순준(관?)노부·누계누부 등인데 왕이 세력을 잃자 계루부가 대신했다.[13] 5부는 모두 귀인의 족속이다. 첫째는 내부니 곧 『후한서』의 계루부로 황부라고도 한다. 둘째는 북부니 절노부로 후부·흑부라고도 한다. 셋째는 동부니 순노부로 좌부·상부·청부라고도 한다. 넷째는 남부니 관노부로 전부·적부라고도 한다. 다섯째는 서부니 소노부로 우부(하부·백부)라고도 한다. 그 북부는 연과 같다. 내부의 성은 고씨로 왕족이다. 고구려에서 성이 없는 사람은 모두 내부다. 또 내부는 왕족이지만 동부 아래 있다. 그 나라에서는 동쪽을 숭상하기 때문에 동부를 가장 위에 둔다. 魏略曰, 其國大(本?)有五族, 有消奴部·順准(灌?)奴部·樓桂樓部爲土(王?)微弱, 桂樓部代之. 五部皆貴人之族也. 一人(曰?)內部, 卽後漢書桂樓部, 一名黃部. 二曰北部, 卽絶奴部, 卽名後部, 一名黑部. 三曰東部, 卽順奴部, 一名在(左?)部, 一名上部, 一名靑部. 四曰南部, 卽灌奴部, 一名前[部], 一名赤部. 五曰西部, 卽消奴部也, 一名右部[一名下部, 一名白部]. 其北部如燕. 內部姓高, 卽王族也. 高麗稱無姓者, 皆內部也. 又內部雖爲王宗, 列在東部之下. 其國從事以東爲首, 故東部居上.

위 주석 첫 부분의 『高麗記』는 『高驪記』로도 씌어 있는데 『한원』과 마찬가지로 고려 장의 다른 부분에 상당히 많이 인용돼 있다. 완전한 판본이 전해지지 않기 때문에 누가 썼는지 알 수 없지만 남아 있는 내용에서 추측하면 당 초기 고구려가 아직 멸망하지 않은 동안 작성

된 것 같다.[14]

다음으로 주석 두 번째 부분은 첫머리에서 "『위략』에서 말했다"고 해서 전체를 『위략』에서 가져온 것으로 보인다. 아울러 "5부는 모두 귀족이다" 이하의 부분이 『위략』에 없다는 것은 『위략』을 그대로 실은 『위지』의 5족 관련 기사(1장 첫머리에서 인용)에 비춰 분명하므로 『위략』에 근거해 5족의 이름을 들고 삼국시대의 5족을 설명하면서 "5부는 모두 귀족"이라고 한 뒤 다시 그것을 내부·북부·동부·남부·서부의 5부와 그 다른 이름을 각각 황부·후부(또는 흑부)·좌부(또는 상부·청부)·전부(또는 적부)·우부(또는 하부·백부)라고 지적한 이 주석의 전거는 첫 번째 부분과 마찬가지로 『고려기』로 추정된다. 곧 주석 첫머리에는 "『위략』에서 말했다"는 문장 위에 다시 "『고려기』에서 말했다"는 표현이 있어야 한다.

다시 같은 당대唐代의 두우가 쓴 『통전』(권186) 고구려 장을 보면 다음과 같다.

큰 성들에는 욕살을 뒀는데 도독과 비슷하다. 성들에는 처려근지를 뒀는데 자사와 비슷하며 도사라고도 한다. (…) 그 나라에는 5부가 있는데 모두 귀인의 족속이다. 첫째는 내부로 곧 후한 때의 계루부다. 둘째는 북부로 절노부다. 셋째는 동부로 순노부다. 넷째는 남부로 관노부다. 다섯째는 서부로 소노부다. 其諸大城置褥薩, 比都督. 諸城置處閭近支, 比刺史, 亦謂之道使. (…) 又其國有五部, 皆貴人之族也. 一曰內部, 卽後漢時桂婁部也. 二曰北部, 卽絶奴部也.. 三曰東部, 卽順奴部也. 四曰南部, 卽灌奴部也. 五曰西部, 卽消奴部也.

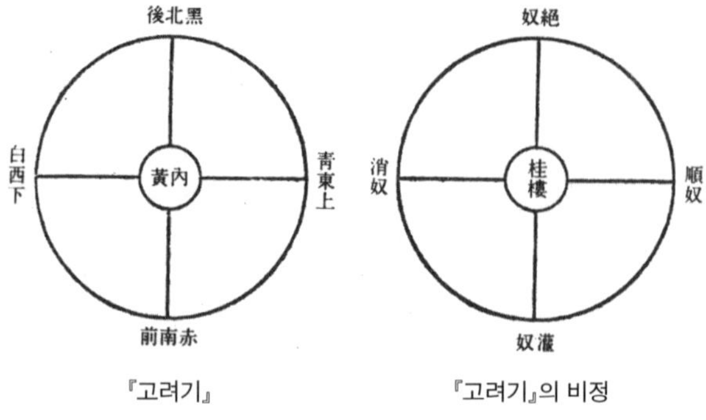

『고려기』　　　　『고려기』의 비정

고구려의 5족과 5부

그러나 앞서 인용한 『한원』의 두 주석과 비교해 특별히 새로운 사실을 전하지 않았을 뿐 아니라 전체적으로도 더 간략하다. 이것은 『고려기』만을 근거로 삼아 그 기사를 줄인 것에 지나지 않는다. 그리고 앞서 든 장회태자의 『후한서』 주석도 그 전거를 찾아가면 역시 『고려기』로 생각된다(도사道使의 고구려 관명은 『통전』에 처려근지로 돼 있는 것이 옳고 『한원』 주석에서 '근지' 두 글자가 빠져 있는 것은 옮겨 적는 과정의 오류로 생각된다).

앞서 서술한 대로 『구당서』 「고려열전」에서 엿볼 수 있는 고구려 말엽(당 초기)의 5부는 그 전체 영토를 다섯으로 나눈 행정구역으로 생각된다. 그런데 그것은 "5부는 모두 귀족"이라고 말한 것처럼 삼국시대의 5족이라고 했으므로 서로의 관계를 어떻게 봐야 할까? 두 개념을 결합하려고 해도 쉽게 그렇게 되지 않는다. 나는 앞서 『위지』의 5족을 장회태자의 주석에서 떼내 후세의 5부와는 전혀 성격이 다른 씨족집단으로 생각했다. 그런데 『한원』의 한 부분에 둘을 같은 것으로 본 옹공예의 주석이 있고, 그것은 장회태자의 주석과 함께 『고려기』라는 확실한 책에 근거했다는 것을 알고 조금 망설이지 않을 수 없었다. 여기서 새로운 문제가 생긴다.

그러나 『한원』 본문과 주석을 함께 주의해 읽어보면 이 문제는 쉽게 풀린다. 『한원』은 『신당서』(권59) 「예문지」의 유서류類書類, 『송사』(권207) 「예문지」의 유사류類事類에 실려 있는 유서의 하나인데, 전체에 걸쳐 변려체駢儷體의 부賦이기 때문에 그 본문은 사료로서 실질적 가치는 거의 없다. 본문의 각 구절에 들어있는 역사적 사실은 주석자 옹공예가 하나하나 출전과 그 원문을 보여준 것과 같은데, 고[구]려 장에서는 『전·후한서』 「지리지」와 「동이열전」, 『위략』, 『위지』, 『남제서』 「동이열전」, 『위서』 「동이열전」, 『십육국 춘추十六國春秋』, 『고려기』 등의 책을 특별히 들었다.

이를테면 "어질면 만물이 따르니 [날벌레는] 스스로 아홉 겹의 바람을 제 날개로 일으켰으며, 풍속은 [서·남·북] 세 방위의 오랑캐와 다르니 8조항의 가르침을 본받았기 때문仁隨萬物, 自扇九種之風, 俗異三方, 猶祖八條之教"이라는 서술 등에 이용됐다.[15] "관직은 9등급을 숭상한다官崇九等"고 기록한 것도 그 근거는 『고려기』인데, 『고려기』에는 1품 관원에 해당하는 토졸吐捽(옛 이름은 대대로)부터 9품 관원에 해당하는 선인까지 모두 14관직의 본명과 별명이 열거돼 있다(『고려기』에 따른 것으로 보이는 『통전』에는 별명이 생략돼 있고, 정8품과 종8품에 해당하는 과절過節과 부절不節을 불과절不過節이라는 하나의 관직으로 표기했다).

『위지』에서는 삼국시대 고구려의 관명을 들면서 "그 관직에는 상가·대로·패자·고추가·주부·우태·승·사자·조의선인이 있는데 신분의 높고 낮음에 따라 각각 등급이 있었다其官有相加·對盧·沛者·古鄒加·主

簿·優台·丞·使者·皁衣先人, 尊卑各有等級"고 했는데, 그 전체 숫자는 아홉이
다. 아울러『한원』을 지은 장초금은 이 삼국시대의 관직에 대해 '9등'
이라고 하지 않았다. 이것은『고려기』기사에서 품계를 하나하나 표시
했을 뿐 아니라 처음에 "관직을 만들면서 9등급으로 했다"고 한 것을
보면 분명하다(앞의 인용문 참조). 곧 "관직은 9등급을 숭상한다"고 한
것은 당 초기 9품의 관직에 관련된 기사로 봐야 한다.

그렇다면 그다음에 나오는 "부는 5종을 중시한다"는 기록도 당 초
기의 사실에 바탕한 것일까?『고려기』의 한 부분으로 생각되는 그 주
석에는 소노부 등 5부족의 일을 서술한『위략』의 원문을 인용하고
"5부는 모두 귀족"이라고 덧붙였지만, 그것은『위략』을 참조한『고려기』
의 찬자가 그 내용, 곧 계루부와 소노부(『위지』의 연노부)가 삼국시대
고구려의 신·구 왕실이었고 절노부가 대대로 왕실과 통혼한 가문이었
다는 등의 사실에서 유추해 파악한 5부족의 성격일 뿐이며 행정구역
으로서 당 초기의 5부와는 무관한 기록이 틀림없다.

따라서 이『고려기』의 기사를 바탕으로 "부는 5종을 중시한다"고 장
초금이 말한 것은 삼국시대의 일이다. 그런데『통전』의 편자 두우는
『고려기』를 증거로 삼아 당대唐代 고구려의 관직을 서술하면서『위략』
은 당의 기록이 아니라는 이유에서 마음대로 그 기사를 생략하고 느
닷없이 "그 나라에는 5부가 있는데 모두 귀족"이라고 한 다음 내·북·
동·남·서의 5부를 각각 5족에 할당한 것이다. 이마니시 박사가 5족이
아니라 5부를 행정구역이자 귀인의 족속이라고 한 것은 이『통전』의
기록에 얽매인 것으로 생각된다.

또 그는 고구려의 5부를 수도 내부에 국한된 행정구역으로 봤다.

5부는 도성 안의 구분이며 귀족의 집단으로 귀족을 구별하는 목적으로 설치한 제도였다. (…) 고구려의 5부가 지방의 이름으로 역사에 나온 사례는 없다. 이 5부로 전국의 행정구역을 편제하려면 그런 뜻으로 역사에 나오는 것이 당연하지만 그런 사례를 볼 수 없을 뿐 아니라 나라 동쪽을 '국동國東(이를테면 광개토왕 3년, 393)', 남쪽을 '국남(이를테면 안원왕安原王 5년, 535)', 변방을 '남비南鄙·북비北鄙'라고 표기한 것은 그것이 전국에 걸친 행정구역이 아니라는 한 증거로 생각된다. 『주서』와 『북사』에 따르면 고구려는 평양·국내성·한성을 3경으로 불렀으며, 오행설을 신봉해 국토를 구획하지 않았다. 수도 외에는 60여 성(시대에 따라 숫자는 다르다)을 두고 큰 성에는 욕살을, 작은 성에는 처려근지를 배치해 다스렸기 때문에 지방은 5부의 행정구역과 무관했다.

그리고 앞서 주목한 태종 정관 19년(645) 안시성 공격 때 고구려군의 행동 — 그 사실을 기록한 『신·구당서』와 『통전』 등의 기사에 보이는 고구려의 두 장수, 곧 "북부 욕살 고연수와 남부 욕살 고혜정高惠貞"(『신당서』와 『통전』에는 '고혜진高惠眞'으로 돼 있다) — 과 관련해서는 5부를 도성에 있는 귀족의 집단으로 추측하면서 다음과 같이 해석했다.

고구려에서는 백제·신라와 마찬가지로 그 사람의 부 이름을 관직 앞에 표기한 사례에 따라 유추하면 '북부 욕살 고연수'는 정확히는 '북부 고씨 욕살 연수'라는 뜻이다.

5부에 관련된 『구당서』의 기사 — "고구려는 예전에 5부로 나뉘어 176성 69만 7000호가 있었다" — 에 대해서는 "176성을 5부로 나눈 것처럼 기록한 것은 잘못"이라고 판단하면서 이상의 여러 사항을 중요한 논거로 삼아 앞서 살펴본 주장을 제기했다.

그러나 고구려가 멸망하기 전 그 영토가 5부로 나뉘었다고 『구당서』 등에 명확히 기록된 것을 억지로 오류라고 한 것은 어떻게 봐야 할까? 이것은 당이 고구려를 멸망시킨 뒤 9도독부를 설치한 것 — 백제를 평정한 뒤의 5도독부처럼 — 에서 봐도 옛 사서의 기록대로 해석해 지방 행정구역을 설명한 확실한 기사로 보는 것이 온당하다. 그리고 "북부 욕살 고연수와 남부 욕살 고혜정"은 앞서 든 『북사』 『수서』 등에서 '5부 욕살'이라고 한 것을 참조해 그들을 지방 행정구역인 5부 가운데 '북부'와 '남부'의 도독으로 보는 쪽이 훨씬 자연스럽다. 이 때문에 나는 이마니시 박사가 제시한 앞의 견해에 동의할 수 없다. 또 5족과 5부를 구별하는 것이 이마니시 박사의 근본적 생각인 이상 5부가 수도의 구획이더라도 삼국시대 5족의 설명이 분명한 '귀인의 족속 貴人之族'이라는 표현을 5부에 연결시킬 수는 없다. 그의 견해는 여기에 큰 모순이 있다.

본래 『구당서』의 5부에 관련된 기록을 오류라고 본 이마니시 박사의 견해는 『수서』와 『북서』 기사의 해석에서 출발한 것이기 때문에 앞서 일단 미뤄둔 이 문제에 대한 내 생각을 밝힐 수밖에 없다. 그는 『수서』에서 고구려의 12관등 외에 "또 내평·외평·5부 욕살이 있다"고 하고 『북사』에서 "또 내평·5부 욕살이 있다"고 한 것에 대해 다음과 같이 말했다.

내평은 기내畿內의 주·현이고 외평은 기외畿外의 주·현이다. (…) 『수서』의 기사는 내평·외평·5부에 욕살인褥薩人이 있다는 뜻이다.**16** (…) 『수서』의 기록은 내평과 외평 외에 5부로 나뉜 왕도가 있음을 증명한다. 『수서』의 기사는 내평과 외평을 5부에 나눠 설치한 것으로 해석해서는 안 된다. 『북사』의 기사는 '외평'이라는 두 글자를 누락한 것으로 해석할 수밖에 없다.

그리고 그 결과 『구당서』의 5부 관련 기록을 오류라고 단정했다. 그러나 이것도 그렇게 생각할 수 있을까? 『수서』와 『북사』의 기록은 내평과 외평이 무엇인지 알기에는 너무 간단한데, 신라와 백제의 지방제도와 관련해서는 다음 자료가 있다.

- **『양서』(권54) 「신라열전」**: 그 풍속에 성을 건모라라고 부르고 그 안에 있는 읍은 탁평, 바깥에 있는 읍은 읍륵이라고 하는데 중국의 군·현과 같은 말이다. 나라에는 6탁평과 52읍륵이 있다. 其俗, 呼城曰健牟羅, 其邑在內曰啄評, 在外曰邑勒, 亦中國之言郡縣也. 國有六啄評·五十二邑勒.
- **같은 책(권54) 「백제열전」**: 도성을 고마, 읍을 담로라고 하는데 중국의 군·현과 같은 말이다. 그 나라에는 22담로가 있는데 모두 왕의 자제와 종친이 나눠 거처하게 했다. 所治城曰固麻, 謂邑曰檐魯, 如中國之言郡縣也. 其國有二十二檐魯, 皆以子弟宗族分據之.

두 나라의 제도를 비교해보면 내평은 신라의 탁평에, 외평은 신라의 읍륵과 백제의 담로에 해당하는 것으로 생각된다. 곧 이마니시 박사가 말한 것처럼 내평은 기내의 주·현이고 외평은 기외의 주·현으로 여겨진다. 그리고 앞서 인용한 『한원』 주석의 첫 번째 부분 ―『고려기』의 기록 ― 에 따르면 고구려에서는 큰 성에 욕살을 뒀는데 도독과 비슷하고 일반적 성에는 처려근지('근지'는 『통전』에 따라 보충)를 뒀는데 자사와 비슷하며, 작은 성들에는 나달을 뒀는데 장사와 비슷하고 또 누초를 뒀는데 현령과 비슷하다고 했다. 이런 큰 성과 일반적 성과 작은 성들은 중국의 부府·주州·군郡·현縣 제도와 비슷한 지방 행정조직을 이룬 것으로 생각된다.

여기서 다시 문제가 되는 것은 이런 일반 행정조직과 욕살을 장관으로 한 5부의 관계는 어땠는가 하는 것이다. '내평·외평·5부 욕살'이라는 아주 간단하고 전체적 의미도 애매한 『수서』의 기사 — 이마니시 박사 스스로도 "내평은 기내의 주·현이고 외평은 기외의 주·현"이라고 설명한 다음 "『수서』에 내평·외평 등의 표현이 있지만 고구려의 자료를 가져와 집필할 때 이런 말을 충분히 이해하고 있었는지 의심하지 않을 수 없다"고 했다 — 는 고구려의 수도에 5부의 제도가 있었다는 증거로 보이지 않는데, 5부를 기내의 주·현인 내평과 기외의 주·현인 외평 외에 설치된 도성 안의 구획으로 단정하는 것은 매우 위험하지 않을까? 『수서』의 이 기사는 내평과 외평을 합친 전체 지역이 5부로 곧 내평은 5부의 첫머리에 위치한 '내부'(기내)의 주·현이고 외평은 그 나머지 4부(기외)의 주·현을 모두 가리키는 것으로 해석할 수 있으며, 『북사』의 기사는 이마니시 박사가 말한 대로 '외평'이라는 두 글자가 빠진 것으로 볼 수 있기 때문이다.

그런데 『구당서』의 기록은 고구려가 멸망하기 전 존재했던 5부가 지방 행정구역임을 분명히 말해준다. 그리고 그것은 당 태종이 고구려를 친정했을 때의 다음 사실에서 증명된다(고연수는 고구려 '북부' 지방에 거주한 말갈인을, 고혜정은 '남부' 지방의 고구려인을 이끌고 요동의 안시성을 구원하러 온 것으로 생각된다).

태종이 안시성으로 진군해 성 북쪽에 진영을 세우고 공격하자 고구려 북부 녹살 고연수와 남부 욕살 고혜정이 고구려·말갈군 15만을 이끌고 안시성을 구원하러 왔다. 車駕進次安市城北, 列營進兵以攻之, 高麗北部傉薩高延壽·南部傉薩高惠貞率高麗·靺鞨之衆十五萬來援安市城.

그러므로 도성의 행정을 맡은 관원이 욕살이라는 확실한 증거를 들지 않는 한 『수서』와 『북사』의 5부는 내평과 외평 전체에 걸친 지방 행정구역으로 단정해도 괜찮다. 곧 5부는 부·주·군·현 제도의 부에 해당하고, 욕살은 도독에 비정되는 각부의 장관으로 봐야 한다. 그리고 이런 5부제의 존재는 당 초기부터 수대를 지나 적어도 남북조시대까지는 거슬러 올라갈 수 있다.

다만 욕살은 5부의 장관에게만 적용된 관직 이름은 아니었던 것 같다. 안시성이 함락되기 전 당군에게 항복한 고연수와 고혜진(『구당서』에서는 고혜정)은 공격이 시작되기 전 태종에게 다음과 같이 말했는데, 남부·북부의 욕살과 함께 '오골성의 욕살'이라는 표현이 보인다.

『당서』(권220) 「고려열전」: 오골성의 욕살은 이미 늙었으니 아침에 공격하면 저녁에 함락시킬 수 있습니다. 오골성을 차지하면 평양도 점령할 수 있을 것입니다. 烏骨城傉薩已耄, 朝攻而夕可下. 烏骨拔則平壤擧矣.

오골성은 『수서』(권60) 「우중문于仲文열전」에 따르면 양제의 고구려 원정 때 평양으로 가던 장수들이 압록수鴨淥水(압록강)를 건너기 전 주둔한 성이다. 그리고 『당서』에서는 앞의 고연수 등의 의견에 찬성한 당의 장수가 "오골성을 빼앗으면 압록강을 건너 그 중심지를 압박하는 것이 좋은 계책若取烏骨, 度鴨淥, 迫其腹心, 計之善者"이라고 했고, 『당서』(권69) 「설만철薛萬徹열전」에서는 태종 정관 22년(648) 전쟁에서 수군 장수였던 설만철이 압록강 입구에서 나아가 박작성泊灼城(지금의 구련성)을 포위하자 고구려 장수가 오골성 등의 군사를 이끌고 구원하러 왔다고한 것을 볼 때 요양 동남쪽, 압록강에서 얼마 떨어지지 않은 곳에 있던 중요한 성임을 알 수 있다. 마쓰이 히토시 씨가 그것을 지금의 봉황성 부근에 비정한 것은 타당하다고 생각된다.[17] 욕살이면서 5부의 장관으로 보이지 않는 사례는 하나뿐인데, 이것에 따라 추측하면 그것은 5부의 치소 외에 중요한 성에도 배치된 것 같다. 따라서 『수서』의 "5부 욕살"에 대해 『고려기』에서 "큰 성들에 욕살을 뒀다"고 한 것은 앞의 것을 포함하는 좀더 넓은 의미로 해석해야 한다. 다만 당대 이전부터 그랬는지는 판단하기 어렵다.

지금까지 서술한 것처럼 나는 '귀인의 족속貴人之族'이라고 한 삼국시대 고구려의 5족과 『수서』『북사』 등 남북조 이후의 사서에 보이는 5부를 명확히 구분하고, 아울러 그 뒷시대의 5부는 지방 행정의 5대 구역이었음을 의심하지 않는다. 그렇다고 해서 이런 5부와 다른 5부가 고구려의 수도 안에 없었다는 것은 아니다. 아니, 그렇지 않을 뿐 아니라 반드시 있었다고 주장하고 싶다. 그러나 아무 준비 없이 곧바로 그 문제에 뛰어들 수는 없다. 다음 한 장은 그 준비에 사용하려고 한다.

3. 백제의 5방·5부와 수도의 5부

고구려의 수도에 5부의 제도 ─ 고려 때 개경과 조선 때 한성부의 5부처럼 ─ 가 있었다고 분명히 씌어 있는 자료는 물론 없다. 그래서 그 나라와 마찬가지로 지방에 부部 제도가 있던 이웃 백제의 제도를 살펴볼 필요가 있다. 남북조시대 백제는 도성 안과 밖을 각각 5구역으로 나눠 도성 안을 5부, 도성 밖을 5방方이라고 불렀다.

『북사』(권94) 「백제열전」: 그 도성은 거발성인데 고마성이라고도 한다. 그 바깥은 5방으로 나눴는데, 중방은 고사성(전라북도 고부 부근), 동방은 득안성(충청남도 은진 부근), 남방은 구지하성(위치는 미상), 서방은 도선성(위치는 미상), 북방은 웅진성(충청남도 공주)이다. (…) 도성에는 1만 호가 살고 상·전·중·하·후의 5부로 나뉜다. 부에는 5항이 있어 사족과 서인이 거주한다. 부는 군사 500명을 거느린다. 5방에는 방령이 1명씩 있는데 달솔(백제의 2품 관원)이 임명되고 그 아래 방좌가 있다. 방에는 10군이 있고 군에는 장수가 3명씩 있는데 덕솔로 임명하며 1200~700명의 군사를 거느린다. 도성 안팎에 사는 백성과 나머지 작은 성들은 모두 나뉘어 예속됐다. 其外更有五方, 中方曰古沙城, 東方曰得安城, 南方曰久知下城, 西方曰刀先城, 北方曰熊津城. (…) 都下有萬家, 分爲五部, 曰上部·前部·中部·下部·後部. 部有五巷, 士庶居焉. 部統兵五百人. 五方各有方領一人, 以達率爲之, 方佐貳之. 方有十郡, 郡有將三人, 以德率爲之. 統校兵一千二百人以下, 七百人以上. 城之內外人庶及餘小城, 咸分隸焉.

『주서』(권49) 「백제열전」의 내용도 큰 차이가 없다. 『수서』(권81) 「백제열전」은 매우 간략하다.

기내(도하都下의 오기로 생각된다)에는 5부가 있고 각부에는 5항이 있어 사인이 거주한다. 5방에는 방령이 1명씩 있고 그 아래 방좌가 있다. 방에는 10군이 있고 군마다 장수가 있다. 畿內爲五部, 部有五巷, 士人居焉. 五方各有方領一人, 方佐貳之. 方有十郡, 郡有將.

그러나 『북사』에서 5부를 설명하면서 첫머리에 "도성에는 방이 있다都下有方"고 했지만 『주서』에는 "도성에는 1만 호가 산다都下有萬家"고 돼 있는데, 이것은 『주서』 쪽을 채택해야 하고 『수서』에서 '도하' 대신 '기내'라는 표현을 사용한 것은 그 편자의 오류로 생각된다. 그리고 이런 『북사』 『주서』보다 더욱 상세한 것은 『한원』(권30) 백제 장에 인용된 『괄지지』의 기록이다. 아쉽게도 그 책의 다른 부분과 마찬가지로 잘못 옮겨 적은 것이 많다. 『한원』의 본문인 부賦에서 "8족은 가문이 다르고 5부에는 관청이 나뉘어 설치됐다八族殊胤, 五部分司"고 한 뒤 다음과 같이 주석했다.

『괄지지』에서 말했다. (…) "도성 안에는 5도(부?)가 있는데 모두 건솔(달솔?)이 다스린다. 또 성 안에는 5항이 있는데 사족과 서인이 거주한다. 또 5방이 있는데 중국의 도독과 같다(이 구절 앞에는 방령方領에 관련된 내용이 빠진 것 같다). 방은 모두 건솔(달솔?)이 다스린다. 모든 방은 군을 관할하는데 많으면 10곳, 적으면 6~7곳이다. 군장郡將은 모두 은솔이 맡는다. 군·현에는 도사를 뒀는데 성주라고도 한다." 括地志曰 (…) 王所都城內, 又爲五都(部?), 皆建(達?)率領之. 又城中五巷, 士庶居焉. 又有五方, 若中夏

之都督. 方皆建(達?)率領之. 每方管郡, 多者至十; 小者六七. 郡將皆恩率爲之.
郡縣置道使, 亦城名(名城?)主.

다음 본문인 "서쪽으로는 안성을 의지하고 남쪽으로는 큰 바다와
맞닿았다西據安城, 南隣巨海"는 기사의 주석이다.

『괄지지』에서 말했다. "백제의 왕성은 사방 1리 반이다. 북쪽은 돌을 쌓
아 만들었다. 성 안에는 1만여 호가 살 수 있으니 곧 5부가 있다. 한 부
에는 군사 500명이 있다. 또 나라 남쪽 260리에 고사성이 있는데 사방
150보다. 이것이 중방으로 군사 1200명을 거느린다. 나라 동남쪽 100리
에는 득안성이 있는데 사방 1리며 이것이 동방이다. 나라 남쪽 360리에
는 변성(구지하성久知下城의 오류로 생각된다)이 있는데 사방 130보며 이것
이 남방이다. 나라 서쪽 350리에 역광성(도선성?)이 있는데 사방 200보
이며 이것이 서방이다. 나라 동북쪽 60리에 능진성(웅진성?)이 있는데
고마성이라고도 한다. 사방 1리 반이니 이것이 북방이다. 이런 여러 방
의 성들은 모두 험한 산을 의지하고 돌을 쌓아 만들었다. 군사가 많은
곳은 1000명, 적은 곳은 700~800명이다. 성 안에 가호가 많은 곳은
1000명, 적은 곳은 700~800명이다. 성 안에 가호가 많은 곳은 500가
에 이른다. 여러 성의 좌우에는 작은 성이 있고 모두 여러 방을 거느린
다. 括地志曰, 百濟王城, 方一里半. 北面, 累石爲之, 城水(下?)可方(万?)餘家,
卽五部之所也. 一部有兵五百人. 又國南二百六十里, 有古沙城, 城方百五十
(里?)步. 此其中方也, 方繞(統?)兵千二百人. 國東南百里, 有得安城, 城方一
里, 此其東方也. 國南三百六十里, 有卞城, 城方一百卅步, 此其南方也. 國西
三百五十里, 有力光(刀先?)城, 城方二百步, 此其西[方]也. 國東北六十里, 有能

(熊?)津城, 一名固麻城. 城方一里半, 此其北方也. 其諸方之城, 皆憑山險爲之, 亦有累石者. 其兵多者千人, 少者七八百人. 城中戶多者千人, 少者七八百人. 城中戶多者至五百家. 諸城左右亦各小城, 皆統諸方.

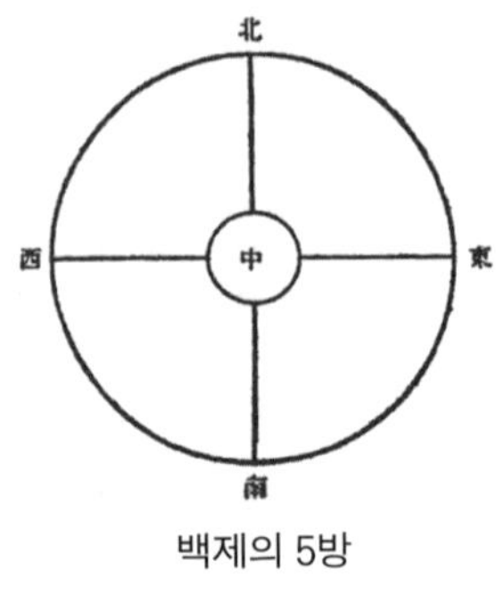

백제의 5방

먼저 살펴보려고 하는 것은 이런 5부와 5방 제도가 창설된 연대다. 백제는 개로왕蓋鹵王 21년(고구려 장수왕 63년, 북위 효문제 연흥 5년, 475) 건국 때부터 수도였던 한성(경기도 광주)을 고구려에 빼앗겨 금강 남안의 웅진(충청남도 공주)으로 도읍을 옮겼고, 63년 뒤인 성왕聖王 16년(고구려 안원왕 8년, 양 대동大同 4년, 538) 소부리所夫里라고도 하는 사비泗沘(충청남도 부여)로 다시 천도했다. 백제의 5부와 5방 제도에 관련된 『북사』와 『주서』, 그리고 『괄지지』의 내용이 사비로 천도한 뒤의 상태라는 것은 5방의 하나인 '북방'의 중심을 웅진 ―『괄지지』에서 수도로부터 동북쪽 60리라고 한 ― 이라고 한 방위에서 쉽게 추측할 수 있다.

그런데 『괄지지』에 따르면 웅진은 고마성이라고도 했으므로 『북사』에서 "그 도성은 거발성인데 고마성이라고도 한다"고 하고 『주서』에서 "치소는 고마성治固麻城"이라고 한 것은 이해하기 어렵다. 한국어에서는 '웅熊'을 '곰'이라고 한다. '거발'과 '고마'는 같은 음을 다르게 표기한 것으로 모두 '곰'을 음역한 것이 분명하지만 사비를 수도로 한 시대의 백제인이 신·구 두 수도를 동일하게 '고마(거발성)'라고 불렀다고는 생각되지 않는다. 따라서 『수서』에서 "그 도성은 거발성"이라고 한 것도 시

346

대적 관계에서 볼 때 이상하다.

그렇다면 『주서』와 『북사』의 기사는 어떻게 나온 것일까? 백제는 무령왕武寧王과 그다음 성왕 때 여러 번 남조의 양에 조공했고 양 무제는 사비 천도 14년 전인 보통普通 5년(524), 그 전 해 즉위한 성왕을 수동綏東장군 백제왕에 책봉했다. 『양서』(권54) 「백제열전」에서는 그 일을 서술하고 "도성을 고마, 읍을 담로라고 하는데 중국의 군·현과 같은 말이다. 그 나라에는 22담로가 있는데 모두 왕의 자제와 종친이 나뉘 거처하게 했다"고 한 뒤 백제의 풍속을 서술했다. 이것은 당시 백제의 수도인 웅진(고마성)에 갔던 책봉사가 본국에 돌아가 보고한 것으로 생각되므로 중국의 군·현과 비슷한 담로제가 있다고 말한 이 사실에서 성왕 즉위 초에는 5방제가 아직 없었음을 추지할 수 있다.

그런데 웅진을 '북방'이라고 해서 사비가 수도임을 암시한 5방제는 『주서』와 『북사』에 보이고, 두 책의 그 부분의 기사가 『괄지지』와 함께 동일한 사료에 바탕했음은 내용으로 볼 때 명확하다. 그러나 『괄지지』에서는 백제의 수도와 관련해 "백제의 왕성은 (…) 성 안에는 1만여 호가 살 수 있으니 곧 5부"라고 했으며, 두 책처럼 백제의 왕도로 고마성이나 거발성의 이름을 들지 않았다. 이것으로 보면 백제의 도성과 5방에 관련된 『주서』와 『북사』의 기사는 서로 다른 자료에서 각각의 사실을 얻었고, 시대의 차이 때문에 탁상에서 그것을 연결시킨 것이 분명하다. 그리고 『수서』의 기사는 그것을 줄였을 뿐이다.

『괄지지』는 당 정관 연간(627~649) 태종의 넷째 아들 위왕魏王 태泰가 많은 학자를 모아 편집한 550권의 지리지로[18] 『한원』 백제 장 주석은 대부분 그 책의 내용이다. 『괄지지』가 사라진 오늘날 이런 주석들은 일문逸文으로 매우 소중하다. 앞서 인용한 두 주석 가운데 첫 주석의 앞부분에서 생략된 기사는 백제의 8대성大姓과 16등의 관직 이름을 들고 그 도입부에서 다음과 같이 서술했다.

> 수 개황 연간(581~600) 재위한 국왕의 이름은 창(위덕왕威德王)이다. 창이 죽자 아들 여선(법왕法王)이 즉위했고, 여선이 죽자 아들 여장(무왕武王)이 즉위했다. 隨(隋)間(開?)皇中, 其王名昌. 昌死, 子餘宣子(立?), 死, [子]餘惇(璋?)立.

이것은 수대에 재위한 백제왕의 이름을 열거한 것으로 『수서』「백제열전」에서도 동일하게 보인다.

> 개황 초 그 왕 여창이 사신을 보내 특산물을 바쳤다. (…) 창이 죽자 아들 여선이 즉위했고, 여선이 죽자 아들 여장(무왕武王)이 즉위했다. 開皇初, 其王餘昌遣使貢方物. (…) 昌死, 子餘宣立, 死, 子餘璋立.

아울러 당대唐代에 즉위한 국왕의 이름(의자義慈)은 기록되지 않은 것을 보면 5부·5방제를 언급한 『괄지지』의 이 기사의 전거가 수대의 어떤 기록임은 자연히 추지할 수 있다. 그렇다면 도성 안의 5부는 일단 미뤄두고(뒤에서 서술) 성왕 즉위 초인 양 보통 연간(520~527)이 되기 전 5방제는 늦어도 수대에는 존재했으므로 이것은 그 사이에 만들어진 것으로 봐야 한다. 그러나 그 사이라고 했어도 관계 기사가 『주서』에 존재하는 것은 그것이 주대에 있었다는 확실한 증거는 아니다. 『주서』는 『북사』『괄지지』와 마찬가지로 당 정관 연간(627~649)에 편찬됐고, 서로 같은 기사는 모두 수대의 어떤 기록에 바탕한 것으로 생각되기 때문이다.

『일본서기』 긴메이欽命 천황 15년(554) 백제 성왕의 표문: 신이 먼저 동방령 모노노베노 마가무노무라지를 보내 그 방의 군사를 거느리고 함산성(신라의 성)을 공격하게 했습니다. 臣先遣東方領物部莫奇武連, 領其方軍士, 攻函山城(방령은 방의 장관).

그러나 이 기록은 분명히 이 무렵 이미 5방제가 있었음을 보여준다. 긴메이 천황 15년은 성왕 마지막 해(32년)에 해당하고, 북주의 효명제가 서위西魏를 대신해 새 왕조를 창건하기 3년 전이다. 따라서 백제에서 이 제도가 창시된 것은 분명히 이때까지 거슬러 올라갈 수 있으며, 그 이전으로 더 거슬러 올라갈 수도 있다고 생각된다. 그런데 성왕 16년(양 무제 대동 4년, 538)에 이뤄진 백제의 사비 천도는 당연히 지방 행정 조직의 변동을 가져온 중요한 사건이었으므로 22담로제와 5방제가 그런 교체기에 함께 시행됐다고 연결시켜도 큰 잘못은 아니라고 생각된다.

다음으로 생각해봐야 하는 것은 백제의 지방 행정구역에는 왕도의 5부(뒤에서 설명)와 같은 것으로 볼 수 없는 '5부'의 이름이 있다는 것이다.

『구당서』(권199, 상)「백제열전」: 현경 5년(660) 좌위대장군 소정방에게 군사를 거느리고 토벌케 하니 그 나라를 크게 무찔렀다. (…) 그 나라는 예전에 5부로 나뉘어 37군, 2백 성, 76만 호를 거느렸다. 이때 그 땅을 나눠 웅진·마한·동명 등 5도독부를 둬 각각 주·현을 다스리게 하고 그 지도자를 도독·자사·현령에 임명했다. 顯慶五年, 命左衛大將軍蘇定方, 統兵討之, 大破其國. (…) 其國舊分爲五部, 統郡三十七·城二百·戶七十六萬. 至是乃以其地分置熊津·馬韓·東明等五都督府, 各統州縣, 立其酋渠爲都督·刺史及縣令.

현경 5년 백제가 멸망할 때 그 영토가 37군, 200성을 거느린 5부의 행정구역으로 나뉘었다고 말하고 있다. 그리고 그 5부의 명칭을 알 수 있는 자료로는 이듬해인 용삭龍朔 원년(661) 백제의 옛 장수 귀실복신 등이 주류성周留城을 거점으로 반란을 일으킨 것을 서술하면서 "그 서부·북부의 성들이 모두 호응했다其西部·北部並翻城(城並翻?)應之"고 한 것이 보인다. 곧 백제의 지방 행정구역에는 수도의 5부와 동일하게 '부部'라는 단어가 사용된 것이다. 각부의 이름을 알 수 있는 다른 증거로는 다음 기록들을 들 수 있다.

- 『구당서』(권109) 「흑치상지黑齒常之열전」: 흑치상지는 백제의 서부 사람이다. (…) 처음 그 번(백제)에서 달솔 겸 군장이 됐는데 중국의 자사와 비슷하다. 黑齒常之, 百濟西部人. (…) 初在本蕃, 仕爲達率兼郡將, 猶中國之刺史也.

- 당 도선道宣의 『속고승전續高僧傳』(권28): 승려 혜현은 백제 사람으로 어려서 출가했다. (…) 처음 그 나라의 북부 수덕사에서 주지를 맡았다. 釋慧顯, 伯(百)濟人也, 少出家. (…) 初住本國北部修德寺.

- 『일본서기』 사이메이齊明 천황 원년(당 영휘 6년, 655): 백제 등이 조공한 기사의 주석. 백제 대사 서부 달솔 여의수와 동부 은솔 조신인 등

모두 100여 명. 百濟大使西部達率余宜受·東部恩率調信仁, 凡一百餘人.

- •『일본서기』 같은 6년(당 현경 5년, 660): 백제 사신의 주문奏文. 이때 서부 은솔 귀실복신이 크게 분노해 임사기산에 웅거하고 달솔 여자진은 충부 구마노리성에 웅거했다. 於是西部恩率鬼室福信赫然發憤, 據任射岐山, 達率餘自進據中部久麻怒利城.

- •『일본서기』 덴지天智 천황 10년(당 영순 원년, 682): 백제의 3부 사인이 요청한 군사 관련 사무에 천황이 대답했다. 宣百濟三部使人所請軍事 (이 기사의 의미는 뒤에서 설명).

흑치상지는 현경 5년(660) 백제가 멸망할 때 자신의 '부'(서부)로 도피해 임존산任存山(충청남도 대흥)을 본거지로 삼고 그 뒤 용삭 3년(663)까지 2~3년 동안 당군에 저항한 인물이고, 혜현은 백제의 '남방南方 달라산達拏山'에 머물다가(이 남방은 방위를 표시하는 것으로 행정구역 이름은 아니다. 앞 기사를 읽으면 그렇게 생각된다) 당 정관 초 58세로 입적한 승려이므로 여기 열거된 사례들은 『일본서기』의 것까지 모두 연대상 백제 말에 속한다.

그렇다면 이런 사례에서 보이는 동·서·남·북·중의 5부는 앞서 설명한 5방과 같은 것으로 방을 부라고 했을 뿐일까? 아니면 그 조직과 성격 등이 서로 달랐을까? 만약 뒤쪽이라면 둘은 병존할 수 없는데, 현경 5년(660) 7월 의자왕이 도망친 사비성을 나·당군이 무너뜨린 것을 서술한 『삼국사기』「신라본기」 태종 무열왕 7년 7월의 아래 기사는 그 반증이다.

18일 의자왕이 태자와 웅진방령군 등을 이끌고 웅진성에서 와서 항복했다. 十八日, 義慈率太子及熊津方領軍等, 自熊津城來降.

'웅진방령군'은 웅진을 수부首府로 한 '북방北方'의 방령 — 방의 장관 — 이 이끈 군사라는 뜻으로 보이고, 백제가 멸망할 때도 5방제가 존속해 우연히 그런 이름이 역사에 남은 것으로 생각되기 때문이다. 곧 5방과 5부는 사실 같은 것이고 이름만 달랐던 것 같다.

그러나 백제의 5방과 5부(도성 밖)에 관련된 이마니시 박사의 견해는 나와 다르다. 그는 이 문제를 다룬 논문 「백제 5방·5부고百濟五方五部考」에서 「신라본기」의 '웅진방령군'에 대해 "북방령군이라고 하지 않고 웅진방령군이라고 한 것은 5방령제가 새로운 5부제 때문에 폐지됐기 때문이 아니었을까?"라고 말했다.[19] 그러나 5방제가 일찍 폐지됐다면 백제가 멸망할 무렵 북방이든 웅진이든 방의 장관인 방령의 이름이 남아 있을 리는 없다고 생각된다. 그의 이 해석은 5부가 5방을 대신한 새 제도라고 본 견해가 바탕을 이루고 있는데, 그것에 대해 그는 그 논문의 첫 부분에서 이렇게 말했다.

백제 말에는 동·서·중·남·북의 5부가 영토 전체를 나눠 통치한 것 같지만, 그보다 앞서 5방이 전국을 나눠 통치했다는 증거를 들기는 어렵다. 『괄지지』를 시작으로 여러 책에는 5방이 있다고 했지 5방으로 나뉘었다고 하지는 않았다. "각 방은 많게는 10군, 적게는 6~7군을 관할했다每方管郡, 多者至十, 少者六七"고 했지만 멸망할 무렵 37군이 있었다는 것에서 추산하고 5방을 지방 행정구역으로 생각해 지방이 5방으로 나뉘어 통치됐다고 단정한 것은 당시 군·현의 구별이 이미 확정됐는지 아닌지 분명하지 않기 때문에 판단하기 어렵다. "각 방은 많게는 10군, 적게는 6~7군을 관할했다"고 하고 "여러 성의 좌우에는 작은 성이 있고 모두 여러 방을 거느린다諸城左右, 亦各小城, 皆統諸方"고 한 것은 5방이 전국의 성을 나눠 통치한 것으로도, 부근의 성들만 통치한 것으로도 이해할 수 있어 판단하기 어렵다. 전국의 성을 나눠 통치했다면 한마디로도 서술할 수 있다. 그런데 번잡한 표현을 거듭 사용한 것은 어째서일까? 큰 성 가운데 특히 큰 것을 방이라고 하고 방들 가운데 특별히 5개를 선정해 5방으로 불렀다고 봐야 한다. 5방성方城과 대등하고 가까운 곳에 있던 큰 성은 따로 있던 것 같다. 5방은 그 뒤 5부(도성의 5부와 혼동해서는 안 된다)가 돼 전국을 나눠 통치한 것 같다.[20]

그러나 『괄지지』에서 "여러 성의 좌우에는 작은 성이 있어 모두 여러 방을 거느린다"고 한 '여러 성'이 그 앞 문장에서 서술한 5방성을 가리키는 것인지, 아니면 5방성 외의 큰 성인지는 의미가 조금 애매한 부분이 있지만(앞서 인용한 『괄지지』의 두 번째 기사 참조) 5방성이나 '여러 성' 외에 따로 여러 작은 성이 있고 그것들은 모두 여러 방에 통솔됐다고 한 것은 여러 방의 관할 밖에 소속된 크고 작은 성大小城의 존재를 인정하지 않은 서술이다. 뿐만 아니라 이것에 대응하는 『북사』와 『주서』의 기사에는 분명히 "성(5방성) 안팎의 백성과 나머지 작은 성이 모두 나뉘어 소속됐다城之內外民庶及餘小城咸分隷焉"고 했으므로 큰 성들 가운데 특히 큰 것이 방성方城이고 근처의 작은 성만 그 관할 아래 있었다고 본 것은 너무 자유로운 상상이 아닐까?

그러므로 만약 『괄지지』에서 "모든 방은 군을 관할하는데 많으면 10곳, 적으면 6~7곳이다. 군장郡將은 모두 은솔이 맡는다. 군현에는 도사를 뒀는데 성주라고도 한다"고 한 것도(앞서 인용한 『괄지지』의 첫 번째 기사) 당시 군·현의 구별이 있었는지 알 수 없는 이상 5방을 백제 전체 영토에 걸친 지방 행정구역으로 단정하기 어렵다고 한 것은 지나치게 의심을 품은 것이라고 생각한다. 또 5방이 영토 전체에 걸친 행정구역이었다면 "5방이 있다有五方"고 하지 않고 5방으로 나뉘었다고 해야 한다고 말한 것은 작은 표현에 얽매인 논의로 생각된다. 그러므로 나는 5방과 5부를 시대적으로 구별하고 성격이 다른 것으로 생각한 이마니시 박사의 견해에 동의할 수 없다.

사비 천도 이후 창설된 것으로 보이는 5방은 백제의 전체 영토를 다섯 부분으로 나눈 행정구역으로 생각된다. "군·현에는 도사를 뒀다郡縣置道使"는 군·현은 어조語調에 따른 표현으로 5방이 각각 관할한 10개나 6~7개의 군 아래 다시 현이라는 작은 행정구역이 있던 것은 아니며, 도사는 군수로 군의 민정을 맡고 군장은 군사 업무를 담당한 관원으로 여겨진다. 끝부분의 '亦城名主'는 그대로는 해석되지 않는다. 그것은 '亦名城主'의 오류로 도사는 성주로도 불렸다는 뜻으로 보인다. 그리고 이런 군은 백제가 멸망하기 전에는 앞서 인용한 『구당서』 「백제열전」의 기사에서 알 수 있는 것처럼 5방, 곧 5부를 통틀어 37개였다고 생각된다.

다시 『삼국사기』 「백제본기」를 보면 시조 온조왕 때 나라의 민호를 남·북부로 나누고 동부와 서부를 추가로 설치했다고 했으며, 이런 동부·서부·남부·북부의 이름을 앞에 단 인명, 부민部民을 징발해 성을 쌓고 국왕이 여러 부를 순행했다는 기사는 2대 다루왕多婁王, 5대 초고왕肖古王, 17대 전지왕腆支王, 19대 비유왕毗有王, 23대 동성왕東城王 등의 본기에서 산견된다. 그러나 동성왕 때는 대체로 남제南齊(479~502)에 해당하는데 백제는 이때 아직 5부제나 5방제가 없었으므로 이것들은 모두 후대 역사가의 조작에서 나온 것이 분명하다. 그리고 양 무제 천감天監(502~519), 보통(520~527) 연간 재위한 24대 무령왕과 그 후대에는 도리어 방이나 부를 언급한 기사가 전혀 없기 때문에 이 제도와 관련해 「백제본기」의 기사에서 얻을 수 있는 것은 없다.

지금까지 자세히 설명한 것처럼 백제의 5방과 도성 밖의 5부는 똑같은 것이라고 나는 생각한다. 그러나 이 견해와 관련해 부 이름이 보이는 한두 기사는 특별히 설명할 필요가 있다.

앞서 인용한 『일본서기』 사이메이 천황 6년(660) 기사를 다시 주목하면 백제가 멸망할 때 서부 은솔 귀실복신은 임사기산에, 달솔 여자신余自信은 '중부 구마노리성'에 웅거했다. 임사기산은 『구당서』 「백제열전」에서 주류성에 웅거해 당군에 저항한 백제 승려 도침道琛과 옛 장수 복신 등이 당군에게 패배한 뒤 물러나 임존성을 지켰다고 한 임존산성으로 같은 책 「흑치상지열전」의 임존산을 달리 표기한 것이 분명하고, 구마노리는 말할 것도 없이 웅진의 토착 이름인 곰내의 음역이다.

그런데 『괄지지』에서는 "북방은 웅진성"이라고 했으므로 5방과 5부를 같은 것으로 보면 수대에 '북방'의 치소였던 웅진성은 그 뒤 어떤 기회에 이뤄진 행정구역 변경에 따라 '중부' 곧 중방의 수부首府 또는 그 관하의 한 성이 됐다고 볼 수밖에 없다. 또 5부와 그 이름을 실은 여러 책의 기사는 주로 백제 말기에 해당한다는 것을 중시해 그런 점에서 5방과 5부를 구별하려는 논자는 그것을 그 증거로 삼을 수도 있다. 그러나 고구려의 압박 때문에 계속 쇠약해진 백제가 5방제를 실시했을 때의 '북방'을 그 뒤 국토의 중심인 '중부'로 삼는 것 같은 서로 용납되지 않는 행정구역 변경을 시행했다고는 생각되지 않을 뿐 아니라 『일본서기』의 기사에서 말해도 은솔 귀실복신에게는 부 이름을 앞에 달았지만 달솔 여자신에게는 달지 않은 것은 이상하게 느껴진다.

『일본서기 집해集解』를 편찬한 가와무라 히데네河村秀根는 문제의 '중부'에 "원래 구마노리성 앞에 있는 것은 잘못原在久麻怒利城之上, 誤"이라고 주석하고 복신의 부 이름처럼 그것을 여자신의 관명인 달솔 앞으로 옮겼다. 면밀한 주석자인 히데네는 백제인의 관명과 인명 앞에 서부·동부의 호칭을 단 사이메이 천황 원년(655) 백제 등 여러 나라가 조공한 기록의 원주原註 ― 앞서 인용한 "백제 대사 서부 달솔 여의수와 동부 은솔 조신인 등 모두 100여 명" ― 는 물론 동일한 관명과 인명에 수도의 5부 이름인 전·후·상·중·하부를 앞에 단 사례는 게이타이繼體·안칸安閑·긴메이 등의 본기에 여러 번 보이는(뒤에서 서술) 것을 참고하면서 지명 앞에 부 이름을 붙인 사례는 없다는 것(적어도 『일본서기』에서는)을 고려해 『일본서기』의 본문을 그렇게 고친 것이 아니었을까?

만약 그렇다면 히데네의 이 견해는 내 생각과 합치되고, 자연히 5방과 5부를 같은 것으로 본 내 추정은 복신의 거병에 관련된 『일본서기』의 기사 때문에 흔들리지는 않는다. 그리고 부 이름을 실은 기사가 주로 백제 말기, 특히 그 멸망 무렵 자주 나타나는 것은 한 나라가 멸망한 사건은 그 자체로 중대하므로 각 방면에 걸쳐 자세히 서술해 다른 시기의 기사보다 사료로 많이 남았기 때문이라고 해석할 수 있다.

긴메이 천황 13년(552) 조에는 널리 알려진 불교 전래 기사가 있다.

백제 성명왕(성왕으로 왕명을 바꿨다)은 서부 희씨 달솔 노리사치계 등을 보내 금동 석가상 1구, 번개* 몇 개, 경론 몇 권을 보냈다. 百濟聖明王(更名聖王)遣西部姬氏達率怒利斯致契等, 獻釋迦佛金銅像一軀·幡蓋若干·經論若干卷.

백제의 사신 이름에 수도의 5부(상·중·하·전·후)가 아닌 서부라는 지방 구역의 이름이 달려 있다. 그러므로 이 기록이 확실하다면 긴메이 천황 13년은 성왕 30년, 곧 백제가 사비로 천도한 뒤 14년째 된 때이므로 이 기사는 5방이 5부로도 불린 가장 이른 증거가 된다. 그러나 백제의 옛 기록에 근거한 것으로 보이는 앞뒤의 임나 관련 기록에 나오는 수많은 부 이름은 뒤에서 서술하듯 모두 수도의 5부라는 것을 참조하면, 그 사이에 이런 부 이름이 갑자기 나온 것은 조금 이상하게 생각된다. 또 백제의 사신이 가져온 선물 숫자도 그것이 당시의 확실한 기록에 바탕했다면 석가상 1구는 좋다고 해도 번개 몇 개, 경론 몇 권이라고 막연히 말한 것은 의문을 품지 않을 수 없다.

최근 발표된 후지이 겐코藤井顯孝 씨의 연구에 따르면[21] 이때 성왕의 표문으로『일본서기』에 실린 기사에서 "이 법은 여러 법 가운데 가장 뛰어나다是法於諸法中最爲殊勝"는 문장은 긴메이 천황 13년(552)부터 151년 뒤인 당 측천무후 장안 3년, 일본 몬무文武 천황 다이호우大寶 3년(703) 의정義淨**이 번역한『금광명최승왕경金光明最勝王經』의「수량품

---

* 깃발과 일산日傘으로 불교 장식의 하나.
** 635~713. 당의 고승으로 범어 불경을 가져와 번역했다. 어려서 출가해 15세 때인 649년(정관 23년)에 서역으로 떠났다. 671년(함형 2년) 37세 때 바닷길로 동남아시아를 거쳐 인도에 도착해 범어와 불경을 배웠다. 695년 귀국한 뒤 측천무후의 후원으로 불경을 번역하는데 전념했다. 그가 쓴『남해기귀내법전南海寄歸內法傳』,『대당서역구법고승전大唐西域求法高僧傳』은 당

壽量品」의 일부로 「사천왕 호국품 칠자 장행송四天王護國品七字長行頌」의 몇 구절을 합쳐 개작한 것이다. 이 표문에 이어지는 『일본서기』의 본문은 다음과 같다.

이날 천황(긴메이)은 그것을 듣고 뛸 듯이 기뻐하며 사신을 불러 "나는 일찍이 이런 미묘한 법을 들어본 적이 없다"고 말했다. 是日, 天皇聞已, 歡喜踊躍, 詔使者云, 朕從昔來未曾得聞如是微妙之法.

이것 또한 「장행송」의 한 구절에서 나온 것이다.

그때 사천왕이 이 송을 듣고 뛸 듯이 기뻐하며 부처에게 아뢨다. "세존이시여. 저는 지금까지 이처럼 깊고 미묘한 법을 들어본 적이 없습니다. 마음에서 슬픔과 기쁨이 생겨 눈물이 흐릅니다." 爾時四天王聞是頌已, 歡喜踊躍, 白佛言, 世尊, 我從昔來未曾得聞如是甚深微妙之法. 心生悲喜, 涕淚交流.

그리고 이런 책상 위의 창작은 의정이 경문을 번역한 17년 뒤에 해당하는 겐쇼元正 천황 요로養老 4년(720)에 『일본서기』가 완성됐으므로 당연히 『일본서기』 편자의 행동으로 봐야 하며, 이런 판단에는 다른 의견이 없을 것으로 생각된다. 그러므로 이런 여러 사항에 따라 추측하면 『일본서기』의 이 불교 전래 기사는 전체적으로 역사적 가치가 거의 없다고 봐도 괜찮다. 백제에서 불교가 전래된 것은 분명한 역사

시 인도·동남아시아 등의 상황이 자세히 기록된 중요한 자료로 평가된다.

적 사실로 긴메이 천황 때나 그 이전으로 생각된다. 그러나 그것에 관련된 『일본서기』의 서술은 당시의 옛 기록에 바탕한 것이 아니라 편자가 마음대로 상상해낸 것으로 보인다. 불상과 경론 등을 갖고 왔다는 사신 노리사치계도 가상의 인물이고, 부 이름을 앞에 단 그 관명과 인명은 당시 일본에 있던 백제의 옛 기록 등에서 임의로 가져온 것은 아닐까 생각된다. 정말 그렇다면 서부라는 부 이름을 근거로 5방이 일찍부터 5부로도 불렸다고 말할 수는 없다.

덧붙이면 불교 전래의 확실한 기사는 다음으로 생각된다. 아울러 이것은 일본 쪽의 기사는 아니다. 성만 들고 특히 이름을 빠뜨린 것은 비슷한 여러 사례처럼 이 기사가 백제의 옛 기록에서 나왔음을 암시한다.

비다쓰敏達 천황 13년(584). 가을 9월 백제에서 녹심신(이름은 빠져 있다)이 미륵 석상 1구를, 좌백련(이름은 빠져 있다)이 불상 1구를 가져왔다.

秋九月, 從百濟來鹿深臣(闕名字)有彌勒石像一軀, 佐伯連(闕名字)有佛像一軀.

『일본서기』의 임사기산 원주에서는 "어떤 책에는 북임검리산이라고 돼 있다或本云, 北任劍利山"고 했고 『석일본기釋日本紀』에는 '검劍'이 '서叙'로 돼 있다. 이것은 『석일본기』 쪽을 채택하는 것이 타당하며 '임서리'는 '임사기任射岐'를 다르게 표기한 것으로 여겨진다. 다만 앞에 붙여진 '북'자는 무엇일까? 이마니시 박사는 '북부'의 '부部'자가 탈락된 것으로 보고 임사기산·임서리산과 같은 성 이름인 임존성을 북부의 한 성으로 판단했다.[22]

그러나 『구당서』 「흑치상지열전」에서 흑치상지는 "백제 서부 사람"으로 현경 5년(660) 수도 사비성이 당군에게 함락됐을 때 좌우의 10여 명과 함께 "자신의 부本部(서부)"로 도망쳐 남은 무리를 모아 임존성을 함께 지켰다고 했다. 그리고 서부 은솔 귀실복신은 임사기산에 웅거했다는 기록(『일본서기』 사이메이 천황 6년[660] 백제 사신의 말)도 있으므로 지금의 충청남도 대흥에 비정되는 임존산이 서부의 성임은 거의 분명하다. 원의 호삼성도 「흑치상지열전」의 기사에 따라 그렇게 생각한 것으로 보이고 『자치통감』의 도침·복신 등이 군사를 일으킨 부분(용삭 원년, 661)의 주석에서 "임존성은 백제 서부 임존산에 있다任存城在百濟西部任存山"고 했다. 또 『일본서기』는 백제 사신이 가져온 문서에 다음과 같은 주석을 달았다.

어떤 책에 따르면 올해 7월 10일 대당 소정방이 수군을 이끌고 미자진에 주둔했다. 신라왕 춘추지(태종 무열왕)는 군사와 말을 이끌고 노수리산에 주둔해 함께 백제를 공격해 사흘 만에 우리 왕성을 무너뜨렸다. 같은 달 13일 처음으로 왕성을 깨뜨렸다. 노수리산은 백제의 동쪽 경계다. 或本云, 今年七月十日, 大唐蘇定方率船師, 軍于尾資之津. 新羅王春秋智率兵馬, 軍于怒受利之山, 夾擊百濟, 相戰三日, 陷我王城. 同月十三日, 始破王城. 怒受利山, 百濟之東境也.

이 노수리산도 동일한 지명에 대해 같은 의미를 다르게 표기한 것으로 생각된다. 그리고 백제의 동쪽 경계라고 한 것은 『일본서기』의 편자가 마음대로 상상해 덧붙인 말 같다(이 주석의 전거인 '어떤 책或本'이 백제의 옛 기록임은 "우리 왕성을 무너뜨렸다陷我王城"는 표현에서 분명히 알 수 있다).

이것으로 보면 의문의 '북'자는 지명의 일부가 아니므로 부 이름의 한 글자가 탈락된 것이 아니라 어떤 착오가 틀림없다. 『일본서기』의 그 주석에서는 지명만 들었고 이른바 '어떤 책'(이것도 백제의 옛 기록으로 생각된다)의 앞뒤 문장은 알 수 없지만, 『구당서』의 기록에 따라 추측하면 처음 주류성에 웅거해 군사를 일으킨 복신 등이 웅진강 입구의 전투에서 패배한 뒤 주류성과 함께 사비성의 북쪽에 있는 임존성(임서리산·임사기산)을 본거지로 삼아 당군에 저항했음을 서술한 것이 아닐까? 만약 그렇다면 '어떤 책'의 원문에서 '북'은 임사기산의 방위를 보여주는 글자였지만, 지리적 지식이 없던 『일본서기』의 편자는 지명의 일부로 잘못 생각한 것으로 생각된다.

백제인의 관직·씨족·이름 앞에 붙은 동·서·남·북·중의 부 이름은 본관을 나타내는 것으로 여겨진다. 『구당서』「흑치상지열전」에서 "백제의 서부 사람이다. 처음 그 번에서 달솔이 됐다"고 했는데, 그것을 백제식으로 간단히 부르면 서부 은솔 귀실복신, 서부 달솔 여의수, 동부 은솔 조신인 등처럼 '서부 달솔 흑치상지'로 생각할 수 있다. 덴지 천황 10년(682) "백제의 3부 사신이 요청한 군사적 사무에 대답했다"는 것은 멸망 뒤 백제의 사신이 가져온 군사 요청에 관련된 기사로 보이고, 그 사신은 '아무 부 출신으로 아무 관직을 지닌 아무개某部某官某氏名'로 표기해야 하는 세 사람이었지만 역사가는 그것을 '3부 사신'으로 줄였다고 생각된다.

또한 이런 여러 사례에서 백제의 제도는 관직을 표시할 때 본관도 포함했음을 알 수 있다. 다만 5부와 5방은 지방 행정구역으로서는 동일했지만 관명과 인명 앞에 방 이름을 표시한 사례는 없으므로 그런 측면에 어떤 구별이 있었음을 알 수 있다. 행정구역을 단지 한 지방으로 볼 경우에는 다른 명칭으로도 부를 수 있는데, 지금 일본의 현縣에 해당하는 지방을 구니國라고 한 것이 그것이다. 백제인의 관명과 인명 앞에 붙은 각부의 이름은 그 본관을 나타내는 의미로 사용된 것으로 보인다.

백제의 5방은 『북사』 ― 『주서』도 거의 같다 ― 에 따르면 군사적 측면에 무게를 둔 구획으로 생각된다.

5방에는 방령이 1명씩 있는데 달솔(백제의 2품 관원)이 임명되고 방좌가 그 아래 있다. 방에는 10군이 있고 군에는 장수가 3명씩 있는데 덕솔로 임명하며 1200~700명의 군사를 거느린다. 도성 안팎에 사는 백성과 나머지 작은 성들은 모두 나뉘어 예속됐다.

『일본서기』 긴메이 천황 15년(554) 조에 실린 백제 성왕의 표문에서 "신이 먼저 동방령 모노노베노 마가무노무라지를 보내 그 방의 군사를 거느리고 함산성(신라의 성)을 공격하게 했다"고 했고 『삼국사기』에서는 앞서 말한 대로 태종 무열왕 때 '웅진방령군'이라는 표현도 있어 방령이 무관이었음은 분명하다. 본래 방 안의 각군各郡에는 『괄지지』에서 말한 대로 군장郡將 외에 도사가 있었고 그것은 민정을 전담한 관원으로 생각되지만, 방에는 방령과 함께 민정 장관으로 볼 수 있는 관원이 없던 것으로 보이며 도독에 해당하는 방령은 방좌를 차관으로 삼고 군정과 민정을 총괄했으므로 5방은 군사적 구획이자 민정의 구획이던 것으로 생각된다.

그런데 백제의 이 제도와 아주 비슷한 것은 말할 것도 없이 고구려

의 5부다. 동·남·서·
북·중(내)라고 불린 각
구획의 이름은 물론 자
사나 군수에 해당하는
관직도 처려근지를 도
사라고도 부른다고 해
서 서로 같은 것이었으
므로 백제의 지방 행정
조직은 고구려의 그것
을 모방한 것으로 판단
된다.

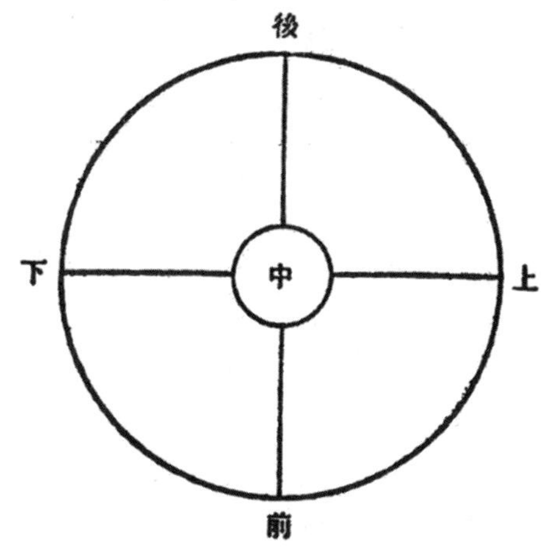

백제 수도의 5부

백제에는 앞서 말한 대로 5부(5방) 외에 수도의 5부라고 부를 수 있
는 것이 있었는데, 아래 기사들은 도성이 5부로 나뉘고 각부에 5항이
있었음을 알려준다.

- 『주서』: 도성에는 1만 호가 살고 상·전·중·하·후부의 5부로 나뉜다.
  부에는 5항이 있어 사족과 서인이 거주한다. 부는 군사 500명을 거느
  린다.

- 『북사』: 도성에는 방이 있는데 상부·전부·중부·하부·후부의 5부로
  나뉜다. 부에는 5항이 있는데 사족과 서인이 거주한다. 都下有方, 分爲
  五部, 曰上部·前部·中部·下部·後部, 部有五巷, 士庶居焉.

- 『괄지지』: 도성 안에는 5도(부?)가 있는데 모두 건솔(덕솔?)이 다스린
  다. 또 성 안에는 5항이 있는데 사족과 서인이 거주한다.

곧 이 5부는 도성 안의 구획으로 고려 때 개경의 5부 방리제坊里制와 같은 것이 틀림없다. 5부의 이름은 상부·전부·중부·하부·후부로 중부를 빼면 지방의 5부와 다르다. 이런 부 이름은 『삼국사기』「백제 본기」에 전혀 보이지 않지만, 그것은 모두 그 책의 내용이 빈곤하기 때문이며 『백제 본기本記』라는 백제의 옛 기록에서 가져온 것으로 보이는 『일본서기』의 기사를 살펴보면 5방의 다른 이름인 5부와 마찬가지로 그것들을 백제인의 관명과 인명 앞에 둔 사례가 매우 많다.

게이타이 천황 10년(515) 전부前部 목협불마갑배木劦不麻甲背, 안칸 천황 원년(534) 하부下部 수덕적덕손修德嫡德孫, 상부 도덕기주기루道德己州己婁부터 시작해 긴메이 천황 2년(541)과 15년(554)에는 관명과 인명 앞에 상부·중부·하부·전부의 명칭을 단 25명이 있다. 후부만 보이지 않는 것은 우연한 일로 생각된다. 긴메이기의 25명은 같은 인물이 거듭 나오는 것을 통틀어 계산한 숫자다. 번거롭기 때문에 하나하나 들지는 않겠다.

그런데 이런 부 이름이 나오는 기사는 비다쓰기 이후에는 전혀 없지만, 그렇다고 해서 그때부터 백제에서 부 이름을 관명과 인명 앞에 밝히는 제도나 수도의 5부 자체가 없어졌다고 속단해서는 안 된다. 『일본서기』를 편찬하는데 사료의 하나였던 『백제 본기本記』라는 책은 그 완본이 전해지지 않고, 쓰다 소키치 박사가 논증한 것처럼 주로 게이타이기와 긴메이기에 들어간 부분만 그런 것으로 생각되기 때문이다.[23] 그러나 게이타이 천황 10년(516)에 부 이름이 처음 보이는 것은 특히 주목할 필요가 있다. 『일본서기』의 기년에 따르면 그 해는 병신년으로 백제 무령왕 16년(양 무제 천감 15년)에 해당한다. 『일본서기』의 이 무렵의 기년은 쉽게 믿기 어려울지도 모르지만 기사가 『백제 본기本記』에서 왔으므로 게이타이 천황 10년에 해당하는 간지는 그 책에 따른 것으로 생각되기 때문에 5부제는 무령왕 때, 곧 왕도가 웅진(고마성)에 있던 때부터 존재한 것으로 봐도 된다. 따라서 도성의 5부와 지방 행정구역인 5방은 성왕의 사비 천도(재위 16년. 양 무제 대동 4년, 538)를 경계로 해서 그 설정 시대가 달라진 것으로 생각된다.

성왕이 사비로 천도한 2년 뒤(성왕 18년, 540)는 긴메이 천황 원년이며, 같은 천황 15년 성왕은 세상을 떠났다(재위 32년, 554). 상·중·하·전·[후] 등의 부 이름을 백제인의 관명과 인명 앞에 둔 사례는 그 기간의 『일본서기』 기사에 25번 나오는데, 모두 도성의 부명이며 5방을 이런저런 지방의 '부'로 하고 그것을 관명과 인명 앞에 둔 사례는 하나도 없다. 아울러 긴메이 천황 15년에 실려 있는 성왕의 표문에서는 앞서 인용한 대로 "신이 먼저 동방령 모노노베노 마가무노무라지를 보내 그 방의 군사를 거느리고 함산성(신라의 성)을 공격하게 했다"고 해서 5방제는 분명히 그해보다 앞서 존재했다. 이것으로 보면 성왕 때 5방제는 있었지만 아직 그것에 따라 본관을 표시하지는 않은 것으로 생각된다. 긴메이 13년(552) 불교 전래 기사에 보이는 백제 사신의 이름과 그 부 이름(서부)이 의심스럽다는 것은 앞서 서술했다.

4. 고구려 도성의 5부

앞 장에서는 백제의 지방 행정구역인 5방과 5부, 그리고 도성 안의 구획인 5부를 서술했으므로 이제 처음의 문제로 돌아가 고구려의 도성에도 5부제가 있었는지 살펴봐야 한다. 고구려의 5부에 관련된 『후한서』 장회태자의 주석, 그리고 두우의 『통전』이 바탕한 것으로 추정되지만 찬자를 알 수 없는 『고려기』라는 책(『한원』 주석에서 인용)에 따르면 삼국시대의 5족에 끌어다 붙인 내·남·북·동·서의 5부 가운데 내부를 제외한 4부에는 각각 전·후·좌·우부라는 다른 이름이 있었고, 다시 동부에는 좌부 외에 상부, 서부에는 우부 외에 하부라는 이름이 있었다고 했지만(2장 그림 참조) 그 기록은 사실일까?

이 논문의 첫머리에서 서술한 대로 『삼국사기』「고구려본기」에는 동·서·남·북의 각부 이름 외에 동천왕 20년(246) 하부, 평원왕 때 사람인 「온달열전」에 상부의 이름이 보일 뿐 전·후·좌·우부의 이름이 나오는 기사는 없다. 한편 일본에서는 『일본서기』 이하의 정사와 『신찬성씨록』에 부 이름을 앞에 적은 고구려인의 이름이 나오는 것으로 전부 14명, 후부 16명, 상부 9명, 하부 4명, 남부·서부·동부 각 1명으로 전·후·상·하부와 남·서·동부 등 각부에 걸쳐 전체 숫자는 비교적 많지만 좌부와 우부는 하나도 보이지 않는다. 『삼국사기』의 내용은 매우 빈약해 그 책에 나오지 않는다고 해서 사실이 아니라는 유력한 증거는 아니며, 지금 문제의 부 이름 가운데 전부와 후부는 일본 사서에 힘입어 다행히 그 결함을 보완할 수 있다. 그러나 문제의 다른 두 부인 좌부와 우부는 일본 사서에도 나오지 않으므로 반드시 『삼국사기』가 소루하다고 단정해서는 안 되며, 실제로 소루하다고 해도 일본 사서의 수많은 부 이름 가운데 보이지 않는다는 점에서 그 소극적 사실에 상당한 가치를 두지 않으면 안 된다.

또 『고려기』에는 『삼국사기』와 일본 사서에 보이는 상부·하부 가운데 상부만 나오고 하부는 나오지 않는다. 그러나 그것이 실제로 없는 것은 아니다. "셋째는 동부로 순노부며, 재부(좌부?)라고도 한다. (…) 상부·청부라고도 한다三曰東部, 卽順奴部也, 一名在(左?)部. (…) 一名上部, 一名青部”
고 한 것처럼 “다섯째는 서부로 소노부며 우부라고도 한다. (…) 하부·
백부라고도 한다五曰西部, 一名右部, 卽消奴部也. (…) 一名下部, 一名白部”고 해야
하지만 옮겨 적을 때나 어느 때 한 구절이 모두 탈락된 것으로 생각된
다. 청부·백부 등은 다음에 서술하겠다.

이렇게 생각하고 장회태자의 주석과 『통전』『고려기』에 나오는 고구
려 5부에서 내부를 제외한 4부, 곧 북부·동부·남부·서부의 별명이라
고 한 것에서 『고려기』와 장회태자 주석의 기록 외에는 증명할 수 없
는 좌부와 우부를 제거해 보면 그런 별명은 모두 백제 도성의 5부 가
운데 후부·상부·전부·하부와 일치한다. 그렇다면 이것은 우연의 일치
일까? 그렇지는 않은 것 같다.

백제의 도성과 지방의 5부와 5방 가운데 5방제는 앞 장에서 서술한
것처럼 각방의 명칭만 고구려의 5부를 모방한 것 같으므로 고구려의
도성에도 지방의 남·북·동·서·중부와는 전·후·상·하·내부라는 이
름으로 구별된 5부가 있고, 백제 도성의 5부도 그 제도가 이입된 것으
로 상상할 수 있기 때문이다. 달리 말하면 남·북·동·서부의 별명이라
고 한 『고려기』의 전·후·상·하부는 고구려 도성 안의 부 이름을 지방
의 5부에 가져다 붙인 것이 아닐까? 그 책에 실린 5부의 별명은 전·
후·좌·우부와 상부[·하부]만이 아니다. 내부는 황부, 북부는 흑부,
동부는 청부, 남부는 적부라고도 했으므로 서부 아래에는 “백부라고
도 한다一名白部”라는 문장이 탈락된 것으로 생각된다. 장회태자의 주
석에서는 황부만 들었고 『통전』은 별명을 모두 생략했다.

고구려의 5부제에 오행사상이 포함돼 있다는 것은 그 제도 자체에
서 볼 때 분명하므로 5색을 5방에 배당한 별명이 있다고 한 것이 그리

이상하지는 않지만 『고려기』 외에는 하나도 보이지 않는다. 그러나 이것은 그렇다고 해도 소노부·절노부·순노부·관노부·계루부 등 삼국시대 고구려의 5족을 5부에 각각 배당한 것은 너무 자의적이고, 『위략』의 원문을 들면서 "5부는 모두 귀인의 족속"이라고 덧붙인 것을 보면 이것은 『고려기』의 찬자가 책상 위에서 만들어 낸 것이 분명하다. 그렇다면 그 동일한 찬자가 다시 고구려의 도성 안의 부 이름인 전·후·상·하부를 남·북·동·서부의 별명이라고 하고 그것을 지방의 5부에 가져다 붙였다고 추측하는 것은 결코 무리가 아니다. 그는 그 같은 부회를 감행했을 뿐 아니라 실제로는 없던 좌부와 우부의 이름을 덧붙인 것 같은데, 전·후에는 좌·우가 나란히 있는 것이 당연하다고 생각했기 때문으로 여겨진다.

고구려의 도성에 부 제도가 있었다고 명기한 것은 없다. 그러나 비교적 근거가 확실하고 분명한 백제의 제도를 참고하고 『삼국사기』와 일본 사서에 산견되는 부 이름을 검토해 『고려기』 본문을 위와 같이 비판하면 잠재된 사실을 대략 밝힐 수 있다.

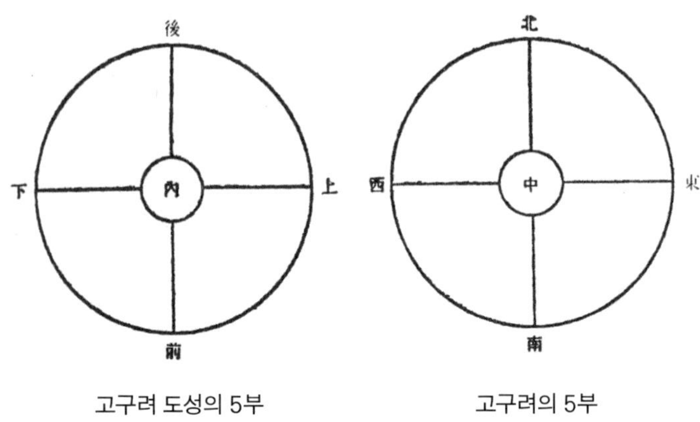

고구려 도성의 5부   고구려의 5부

『삼국사기』(권45) 「온달열전」: 고구려에서는 늘 봄 3월 3일 낙랑의 언덕
에 모여 사냥해 잡은 멧돼지와 사슴으로 하늘과 산천의 신에게 제사 지
낸다. 그날이 돼 왕(평강왕. 평원왕이라고도 한다)이 사냥을 나가니 신하들
과 5부의 군사들이 모두 따라갔다. 高句麗常以春三月三日, 會獵樂浪之邱,
以所獲猪鹿, 祭天及山川神. 至其日, 王出獵, 群臣及五部兵士皆從.

이 기사에서 5부의 군사가 평양 도성의 군사라는 것은 거의 의심이
없으므로 5부는 곧 도성의 5부로 생각된다. 그러므로 나는 고구려의
수도에 부 제도가 있었다는 것을 의심하지 않는다.

고구려인의 이름 앞에 붙여진 전·후·상·하 등의 부 이름이 일본
사서(『일본서기』『속일본기』『일본후기日本後紀』『신찬성씨록』)에 보이는 것
은 전부 14개, 후부 16개, 상부 9개, 하부 4개다. 도성 안의 5부 가운
데 하나로 생각되는 내부가 나오는 기사는 하나도 없지만, 그것은 우
연이 아니며 아래 자료는 그 까닭을 설명한 것으로 생각된다.

『한원』에 인용된 『고려기』: 그 북부는 연燕과 같다(이것은 어떤 뜻인지 잘
알기 어렵다. 오류나 탈루가 있는 것 같다). 내부의 성은 고씨로 왕족이다.
고구려에서 성이 없는 사람은 모두 내부다.

고는 고구려 왕족의 성國姓이며 그 밖에는 대부분 성이 없었다(말기
의 대족으로 천泉[연淵·전錢]을 성으로 가진 개소문蓋蘇文 가문 등이 있기도
했다). 그리고 도성의 5부 가운데 왕궁은 내부에 있었으므로 그 부에
소속됐다고 한 사람은 왕족이었으며, 나머지 4부(전·후·상·하)에 살던
사족 — 주로 귀족貴人 — 과 서인은 각각 그 부를 이름처럼 자신의 성

명 앞에 붙인 것으로 생각된다. 곧 『고려기』에서 "고구려에서 성이 없는 사람은 모두 내부"라는 것은 성씨로 부 이름을 부르지 않은 것은 내부에 소속된 왕실이라는 뜻으로 보이고, 실제로 고구려인에게 부 이름이 성씨와 비슷했음은 『속일본기』 등의 일본 사서에 보이는 고구려의 귀화인 자손의 이름에 모두 앞서 말한 부 이름이 붙여져 있는 데서도 알 수 있다.

지방의 부 이름을 인명 앞에 적은 사례로 일본 사서에 보이는 것은 적지 않지만, 다음 기사에 따라 추측하면 지방의 부 이름(동·서·남·북·중)도 도성의 부 이름처럼 성씨와 함께 사용된 것이 분명하다.

- 『일본서기』 덴무天武 천황 9년(680) 5월 고구려에서 남부 대사 묘문과 서부 대형 준덕 등을 보내 조공했다. 高麗遣南部大使卯問·西部大兄俊德等朝貢.
- 『일본후기』 고인弘仁 2년(811) 8월: 기축일 산성국인 정6위상 고려인 동부 흑마려에게 광종련의 성을 내렸다. 己丑, 山城國人正六位上高麗人東部黑麻呂, 賜姓廣宗連.

도성의 5부와 지방의 5부 모두 내부나 중부의 이름이 있었다면 둘이 뒤섞일 우려가 있지 않았을까 생각된다. 『고려기』에서 말한 5색을 5방에 배당한 부 이름, 특히 그 가운데 황부는 이 구별을 명확히 하기 위한 도성 내부의 별명이 아니었을까? 그러나 왕궁은 내부에 있어 일부러 부 이름을 사용할 필요는 없었고 그것을 인명 앞에 두지 않았으므로 사실상 뒤섞일 염려는 없었다고 여겨진다. 아니면 지방의 5부 가운데 하나는 내부가 아니라 중부라고 해서 구별했다고도 생각된다. 다

만 ‘중부’라는 이름은 백제의 제도에서 추정될 뿐 우연히 일본 사서에
도 그 사례가 없는 것은 아쉽다.

또 내부에 대해서는 앞서 인용한 『고려기』의 기사에 이어 다음과
같이 말했지만 그 의미는 잘 이해되지 않는다.

> 내부는 왕족이지만 서열은 동부 아래다. 그 나라에서는 일을 처리할 때
> 동쪽을 으뜸으로 치기 때문에 동부의 서열이 높다. 又內部雖爲王宗, 列
> 在東部之下. 其國從事以東爲首故東部居上.

왕궁이 있기 때문에 내부라는 이름이 붙여졌을 뿐 지형 등의 관계
에서는 5부의 중앙이 아니었다는 것을 고구려인이 모든 것에서 동쪽
을 귀히 여기는 풍습에 연결시켜 이렇게 서술한 것은 아닐까도 생각
된다.

다음 문제는 앞서 서술한 것처럼 도성의 부 제도가 시작된 연대다.
『삼국사기』에 보이는 고구려 수도의 부 이름 가운데 하나는 하부다.
11대 동천왕 우위거 20년(246) 위의 장수 관구검이 침략했을 때 왕을
보호한 공로가 있던 사람은 동부의 밀우, 하부의 유옥구, 동부의 유유
라고 했는데, 이 기록을 역사적 사실로 보면 고구려에는 환도성이 수
도였던 때부터 도성에 상부·하부 등의 부 이름이 있었으며 지방에도
동부·서부 등의 부 이름이 있던 것으로 보인다. 그리고 동천왕 이전으
로 거슬러 올라가 9대 고국천왕 남무는 재위 13년(191) 권신의 반란을
평정한 뒤 ‘4부’에 현량한 인재를 천거하라고 하자 ‘4부’에서 모두 ‘동
부’의 안류晏留를 천거했으며, 다시 거슬러 올라가 3대 대무신왕 15년

(32)에는 '남부 사자 추발소南部使者鄒勃素'라는 인물이 비류부장沸流部長
이 됐다고 해서 지방의 부 이름이 나온다.

그러나 이런 기록은 모두 믿기 어렵다. 왜냐하면 고대의 고구려 국
왕들 가운데 후대의 고구려인 사이에 확실히 알려진 첫 국왕은 중국
사서에서 이이모에 비정된 10대 산상왕 연우고, 중국 사서의 위궁에
비정되는 11대 동천왕 우위거는 그다음 국왕이며, 산상왕 앞의 9대 고
국천왕 남무는 그 뒤 고구려 왕실의 세계가 만들어질 때 이런 실재한
국왕 위에 덧붙여진 공상의 국왕들 가운데 하나다.[24] 따라서 산상왕
이전 「고구려본기」의 기사 가운데 중국 사서에 의거하지 않은 부분은
후세의 조작이 분명하기 때문이다. 그리고 마침내 세계가 확실하게 된
초기인 동천왕 무렵의 기록도 마찬가지로 그 국왕 때 관구검의 침입에
관련된 「고구려본기」의 기록에서 부 이름이 보이는 밀우·유유의 무용
담은 모두 뒷사람이 상상해낸 옛 이야기일 뿐이다.[25]

다시 시대를 따라 「고구려본기」의 기사를 검토하면 다음 사례들이
있는데, 지방 행정구역의 이름인 동·서·남·북부가 인명이나 관명 앞
에 붙어 있지만 쉽게 믿기 어렵다는 것은 뒤에서 따로 말하겠다.

- **13대 서천왕 약로藥盧 2년(271):** 서부 대사자 우수. 西部大使者于漱.
- **14대 봉상왕 상부相夫 2년(293):** 신성재 북부 소형 고노자. 新城宰北部
  小兄高奴子.
- **같은 왕 3년:** 남부 대사자 창조리. 南部大使者倉助利.
- **15대 미천왕 을불 즉위년(300):** 북부 조불과 동부 소우. 北部祖弗·東
  部蕭友.

그 뒤 부 이름은 오랫동안 나오지 않다가 남북조 말인 25대 평원왕
(일명 평강왕平崗王·平岡王) 때 다시 나타난다.

『삼국사기』(권45) 「온달열전」: 평강왕의 어린 딸은 잘 울었다. (…) 딸이
16세가 되자 왕은 상부의 고씨에게 시집보내려고 했다. 平岡王少兒好啼.
(…) 及女年二八, 欲下嫁於上部高氏.

「온달열전」의 기사는 시대가 내려왔지만 역사적 기록으로 상당한
가치가 있으므로 거기에 도성의 부 이름인 '상부'의 이름이 보이고, 앞
서 서술한 것처럼 뒷부분에서 평강왕이 사냥을 나갔을 때 '5부'의 군
사가 따라갔다는 것은 부 제도의 연대적 고찰에 적용해 당시 평양성
에 도성의 5부제가 존재했다는 증거로 삼을 수 있다고 생각된다. 그
런데 앞 장에서 서술한 대로 백제에서는 늦어도 무령왕(501~523) 때
부터 부 제도가 당시의 수도인 고마성(웅진)에 있었고, 그 부 제도는
백제가 아니라 고구려에서 기원했다고 보는 것이 자연스럽다고 여겨
진다. 그렇다면 고구려에서 도성의 부 제도가 시행된 시대는 평원왕
부터 양원왕·안원왕·안장왕安臧王을 거슬러 올라가 21대 문자명왕
(492~519) 이전이라고 볼 수 있다. 아울러 그 상한을 판단한다면, 억
측일 뿐이지만, 남북조 초 환도성(일명 국내성)에서 평양성으로 천도한
20대 장수왕이 재위 15년(427) 새 수도를 조성할 무렵 그 제도를 창설
한 것은 아닐까 생각한다.

고구려 시대의 평양성은 지금의 평양읍 내성과 외성을 합친 것이었
는데, 외성에는 그 전체 구역에 걸쳐 기자가 만든 정전井田의 옛 터라
고 전해진 우물井 모양의 구획이 있다.

• 윤두수尹斗壽의 『평양지』(권5) 「문담文談」: 정전은 외성에 있는데 기자가 구획한 경계가 아직도 남아 있지만 겸병되거나 논밭이 만들어져 옛 터는 거의 사라졌다. 을유년(선조 18년, 만력 13년, 1585) 서윤 김민선이 고쳐 바르게 했다. 井田在外城, 箕子所畫境界猶存, 而或因兼並, 或因阡陌, 幾失舊址. 乙酉年庶尹金敏善修而正之.

• 윤유尹游의 『평양속지』(권1) 「고적古蹟」: 정전제는 3무로와 9무로를 기준으로 삼아 예부터 나무를 세워 표시로 삼고 '법수'라고 불렀다. 중간에 난리를 겪은 뒤 나무 표시는 사라졌다. 숭정후 신미년(숙종 17년, 강희 30년, 1691) 구획을 고치고 네 귀퉁이에 돌을 세워 경계를 정했다. 『기자지』에 실린 기자 정전 남쪽의 9무로는 동쪽으로 함구문 바깥 9무로에서 멈추는데, 지금은 동쪽 성에 만들어진 십자대로에 곧장 이어져 옛 흔적이 거의 사라졌다. 井田之制, 以三畝九畝路爲準, 自古立木爲標, 名曰法樹. 中經亂後, 木標無存. 崇禎後辛未, 改釐區畫, 樹石四隅, 以限經界. 而箕子志所載箕井南九畝路, 東止于含毬門外九畝路, 而今則直抵東城作十字大路, 於此頗失古蹟云.

그것은 이징李澄(인조 때 사람)이 그린 「병풍 평양도屛風平壤圖」(평양 박물관 소장)에도 또렷이 그려져 있다.[26] 그것을 기자 정전의 옛터라고 말한 것은 조선에서 기자 존숭의 열기가 높아진 세종 무렵부터 시작돼[27] 선조 때 한백겸韓百謙이 「기자도설箕子圖說」을 지으면서(유근柳根이 발문을 쓰고 허성許筬이 후어後語를 덧붙였다) 매우 널리 퍼졌지만,[28] 물론 그런 기자 정전 터가 아니라 세키노 다다시 박사의 지적처럼 고구려 때 바둑판 모양條坊으로 구획한 터라고 봐야 한다.[29] 그렇다면 이 뚜렷한 유적은 문헌적 고찰과 함께 고구려 평양성에 5부 방리제가 있었음을 증명하는 것으로 판단된다.

그렇다면 지방의 5부는 어떤가? 그것은 중국 사서에서는 『수서』와 『북사』에서 '5부 욕살'이라고 나오는 것이 처음이고, 「고구려본기」에서는 미천왕 이전부터 그 이름이 보이지만 믿기 어렵다. 앞서 열거한 두세 기사에 대해 말하면 서천왕 2년(271) "서부 대사자 우수의 딸을 왕후로 삼았다"고 한 것은 역사적 사실인지 의심되고, 봉상왕 2년(293) '신성재 북부 소형 고노자'와 5년(296) '북부 대형 고노자'는 모두 지어낸 것으로 생각되는 모용외의 침략에 관련된 두 기사의 주요 인물이다.[30] 다만 고노자는 공상의 인물은 아닌데, 같은 왕 3년 "국상 상루가 죽자 남부 대사자 창조리를 국상으로 삼고 대주부로 벼슬을 올렸다國相尙婁卒, 以南部大使者倉助利爲國相, 進爵爲大主簿"고 한 창조리, 곧 5년 조의 모용외 침략 기사에 보이는 '국상 창조리'도 마찬가지지만 이런 인물들의 관명과 인명 앞에 붙은 부 이름은 실제로 부 제도가 있던 비교적 늦은 시대의 고구려 역사가가 꾸며낸 것으로 생각된다. 미천왕 즉위년(300) '북부 조불과 동부 소우'도 마찬가지다.

다시 『위서』(권100) 「고구려열전」을 보면 고구려의 상황을 서술한 기사가 있다. 북위 세조 태무제 태연太延 원년(장수왕 23년, 435) 처음 사신을 보내온 장수왕에게 책명을 주려고 보낸 사신 이오가 직접 보고 들은 것을 서술한 것이다.

이오는 장수왕이 거처하는 평양성에 와서 그 나라의 일을 물어본 뒤 말했다. "요동 남쪽 1000여 리에 있는데 동쪽은 책성, 남쪽은 작은 바다, 북쪽은 옛 부여에 이르며 민호는 전위(삼국시대의 조위) 때보다 3배입니다. 그 땅은 동서 2000리, 남북 1000여 리입니다. 백성은 모두 토착민으로 골짜기를 따라 거주합니다."

당시 고구려의 전체 영토가 5부로 나뉘어 있었다면 그 특별한 제도는 그 나라의 상황을 알고 싶어 하던 이오의 주의를 끌었을 것이지만, 여기에 그것과 관련된 아무 기록도 없는 것에서 미뤄보면 적어도 장수왕 23년(435) 이전에는 그 제도가 아직 없었던 것은 아닐까? 그런데 부 제도는 도성과 지방 모두 고구려에서 시작됐고, 지방의 제도는 백제로 이입돼 성왕의 사비 천도 이후 5방제가 된 것으로 보이므로 이 점을 포착해 안원왕 8년(538)에 해당하는 사비 천도 해부터 거슬러 올라가 문제의 5부가 창설된 시대를 안장왕(519~530)이나 문자명왕(492~519) 때로 보면 어떨까? 나 자신도 확신할 수는 없지만 일단 그런 가설을 제출해 둔다.

5. 고구려의 부족제와 군현제

한·위대 고구려의 5족과 남북조 이후 중국 사서에 보이는 고구려의 5부 — 도성과 지방 — 는 완전히 성격이 다른데 5족, 곧 연(소)노부·절노부·순노부·관노부·계루부의 5부족과 함께 생각해봐야 하는 것은 「고구려본기」의 고대 부분, 곧 3대 대무신왕부터 12대 중천왕까지 산견되는 연나부·관나부·조나부·환나부·주나부·비류나부·제나부 등 여러 부다.

이런 부 이름은 관나부 패자 달가達賈, 환나부 패자 설유薛儒(모두 태조대왕 20년, 72), 관나 우태于台 미유彌儒, 환나 우태 어지류於支留, 비류나沸流那 조의皀衣 양신陽神(모두 태조대왕 18년, 70), 연나 조의 명림답부(차대왕 20년, 165), 제나부 우소于素(고국천왕 2년, 180), 연나 명림홀도明臨笏覩(중천왕 9년, 256) 등처럼 주로 관명과 인명이나 인명 앞에만 붙였는데, 이런 측면은 행정구획인 후대의 5부와 같다. 그리고 한편으로는 대무신왕 때 부여왕의 사촌동생이 1만여 명을 이끌고 귀의하자 왕에 책봉해 연나부에서 살게 했고(대무신왕 5년, 22) 탐욕으로 불법한 일을 한 3명의 비류부장沸流部長을 쫓아내고 남부 사자 추발소라는 인물을 대신 임명한(대무신왕 15년, 32) 기사도 있다.

다만 이런 사례들에서 곧장 연나부나 비류나부의 성격을 추출하기는 어렵지만, 태조대왕이 조나를 정벌해 그 왕을 사로잡았고 추나를 정벌해 그 왕자 을음乙音을 사로잡았다(태조대왕 20년[72]과 22년)는 기록에서 조나·주나 등을 행정구역으로 해석할 수는 없다고 생각된다. 또 중천왕의 왕후는 연씨椽氏고 총애한 비寵妃는 관나부인貫那夫人이었다(중천왕 원년[248]과 4년)는 기록은 부여왕의 사촌동생이 살게 된 곳이 연나부였다는 앞의 사례와 함께 연나부·관나부 등이 씨족의 지방적 집단이었음을 말하고, 아무 나某那 또는 아무 나부那部의 ‘나’는 『위지』의 연노·절노 등의 ‘노奴’와 상통하므로 『위지』의 5부족을 한·위대 고구려족 안에 존재한 씨족 집단이었다고 한 이상 「고구려본기」의 연나·관나 등의 부들도 씨족 집단으로 볼 수밖에 없다.

고구려의 시조 주몽부터 적어도 그 아래 10여 대의 「고구려본기」 기사는 중국 사서를 그대로 가져온 기사 외에는 역사적 사실을 전한 것이 아니다. 여기서 기사를 하나하나 비판할 수는 없지만, 그것은 앞서 말한 대로 10대 산상왕 연우가 실재한 국왕으로 조금 뒷시대의 고구려인에게 처음 알려졌다는 것에서 보면 쉽게 추측된다.[31] 그리고 아무아무 나부某某那部라는 이름은 모두 「고구려본기」의 동일한 부분, 곧 고구려의 어느 시대에 어느 서술자가 지어낸 것으로 생각되는 기사에 보이지만, 씨족 집단으로 보이는 부 이름까지 날조했다고는 생각되지 않으므로 이것은 당시 그 조직이 실제로 존재했거나 앞 시대에 존재했다는 기록이 있었음을 암시하는 것으로 생각된다.

그런데 대체로 장수왕 치세에 해당하는 고구려 중기 이후 멸망할 때까지 씨족 집단이 존재했다는 증거는 「고구려본기」와 중국 사서에 모두 없다. 특히 주의를 끄는 것은 그 시대의 수도(평양)과 지방에 있던 것으로 추정되는 5부인데, 지방 5부의 전체 조직은 중국의 부·주·군·현 제도와 비슷한 것으로 보인다. 그렇다면 고구려의 씨족 집단은 주로 5부제가 창설되기 전 존재한 것으로 그 당시 행정조직의 단위이자 사회조직의 기초였다고 생각된다. 『위지』의 5부족은 행정구역이 아니라고 주장한 이마니시 박사는 그 논문에서 다음과 말했는데, 억측에 지나지 않는 부분도 있다고 생각되지만 대체로 동의한다.

고구려 전기는 군현제도가 시행되지는 않았으며 몇몇 부족이 형성되고 그 부족 가운데서 가장 존귀한 혈통과 가장 강력한 권력을 지닌 부족이 국왕을 배출해 모든 부족을 다스린 것으로 생각된다. 부족은 고구려 귀족의 부족이며, 귀족은 토지와 거기 산 하호를 세습해 소유하고 몇몇 부족에 나뉘어 국왕의 통솔 아래 자치적인 생활을 영위한 것으로 보인다. 그리고 그들 가운데 일부는 국왕의 친족이 돼 공경대부가 됐으며, 부족이 분열·병합·흥기·쇠망하면 국왕이 새 부족을 만들기도 했기 때문에 부족의 숫자는 시대마다 달랐다. 귀족은 작위(성姓) 앞에 부족 이름을 표시해 구분했고, 부족은 귀족의 부족이었기 때문에 그 부의 백성, 곧 하호 등은 예속된 존재였다. 그리고 왕실의 세력이 융성해 강력해지면서 그 밖의 부족과의 관계는 왕실과 봉건 제후처럼 점차 군신관계로 변화해 갔다.[32]

그렇다면 이런 씨족 조직의 그림자는 옅어졌는가? 또는 그 조직이 사라진 시대의 사회조직이나 지방제도는 어땠는가? 이 문제와 관련해 이마니시 박사는 『위지』에 기록된 부여 ― 고구려가 발원한 나라 ― 의 상황을 보여주는 기록을 참고해 다음과 같이 말했다.

고구려의 왕권은 물론 부여처럼 약하지 않았고 그 국력도 그것에 힘입어 강대했지만 전국을 통일적으로 통치하는 것은 쉽게 이룰 수 없었다. 3세기 중반(삼국시대 말) 고구려에서는 부족 조직이 무너지고 중앙집권의 경향이 뚜렷이 진전됐다. 그리고 왕권은 새 영토의 획득과 함께 더욱 강력해졌다.[33]

또 동·서·남·북·전·후·좌·우·상·하 등의 이름이 있었다는 5부는 "도성 안의 구분이자 귀족의 조직"으로 보고 그것과 부족 조직의 관계를 서술했다.

고구려 사회는 부족 조직에서 부별部別 조직으로 이행했다. (…) 부족 조직이 부별 조직으로 이행한 것은 그 부족의 하나인 계루부가 다른 부족을 통합하면서 일어났다. 계루부는 점차 융성해져 부 안의 땅을 5부로 나눴으며, 이 구분에 따라 귀인을 부로 구별하고 그 관작과 인명 앞에도 그 부의 이름을 밝혀 구별한 것으로 생각된다. 왕족은 내부에 소속됐고, 귀족이 아니면 부 이름이 없으며, 하호는 각부의 사람들에 예속된 것으로 여겨진다. 지방에는 욕살과 처려근지를 둬 다스렸고, 영토가 넓어지면서 그 숫자도 늘어났다. 계루부의 융성은 왕권의 강화로 이어져 부족제가 쇠퇴했고, 중앙집권의 진전에 따라 각 부족의 귀인도 신하가 돼 5부 귀인에 편입된 사람이 많았으며, 옛 부족의 이름은 거의 사라지기에 이르렀다.

옛 부족은 많이 몰락했지만 외국과의 전쟁이 일어나면서 새 귀족이 많이 나타났으며, 이 새 귀족은 5부 가운데 어느 것에도 편입될 수 있었다. 평양에 도읍하면서 그 안은 5부의 행정구역으로 나뉘었고 이 행정구역을 바탕으로 귀족도 다시 부에 따라 편성됐지만, 이 부 이름은 이른바 '본관'과 비슷해 세습되고 거주지를 옮겨도 바뀌지 않았기 때문에 부 이름과 행정구역 이름은 일치하지 않는 경우가 매우 많아졌다.

그는 자신의 견해를 다음과 같이 요약했다.

고구려의 부족 조직은 3세기 중반 이미 쇠퇴했고 평양에 도읍할 무렵에 이르러서는 부 제도가 완성된 것으로 생각된다. 부 제도의 완성은 중앙집권의 완성이라고 부를 수 있다.[34]

고구려 왕실은 본래 연노부였지만 그 뒤 세력이 약해져 삼국시대에는 계루부가 대신 왕위를 차지했다고 『위지』에 기록돼 있다. 그리고 2세기 초인 후한 안제 때 요동에 있던 요동군과 현도군을 자주 침략한 궁왕(「고구려본기」의 태조대왕)의 행적과 그부터 수성(「고구려본기」의 차대왕)·백고(「고구려본기」의 신대왕) 2대를 거쳐 삼국시대의 이이모(「고

구려본기」의 산상왕 연우)·위궁(「고구려본기」의 동천왕 우위거) 이후로 연
결되는 국왕들의 계통과 왕위 계승의 관계는 『후한서』와 『위지』의 기
록에 따라 알 수 있고, 그 사이에 왕실이 바뀐 모습은 전혀 없으므로
고구려가 연노부 계통의 국왕을 추대한 것은 궁왕이 살아있을 때(후한
중엽)보다 앞선 시대였으며 앞서 말한 궁 이하의 국왕들은 모두 계루
부 계통이 틀림없다.35

   궁 이전의 세계는 「고구려본기」의 기록을 믿을 수 없어 알 수 없다고
할 수밖에 없지만, 궁이 한 시대의 영웅이었다는 사실에서 미뤄보면
연노부에서 왕위를 빼앗은 것은 그가 아니었을까 생각되기도 한다. 궁
은 혼하 상류 흥경노성 부근에 있던 현도군을 그 중간 유역인 지금의
무순시로 퇴각시켜 요동 방면에서 한의 세력에 큰 타격을 줬으며36 동
쪽으로는 한반도의 줄기산맥(이른바 단단대령) 밖의 해안 지방까지 손을
뻗어 당시 낙랑군의 관할 밖에 있던 남옥저와 동예의 부락들을 토벌한
것으로 보인다.37 고구려가 통일국가로서 분명히 융성한 세력을 보인
것은 이때가 처음이다.

   삼국시대에 들어와 위궁(동천왕)이 재위한 3세기 중반에는 유명한
관구검의 원정이 이뤄졌다. 전왕 이이모(산상왕)가 다스린 환도성(일명
국내성. 지금의 집안현 통구)은 도륙되고 위궁은 남옥저(지금의 함흥 지방)
로 달아난 뒤 다시 위군에게 쫓겨 북옥저(지금의 간도 지방)로 도망쳤
다. 곧 이 원정은 압록강 유역을 중심으로 더욱 국력을 발전시켜가던
고구려에 큰 타격을 준 것이었다.38 그러나 그것은 일시적인 일이었기
때문에 효과도 일시적이었던 것 같고, 위궁의 다음 국왕인 연불然弗(중
천왕)의 재위 기간으로 생각되는 삼국 말이나 서진 초 고구려는 남쪽
으로 내려와 낙랑군 북부를 침략해 그때까지 평양에 있던 낙랑군 치

소를 대동강 남안으로 후퇴시켰다.[39] 그리고 다시 50년쯤 뒤인 서진 말(4세기 초), 곧 미천왕 을불 때 마침내 그것을 무너뜨렸다.[40] 그 뒤 동진 말(4세기 말) 비문으로 유명한 광개토왕이 나와 영토를 크게 넓혔고, 다음 장수왕 때는 대동강 가의 평양성으로 천도했다. 고구려의 국운은 이때 가장 융성했는데, 앞서 인용한 『위서』의 기사에서 그 일부를 살펴볼 수 있다.

이오(북위의 사신)는 장수왕이 거처하는 평양성에 와서 그 나라의 일을 물어본 뒤 말했다. "요동(요양) 남쪽 1000여 리에 있는데 동쪽은 책성(지금의 간도 지방), 남쪽은 작은 바다(동해), 북쪽은 옛 부여(만주 북부 아성 지방) 이르며 민호는 전위(조위) 때보다 3배입니다. 그 땅은 동서 2000리, 남북 1000여 리입니다."

지금까지 서술한 것은 앞의 이마니시 박사의 견해에서 깨우친 것이 적지 않다. 후한 중엽 이후 고구려의 국운이 발전한 것은 왕실의 세력이 강성해졌음을 의미하고, 그것은 계루부의 권력이 팽창한 것과 마찬가지이므로 궁왕 때나 그 이전부터 계루부의 영향을 받아 일종의 봉건제후 같은 위치에 놓인 나머지 부족들 ─ 『위지』의 5족이 대표적인 것으로 생각된다 ─ 은 시간이 지나면서 점차 쇠약해진 것이 틀림없다. 아울러 쇠약해졌다는 것은 각 부족의 지도자들이 계루부의 왕실을 신하로 섬겨 독자적 위치와 권력을 잃었을 뿐 아니라 궁왕 이후 몇 세기 동안 영토가 확장돼 부족이 이동하면서 지방 씨족의 단결이 해체된 결과 부족 조직 전체가 사라지게 된 것은 아니었을까?

그리고 이것은 국가의 통치상태에서 말하면 이마니시 박사의 견해처럼 중앙집권적 경향의 발전이었다. 그렇다면 그 세력이 가장 팽창했을 때 새로운 통치방식이 생겨나지는 않았을까? 만약 그랬다면 그것은 무엇이었을까? 일본 고대에 야마토 조정大和朝廷의 세력이 강성해짐에 따라 토지와 인민을 사유한 도모노미야쓰코伴造·구니노미야쓰코國造 등의 호족들을 철저히 통제할 수 있게 되자 다이카 개신大化改新을 결행해 당의 제도를 본받은 군현제를 시행했는데, 나는 고구려의 지방 5부제, 곧 장수왕 이후 2~3대 사이에 새로 시행됐다고 생각되는 이 특별한 지방 행정조직을 같은 추세의 산물로 보고 싶다.

그런데 이마니시 박사는 지방 구역으로서 5부의 존재를 인정하지 않고 5부는 도성 안의 구분이자 귀족의 '구별'이라고 했다. 그리고 이런 구별, 곧 이른바 '부 조직'은 고대의 부족 조직이 변형된 것으로 생각하고 그 변화 경로를 설명해 이미 서술한 것처럼 계루부의 세력이 강성해졌을 때 부 안을 5구역으로 나누고 그 구분에 따라 이 부(계루부)의 귀족을 구별한 것으로 봤으며, 한편으로는 중앙집권이 진행되면서 다른 부족들의 귀족도 국왕의 신하가 돼 대부분 '5부의 귀족' 안에 편입됐기 때문에 옛 부족의 이름은 사라져버린 것 같다고 말했다.

그러나 나는 유감스럽게도 그것에 동의할 수 없다. 그 주장이 바탕하고 있는 이른바 부에 따른 구별(5부의 귀족)은 이 논문 2장에서 지적한 것처럼 『통전』에서 나온 오류가 분명하기 때문이다. 따라서 이마니시 박사는 고구려의 사회조직과 국가체제와 관련해 3세기 중엽(삼국말) 부족 조직이 이미 쇠퇴하고 평양 천도 무렵 부 제도가 완성됐다고 결론지었지만, 나는 그렇게 생각하지 않는다.

고구려 도성이 비류수(동가강, 곧 혼강) 유역에 있던 시대의 부족 조직은 3세기 초(후한 말) 이이모(산상왕)가 환도성(지금의 통구)로 이주한 당시는 물론 그 뒤에도 상당히 오랫동안 본래 상태를 유지한 것으로 생각된다(삼국시대의 5족이 그 대표적인 사례로 보인다). 그리고 다시 시대가 내려오면서 왕실의 융성과 반대로 부족의 세력은 점차 쇠약해지고 조직도 무너졌지만, 적어도 장수왕의 치세가 끝날 무렵(5세기 말)까지는 어떤 형태로 남아 존재의 의미를 잃지 않은 것으로 생각된다. 관명과 인명 앞에 붙은 「고구려본기」 고대 부분에 산견되는 부족 이름은 후대의 어떤 고구려인이 꾸민 것으로 여겨진다는 점에서도 그런 억측은 허용된다고 본다. 그런데 그 뒤 중앙집권을 목표로 한 정치적 변혁에 따라 중국의 부·주·군·현 제도와 비슷한 5부제가 퍼졌고, 그때 이르러 옛 부족 조직은 완전히 사라지게 된 것이 아닐까 생각한다.

1925년 11월 탈고

1926년 7월 수정(『동양학보』 16권 1호)

1945년 12월 수정

14편

부여고

1. 양한시대의 부여

유송劉末의 배송지가 『위지』(권30) 「부여열전」의 주석에 인용한 『위략』에는 부여의 흥미로운 건국 설화가 실려 있다. 『위략』은 말할 것도 없이 위 명제 때 사람인 어환이 찬술한 책이다.

옛 기록이다. 예전 북쪽에 고리라는 나라가 있었다. 왕은 자신을 모시던 계집종이 아이를 갖자 죽이려고 했다. 계집종이 말했다. "달걀 같은 기운이 내려와 제가 아이를 갖게 됐습니다." 그 뒤 아들을 낳자 왕은 돼지우리에 버렸는데 돼지들이 주둥이로 아이에게 숨결을 불어 넣었다. 마구간에 버리자 말들이 입김을 불어 넣어 죽지 않았다. 왕은 그 아이가 하늘의 아들이 아닐까 생각해 그 어머니에게 거둬 기르게 하니 동명이라고 이름 짓고 늘 말을 돌보게 했다. 동명은 활을 잘 쐈는데, 왕은 자신의 나라를 빼앗길까 두려워해 그를 죽이려 했다. 동명은 남쪽으로 달아나 시엄수에 이르렀는데 활로 물을 치니 물고기와 자라가 다리를 만들어 건널 수 있었다. 건넌 뒤 물고기와 자라가 흩어지니 추격하던 군사들은 건너지 못했다. 동명은 그곳을 도읍으로 삼고 왕위에 올라 부여 땅을 다스렸다.

어환은 자신이 '옛 기록舊志'이라고 말한 어떤 책에 따라 이 설화를 실었지만 그 '옛 기록'을 누가 지었는지는 알 수 없다. 그러나 같은 이야기는 왕충의 『논형』(권2) 「길험」 편에도 실려 있는데, 전체 내용은 거의 같고 고리藁離를 탁리橐離로, 시엄수施掩水를 엄사수淹㴲水라고 한 것 정도만 다르다. 『논형』의 전거에도 '옛 기록'이라고 씌어 있었을 것으로 추정된다. 그리고 『논형』(권30) 「자기自紀」 편과 『후한서』(권79) 「왕충열전」에 따르면 왕충은 후한 광무제 건무 3년(27)에 태어나 화제 영원 연간(89~104)에 세상을 떠났으므로 '옛 기록'의 편찬 연대는 후한 초보다 내려가지는 않는다. 따라서 부여인 사이에 이런 건국 설화가 퍼진 것은 전한前漢이나 그 이전부터라고 생각된다.

이 같은 건국 설화를 지닌 부여의 이름이 나오는 가장 오래된 기록은 『사기』(권129) 「화식열전」에서 연燕 지방을 서술한 부분이다. "북쪽으로는 오환·부여와 맞닿았고 동쪽으로는 예맥·조선·진번의 이익을 관할했다." 그리고 여기서 그 이름을 조선·진번과 나란히 둔 것에 따르면 요동 지방이 연의 영토였던 전국시대부터 중국에 알려진 것으로 생각된다. 조선은 지금의 평양을 중심으로 한 압록강 이남 지역을 영유한 기자·위만 조선이며, 진번은 그것과 경계를 맞대고 그 남쪽인 한반도 중부지방에 자리 잡은 한족韓族이다.

그 뒤 전한 말에 이르러 왕망은 신新을 개창한 시건국 원년(9) 자신의 위력을 외이外夷에게 보여주기 위해 인수印綬를 지닌 오위장五威將을 사방으로 파견했다. 『전한서』(권99) 「왕망열전」에서는 그 일을 "동쪽으로 나간 사람은 현도·낙랑·고구려·부여에 이르렀다"고 서술했는데, 여기서 동이의 한 나라로 다시 부여의 이름이 보인다. 아울러 전한 때 왕망의 이 사신 파견 외에 중국과 부여의 교섭에 관련된 사실을 서술한 기사가 없는 것은 실제로 그런 일이 없던 것이 아니라 기록이 누락됐기 때문으로 생각된다. 그러나 부여의 건국 설화가 중국에 전해진 것은 왕망의 사신이 그 나라에 와서 직접 들었기 때문인지도 모른다.

또 「왕망열전」(『전한서』 권99) 시건국 4년(12) 기사를 보면 고구려에 관련된 부분에 부여에 대한 서술이 조금 있다.

앞서 왕망은 고구려군을 보내 호족胡族을 정벌하게 했는데 가지 않으려고 했다. 군郡에서 억지로 압박하니 고구려군은 모두 만리장성을 넘어 도망쳐 법을 어기고 노략질했다. 요서대윤 전담은 그들을 추격하다 살해됐다. 주·군에서는 고구려후 추에게 잘못을 돌렸다. 엄우가 아뢨다. "맥인이 법을 어겼지만 추 때문에 죄를 저지른 것은 아니니 다른 마음이 있는 것이 분명합니다. 주·군으로 하여금 위로해 안정시키는 것이 좋겠습니다(안사고는 "추가 나쁜 마음을 품었더라도 위로해 안정시키는 것이 옳다"고 말했다). 지금 갑자기 큰 죄를 씌우면 반란을 일으킬까 우려됩니다. 반란이 일어나면 부여족 가운데 호응하는 자들이 분명히 있을 것입니다. 흉노를 아직 이기지 못했는데 부여와 예맥이 다시 일어나면 큰 걱정입니다." 그러나 왕망이 위로해 안정시키지 않으니 예맥은 마침내 반란을 일으켰다. 왕망은 엄우에게 공격케 했다. 엄우는 고구려후 추1를 유인했고, 그가 오자 목을 베어 머리를 장안으로 보냈다.

이 기사에서 말한 맥인은 고구려인을 가리킨다. 예맥은 한반도의 강원도 지방의 이족夷族이지만 여기서는 고구려를 뜻한다. 호족은 흉노인데 그들을 정벌하는데 고구려군을 징발하는 임무를 맡은 '군'은 요동군(치소는 요양 부근)이나 현도군(치소는 혼하 상류 홍경 부근)으로 생각된다. 징병 명령에 따르지 않은 고구려인이 요동의 만리장성 안쪽에 있었다고 생각되는 것은 "모두 만리장성塞을 넘어 도망쳤다"고 한 데서 알 수 있다. 그리고 이것은 고구려의 군장이 관련된 사건이 아니라고 말했으므로 고구려족의 본거지, 곧 추의 왕도가 있던 곳은 요동의 만리장성 밖에 있는 — 요동의 새塞는 대체로 지금의 만리장성長柵으로 생각된다 — 동가강 유역으로 추정된다. 이것으로 볼 때 고구려와 함께 반란을 일으킬지도 모른다고 엄우가 말한 부여는 고구려와 인접한 민족으로 봐도 괜찮다. 아울러 고구려가 동이의 한 나라로 중국 사서에 나타난 것은 전한 말의 이 기사가 처음이고 이런 추정보다 그 영토를 더 명확히 알 수는 없으므로 부여의 거주지에 대한 파악도 여기서는 잠시 설명을 미뤄둔다.

후한 때가 되면 『후한서』(권115) 「동이열전」에 부여 조가 있다. 그 기사는 대부분 『위지』(권30) 「부여열전」을 그대로 옮겨 실은 것이지만 독특한 가치가 있는 부분도 있어 그 시대 부여와 중국의 교섭 사실을 알려준다.

(A) 건무 연간 동이 여러 나라가 모두 조공했다. 25년(49) 부여왕이 사신을 보내 조공하니 광무제는 후하게 되돌려줬다. 이때부터 해마다 사신이 오갔다. 建武中, 東夷諸國皆來獻見. 二十五年, 夫餘王遣使奉貢, 光武厚答報之. 於是使命歲通.

(B) 안제 영초 5년(111) 부여왕이 처음으로 보병과 기병 7000~8000명을 이끌고 낙랑을 침략했다. 그 뒤 다시 귀의했다. 至安帝永初五年, 夫餘王始將步騎七八千人, 寇鈔樂浪. 後復歸附.

(C) 영녕 원년(120) 왕위를 이을 아들 위구태를 궁궐로 보내 조공하니 천자가 그에게 인수와 금으로 수놓은 비단을 하사했다. 永寧元年, 乃遣嗣子尉仇台, 詣闕貢獻, 天子賜尉仇台印綬·金綵.

(D) 순제 영화 원년(136) 부여왕이 도성으로 와 알현하니 황제가 황문고취와 각저희*를 베풀었다. 順帝永和元年, 其王來朝京師, 帝作黃門鼓吹·角抵戱.

(E) 환제 연희 4년(161) 부여에서 사신을 보내 하례하고 조공했다. 桓帝延熹四年, 遣使朝賀貢獻.

(F) 환제 영강 원년(167) 부여왕 부태가 2만여 명을 이끌고 현도를 침략했다. 현도태수 공손역은 그를 무찌르고 1000여 명을 죽였다. 桓帝永康元年, 王夫台將二萬餘人, 寇玄菟. 玄菟太守公孫域擊破之, 斬首千餘級.

(G) 영제 희평 3년(174) 부여가 다시 글을 올리고 조공했다. 至靈帝熹平三年, 復奉章貢獻.

(H) 부여는 본래 현도에 소속됐는데 헌제 때 그 왕이 요동에 소속되기를 요청했다고 한다. 夫餘本屬玄菟, 獻帝時, 其王求屬遼東云.

이처럼 후한 때는 부여와 중국이 매우 빈번하게 교섭한 것으로 보인다. 후한 중엽인 화제 원흥 원년(105) 고구려왕 궁은 요동을 침입해 그 6현을 약탈했고, 전한 소제 원봉 6년(기원전 75) 이후 요동의 동

---

* 황문고취는 후한 광무제 때 만든 음악으로 천자가 신하들에게 베푼 잔치 때 연주됐다. 각저희는 씨름과 비슷한 공연.

쪽 변방인 흥경노성 부근에 설치된 현도군 치소 — 제2현도군 치소
— 를 혼하 중류인 지금의 무순시로 후퇴시켰다.[2] B에서 말한 안제 영
초 5년(111) 부여왕의 낙랑 침략은 그보다 몇 년 뒤 일어난 사건이지
만 「안제본기」에서는 그해 3월 "부여 오랑캐가 만리장성을 침범했다
夫餘夷犯塞"고 했으며 낙랑을 침범했다고 기록하지 않았다. F에서 "부여
왕 부태가 현도를 침략했다"고 하고 H에서 "부여는 본래 현도에 소속
됐다"고 한 것을 참조하면 「부여열전」의 낙랑은 현도의 오기로 생각된
다. 그리고 이런 현도는 모두 원흥 원년(105) 이후 무순시에 치소를 둔
새 현도군 — 제3현도군 — 이 분명하다. 현도군에 소속됐다고 한 것
은 『위지』(권30) 「한전韓傳」에서 한에 대해 "한대에 낙랑군에 소속돼 철
마다 조알했다"고 하고 같은 「고구려열전」에서는 고구려에 대해 "한대
에 북·피리·악공을 하사했고 늘 현도군을 통해 조복과 두건을 받아
갔다"고 한 것과 마찬가지로 부여의 조공을 관할한 변방의 군은 현도
군이었음을 의미한다.[3]

안제 영녕 원년(120) 태자 위구태를 보내 조공한 부여왕은(C) 이듬
해 현도성(무순시)이 고구려군의 침입으로 포위되자 위구태에게 군사
를 이끌고 가서 구원하게 했다.

- **『후한서』「안제본기」:** 건광 원년(121) 겨울 12월 고구려·마한·예맥이
  현도성을 포위하자 부여왕은 아들을 보내 주·군들과 힘을 합쳐 무찔
  렀다. 建光元年冬十二月, 高句驪·馬韓·穢貊圍玄菟城, 夫餘王遣子, 與州郡
  幷力討破之.

- **『후한서』「고구려열전」 같은 해:** 가을 궁이 마한·예맥의 수천 기를 이
  끌고 현도를 포위했다. 부여왕이 아들 위구태를 보내니 2만여 명을 이

끌고 가서 주·군들과 힘을 합쳐 무찌르고 500여 명을 죽였다. 秋, 宮遂率馬韓·濊貊數千騎, 圍玄菟. 夫餘王遣子尉仇台, 將二萬餘人, 與州郡幷力討破之, 斬首五百餘級.

「부여열전」에 따르면 이해 봄 유주자사와 현도군 태수·요동군 태수가 이끈 한의 군사가 만리장성을 넘어 고구려 땅을 공격하자 궁이 보낸 태자 수성의 군사는 험준하고 좁은 지형에 주둔해 그들을 저지하고, 몰래 따로 군사를 보내 수비가 허술한 현도군과 요동군을 공격해 2000여 명을 살상했다. 고구려군은 일단 물러갔지만 여름이 되자 다시 침략해 요동 만리장성 안쪽의 선비와 함께 혼하 입구에 가까운 요대현遼隊縣을 공격했는데, 한의 군대에 밀려 퇴각했다가 신창현(태자하가 합류하기 전 혼하의 좌안 지역)에서 한의 추격군을 대파하고 요동태수 이하 100여 명을 죽였다. 고구려군이 현도성을 포위한 것은 그다음 사건인데, 앞서 말한 「안제본기」는 12월로, 「고구려열전」은 가을로 기록했다(어느 쪽이 옳은지는 알 수 없다). 함께 공격했다고 기록된 예맥은 강원도 동해안 지방의 예맥으로 생각되지만[4] 마한군도 참가했다는 것은 믿기 어렵다. 오류가 아닐까 싶다.

「안제본기」: 연광 원년(122) 봄 2월 부여왕이 아들을 보내 군사를 이끌고 현도를 구원하게 하니 고구려·마한·예맥을 격파하고 사신을 보내 조공했다. 延光元年春二月, 夫餘王遣子, 將兵救玄菟, 擊高句麗·馬韓·穢貊破之, 遣使貢獻.

이 기사는 부여의 조공에 관련된 전 해의 사실을 거듭 서술한 것으로 생각된다.

『후한서』「고구려열전」: 궁은 태어나면서부터 눈을 떠 볼 수 있어 나라 사람들이 소중히 여겼다. 자라자 용감하고 씩씩했으며 변경을 자주 침범했다

이 기사는 궁의 자질이 비범했음을 알려주는데, 앞서 서술한 대로 그가 화제 원흥 원년(105) 흥경노성 부근의 제2현도군 치소를 지금의 무순시로 물러가게 한 것은 혼하 상류 지방이 모두 고구려의 영역 안에 들어왔음을 뜻하는 것으로 한의 정치적 세력이 위축됐음을 알려주며, 전한 소제 원봉 6년(기원전 75) 동해안 함흥의 제1현도군을 철폐하고 요동 동쪽 변방에 제2현도군을 새로 설치한 뒤의 획기적 사건이었다. 그동안 거의 안개 속에 가려졌던 고구려의 역사는 이때부터 여명기에 들어섰다. 그렇다면 안제 영초 5년(111) 현도군 ― 제3현도군 ― 을 침략한 부여왕이 9년 뒤인 영녕 원년(120) 태자 위구태를 보내 조공하고, 이듬해 현도성이 고구려군에 포위되자 위구태에게 군사를 이끌고 가서 구원하게 한 것은 결코 우연이 아니다. 고구려와 국경을 맞댄 부여는 고구려가 흥기하면서 그들의 침략이나 압박을 받았고, 자연히 한에 의존하면서 요동이 위험에 빠졌을 때는 그 편에 서서 오직 고구려의 세력을 꺾는데 힘을 기울였다고 생각된다.

후한 말부터 삼국 초까지 중국에서 전란이 끊이지 않은 동안 요동군의 치소인 양평(지금의 요양)을 본거지로 삼아 요동 지방을 점유하고 아울러 한반도에 있던 낙랑·대방군 지역을 차지한 것은 공손씨였다. 그들이 동이 여러 나라에 세력을 미친 것은 『진서』(권14) 「지리지」 평

주 조에 기록돼 있다.

후한 말 공손탁은 스스로 평주목이 됐다. 그의 아들 공손강과 공손강의 아들 공손문의(공손연)가 요동을 멋대로 차지하니 동이 9종족이 모두 복종해 섬겼다.

공손탁은 현도군의 하급 관리 출신으로 영제 중평 6년(189) 요동태수가 됐다. 그는 헌제(190~219) 초 스스로 요동후·평주목이 됐는데,[4] 동쪽의 고구려와 북쪽의 선비를 제압하기 위해 부여의 세력을 이용했다.

『위지』「부여열전」: 부여는 본래 현도에 소속됐다. 한말 공손탁이 해동에서 세력을 넓혀 외이들을 복속시키자 부여왕 위구태는 다시 요동에 복속됐다. 이때 고구려와 선비가 강성해졌다. 공손탁은 부여가 두 오랑캐 사이에 있었기 때문에 [동맹을 맺으려고] 자기 가문의 딸을 부여왕에게 시집보냈다. 夫餘本屬玄菟. 漢末, 公孫度雄張海東, 威服外夷, 夫餘王尉仇台更屬遼東. 時句麗·鮮卑彊. 度以夫餘在二虜之間, 妻以宗女.

앞서 인용한 『후한서』「부여열전」의 마지막 기사인 H에서 "부여는 본래 현도에 소속됐는데 헌제 때 그 왕이 요동에 소속되기를 요청했다고 한다"고 한 것은 이 기사를 줄인 것이다. 후한 때 부여와 관련해서는 대체로 이런 사실들이 알려져 있다. 아울러 그 거주지를 밝힐 수 있는 기사는 없다.

2. 삼국시대의 부여와 그 거주지

후한 헌제 건안 9년(204) 공손탁의 뒤를 이은 공손강은 위 문제 황초 2년(221) 이전에 죽고 동생 공손공이 요동태수에 추대됐다.[5] 공손강의 아들 공손황·공손연 등이 어렸기 때문이었지만 공손공도 병약해 나라를 잘 다스릴 수 없었다. 그리고 그는 명제 태화 2년(228) 공손연에게 자리를 빼앗겼다. 그 결과 경초 원년(237)에 이르러 위는 유주자사 관구검 등에게 대군을 이끌고 요동의 남쪽 경계에 주둔케 하고 명제의 옥새가 찍힌 문서를 보내 공손연을 불렀다. 그러나 공손연은 따르지 않고 혼하 입구 근처의 요수遼隧에서 위군을 기다렸다가 공격해 관구검 등을 패퇴시킨 뒤 스스로 연왕燕王에 올랐다. 위는 이듬해인 경초 2년(238) 요동 정벌을 단행해 사마의가 이끈 대군이 양평에서 공손연을 포위해 크게 무찌르고 마침내 공손씨를 멸망시켰다.[6] 아래 기사는 그 사이 부여의 내부 상황과 공손씨가 몰락한 결과 부여는 새로 중국과 교류하게 됐음을 알려준다.

『위지』「부여열전」: 위구태가 죽자 간위거가 즉위했는데 적자는 없고 얼자 마여가 있었다. 간위거가 죽자 여러 가(귀족)들이 함께 마여를 옹립했다. 우가의 형의 아들도 이름이 위거였는데, 대사가 돼 재물을 아끼지 않고 즐겨 베푸니 사람들이 그를 따랐다. 해마다 사신을 위의 수도(낙양)로 보내 조공했다. 尉仇台死, 簡位居立, 無適子, 有孼子麻余. 位居死, 諸加共立麻余. 牛加兄子名位居, 爲大使, 輕財善施, 國人附之. 歲歲遣使詣京都貢獻.

공손씨를 무너뜨리고 요동과 한반도의 두 군(낙랑·대방)을 영유하게 된 위는 몇 년 뒤인 정시 5년(244) 유주자사 관구검이 이끈 군사를 보내 고구려에 큰 타격을 줬다. 관구검은 이듬해 5월 개선했고 얼마 뒤 현도태수 왕기가 다시 정벌했는데, 당시 고구려왕 위궁(궁의 현손)이 옥저로 도망치자 그를 추격하는 동시에 남·북옥저를 경략했다. 그리고 왕기가 나눠 보낸 낙랑군과 대방군의 태수는 따로 남하해 당시 고구려의 지배 아래 있던 동예의 추장들을 토벌해 평정했다. 당시 고구려의 대체적인 영역은 압록강·동가강 유역, 남옥저의 거주지는 함경남도 함흥을 중심으로 한 성천강 유역, 북옥저의 거주지는 오늘날 간도라고 부르는 두만강 밖의 포이합도하·해란하 유역, 동예의 거주지는 함경남도 남부와 강원도 동해안이었다. 그러나 이때의 정벌은 여기서 끝나지 않았다. 왕기의 원정군은 일찍이 중국인이 가보지 않은 읍루·부여의 거주지까지 들어가 위의 위력을 이런 동이 나라들에게 직접 보여줬다. 『위지』「부여열전」의 다음 기사는 그 일부를 보여준다.7

정시 연간(240~249) 유주자사 관구검이 군사를 이끌고 고구려를 토벌했다. 현도태수 왕기를 보내 부여에 이르니 위거는 견가를 보내 교외에서 맞이하고 군량을 보냈다. [위거의] 막내 삼촌인 우가가 딴 마음을 품자 위거는 그와 그 아들을 죽이고 재산을 몰수한 뒤 관원을 파견해 재산 장부를 만들어 관청에 보냈다. 正始中, 幽州刺史毌丘儉將兵討句麗. 遣玄菟太守王頎, 詣夫餘, 位居遣犬加郊迎, 供軍糧. 季父牛加有二心, 位居殺季父父子, 籍沒財物, 遣使簿斂送官.

『위지』「부여열전」에서는 부여의 국가 상황을 지리·풍토·관직·습속·물산 등에 걸쳐 상당히 자세하게 서술했다. 이것은 그 책 「읍루열전」과 마찬가지로 왕기가 원정했을 때 얻은 지식을 담은 것이 틀림없다.

부여는 장성 북쪽에 있는데 현도와 1000리 떨어져 있다. 남쪽은 고구려, 동쪽은 읍루, 서쪽은 선비와 맞닿았으며 북쪽에는 약수가 있다. 국토는 사방 2000리이며 가호는 8만이다. 백성들은 농사를 짓고 살며 궁실·창고·감옥이 있다. 산과 언덕, 넓은 못이 많아 동이 지역에서 가장 평탄하다. 땅은 오곡이 자라기에 적합하지만 오과*는 나지 않는다. 사람들은 체격이 크고 용감하며 근엄하고 너그러워 노략질하지 않는다. 나라에는 군왕이 있는데 여섯 가축의 이름으로 관직 이름을 붙여[8] 마가·우가·저가·구가·견사·견사자·사자가 있다. 마을에는 세력이 큰 백성이 있다. 하호라고 불리는 사람은 모두 노복이다. 가들은 각자 사출도를 주관하는데[9] 큰 곳은 수천 가, 작은 곳은 수백 가다.

먹고 마실 때 모두 제기를 사용한다. 만날 때는 잔을 올리고 닦는 예절이 있고, 드나들 때는 읍하고 사양하는 예절이 있다. 은殷 정월에 하늘에 제사 지내는 것은 온 나라의 큰 행사로 며칠 동안 먹고 마시고 노래하고 춤추는데 영고라고 한다.[10] 그때는 형벌을 중단하고 죄수를 풀어준다. 옷은 흰색을 숭상해 흰 베로 만든 큰 소매의 도포와 바지를 입고 가죽신을 신는다. 외국에 갈 때는 비단옷과 수놓은 옷과 모직 옷을 즐겨 입는다. 대인은 그 위에 여우·살쾡이·원숭이, 희거나 검은 담비가죽 옷을 입으며 금은으로 모자를 장식한다. 통역인이 말을 전할 때는 모두

---

* 다섯 종류의 과일로 복숭아桃·자두李·살구杏·밤栗·대추棗를 말한다. 과일의 성질에 따라 핵과核果(살구·복숭아 따위)·부과膚果(배·사과 따위)·곡과穀果(밤 따위)·회과檜果(잣 따위)·각과角果(콩 따위)로 나누기도 한다.

꿇어앉아 손으로 땅을 짚고 조용히 말한다.

형벌이 엄격해 살인한 사람은 죽이고 그 집안사람은 노비로 삼는다. 도둑질하면 12배를 변상케 한다. 남녀가 음란한 짓을 하거나 부인이 질투하면 모두 죽인다. 질투하는 것을 더욱 미워해 죽인 뒤 시신을 나라 남산 위에 버려 썩게 한다. 여자 집에서 시신을 가져가려면 소와 말을 바쳐야 준다. 형이 죽으면 형수를 아내로 삼는데 흉노와 같은 풍속이다. 가축을 잘 기르고 좋은 말, 붉은 옥, 담비와 원숭이 가죽, 아름다운 구슬이 난다. 구슬 가운데 큰 것은 대추만 하다. 활과 화살, 칼과 창을 무기로 쓰고 집집마다 갑옷과 무기가 있다.

노인들은 자신들이 예전 다른 곳에서 망명해 왔다고 말한다. 성과 목책은 모두 둥글게 만들어[11] 감옥과 비슷하다. 길을 가면서 밤낮으로 노인과 젊은이 모두 노래를 불러 하루 종일 노랫소리가 끊이지 않는다. 전쟁이 났을 때도 하늘에 제사지낸다. 소를 잡아 발굽을 봐 길흉을 점치는데 발굽이 갈라지면 흉하고 발굽이 붙었으면 길하다고 여겼다. 적군이 쳐들어오면 가들은 직접 싸우고 하호는 곡식을 가져다가 음식을 만들어 준다. 여름에 사람이 죽으면 얼음을 넣어 장사 지낸다. 사람을 죽여 순장을 하는데, 많을 때는 100명이 된다. 장사를 후하게 지내며 곽은 있지만 관은 쓰지 않는다. 夫餘在長城之北, 去玄菟千里. 南與高句麗, 東與挹婁, 西與鮮卑接, 北有弱水. 方可二千里, 戶八萬. 其民土著, 有宮室·倉庫·牢獄. 多山陵·廣澤, 於東夷之域最平敞. 土地宜五穀, 不生五果. 其人麤大, 性彊勇謹厚, 不寇鈔. 國有君王, 皆以六畜名官, 有馬加·牛加·豬加·狗加·犬使·犬使者·使者. 邑落有豪民, 名下戶, 皆爲奴僕. 諸加別主四出道, 大者主數千家, 小者數百家. 食飲皆用俎豆. 會同拜爵·洗爵, 揖讓升降. 以殷正月祭天, 國中大會, 連日飲食歌舞, 名曰迎鼓. 於是時斷刑獄, 解囚徒. 在國衣尙白, 白布大袂,

袍·袴, 履革鞜. 出國則尙繒繡錦罽. 大人加狐狸·狖白·黑貂之裘, 以金銀飾帽. 譯人傳辭, 皆跪, 手據地竊語. 用刑嚴急, 殺人者死, 沒其家人爲奴婢. 竊盜一責十二. 男女淫, 婦人妬, 皆殺之. 尤憎妬, 已殺, 尸之國南山上, 至腐爛. 女家欲得, 輸牛馬乃與之. 兄死妻嫂, 與匈奴同俗. 其國善養牲, 出名馬·赤玉·貂狖·美珠. 珠大者如酸棗. 以弓矢刀矛爲兵, 家家自有鎧仗. 國之耆老自說古之亡人. 作城栅皆員, 有似牢獄. 行道晝夜無老幼皆歌, 通日聲不絶. 有軍事亦祭天, 殺牛觀蹄以占吉凶, 蹄解者爲凶, 合者爲吉. 有敵, 諸加自戰, 下戶俱擔糧飮食之. 其死, 夏月皆用冰. 殺人徇葬, 多者百數. 厚葬, 有槨無棺.

우리는 앞서 추정하기 어렵다고 해둔 부여의 거주지를 고찰할 수 있는 기회에 이르렀다. 앞서 서술한 대로 위의 장군 왕기가 오자 교외에서 맞이해 군량을 공급했다고 한 위거는 당시 부여왕 마여를 이름뿐인 군주로 만들고 세력을 떨치던 권신이었다. 따라서 그의 거처는 부여의 수도였을 것인데, 그것은 어디로 생각할 수 있을까? 그동안의 학설은 장춘長春 북쪽, 이통하 가의 농안이라는 것이었다. 고 마쓰이 히토시 씨의 그런 주장은 일본 학계에서 정설처럼 됐다.

『신당서』(권219) 「발해열전」: 부여의 옛 땅에 부여부를 설치하고 늘 강한 군사를 주둔시켜 거란을 막았다. 扶餘故地爲扶餘府, 常屯勁兵, 扞契丹.

그는 이 기사를 바탕으로 발해의 부여부는 그 나라를 멸망시킨 거란(요)가 황룡부를 설치한 곳이고, 그 황룡부는 지금의 농안에 비정되기 때문에 그렇게 말한 것이다.[12] 그러나 살펴보면 이통하 유역은 역사상 동쪽의 퉁구스족과 서쪽의 몽골계 동호東胡 민족의 분쟁지였고, 발

해의 부여부는 거란 민족에 맞선 그 나라의 서쪽 변방의 요지로 발해
가 요에 멸망된 뒤 다시 그 동북면의 주요 지역(황룡부)이 됐다는 것
도 분명히 이 관계를 말한 것이다. 대체적인 형세에서 이렇다면 그곳
은 퉁구스족에 속한 것이 거의 분명해 부여족의 중심지였다고 한 것
은 쉽게 수긍하기 어렵다. 또 『신당서』「발해열전」에서는 발해의 주요
지역을 다음과 같이 들었다.

① 숙신의 옛 땅을 상경으로 삼고 용천부라고 불렀다. 以肅愼故地爲上
   京, 曰龍泉府.
② 예맥의 옛 땅을 동경으로 삼고 용원부 또는 책성부라고 불렀다. 濊貊
   故地爲東京, 曰龍原府, 亦曰柵城府.
③ 옥저의 옛 땅을 남경으로 삼고 남해부라고 불렀다. 沃沮故地爲南京,
   曰南海府.
④ 고구려의 옛 땅을 서경으로 삼고 압록부라고 불렀다. 高麗故地爲西
   京, 曰鴨淥府.
⑤ 읍루의 옛 땅을 정리부로 삼았다. 挹婁故地爲定理府.
⑥ 솔빈의 옛 땅을 솔빈부로 삼았다. 率賓故地爲率賓府.

그러나 이런 비정이 모두 타당한 것은 아니다. 그 까닭은 다음과 같다.

(1) 상경 용천부 : 동경성(영고탑 서남쪽 필이등호 부근)
   ①의 숙신과 ⑤의 읍루는 같은 종족의 이름이므로 각각 따로 부를
배치한 것은 적당하지 않다.
(2) 동경 용원부(책성부) : 국자가 부근(포이합도하·해란하 유역)

예맥의 옛 땅이 아니라 북옥저의 옛 땅이다.

(3) 남경 남해부 : 함흥 부근(함경남도 성천강 유역)

남옥저의 중심이므로 옥저의 옛 땅이라고 하는 것은 타당하다.

(4) 서경 압록부 : 모아산 부근(압록강 상류의 굴곡점 부근)

고구려 영토의 요지지만 도성이 있던 곳은 아니다.

(5) 정리부 : 위치는 명확치 않다.

상경 용천부의 설명 참조.

(6) 솔빈부 : 우수리스크(수분하 가)

솔빈부는 강에서 따온 이름이 틀림없지만 솔빈이라는 종족이나 나라는 부가 설치되기 전에는 없었다. 곧 이 부 이름에 대해 '솔빈 옛 땅率賓故地'이라고 한 것은 의미 없는 표현이다.

이것으로 보면 "부여 옛 땅을 부여부로 삼았다"는 것은 "솔빈 옛 땅을 솔빈부로 삼았다"는 것과 비슷해 부 이름만을 근거로 『신당서』 편자가 자의적으로 한 비정인지도 모른다. 또 발해가 이 부의 이름을 그렇게 붙인 것은 실제로 부여족과 관계가 있기 때문이지만, 부의 소재지가 반드시 부여족의 중심지였다고 할 수는 없다. 또 뒤에서 서술하듯 부여가 물길(수·당대 말갈의 전신)에게 멸망한 것은 5세기 말로 그때부터 당 측천무후 때 발해가 건국하기까지 약 2세기의 간격이 있다는 것도 고려하지 않으면 안 된다. 요컨대 「발해열전」의 기사를 근거로 파악한 부여 본거지의 위치는 결코 확정적인 것이 아니다.

앞서 인용한 『위지』 「부여열전」에는 다음과 같은 기사가 있다.

부여는 장성 북쪽에 있는데 현도와 1000리 떨어져 있다. 남쪽은 고구려, 동쪽은 읍루, 서쪽은 선비와 맞닿았으며 북쪽에는 약수가 있다. 국토는 사방 2000리이며 가호는 8만이다. 백성들은 농사를 짓고 살며 궁실·창고·감옥이 있다. 산과 언덕, 넓은 못이 많아 동이 지역에서 가장 평탄하다. 땅은 오곡이 자라기에 적합하다.

「부여열전」의 이 기사는 위魏의 원정군이 돌아와 올린 보고에 바탕했다고 생각되므로 사료의 확실성은 상당히 높다고 봐야 한다. 당시의 현도군 치소는 지금의 무순시다. 장성이라고 말한 군 경계의 장성은 지금의 만리장성처럼 개원 북쪽을 지난 것으로 생각된다. 그 장성을 넘어 북쪽으로 1000리를 가서 약수가 흐르는 지방이 부여의 본거지였으며, 동이 여러 부족 — 고구려·옥저·읍루·예 등 — 이 차지해 거주한 지역 가운데 가장 평탄하고 넓고 비옥해 오곡이 잘 자란다고 했다. 방향과 거리에서 보면 대체로 농안이 그곳으로 생각된다.

아울러 '1000리'라고 한 것은 고구려가 요동의 동쪽 1000리[13], 옥저의 남북 길이가 1000리[14], 읍루가 부여 동북쪽 1000리[15]라고 한 것처럼 매우 큰 숫자가 틀림없으므로 반드시 이 거리에 집착할 필요는 없다. 그리고 같은 방면에 아주 적당한 곳이 있다면 그곳에 비정하는 것이 좋을 것이다. 적당한 곳은 다른 것이 아니다. 뚜렷하게 평지가 많고 토지가 비옥한 것이 그 주요 조건이다. "산과 언덕, 넓은 못이 많다"고 한 것도 조건의 하나로 간과할 수 없다고 생각된다. 또 농안 동북쪽에는 이통하와 합류한 송화강이 서북쪽으로 흘러가는데, 부여의 북쪽에 있다고 한 약수가 이 강이 아닐까? 아니면 눈강과 합쳐져 동쪽으로 흐르는 부분의 송화강을 가리킨 것일까? 이것도 반드시 고려해야 한다.

농안에서 이통하를 따라 동북쪽으로 나아가 북류 송화강을 넘고 다시 입림하를 건너 쌍성을 거치면 아륵초객시에 이른다. 아륵초객은 말할 것도 없이 금 왕조의 발상지로 그 수도(상경)가 있던 곳이다. 농안만 말하면 주위의 평지는 결코 좁지 않다. 그러나 "동이 지역에서 가장 평탄하다"고 한 것과 관련해서는 북류 송화강의 하류에서 동북쪽으로 펼쳐진 광활한 평야를 지나칠 수 없다. 예부터 여러 퉁구스족의 거주지였던 압록강·두만강·송화강 유역은 산하의 형세가 복잡해 평야라고 부를 수 있는 것이 거의 없다. 동가강 가의 통화·회인, 압록강 가의 통구, 포이합도하 가의 국자가 등은 비교적 넓은 평지를 끼고 있지만 아륵초객 평야와는 비교할 수 없다.

아륵초객 평야는 넓을 뿐 아니라 비옥해 오늘날 만주 북부의 곡창으로 불린다. 우선 이 점에서 위의 조건에 적합하다. 또 아륵초객하는 그 동쪽의 구릉지를 따라 흐르고 입림하 일대에는 수많은 늪과 못이 있어 그 지형은 "산과 언덕, 넓은 못이 많다"고 한 것이 될 수 있다. 그리고 약수를 동류 송화강으로 보면 북쪽의 강이라고 한 것에 꼭 들어맞는다. 이것으로 보면 부여의 중심지는 그동안의 학설대로 발해의 부여부가 있던 농안 부근으로 추정하기보다 『위지』「부여열전」의 기록대로 큰 평야를 끼고 있는 아륵초객·쌍성 사이의 지역에 비정하는 것이 훨씬 타당해 보인다.

부여의 거주지에 관련된 이 추정은 다른 사실에서 다시 확실해진다. 오늘날 아륵초객은 아십하라고 불리는데, 그것은 금 건국 무렵부터 생긴 이름이다. 『거란국지契丹國志』(권10)에는 아출화阿朮火, 『삼조북맹회편三朝北盟會編』(권8)에 인용된 송 묘요苗耀의 『신록기神麓記』에는 아촉호阿觸胡, 『고려사』「예종 세가」에는 아지고촌阿之古村으로 기록돼 있다. 이것들은 모두 강 이름으로 『금사』(권24) 「지리지」의 안출호수按出虎水·아출호하阿朮滸河, 그리고 완안루실 신도비完顏婁室神道碑[16]의 아주호수阿注滸水와 함께 황금을 뜻하는 금대 여진어의 음역이다.

『금사』「지리지」: 상경로는 해고의 땅으로 금의 옛 영토다. 그 나라 말로 금을 안출호라고 하는데 안출호수는 여기서 나온 이름이기 때문에 금원이라고 이름 붙였다. 나라를 세운 뒤 이름을 금이라고 한 것은 여기서 따온 것으로 생각된다. 上京路卽海古之地, 金之舊土也. 國言金曰按出虎, 按出虎水源於此. 故名金源, 建國之號, 蓋取諸此.

이 때문에 『명일통지』[17]와 『요동지』[18]에서는 아륵초객하의 토착 이름 대신 금수하金水河라는 번역 이름을 싣고 "금인의 안출호수卽金人按出虎水"라고 주기했다. 또 이처럼 금대나 그 이전부터 있던 금하金河라는 이름은 아륵초객하에서 황금이 난다는 사실에 바탕한 것으로, 다음 자료들을 보면 안출호수(아륵초객하)에서 황금이 난다는 것은 더욱 분명하고 그 황금은 부금麩金(사금砂金)이었다.

• 이심전李心傳의 『건염이래계년요록建炎以來繫年要錄』[19] 주석: 『장회절요』(『금로절요金虜節要』)에서 말했다. "아고달(금 태조 아골타阿骨打)은 황제가 된 뒤 출신 지역의 '애신'을 국호로 삼았다. 애신은 여진어로 '금'이다. 강에서 금이 나오기 때문에 그렇게 이름 붙인 것인데, 요가 요수를 국명으로 삼은 것과 같다." 張滙節要云, 阿古達爲帝, 以本土愛新爲國號. 愛新女眞語金也. 以其水生金而名之, 猶遼以遼水名國也.

• 이름을 알 수 없는 송대 인물이 지은 『북풍양사록北風揚沙錄』[20]: (생여

진[금의 발상지에 있던 여진]의 물산을 들면서) 좋은 말과 금, 큰 구슬이
난다. 産名馬, 生金·大珠.

- **『고려사』「예종 세가」**[21]: (금이 건국하기 전 완안씨가 조공한 일을 서술하
면서) 일찍이 거란과 우리 조정(고려)을 섬겼는데 내조할 때마다 사
금·담비가죽·좋은 말을 갖고 왔다. 우리 조정에서도 은을 넉넉히 보
냈는데, 해마다 늘 이랬다. 嘗事契丹及我朝, 每來朝, 以麩金·貂皮·良馬爲
贄. 我朝亦厚遺銀幣, 歲常如此.

그런데 『위서』(권100) 「고구려열전」을 보면 특히 주의를 끄는 기사가
있다. 곧 세종 선무제 때 고구려가 조공한 기사다.

정시 연간(504~507) 세종이 동당에서 고구려 사신 예실불을 접견했다.
예실불이 말했다. "고구려는 지극한 정성으로 여러 대에 걸쳐 충성해 모
든 산물을 조공에 빠뜨리지 않았습니다. 그러나 황금은 부여에서만 나
고 흰 옥돌은 섭라에서만 납니다. 지금 부여는 물길에게 쫓겨났고 섭라
는 백제에 병합됐는데,[22] 국왕 신 운(문자명왕 나운羅雲)은 끊어진 나라
를 잇는 의리로 그들을 모두 저희 나라로 옮겨 살게 했습니다. 지금 두
물건을 바치지 못하는 것은 참으로 두 도적 때문입니다." 正始中, 世宗於
東堂引見其使芮悉弗, 悉弗進曰, 高麗係誠天極, 累葉純誠, 地産土毛, 無愆王
貢. 但黃金出自夫餘, 珂則涉羅所産. 今夫餘爲勿吉所逐, 涉羅爲百濟所幷, 國王
臣雲惟繼絶之義, 悉遷于境內. 二品所以不登王府, 實兩賊是爲.

이것에 따르면 부여 영토 안에서 황금이 난다는 것을 알 수 있다.
아울러 "부여에서 난다"고 한 것은 부여의 세력이 미치는 어떤 지방이

아니라 그 나라의 본거지를 말한 것이라고 해석해도 된다. 어느 쪽이라도 황금이 고구려에 오지 않은 사정과 관련해 "지금 부여는 물길에게 쫓겨났다"고 한 것은 『삼국사기』 「고구려본기」 문자명왕 3년(위 태화 18년, 494) "부여왕과 왕비·왕자가 나라를 들어 항복해왔다扶餘王及妻孥以國來降"고 한 것에 해당하므로 「고구려본기」의 이 간단한 기사는 부여의 중심지가 물길의 소유가 됨으로써 그 나라가 멸망한 사실을 전한 것이라고 생각되기 때문이다. 그 때문에 나는 남북조시대 부여의 본거지를 사금의 산지인 아륵초객하 유역에 비정하는 동시에 그것으로 삼국시대의 위치에 대한 앞의 추정을 충분히 뒷받침할 수 있다고 믿는다.

지금까지의 연구에 따르면 삼국시대 부여의 중심이 아륵초객 부근이었음을 알 수 있다. 따라서 『위지』 「부여열전」에 기록된 그 국가의 상황은 주로 이 지방에 관찰의 초점을 둔 것으로 생각된다. 전체 강역은 「부여열전」에서 "남쪽은 고구려, 동쪽은 읍루, 서쪽은 선비와 맞닿았으며 북쪽에는 약수가 있다"고 한 것에 따라 대체만을 살필 수밖에 없다. 비교적 분명한 것은 그 북쪽 한계를 이룬다고 한 약수인데, 그것은 앞서 서술한 것처럼 동류 송화강이다. 남쪽의 고구려는 동가강과 압록강 유역에 자리 잡았고, 동쪽의 읍루는 영고탑을 중심으로 한 호이객하 계곡 일대 지방에 흩어져 살았으며, 선비는 요하 상류의 두 지류인 시라무렌과 노합하 유역에서 유목하던 민족이었다.

『위지』 「읍루열전」에서는 부여와 읍루의 관계를 다음과 같이 서술했다.

한대 이후 부여를 신하로 섬겼는데, 부여가 세금과 부역을 무겁게 물리자 황초(220~226) 연간 반란을 일으켰다. 부여가 여러 번 정벌했는데,

인구는 적지만 험한 산속에 살고 이웃 나라 사람들은 그들의 활과 화살을 두려워해 끝내 굴복시키지 못했다.

아륵초객하·납림하 유역과 산악이 중첩된 호이객하 분지는 소백산小白山부터 장광재령까지 이어진 분수산맥을 자연적 경계선으로 삼아 서로 맞닿았기 때문에 그 지리적 형세는 이런 역사적 사실을 만들어 냈다.

다음으로 부여와 고구려의 접촉선은 송화강의 원류 가운데 하나인 휘발하 계곡에 있던 것으로 생각된다. 아울러 삼국시대 둘의 교섭은 자세하지 않다. 또 부여의 서쪽 경계는 그 이웃 민족이 선비였다고 말해 상당히 막연한 느낌을 주는데, 농안을 중심으로 한 이통하 유역은 어느 쪽에 소속됐을까? 농안은 아륵초객 지방과 요동을 연결하는 교통의 요충이다. 따라서 부여의 수도가 아륵초객 부근에 있던 시대에 그곳이 선비의 소유였다면 서로의 교섭은 방해받을 수밖에 없었다.

『위지』「부여열전」: 한대에 부여왕의 장례에는 옥갑을 사용했는데, 늘 현도군에 미리 갖다 놨다가 왕이 죽으면 그것을 가져다 장사 지냈다. 공손연이 주살된 뒤에도 현도군의 창고에는 옥갑 하나가 그대로 남아 있었다. 지금 부여의 창고에는 옥구슬·홀·제기 등 여러 대에 걸쳐 내려온 물건이 있어 보물로 여긴다. 노인들은 선대에 하사한 것이라고 한다. 漢時, 夫餘王葬用玉匣, 常豫以付玄菟郡, 王死則迎取以葬. 公孫淵伏誅, 玄菟庫猶有玉匣一具. 今夫餘庫有玉璧·珪·瓚數代之物, 傳世以爲寶. 耆老言先代之所賜也.

이것은 한대부터 삼국시대까지 부여의 수도가 옮겨지지 않았음을 암시하는 것으로 주석에 인용된 『위략』에서 "그 나라는 매우 부유해 선대(한)부터 지금까지 파괴된 적이 없다其國殷富, 自先世以來, 未嘗破壞"고 한 것에 따라도 그렇게 추측된다. 곧 한대에도 부여의 중심은 아륵초객 부근이었던 것이다. 그런데 앞 장에서 서술한 대로 전한 때 부여의 상황은 잘 알 수 없지만 후한 때 부여는 자주 현도군(지금의 무순시를 치소로 한 제3현도군)을 약탈했고 여러 번 현도군을 거쳐 조공했으며, 고구려가 군성을 포위하자 한을 위해 구원병을 보내기도 했다. 그리고 같은 시대 말엽 요동의 공손연은 당시 강성한 두 세력인 고구려·선비에 맞서기 위해 부여를 이끌어 바깥의 원조 세력으로 삼고 딸을 그 왕에게 시집보냈다. 이것으로 보면 발해가 부여부를 설치한 농안과 그것을 중심으로 한 이통하 유역은 적어도 후한부터 삼국시대까지 부여국의 일부였음이 틀림없다.

부여족에 대해서는 앞서 인용한 「부여열전」에서 "나라의 노인들은 자신을 예전에 망명한 사람이라고 말한다"고 했고 같은 열전 끝부분에서 "그 도장에 '濊王之印'이라는 문구가 있고 나라에 '예성'이라는 옛 성이 있으니 본래 예맥의 땅으로 생각된다. 부여가 그들 가운데 왕이 됐기 때문에 스스로를 '망명한 사람'이라고 부르는 것 같다"고 했다. 이른바 "망명한 사람"은 이 논문 첫 부분에 실은 건국 설화의 내용과 함께 부여 왕실이 외부에서 온 부족임을 알려준다. 그러나 그들의 본래 거주지는 알 수 없다.

3. 양진·남북조시대의 부여

서진 무제 사마염은 위를 대신해 새 왕조를 연 뒤 즉위 10년째 되는 해(태시 10년, 274)에 요동군·요서군·현도군·대방군·낙랑군 등 5군을 관할하는 평주를 설치하고 앞 왕조의 제도를 본떠 평주의 치소인 양평(지금의 요양)에 동이교위를 주재시켰다. 동이교위는 만주에서 한반도에 이르는 넓은 지역의 동이족을 제어하는 임무를 지녔다.[23] 그 결과 무제(265~289) 후반 동이 여러 나라는 자주 입조·조공했고, 부여는 『진서』(권97) 「동이열전」 부여국 항목에 "무제 때 자주 조공했다"고 돼 있다.[24]

그런데 마침내 중국 북부의 정세를 변화시킨 5호가 침입하려는 움직임은 이 무렵 이미 무르익었다. 요동 북부에 근거지를 지닌 선비의 모용씨는 무제 말년(태강 10년, 289) 남쪽으로 내려와 대릉하 하류 유역인 창려군으로 이주했는데, 그보다 먼저 그 말발굽에 짓밟힌 것은 동쪽의 부여였다.

『진서』(권108) 「재기」 모용외 열전: 다시 군사를 이끌고 동쪽으로 부여를 정벌하니 부여왕 의려는 자살했다. 모용외는 그 수도를 짓밟고 1만여 명을 포로로 잡아 돌아왔다. 동이교위 하감은 독호 가심을 보내 의려의 아들을 왕으로 세우려고 했다. 모용외는 자신의 장수 손정을 보내 기병을 이끌고 맞아 싸우게 했다. 가심은 힘써 싸워 손정을 베고 마침내 부여국을 다시 세웠다. 又率衆東伐扶餘, 扶餘王依慮自殺. 廆夷其國城, 驅萬餘人而歸. 東夷校尉何龕遣督護賈沈, 將迎立依慮之子爲王. 廆遣其將孫丁, 率騎邀之. 沈力戰斬丁, 遂復扶餘之國.

이것은 무제 태강 6년(285)부터 그 이듬해에 걸친 일로『진서』「동이열전」의 부여 조에서는 다음과 같이 서술했다.

태강 6년 모용외의 공격으로 패배해 그 왕 의려는 자살하고 자제들은 옥저로 도망쳐 목숨을 건졌다. 황제는 조서를 내렸다. "부여왕은 대대로 충효를 지켰지만 나쁜 오랑캐에게 멸망됐으니 매우 안타깝다. 살아남은 사람 가운데 나라를 다시 일으킬 만한 인물이 있으면 그를 위해 계획을 세워 존립하게 하겠다." 호동이교위 선우영이 부여를 구원하지 않아 기회를 놓쳤다고 담당 관원이 아뢰니 선우영을 파면하고 하감을 후임으로 삼았다.

이듬해 뒤를 이은 부여왕 의라가 하감에게 사신을 보내 백성을 이끌고 옛 나라로 돌아가려고 하니 도와달라고 했다. 하감은 독우 가심을 보내 군사를 거느리고 그를 호송케 했다. 모용외는 다시 그를 길에서 기다렸다가 공격했는데, 가심은 그를 크게 무찔렀다. 모용외 군이 물러가니 의라는 나라를 회복할 수 있었다. 그 뒤 모용외는 부여인을 잡아 중국에 팔았다. 황제는 그것을 걱정해 다시 조서를 내려 관청의 재물로 몸값을 지불하고 돌려보내게 하고 사주와 기주에 명령해 부여인을 사고팔지 못하게 했다. 至太康六年, 爲慕容廆所襲破, 其王依慮自殺, 子弟走保沃沮. 帝爲下詔曰, 夫餘王世守忠孝, 爲惡虜所滅甚愍念之. 若其遺類足以復國者, 當爲之方計, 使得存立. 有司奏護東夷校尉鮮于嬰不救夫餘, 失於機略, 詔免嬰, 以何龕代之. 明年, 夫餘後王依羅遣詣龕, 求率見人還舊國, 仍請援. 龕上列(別?)遣督郵賈沈以兵送之. 廆又要之於路, 沈與戰, 大敗之. 廆衆退, 羅得復國. 爾後每爲廆掠其種人, 賣於中國. 帝愍之, 又發詔以官物贖還, 下司·冀二州, 禁市夫餘之口.

곧 서진 초 부여는 모용외의 침략으로 멸망에 가까운 큰 타격을 받았지만 진 황제의 도움으로 나라의 명맥을 겨우 이을 수 있었다. 자살한 부여왕 의려의 자제들이 도망쳐 목숨을 보존한 옥저는 남·북옥저 가운데 북옥저로 생각된다. 북옥저는 지금의 간도 지방인데, 동쪽으로 도망친 이 부여인들이 세운 나라는 뒤에서 서술하겠다.

그 뒤 동진 초 모용씨는 요서와 요동 지역을 차지했다. 모용외는 성제 함화 8년(333)에 죽고, 요동공의 자리를 이은 세자 모용황은 몇 년 뒤인 함강 3년(337) 스스로 연왕에 올랐다. 모용황은 여러 번 고구려를 정벌했으며 강제 건원 2년(344)에는 우문씨를 멸망시켰다. 우문씨는 만리장성 안쪽의 모용씨와 함께 만리장성 밖의 시라무렌 유역에서 세력을 떨친 선비의 강국이다. 이때 모용황의 예봉은 다시 부여에 미쳤다.

- 『진서』(권109) 「재기」 모용황 열전: 3년 세자 모용준과 모용각을 보내 기병 1만7000명을 이끌고 동쪽으로 부여를 공격케 하니 이기고 그 왕과 백성 5만여 명을 포로로 잡아 돌아왔다.
- 『자치통감』(권97) 「진기」 목제 영화 2년(346) 정월: 앞서 부여는 녹산에 거주했는데 백제의 침략을 받아 부락이 흩어져 서쪽으로 연과 가까운 곳으로 이주했지만 방어 시설을 갖추지 못했다. 연왕 모용황은 세자 모용준을 보내 모용군·모용각·모여근 등 세 장군과 기병 1만7000명을 이끌고 부여를 습격케 했다. 모용준은 진영 안에서 지휘하고 군사 업무는 모두 모용각에게 맡겼다. 마침내 부여를 무너뜨려 그 왕 현과 백성 5만여 명을 포로로 잡아 돌아왔다. 모용황은 현을 진군 장군에 임명하고 사위로 삼았다.

「모용황열전」에서 '3년'이라고 한 것은 아래 기사에서 그의 죽음을 '영화 4년'이라고 기록한 것에서 미뤄보면 그 전 해인 영화 3년으로 여겨진다. 아울러 『통감』의 연도와는 1년이 차이 나는데 『통감』 쪽이 맞다고 생각된다. 또 『통감』에서 "앞서 부여는 녹산에 거주했다"고 한 녹산은 부여의 본래 근거지였던 아륵초객 지방의 어느 산을 가리키는 것 같고, 그곳을 침략했다고 한 백제는 고구려의 오기가 분명하다. "서쪽으로 연과 가까운 곳으로 옮겼다"는 것은 그곳이 연(모용씨)의 침략을 받은 옛 부여의 서쪽 변방의 요지로 생각되므로 이통하 가의 농안 부근(곧 발해 때 부여부가 설치된 곳)이 아닐까 싶다. 정말 그렇다면 연왕 모용황 군이 부여를 공략했을 때 부여왕 현이 거처한 성은 농안 부근이었으며 아륵초객 방면은 아니었다고 생각된다.

앞서 서술한 대로 서진 무제 태강 6년(285) 부여의 수도가 모용외 군에게 침략됐을 때 부여왕 의려는 자살하고 그 자제들은 옥저로 도망쳐 목숨을 건졌다. 옥저는 앞서 지적한 대로 남·북옥저 가운데 북옥저로 여겨진다. 곧 그들은 모용외의 공격으로 무너진 아륵초객 부근의 수도에서 읍루의 거주지를 통과해 오늘날 간도라고 부르는 포이합도하·해란하 유역으로 도망쳤고, 옥저족을 제압해 부여의 별국을 세운 것으로 생각된다.

고구려가 함경남도 함흥 지방을 본거지로 한 남옥저를 정복한 것은 후한 화제 원흥 원년(105) 이전의 어느 때부터 안제 건광 원년(121)까지 재위한 궁왕 때고, 그 경략은 압록강 중류 통구 방면에서 평안도와 함경도를 나누는 줄기산맥을 넘어 이뤄졌다고 여겨진다.[25] 그리고 위 정시 6년(245) 관구검의 고구려 정벌에 이어 현도태수 왕기가 이 지방을 원정했을 때 고구려왕 위궁이 도망친 남옥저는 고구려를 섬긴 것이 분명하다.[26] 그렇다면 서진 무제 때 부여의 본국에서 동쪽으로 달아난 부여 왕족이 간도 지방을 근거로 나라를 세운 것은 당시 고구려의 세력이 아직 그 지방에 미치지 않았음을 말해주는 것으로 판단된다.

다시 검토해보면 왕기의 원정 68년 뒤인 서진 말 민제 건흥 원년(313) 고구려왕 을불리가 낙랑군을 멸망시킬 때까지 고구려의 동향은 중국 사서에 전혀 나오지 않지만[27] 『삼국사기』에 따르면 서진 무제와 같은 시대의 고구려왕은 동천왕 우위거(위궁)의 손자 서천왕 약로다. 다음으로 봉상왕 상부가 즉위했고, 서진 말부터 동진 초까지 재위한 중국 사서의 을불리는 『삼국사기』의 미천왕 을불이고 그의 아들은 고국원왕 사유다. 사유는 중국 사서에 쇠釗라고 기록됐는데, 모용황이 여러 번 고구려를 침공하고 농안 부근으로 추정되는 부여왕 현이 있던 성을 도륙한 것은 이 국왕 때다. 그렇다면 앞서 인용한 『통감』 기사에서 "앞서 부여는 녹산에 거주했는데 백제(고구려의 오기)의 침략을 받아 부락이 흩어져 서쪽으로 연과 가까운 곳으로 이주했다"고 서술한 영화 2년(346) 이전 고구려의 부여 경략 — 당시 부여의 본거지는 아륵초객 지방 — 은 미천왕 을불이나 고국원왕 사유의 행동으로 보인다.

고국원왕 사유부터 소수림왕小獸林王 구부丘夫와 고국양왕 이련伊連을 거쳐 광개토왕 담덕談德(호태왕)에 이르면 유명한 그의 비에는 그가 '동부여'를 경략해 5성을 함락시켰다고 기록돼있다.

20년(410) 경술년 동부여는 예부터 추모왕의 속민이었는데, 중간에 배반하고 조공하지 않았다. 왕이 친히 군대를 이끌고 [부]여성에 도착하자 그들은 놀랐다. (…) 왕은 은덕을 널리 베풀고 군사를 돌려 돌아왔다. 또

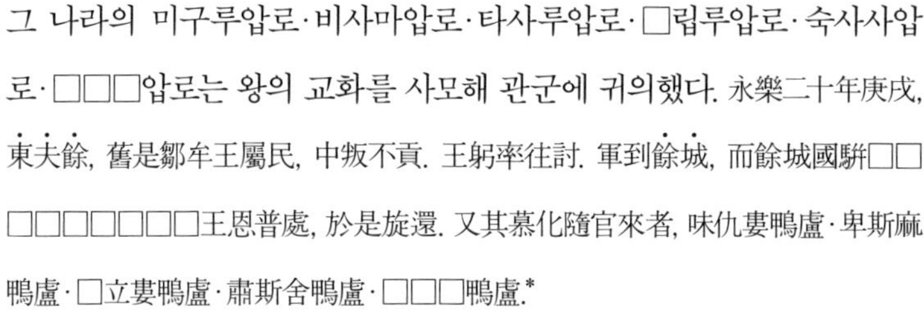

그 나라의 미구루압로·비사마압로·타사루압로·□립루압로·숙사사압로·□□□압로는 왕의 교화를 사모해 관군에 귀의했다. 永樂二十年庚戌, 東夫餘, 舊是鄒牟王屬民, 中叛不貢. 王躬率往討. 軍到餘城, 而餘城國駢□□□□□□□□王恩普處, 於是旋還. 又其慕化隨官來者, 味仇婁鴨盧·卑斯麻鴨盧·□立婁鴨盧·肅斯舍鴨盧·□□□鴨盧.*

영락은 광개토왕의 연호다. 즉위한 지 20년이 된 경술년은 동진 안제 의희 6년(410)이다. 추모는 주몽으로도 씌어 있는데 고구려가 시조로 삼은 공상의 인물이다. 동부여가 예부터 속민이었다는 것은 역사적 사실이 아니고 정벌을 정당화하려는 표현일 뿐이다.

- 『위지』(권30) 「옥저열전」: 북옥저는 치구루(置는 買의 오기)라고도 하는데 남옥저와 800여 리 떨어져 있다. 北沃沮一名置溝婁, 去南沃沮八百餘里
- 같은 책 「고구려열전」: 늘 현도군을 따라 조복과 옷·모자를 받아갔다. (…) 동쪽 경계에 작은 성을 쌓아 조복과 옷·두건을 거기 두고 해마다 [고구려인이] 와서 가져가게 했다. 지금도 오랑캐들은 그 성을 책구루라고 부른다. 구루는 성을 뜻하는 고구려어다. 常從玄菟郡, 受朝服衣幘. (…) 於東界築小城, 置朝服·衣幘其中, 歲時來取之. 今胡猶名此城爲幘溝婁. 溝婁者句麗名城也.

---

* 원서를 바탕으로 국사편찬위원회 한국고대금석문(db.history.go.kr)에 실린 여러 판본(14종)을 비교해 작성했다. 결락된 부분이나 해독한 글자가 서로 다른 것도 있지만 본문의 내용에 영향을 주지는 않는다고 판단된다.

5성의 이름 앞에 붙여진 '압로'는 위의 기록들을 볼 때 '구루'와 마찬가지로 성을 뜻하는 말로 생각된다.[28] 쓰다 소키치 박사는 이 동부여와 관련해 "그곳이 어디고 옛 부여와 어떤 관계였는지는 분명하지 않지만, (…) 옛 부여의 동쪽에 있던 지역을 가리키는 것 같으며 고구려의 본토와 가까운 곳으로 생각된다"고 했다.[29] 그러나 나는 그것을 앞서 설명한 북옥저의 부여국에 비정하는데 주저하지 않는다. 곧 서진 무제 태강 6년(285) 부여왕 의려의 자제가 동쪽으로 도망쳐 개창한 부여의 별국은 125년 뒤인 의희 6년(410, 동진 말)에 이르러 광개토왕의 정복에 따라 고구려의 영토가 된 것이다.

후위 세조 태무제가 사신 이오를 고구려로 보내 광개토왕의 다음 국왕인 장수왕 거련에게 책명을 준 것은 장수왕 23년(위 대연大延 원년, 435)이다.

『위서』(권100) 「고구려열전」: 이오는 장수왕이 거처하는 평양성에 와서 그 나라의 일을 물어본 뒤 말했다. "요동 남쪽 1000여 리에 있는데 동쪽은 책성, 남쪽은 작은 바다, 북쪽은 옛 부여에 이르며 민호는 전위(조위) 때보다 3배입니다."

책성과 관련해서는 다음과 같은 기록들이 있다.

• 『삼국사기』(권37) 「지리지」 끝부분에 인용된 가탐의 『고금군국지』 일문: 발해국의 남해부·압록부·부여부·책성부 등 4부는 모두 고구려의 옛 땅이다. 신라 천정군부터 책성부까지 39역이 있다. 渤海國南海·鴨淥·扶餘·柵城四府, 並是高句麗舊地也. 自新羅泉井郡至柵城府, 凡

三十九驛.

• 『신당서』(권219) 「발해열전」: 예맥의 옛 땅을 동경으로 삼고 용원부 또
는 책성부라고 불렀다. (…) 용원부의 동남쪽은 바다와 가까우며 일본
도다. 濊貊故地爲東京, 曰龍原府, 亦曰柵城府. (…) 龍原東南瀕海, 日本道
也.

그리고 『고금군국지』의 남해부는 발해의 5경 ― 상경 용천부·중경
현덕부·동경 용원부·남경 남해부·서경 압록부 ― 가운데 하나로 『신
당서』 「발해열전」에서 "옥저의 옛 땅을 남경으로 삼고 남해부라고 불
렀다. (…) 남해 신라도沃沮故地爲南京, 曰南海府. (…) 南海新羅道也"라고 해서
그 위치는 동해안의 가장 중심지 가운데 하나인 함흥 부근이 분명하
므로30 동경의 책성부는 5경의 배치에서 두만강 방면의 요지로 빼놓
을 수 없는 포이합도하 가의 국자가 부근에 비정된다. 그렇다면 장수
왕 23년(435) 후위 사람이 고구려 동쪽 변방의 성으로 알던 책성은 광
개토왕의 동부여 공략 결과 그 옛 땅에 설치된 성이 분명하다. 또 그
성과 함께 고구려의 북쪽 경계가 된 "옛 부여"는 미천왕이나 고국원왕
이 경략한 아륵초객 지방의 부여를 가리키는 것으로 생각된다.31
또 부여와 관련해서는 『위서』(권5) 「고종 문성제文成帝 본기」 태안太安
3년(457) "우전·부여 등 50여 국이 각각 사신을 보내 조공했다于闐·扶
餘等五十餘國, 各遣使朝獻"고 해서 그 해에 부여가 후위와 교류했다고 기록
했다. 태안 3년은 고구려 장수왕 45년이다. 다음으로 『삼국사기』 「고구
려본기」에는 문자명왕 3년 2월 "부여왕과 처자가 나라를 들어 항복해
왔다"는 간단한 기사가 있는데, 그 해는 후위 효문제 태화 18년(494)이
다. 그리고 뒤의 기록은 앞 장에서 서술한 대로 아래 기사에 비춰보면

아륵초객 지방의 부여가 물길에게 멸망됐음을 엿볼 수 있다.

『위서』(권100) 「고구려열전」: 정시 연간(504~507) 세종이 동당에서 고구려의 사신 예실불을 접견했다. 예실불이 말했다. "고구려는 지극한 정성으로 여러 대에 걸쳐 충성해 모든 산물을 조공에 빠뜨리지 않았습니다. 그러나 황금은 부여에서만 나고 흰 옥돌은 섭라에서만 납니다. 지금 부여는 물길에게 쫓겨났고 섭라는 백제에 병합됐는데 국왕 신 운(문자명왕 나운)은 끊어진 나라를 잇는 의리로 그들을 모두 저희 나라로 옮겨 살게 했습니다. 지금 두 물건을 바치지 못하는 것은 참으로 두 도적 때문입니다."

부여의 본래 중심이던 아륵초객 지방은 동진 초 이미 고구려의 영토가 됐고 부여왕은 서쪽으로 이주해 지금의 농안 부근에 거처한 것으로 보인다. 그런데 연왕 모용황은 우문씨를 멸망시킨 기세를 타고 그 성을 도륙해 부여왕 현을 포로로 잡아 돌아왔다. 그렇다면 그때의 왕족은 고구려가 연의 적국이었기 때문에 이전처럼 다시 아륵초객 지방에 거주하도록 허락받고 그 뒤에도 고구려에 예속되면서 나라를 유지해 남북조시대까지 이른 것은 아니었을까? 모용황의 정벌 뒤 약 1세기 반을 지나 물길에게 축출된 부여 왕실은 이렇게 됐던 것으로 생각된다. 여기서 부여는 마침내 멸망했다. 물길의 흥기는 그 민족을 주제로 삼은 다른 논문에서 서술하겠다.

1930년 11월 21일 탈고(『만선역사지리연구보고』 13책)

1945년 12월 가필

주

2편 낙랑군고

1. 池內宏, 「前漢昭帝の四郡廢合と後漢書の記事」, 『加藤博士還曆記念東洋史集說』, 1940(이 책 수록).

2. 위와 같음.

3. 池內宏, 「樂浪郡考」, 附說「高句麗の嶺東經略」 참조(이 책 수록).

4. 池內宏, 「曹魏の東方經略」, 『滿鮮地理歷史研究報告』 11책(이 책 수록).

5. 那珂通世, 『外交繹史』, 75쪽.

6. 한대의 낙랑군과 관련해 문화적 의미가 있는 한두 가지 사실을 문헌에서 찾아 덧붙인다. 『전한서』(권30) 「예문지」에는 「동이현령연년부東晱縣令延年賦」(7편)가 저록돼 있다. 한의 제도에서는 작은 현의 장관을 '장長'이라고 했고 큰 현의 장관은 '영令'이라고 했기 때문에 동이현이 큰 현이었음을 알 수 있지만, 예를 토착민으로 한 이 변방의 먼 곳에 이름은 밝혀져 있지 않지만 시부詩賦의 재능이 있는 학자가 현령으로 있었다는 것은 후한 화제和帝 때 반고班固와 명성을 나란히 한 박학하고 글에 뛰어난 최인崔駰이 진사의 훌륭한 제자였다고 해서 낙랑군 장잠현의 장관에 임명된 것과 함께 눈여겨볼 사실이다. 본래 최인은 임지가 멀어 부임하려고 하지 않았다. 이 일

은『후한서』(권82)「최인열전」에 보인다. 또『설문』(제11편 하)에서는 면鮸에 대해 “물고기로 예의 사두국에서 난다魚也, 出薉邪頭國”고 하고, 분魵에 대해서는 “물고기로 예의 사두국에서 난다”고 했으며, 옹鰅에 대해서는 “물고기로 가죽에 무늬가 있다. 낙랑군 동이현에서 난다. 신작 4년(기원전 58)에 처음 잡아 고공에 보냈다魚也, 皮有文. 出樂浪東暆. 神爵四年, 初捕收輪考工”고 했다. 모두 영동 지역에서 나는 물고기 이름을 든 것으로 ‘薉예’는 ‘濊예’와 동일하고 사두는 사두매를 줄인 것이며, 신작은 전한 선제宣帝 때의 연호이고 고공은 천자의 봉양을 맡은 소부少府의 관원이다.『위지』「예전」에서 “그 바다에서 반어피가 난다其海出班魚皮”고 한 반어가 옹어鰅魚로 생각된다. 얼마 안 되는 기사지만 낙랑군이 융성했을 때 조선 동해의 해산물이 중국 내륙에 수입된 사실의 작은 부분을 볼 수 있다.

7. 『사기』(권115),「조선열전」

8. 『수경주』(권14), 패수 조.

9. 津田左右吉,「浿水考」,『朝鮮歷史地理』권1.

10. 稻葉岩吉,「漢の孝文廟銅鐘銘識に就て」,『朝鮮史講座』4호.

11. 藤田亮策,「樂浪封泥攷」,『小田先生頌壽記念朝鮮論集』; 藤田亮策,「封泥續攷」,『京城帝大創立十周年紀念論文集』; 朝鮮總督府博物館,『博物館陳列品圖鑑』8집.

12. 『후한서』(권38),「백관지」

13. Aurel Stein, Serindia, Vol. 1, Text. chap VI, iii, 227~232쪽 참조.

14. 朝鮮古蹟硏究會,『昭和十年度古蹟調査報告』

15. 池內宏,「公孫氏の帶方設置と曹魏の樂浪·帶方二郡」,『史苑』2권6호(이 책 수록).

16. 위와 같음.

17. 『이십이사고이二十二史攷異』(권19),「진서晉書」2.

18. 池內宏,「朝鮮平安北道義州郡の西部に於ける高麗時代の古城址」,『東京帝國大學文學部紀要』3, 30~32쪽 및 115~116쪽(『만선사 연구』3권 수록).

19. 『滿洲歷史地理』권1, 36쪽 및 72~73쪽.

20. 조선총독부 박물관 직원 노모리 겐野守健 씨의 조사 결과에 대해 같은 박물관 직원 아리미쓰 교이치有光敎一 씨가 개인적으로 서신을 보내 알려준 내용에 따랐다.

21. 關野貞,『朝鮮美術史』, 12쪽.

22. 藤田亮策,「朝鮮發見の明刀錢と其遺蹟」,『京城帝國大學文學會論纂』제7집『史學論叢』

23. 池内宏, 「公孫氏の帶方設置と曹魏の樂浪·帶方二郡」(이 책 수록).

24. 『동문선』, 권74.

25. 池内宏, 「高麗成宗朝に於ける女眞及び契丹との關係」, 『滿鮮史硏究』, 중세 제2책, 157쪽(『만선사 연구』 3권 수록).

26. 池内宏, 「大華宮と所謂倭城」, 같은 책, 449쪽(『만선사 연구』 3권 수록).

27. 『고려사』(권20), 「명종 세가」; 같은 책(권100), 「조위총열전」

28. 津田左右吉, 「元代に於ける高麗西北境の混亂」; 『朝鮮歷史地理』 권2.

29. 『朝鮮總督府昭和十二年度 寶物古蹟諮問案』 제1호, 信川土城. 『支那學』 제7권 제1호, 梅原末治, 「朝鮮北部出土紀年塼集錄」

30. 關野貞, 『朝鮮美術史』, 13~14쪽.

31. 『朝鮮古蹟圖譜』, 제1책, 도판 41~42.

32. 池内宏, 「曹魏の東方經略」(이 책 수록).

[부설附說] 고구려의 영동 경략

1. 池内宏, 「玄菟郡の屬縣高顯の遺址」, 『考古學雜誌』 31권 2호(1941년 2월) 참조(이 책 수록).

2. 池内宏, 「高句麗の建國傳說と史上の事實」, 끝부분을 수정(이 책 수록).

3편 요동의 현도군과 그 속현

1. 池内宏, 「前漢昭帝の四郡廢合と後漢書の記事」(이 책 수록).

2. 이 견해는 틀렸다. 이 논문 끝부분의 '보정'을 참조.

3. 『고려사』(권58), 「지리지」, 동계.

4. 이맥의 옥저성 침범 기사에 대한 이 견해는 틀렸다. 이 논문 끝부분의 '보정'을 참조.

5. 池内宏, 「高句麗の建國傳說と史上の事實」(이 책 수록).

6. 『滿洲歷史地理』 권1, 85~86쪽.

7. 『滿洲歷史地理』 권1, 125~126쪽; 같은 책, 권2, 306~307쪽.

8. 白鳥庫吉, 「丸都城及び國內城考」, 『史學雜誌』 25편 5호.

9. 池内宏, 「樂浪郡考」 6장, 점제·열구·탄열 부분, 『滿鮮地理歷史研究報告』 16(이 책 수록).

10. 藤田亮策, 「朝鮮發見の明刀錢と其遺蹟」, 『京城帝國大學文學會論纂』 제7집 『史學論叢』

11. 津田左右吉, 『滿鮮地理歷史硏究報告』 제9책, 「三國史記高句麗紀の批判」, 부록 「眞番郡撤廢·玄菟郡移轉の事情及び高句麗の建國年代について」, 114쪽.

12. 같은 논문, 115~117쪽.

13. 池內宏, 「高句麗の建國傳說と史上の事實」(이 책 수록).

4편 고구려의 건국 전설과 역사상의 사실

1. 那珂通世, 『外交繹史』, 권2, 75쪽; 小田省吾, 『朝鮮史大系』 上世史, 63쪽.

2. 고구려의 수도였던 집안현에서 최근 발견된 고구려인 모두루牟頭婁의 묵서墨書 묘지墓誌에는 "河泊(伯)之孫, 日月之子, 鄒牟聖王, 元出北夫餘(하백의 손자이며 해와 달의 아들인 추모성왕은 본래 북부여에서 나왔다)"는 구절이 있다. 모두루는 장수왕이나 그다음 문자명왕 때 사람으로 생각되는데, 묘지의 이 구절에서도 광개토왕비와 『위서』에 서술된 고구려 건국 전설의 편린을 볼 수 있다(池內宏, 『通溝』 卷上 — 滿洲國通化省輯安縣高句麗遺蹟, 65쪽 참조).

3. 白鳥庫吉, 「丸都城及び國內城考」, 『史學雜誌』 25편 4호, 430~431 및 433~434쪽.

4. 池內宏, 「夫餘考」, 『滿鮮地理歷史硏究報告』 13책, 1932년 6월(이 책 수록).

5. 『위략』의 시엄수와 『논형』의 엄사수는 『후한서』(권115) 「부여열전」에는 『논형』과 마찬가지로 엄사수, 『양서』(권54) 「고구려열전」과 『북사』(권94) 「백제열전」에는 엄체수淹滯水, 『수서』(권81) 「백제열전」에는 엄수淹水로 돼 있기 때문에 『위략』의 시엄수施掩水는 엄시수掩施水의 오기로 봐야 한다. 그러나 시施와 사㴟 가운데 어느 것이 옳은지는 알 수 없다. 이런 여러 책의 기록은 「고구려열전」과 「백제열전」 모두 부여의 동명 전설에 관련된 것이다. 시라토리 박사는 "엄사수는 『위략』에는 시엄수, 『북사』에는 엄체수(『북사』는 『후한서』의 오기로 생각된다. 인용자), 『양서』에는 엄체수, 『수서』에는 엄수, 광개토왕비에는 엄리대수奄利大水로 돼 있다"고 했지만(白鳥庫吉, 「夫餘國の始祖東明王の傳說に就いて」, 『服部先生古稀祝賀記念論文集』, 558쪽) 광개토왕비의 엄리대수는 고구려의 추모(주몽) 전설에 관련된 것이므로 두 전설을 혼동한 것이다.

6. 이규보, 『동국이상국집』 권3.

7. [보주] 이 견해는 틀렸다. 이 논문 끝의 '보정' 참조.

8. 池內宏, 「樂浪郡考」; 「遼東の玄菟郡と其の屬縣」(이 책 수록).

9. 池內宏, 「樂浪郡考」, 주 3(부설 「고구려의 영동 경략」: 이 책 수록).

10. 池內宏, 「前漢昭帝の四郡廢合と後漢書の記事」(이 책 수록).

5편 진번군의 위치에 대해

1. 池內宏, 「前漢昭帝の四郡廢合と後漢書の記事」(이 책 수록).

2. 池內宏, 「樂浪郡考」(이 책 수록).

3. 池內宏, 「漢·魏·晉の玄菟郡と高句麗」, 『史苑』 14권 3호, 1942년 5월(이 책 수록).

4. 白鳥庫吉, 「漢の朝鮮四郡疆域考」, 『東洋學報』 2권 1호, 1912. 『滿洲歷史地理』 1권 1편 1장 「武帝始建の四郡」(1~69쪽)은 이 논문을 실은 것이다.

5. 今西龍, 「眞番郡考」, 『史林』 1권 1호, 1916년 1월(『朝鮮古史の硏究』, 1970에 수록).

6. 池內宏, 「高句麗の建國傳說と史上の事實」(이 책 수록).

7. 『사기』에서는 "한이 건국되고 (…) 패수에 이르러 경계로 삼았다"고 했지만 『위지』(권 30) 「한전韓傳」의 배송지 주석에 인용된 어환의 『위략』 일문에서는 "한이 노관을 연 왕으로 삼으니 조선과 연은 취수(패수의 오기)를 경계로 삼게 됐다"고 했다.

8. 池內宏, 「朝鮮平安北道義州郡の西部に於ける高麗時代の古城址」, 부도附圖 1 참조 (『만선사 연구』 3권 수록).

9. 今西龍, 「百衲本史記の朝鮮傳に就きて」, 『藝文』 12년 3호, 1921년 3월(『朝鮮古史の 硏究』, 1970에 수록).

10. 池內宏, 「眞番郡考」, 5장(이 책 수록).

11. 池內宏, 「前漢昭帝の四郡廢合と後漢書の記事」, 2장 참조(이 책 수록).

12. 『滿鮮地理歷史硏究報告』 제12책(이 책 수록).

13. 池內宏, 「公孫氏の帶方設置と曹魏の樂浪·帶方二郡」(이 책 수록).

14. 池內宏, 「樂浪郡考」, 주 3 참조. 부설, 「高句麗の嶺東經略」(이 책 수록).

15. 池內宏, 「眞番郡考」, 5장 끝부분(이 책 수록).

16. 池內宏, 「曹魏の東方經略」, 3장 참조(이 책 수록).

17. 『수서』(권33) 「경적지經籍志」

18. 池內宏, 「眞番郡考」, 5장(이 책 수록).

19. 위와 같음.

20. 池內宏, 「百濟滅亡後の動亂及び唐·羅·日三國の關係」, 『滿鮮地理歷史硏究報告』
    14책(『만선사 연구』 2권 수록).

[부설] 동가강 유역의 선주민先住民과 맥·예맥·예의 이름

21. 『史學雜誌』 45편 12호, 「彙報欄」, 1934년 12월. 144회 동양사 담화회 강연 「濊貊民
    族の由來を述べて, 夫餘·高句麗及び百濟の起源及ぶ」의 개요(시라토리 박사 수기).

22. 池內宏, 「夫餘考」, 1장 참조(이 책 수록).

23. 이 논문 3장 참조.

6편 무순의 역사 유적

1. 『滿洲歷史地理』 권1, 94~99쪽.

2. 渡邊三三, 『撫順史話』; 渡邊三三·齋藤武一, 「滿洲國撫順の古瓦に就て」, 『考古學雜
   誌』 29권11호, 1939년 11월.

3. 고 마쓰이 히토시松井等 씨의 견해는 『滿洲歷史地理』 권1, 389~392쪽. 고 야나이
   와타리箭內亘 박사의 견해는 같은 책, 235쪽 참조. 쓰다 소키치 박사의 견해는 「安東
   都護府考」 부록 「高句麗時代の新城·木底城及び南蘇城について」, 『滿鮮地理歷史硏
   究報告』 1책 참조.

4. 渡邊三三, 『撫順史話』

5. 위와 같음.

6. 『滿洲金石志稿』 1책; 渡邊三三, 『撫順史話』

7. 『滿洲金石志稿』 1책.

8. 村田治郎, 「滿洲の佛塔」, 『滿洲建築協會雜誌』 11권10호; 「滿洲の史蹟」, 444쪽.

7편 현도군의 속현 고현의 터

1. 池內宏, 「撫順の史蹟」, 『考古學雜誌』 30권7호(1940년 7월), 492~494쪽(이 책 수록).

2. 고구려 왕실의 초기 세계와 그 시대의 사건에 관련된 『삼국사기』의 기록은 대부분
   믿을 수 없다. 그 까닭은 졸고, 「高句麗王家の上世の世系について」, 『東亞學』 3집,

1940년 12월에서 자세히 논의했다. 참조하기 바란다(이 책 수록).

3. 작년 가을 고 이나바 이와키치 박사 일행은 청초의 역사 유적을 조사하면서 노성과 멀지 않은 영릉가永陵街에서 한대의 옛 성터를 발견했다고 한다(『滿洲史學』 3권 2호 휘보). 보고서는 아직 발표되지 않았지만, 그것은 그동안 노성 부근으로 추정되던 제2현도군의 위치를 결정하는 것으로 생각된다.

4. 『수경주』 권14, 대요수 조. 소요수(지금의 혼하)는 요산에서 나와 서남쪽으로 흘러 요양현을 지나 대량수(지금의 태자하)와 만난다. 대량수는 북새 바깥으로 나가 서남쪽으로 흘러 요양에서 소요수로 들어간다. 水出遼山, 西南流, 逕遼陽縣, 與大梁水會. 水出北塞外, 西南流, 至遼陽入小遼水.

5. 『滿洲歷史地理』 권1, 114~115쪽.

6. 池內宏, 「撫順の史蹟」(이 책 수록).

7. 『滿洲歷史地理』 권1, 93~96쪽.

8. 『수경주』 권14, 대요수 조. 요수는 지석산에서 나와 만리장성 밖부터 동쪽으로 흘러 요동의 망평현 서쪽에 이르니 왕망이 설치한 장설이다. 거기서 굽어져 서남쪽으로 흘러 양평현 옛 성 서쪽을 거친다. 遼水亦言出砥石山, 自塞外東流, 直遼東之望平縣西, 王莽之長說也. 屈而西南流, 逕襄平縣故城西.

9. 『滿洲歷史地理』 권1, 112~113쪽.

10. 『위지』 권4, 「고귀향공본기」.

8편 한·위·진의 현도군과 고구려

1. 白鳥庫吉, 「漢の朝鮮四郡疆域考」, 『東洋學報』 2권 1호, 1912.

2. 今西龍, 「眞番郡考」

3. 池內宏, 「前漢昭帝の四郡廢合と後漢書の記事」(이 책 수록); 「樂浪郡考」, 1·2·6장의 소명현 부분(이 책 수록).

4. 池內宏, 「遼東の玄菟郡と其の屬縣」(이 책 수록).

5. 『삼국사기』 연표에서는 고구려의 시조 동명성왕 주몽의 즉위년을 전한 원제 건소 2년(기원전 37)이라고 했지만, 그것은 후대 역사가의 서술이 분명해 믿을 수 없을 뿐 아니라 주몽도 실재한 인물이 아니다(졸고, 「高句麗王家の上世の世系について」 참조. 이 책 수록).

6. 池內宏, 「高句麗の建國傳說と史上の事實」 참조(이 책 수록).

7. 같은 논문.

8. 池內宏, 「玄菟郡の屬縣高顯の遺址」(이 책 수록).

9. 『滿洲歷史地理』 권1, 96~98쪽.

10. 八木奘三郎, 『續滿洲舊蹟志』, 1929, 111~114쪽.

11. 渡邊三三, 『撫順史話』; 渡邊三三・齋藤武一, 「滿洲國撫順の古瓦に就て」

12. 池內宏, 「撫順の史蹟」(이 책 수록).

13. 池內宏, 「玄菟郡の屬縣高顯の遺址」(이 책 수록).

14. 池內宏, 「高句麗討滅の役に於ける唐軍の行動」, 『滿鮮地理歷史研究報告』 16책, 131~132쪽(『만선사 연구』 2권 수록).

15. 같은 논문, 158~159쪽.

16. 池內宏, 「樂浪郡考」, 주 3(附說, 「高句麗の嶺東經略」: 이 책 수록).

17. 池內宏, 「公孫氏の帶方設置と曹魏の樂浪・帶方二郡」(이 책 수록).

18. 池內宏, 「曹魏の東方經略」(이 책 수록).

19. 池內宏, 「樂浪郡考」, 7장(이 책 수록).

20. 『자치통감』(권88), 민제 건흥 원년(313) 4월.

21. 『帝國學士院紀事』, 1권 1호, 1942년 4월(이 책 수록).

22. 『滿洲歷史地理』 권1, 389~392쪽 및 235쪽. 「安東都護府考」 부록 「高句麗時代の新城・木底城及び南蘇城について」, 『滿鮮地理歷史研究報告』 1책, 96쪽.

23. 渡邊三三, 『撫順史話』; 池內宏, 「撫順の史蹟」(이 책 수록).

24. 池內宏, 「高句麗討滅の役に於ける唐軍の行動」, 117~128쪽(『만선사 연구』 2권 수록).

10편 공손씨의 대방군 설치와 조위의 낙랑군·대방군

1. 『후한서』(권33), 「군국지」.

2. 『진서』(권14), 대방군 조.

3. 『위지』(권8), 공손탁 열전.

4. 「오지」(권2), 손권 열전. 같은 열전 가화 2년(233) 조에 인용된 『오서』.

5. 『위지』(권3) 명제 본기. 같은 책(권8), 「공손탁열전」

6. 『후한서』(권85) 「한전」에서 "건무 20년(44) 한의 염사인 소마시 등을 (…) 한의 염사읍

군으로 삼고 낙랑군에 소속시킨 뒤 철마다 조알하게 했다建武二十年, 韓人廉斯人蘇馬諟等 (…) 爲漢廉斯邑君, 使屬樂浪郡, 四時朝謁"고 한 것은 이 추측에 하나의 증거를 제공한다. '염사'는 『위지』 「한전」 주석에 인용된 『위략』에 따르면 진한의 한 부락이다.

7. 전한 때부터 고구려왕 궁이 재위한 후한 중엽까지 현도군(제2현도군)은 소자하 상류 흥경노성 부근에 치소를 두고 고구려현·상은태현·서개마현을 거느렸다.

8. 조복과 두건을 받은 사람의 명부名簿.

9. 흥경노성 부근의 제2현도군 치소를 무순시로 퇴각시킨 궁왕 이후로 생각된다.

10. 고구려의 지명에는 '무슨 홀忽'이라는 것이 많다. 구루는 그런 '홀'에 해당하고 '성城'을 뜻한다.

11. 「한전」 진한 조 끝에서 "처음에는 6국이었지만 점차 12국으로 나뉘었다始有六國, 稍分爲十二國"고 했고 그다음 변진(변한) 조에서는 "변진도 12국弁辰亦十二國"이라고 한 뒤 변진과 진한을 "합쳐 24국"의 이름 — 중복되는 것을 빼면 실제로는 25국 — 을 들었는데, 여러 한국의 이름을 그런 순서로 기재한 조공부朝貢簿(곧 명부名籍)에 따른 것은 아니었을까? 그리고 다음 조에서 "변진과 진한은 섞여 살았다弁辰與辰韓雜居"고 한 것은 그 순서를 여러 국의 분포 상태로 생각한 사서 편찬자 — 『위략』의 어환이나 『위지』의 진수 — 의 억견으로 생각된다.

12. 那珂通世, 『外交繹史』 권2, 81쪽.

13. 池內宏, 「曹魏の東方經略」, 『滿鮮地理歷史研究報告』 11책, 2장(이 책 수록).

14. 같은 논문, 4장.

15. 변진(변한)·진한의 국명을 함께 실은 『위지』 한전 기사의 첫머리에서 "변진도 12국이다. 작은 별읍들에는 각각 거수가 있는데 세력이 큰 부류는 신지, 다음은 험측이라고 한다弁辰亦十有二國. 又有諸小別邑, 各有渠帥, 大者名臣智, 其次有險側"고 했는데, 국마다 소읍들이 있는 것은 변한도 마찬가지였음이 틀림없다.

[부기附記]

1. 『菅政友全集』, 「漢籍倭人考」, 326쪽.

11편 조위의 동방 경략

1. 池內宏, 「公孫氏の帶方設置と曹魏の樂浪·帶方二郡」(이 책 수록).

2. ‘관毌’은 드물게 사용되는 글자고 ‘모母’와 비슷하기 때문에 잘못 발음되기도 한다. 그러나 도쿄제국대학 문과대학 사지史誌 총서본 『삼국사기』의 두주頭註(「고구려본기」 동천왕 20년, 246)에서는 다음과 같이 지적했다.

‘관’은 ‘부모’의 ‘모’로 많이 보기도 하지만 그릇된 것이다. ‘관구’는 복성으로 ‘관구국 毌丘國’에서 나온 것이다. ‘貫’과 동일하며 ‘고沽’와 ‘환歡’의 반절半切로 음은 ‘관’이다. 『사원辭源』에서도 ‘관’ 조항에서 다음과 같이 설명했다.

(1) ‘뚫는다’는 뜻으로 ‘貫’과 동일하다. (2) 성姓으로 본래 ‘관구’라는 복성이다. 뒤에 ‘구’를 없애 ‘관씨毌氏’가 됐다. ‘貫氏’로도 쓴다.

‘관구毌丘’ 항목에서는 다음과 같이 설명했다.

(1) 지명이다. 『사기』에서 “선공이 위를 정벌해 관구를 차지했다”고 했다. 『춘추』를 살펴보면 제후齊侯·송공宋公·강인江人·황인黃人이 관貫에서 맹약했다고 했다. 지금의 몽택성蒙澤城으로 산동山東 조현曹縣 남쪽에 있는데 『사기』에 나오는 관구毌丘다.

(2) 복성이다. 위에 관구검이 있는데 지금 ‘부모’의 ‘모’자를 쓰는 경우가 많지만 잘못이다.

3. 256쪽 사진 참조.

4. 왕국유王國維의 견해에 따른 것이다(『관당림집觀堂林集』(권16), 「위 관구검 환도산 기공석각발魏毌邱儉丸都山紀功石刻跋」).

5. 위와 같음.

6. ‘魏烏丸單于’로 판독한 것은 왕국유의 견해와 같다. 아래 『위지』「관구검열전」에 보이는 구루돈이 분명하다.

청룡 연간(233~236) 황제(명제)는 요동 정벌을 계획했는데, 관구검이 유능하고 책략이 있다고 판단해 유주자사에 임명하고 도요장군·사지절·호오환교위를 더했다. 그는 유주의 군사를 이끌고 양평으로 가서 요수에 주둔했다. 우북평 오환선우 구루돈과 요서 오환도독 솔중 왕호류 등은 앞서 원상을 따라 요동으로 도망친 자들인데, 5000여 명을 이끌고 항복했다. 구루돈은 동생 아달반 등을 궁궐로 보내 조공했다. 青龍中, 帝圖討遼東, 以儉有幹策, 徙爲幽州刺史, 加度遼將軍·使持節·護烏丸校尉. 率幽州諸軍至襄平, 屯遼隧. 右北平烏丸單于寇婁敦·遼西烏丸都督率衆王護留等, 昔隨袁尙奔遼東者, 率衆五千餘人降. 寇婁敦遣弟阿羅槃等詣闕朝貢.

7. 누구인지 알 수 없다.

8. 池內宏, 「公孫氏の帶方設置と曹魏の樂浪·帶方二郡」(이 책 수록). 왕국유는 「환도산 기공석각발」에서 『위지』의 본기·고구려 열전·관구검 열전과 『북사』에 기록된 관구검 원정의 연대 차이를 검토하고 판석령의 깨진 비석을 참고해 다음과 같이 말했지만 따르기 어렵다.

    관구검은 고구려를 정벌하면서 실제로는 정시 4년 군사를 모아 5년 출병해 6년 돌아왔으며, 정시 5년(244) 남아서 다시 침략했다는 기록은 없는데 『위지』「고구려열전」에만 그런 사실이 적혀 있다. 「소제본기」에서는 그것을 정시 7년 2월의 일로 기록했고 「관구검열전」과 『북사』에서는 6년에 다시 정벌했다고 했는데, 모두 그르다.

9. 池內宏, 「撫順の史蹟」(이 책 수록).

10. 『朝鮮總督府大正六年古蹟調査報告』, 그림 93 참조.

11. 세키노 다다시 박사는 이 교통로에 대해 이렇게 말했다. "부이강 입구에서 혼강(동가강)을 건너 신개하 계곡을 따라 동남쪽으로 가서 소판차령을 넘어 마선구로 나오면 곧바로 압록강 유역에서 가장 넓고 비옥한 통구 평야에 이른다. 부이강 유역에서 통구 평야로 나오는 가장 가깝고 자연스런 통로로 생각된다."(『朝鮮總督府大正六年古蹟調査報告』, 562쪽).

12. 조선총독부 고적조사위원 세키노 박사 일행은 1913년 가을에서 겨울로 접어들 무렵 비석 파편이 발견된 곳을 답사했다. 박사는 일행 가운데 업무를 직접 맡은 야스이谷井 씨와 이마니시 씨의 보고에 따라 그 결과를 다음과 같이 발표했다(『史學雜誌』 25편 11호, 1383쪽).

    마선구를 2리 정도 계곡을 따라 올라가면 길이 둘로 갈라진다(오른쪽으로 10정[1090미터]쯤 가면 길은 다시 둘로 나뉜다. 오른쪽은 통화로 가는 큰길이고 왼쪽은 대판차령을 거쳐 회인에 이른다). 왼쪽 길로 나아가면 계곡이 좁고 길이 매우 험하다. 30리(11.8킬로미터)쯤 가면 소판차령 기슭에 이른다. 거기서 가파른 언덕 길을 올라가면 고개 꼭대기에 도달한다. 꼭대기 오른쪽 2정(218미터)쯤 되는 곳에 옛 길이 있다. 도로를 보수하다가 그 고개의 돌더미에서 어떤 사람이 비석 파편을 발견해 집안지현輯安知縣 오광국吳光國에게 보냈는데 바로 관구검의 기공비였다. 오광국은 인부 10여 명을 동원해 그 돌더미를 조사했지만 다른 파편은 끝내 발견하지 못했다고 한다. 이곳은 통구에서 직선거리로 서북쪽 60리(23.6킬로미터)쯤 되고 상당히 높아 전망이 틔어 멀리 조선의 낭림산을 볼 수 있다.

『조선고적도보朝鮮古蹟圖譜』 1책의 해설에 개략적인 설명을 실었다. 비석 파편을 발견한 것은 1905년 6월이다.

13. 『史學雜誌』 25편 4·5호.

14. 關野貞, 「國內城及丸都の位置」, 『史學雜誌』 25편 11호.

15. 關野貞, 「丸都城考」, 『朝鮮總督府大正六年古蹟調査報告』

16. 위와 같음.

17. 關野貞, 「國內城及丸都の位置」, 1368쪽.

18. 같은 논문, 1375~6쪽.

19. 關野貞, 「丸都城考」, 570~573쪽.

20. 위와 같음.

21. 『위지』(권30) 「고구려열전」

22. 조선 20만분의 1 지도 참조.

23. 주 24 참조.

24. 「관구검열전」의 자료로 생각되는 『위략』에는 왕기의 남옥저 정벌을 서술한 기사가 있고 『위지』의 편자는 그것을 약간 고쳐 「옥저열전」에 수록한 것으로 생각된다. 그리고 이 추측은 「옥저열전」에 왕기의 이름이 보이지 않는 까닭을 설명해준다.

25. 『滿洲歷史地理』 1권, 20쪽.

26. 池內宏, 「朝鮮高麗朝に於ける東女眞の海寇」, 『滿鮮地理歷史硏究報告』 8책, 214~221쪽(『만선사 연구』 3권 수록).

27. 『위지』 「옥저열전」

28. 『동국여지승람』(권45) 울진현, 산천. 울릉도는 무릉·우릉이라고도 한다. 두 섬은 울진현 정동쪽 바다에 있다. 세 봉우리가 하늘로 높이 솟았는데, 남쪽 봉우리가 조금 낮다. 날씨가 좋으면 봉우리 꼭대기의 나무와 산 아래 모래톱을 뚜렷이 볼 수 있다. 바람이 순조로우면 이틀에 갈 수 있다. 鬱陵島, 一云武陵, 一云羽陵. 二島在縣正東海中. 三峯岌嶪撑空, 南峯稍卑. 風日淸明則峯頭樹木及山根沙渚, 歷歷可見. 風便則二日可到.

29. 『위지』 「옥저열전」에서는 후한 광무제가 동부도위의 관할 아래 둔 7현의 치소를 폐지하고 현의 거수를 현후로 삼으니 불내현·화려현·옥저현 등은 모두 후국이 됐다고 한

다음 "불내예후만 지금(삼국시대)까지 공조·주부 등의 여러 관서를 유지했는데 모두
예 백성이 맡았다. 옥저 여러 읍의 우두머리는 모두 스스로를 삼로라고 불렀는데, 옛
(후한 때) 현국縣國의 제도"라고 했는데, 불내후가 가장 유력했음을 알려준다.

30. 예족이 예맥으로도 불렸다는 것은 『위지』「옥저열전」에서 "남쪽으로 예맥과 맞닿았
다"고 한 데서 분명하다. 두 군 태수의 경략은 『위지』「제왕본기」에서 7년이라고 1년
잘못돼 있지만 "예맥을 토벌해 모두 격파했다"고 기록된 것도 그것을 증명한다(2장
끝부분 참조).

31. 『위지』「부여열전」: [부여왕] 위구태가 죽자 간위거가 즉위했다. 간위거는 적자가 없
고 얼자 마여가 있었다. 간위거가 죽자 여러 가(부여의 귀족)는 함께 마여를 추대했
다. 우가(부여의 고위 관원)의 형의 아들도 이름이 위거였는데 대사가 돼 재물을 아
끼지 않고 베풀기를 좋아하니 나라 사람들이 그를 따랐다. 그는 해마다 위魏의 수도
에 조공을 바쳤다. 정시 연간(240~249) 유주자사 관구검이 고구려를 토벌했다. 尉仇
台死, 簡位居立. 無適子, 有孽子麻餘. 位居死, 諸加共立麻餘. 牛加兄子名位居爲大使,
輕財善施, 國人附之, 歲歲遣使詣京都貢獻. 正始中, 幽州刺史毌丘儉討句麗.

32. 池內宏, 「夫餘考」(이 책 수록).

33. 京都帝國大學文學部 印行, 景印舊鈔本, 1집.

34. 池內宏, 「肅愼考」, 『滿鮮地理歷史硏究報告』 13책, 2장.

35. 같은 논문, 3~4장.

36. 『소대총서昭代叢書』, 「당집唐集」, 권28.

37. 池內宏, 「鐵利考」, 『滿鮮地理歷史硏究報告』 3책, 101쪽(『만선사 연구』 2권 수록).

38. 같은 논문, 43~51쪽.

39. 같은 논문, 70~82쪽.

40. 池內宏, 「完顏氏の曷懶甸經略と尹瓘の九城の役」, 부록 「蒲盧毛朶部について」, 『滿鮮
地理歷史硏究報告』 9책, 235~236쪽(『만선사 연구』 3권 수록).

41. 같은 논문, 239~240쪽.

[부설] 관구검의 고구려 정벌에 관련된 『삼국사기』의 기사

42. 池內宏, 「高句麗王家の上世の世系について」(이 책 수록).

43. 池內宏, 「公孫氏の帶方設置と曹魏の樂浪·帶方二郡」(이 책 수록).

44. 津田左右吉, 「三國史記高句麗紀の批判」, 『滿鮮地理歷史硏究報告』 9책, 58쪽.

45. 池內宏, 「高句麗の五族及び五部」(이 책 수록).

46. 池內宏, 「高句麗王家の上世の世系について」(이 책 수록).

12편 진대晉代의 요동

1. 『자치통감』(권87) 영가 원년·3년;『진서』(권108) 「재기」 8, 모용외열전.

2. 『자치통감』(권91) 대흥 2년(319) 12월;『진서』 「재기」 모용외열전.

3. 池內宏, 「前漢昭帝の四郡廢合と後漢書の記事」(이 책 수록); 池內宏, 「樂浪郡考」 1·2장과 6장, 소명현 부분(이 책 수록).

4. 池內宏, 「高句麗の建國傳說と史上の事實」, 끝부분을 보정(이 책 수록).

5. 池內宏, 「遼東の玄菟郡と其の屬縣」(이 책 수록).

6. 池內宏, 「高句麗の建國傳說と史上の事實」(이 책 수록).

7. 池內宏, 「玄菟郡の屬縣高顯の遺址」(이 책 수록).

8. 渡邊三三, 『撫順史話』; 渡邊三三·齋藤武一, 「滿洲國撫順の古瓦に就て」, 『考古學雜誌』 29권11호, 1939년 11월; 池內宏, 「撫順の史蹟」(이 책 수록); 池內宏, 「玄菟郡の屬縣高顯の遺址」(이 책 수록).

9. 池內宏, 「高句麗討滅の役に於ける唐軍の行動」, 131~132쪽(『만선사 연구』 2권 수록 4장 1절).

10. 같은 논문, 158~159쪽.

11. 池內宏, 「樂浪郡考」(附說 「高句麗の嶺東經略」: 이 책 수록).

12. 池內宏, 「公孫氏の帶方設置と曹魏の樂浪·帶方二郡」(이 책 수록).

13. 池內宏, 「曹魏の東方經略」(이 책 수록).

14. 池內宏, 「樂浪郡考」, 7장(이 책 수록).

15. 渡邊三三, 『撫順史話』; 池內宏, 「撫順の史蹟」(이 책 수록).

16. 제3현도군이 고구려에게 멸망된 것은 성제 함화 9년(334) 무렵이지만 그 몇 년 뒤 『자치통감』(권96) 함강 4년(338) 기사에는 모용황의 측근으로 현도태수 유패劉佩의 이름이 보인다. 이것은 제3현도군이 멸망한 뒤에도 그 군의 이름이 전연의 본토 안에 남아 있었음을 보여주는 것으로 유패는 제3현도군의 마지막 군수 고후 대신 그 관직을 받은 것으로 생각된다.

17. 池內宏, 「高句麗討滅の役に於ける唐軍の行動」, 128~131쪽(『만선사 연구』 2권 수록).

18. 같은 논문, 147~148쪽.

19. 『자치통감』(권97).

20. 위와 같음.

21. 『자치통감』(권100).

22. 池內宏, 「夫餘考」, 3장(이 책 수록).

23. 『자치통감』(권106); 『진서』(권123) 「재기」 23, 모용수열전.

24. 『자치통감』(권123).

25. 池內宏, 「夫餘考」, 3장.

13편 고구려의 5족과 5부

1. 덴지 천황 5년(666) 정월·6월, 10년(671) 정월·8월. 덴무 천황 2년(673) 8월, 5년 (676) 11월, 8년(679) 2월, 9년 5월, 11년 6월.

2. 와도우和銅 5년(172) 정월, 진키神龜 2년(725) 윤정월, 덴표天平 원년(729) 3월, 17년 정월, 덴표호지天平寶字 원년(756) 9월, 5년 3월, 덴표쇼호天平勝寶 6년(754) 정월, 호키寶龜 7년(776) 5월, 엔랴쿠延曆 8년(789) 5월.

3. 엔랴쿠 16년(797) 3월, 엔랴쿠 18년 12월, 고인弘仁 2년(811) 8월.

4. 권22, 「좌경제번하左京諸蕃下」; 권24, 「우경右京제번하」; 권30, 「미정잡성未定雜姓」

5. 那珂通世, 『朝鮮古史考』, 106~108쪽.

6. 白鳥庫吉, 「丸都城及び國內城考」, 『史學雜誌』 25편 5호, 1914년 4월.

7. 『史林』 6권 3호(1921년 7월), 360쪽 이하(今西龍, 「高句麗五族·五部考」, 『朝鮮古史 の研究』).

8. 池內宏, 「高句麗の建國傳說と史上の事實」(이 책 수록).

9. 『고려사』(권56), 「지리지」, 개성부.

10. 『동국여지승람』(권2), 경도 하; 『태조실록』(권9), 5년 4월.

11. 京都帝國大學文學部 印行, 景印舊鈔本, 1집.

12. 內藤虎次郎, 景印本 『한원翰苑』 발문.

13. 『위지』의 전거는 오늘날 전해지지 않는 위의 어환이 지은 『위략』이지만 『한원』의 이 주석 가운데 『위략』을 바탕으로 한 부분은 "그 나라에는 본래 5족이 있다"부터 "계 루부가 대신했다"까지의 몇 구절로 생각된다(그 아래 부분은 다른 자료를 전거로 했

다). 아울러 1장 첫 부분에서 인용한 『위지』의 기사를 참고하지 않으면 의미를 알 수 없는 오류와 탈루가 많다. 이것은 『한원』의 옛 사본을 옮겨 적을 때 발생한 것으로 생각된다. 뒷부분 5부의 비정 가운데 다섯 번째 "우부라고도 한다—名右部"는 것 아래에는 "하부 또는 백부라고도 한다"는 기사가 빠졌을 것으로 추측된다.

14. 『구당서』(권46) 「경적지」 지리류에 실린 『봉사고려기奉使高麗記』(1권)가 이 책일지도 모르지만 저자와 연대 모두 알 수 없다.

15. 이 구절이 바탕한 것은 『전한서』 「지리지」 연燕 조와 『후한서』 「동이열전」 서문이다.

16. 『수서』의 문제의 구절 아래에는 "사람들은 모두 관을 쓴다人皆皮冠"고 했고 『북사』에서는 "사람들은 모두 머리에 절풍을 쓰는데 모양은 고깔과 같다人皆頭著折風, 形如弁"고 했다. 이마니시 박사는 '人'을 앞 구절의 '褥薩욕살'에 연결시켜 '褥薩人'으로 읽었다. 스스로 "人'자를 앞에 붙이는 것이 옳은지는 확신할 수 없다"고 했지만 이 글자는 아래 구절의 주격이다.

17. 『滿洲歷史地理』 1권, 383~384쪽.

18. 『당서』(권58), 「예문지」; 같은 책(권80), 「태종제자전太宗諸子傳」

19. 今西龍, 「百濟五方五部考」, 『藝文』 12권11호, 1921년 11월, 51쪽(『百濟史研究』, 312쪽).

20. 같은 논문, 6쪽(『百濟史研究』, 288~289쪽).

21. 「欽明紀の佛敎傳來の記事について」, 『史學雜誌』 36편 8호, 1925년 8월.

22. 今西龍, 「百濟五方五部考」, 50·53쪽(『百濟史研究』, 311, 313~314쪽).

23. 津田左右吉, 「百濟に關する日本書紀の記載」, 『滿鮮地理歷史研究報告』 8책, 1장.

24. 池內宏, 「高句麗王家の上世の世系について」(이 책 수록).

25. 池內宏, 「曹魏の東方經略」, 附說 「毌丘儉の高句麗征伐に關する三國史記の記事」(이 책 수록).

26. 『滿鮮史研究』 中世 2책, 도판 5, 6.

27. 세종 10년(1428) 변계량이 왕명으로 지은 기자묘箕子廟의 비문에 "정전제와 8조법이 해와 달처럼 빛나니 우리나라 사람들은 대대로 그 가르침을 따른다井田之制, 八條之法, 炳如日星, 吾邦之人, 世服其敎"는 구절이 있다(『동문선』 권121).

28. 『기자지』, 제5.

29. 『조선고적도보 해설』, 제2책.

30. 池內宏, 「晉代の遼東」, 『帝國學士院紀事』, 1권 1호, 1942년 4월, 200, 203쪽(이 책

수록).

31. 池內宏, 「高句麗王家の上世の世系について」(이 책 수록).

32. 今西龍, 「高句麗五族·五部考」, 50쪽(『朝鮮古史の硏究』, 428쪽).

33. 같은 논문, 51쪽(『朝鮮古史の硏究』, 430쪽).

34. 같은 논문, 59~61쪽(『朝鮮古史の硏究』, 441~444쪽).

35. 『위지』에 고구려의 5부족 가운데 계루부만 부족을 의미하는 것으로 생각되는 '노奴'(「고구려본기」의 '노奴')라는 글자가 없는 것은 그 부가 왕족이기 때문에 당시 고구려인 사이에서 다른 부족과 구별돼 불렸기 때문은 아니었을까? 그 뒤 진대晉代가 되면 고구려 왕실은 중국에 사신으로 갈 때 '고'를 성으로 삼은 것 같은데, 다음은 그 증거로 생각할 수 있는 확실한 기사 가운데 가장 오래된 것이다.

『송서』(권97) 「고구려열전」: 고구려왕 고련(장수왕의 이름은 거련巨連이다)이 진 안제 의희 9년(장수왕 원년, 413) 장사 고익을 보내 표문을 올리고 붉은 점이 박힌 백마를 바쳤다. 高句麗王高璉, 晉安帝義熙九年, 遣長史高翼, 奉表獻赭白馬.

또 『일본서기』 덴무 천황 11년(682) 6월 "고려왕이 하부의 조유·괘루모절·대고앙가를 보내 특산물을 바쳤다高麗王遣下部助有·卦婁毛切·大古昂加, 貢方物"고 했다. 이것을 『일본서기』 엔랴쿠 18년(799) 12월 "신농국인 외종6위하 괘루진로 (…) 등이 자신들의 선조는 고구려인이라고 말했다信濃國人外從六位下卦婁眞老 (…) 等言, 己等先高麗人也"고 한 것에 비춰보면 '괘루'는 성姓으로 생각되며 '계루桂樓'와 매우 비슷하다. 그 때문에 고 나카 미치요 박사는 "괘루씨는 고구려왕의 후예로 부 이름을 성으로 삼은 사람으로 생각된다"고 했다(『外交繹史』, 107쪽). 참으로 경청해야 할 말이다. 다만 고구려의 확실한 사료가 매우 적고 다른 비슷한 사례를 찾아볼 수 없는 것이 아쉽다.

36. 池內宏, 「玄菟郡の屬縣高顯の遺址」(이 책 수록).

37. 池內宏, 「樂浪郡考」, 주 3(이 책 수록); 「遼東の玄菟郡と其の屬縣」(이 책 수록).

38. 池內宏, 「曹魏の東方經略」(이 책 수록).

39. 池內宏, 「樂浪郡考」, 7장(이 책 수록).

40. 池內宏, 「晉代の遼東」, 197쪽(이 책 수록, 2장 끝부분).

14편 부여고

1. 왕망은 사이四夷 군장의 왕호를 '후侯'로 고쳤다.

2. 池內宏, 「玄菟郡の屬縣高顯の遺址」(이 책 수록).

3. 池內宏, 「公孫氏の帶方設置と曹魏の樂浪·帶方二郡」(이 책 수록).

4. 궁의 경략으로 고구려의 세력은 이 방면에 미친 것 같다(池內宏, 「樂浪郡考」, 附說, 「高句麗の嶺東經略」 참조. 이 책 수록).

5. 『위지』(권8), 「공손탁열전」

6. 『위지』(권8), 「공손탁열전」; 같은 책, 「명제본기」

7. 池內宏, 「曹魏の東方經略」(이 책 수록).

8. 중국에서 6축畜은 말·소·양·닭·개·돼지지만 여기서 6축은 그것이 아니라 가축류를 뜻한다. 그것은 아래 기사의 관직 이름을 보면 알 수 있다. 위 기사의 5곡과 5과도 마찬가지다.

9. 수도에서 각 방면으로 나뉘어 나가는 도로에 인접한 부락들을 관할했다는 뜻으로 생각된다.

10. 은 정월은 하夏의 12월로 이 제사는 『위지』 「고구려열전」에서 "10월에 하늘에 제사지내는 것은 온 나라의 큰 행사로 '동맹'이라고 한다以十月祭天, 國中大會, 名曰東盟"고 했는데 「예전」에서 "늘 10월에 하늘에 제사지내면서 밤낮으로 먹고 마시며 노래하고 춤추는데 '무천'이라고 한다常用十月節祭天, 晝夜飮酒歌舞, 名之爲舞天"는 것과 상응한다.

11. '員원'은 '둥글다'는 뜻이다.

12. 『滿洲歷史地理』 2권, 42쪽.

13. 『위지』 「고구려열전」에서 "고구려는 요동 동쪽 1000리에 있다. (…) 환도 아래 도읍했다高句麗在遼東之東千里. (…) 都與丸都之下"라고 했다. 환도는 오늘날 봉천성 집안현의 치소인 통구성이다.

14. 『위지』 「옥저열전」에서 "그 지형은 동북쪽이 좁고 서남쪽은 길어 1000리 정도 된다"고 했으며 "북옥저는 '치구루'라고도 하는데 남옥저와 800여 리 떨어져 있다"고 했다. 북옥저는 국자가를 중심으로 한 간도 지방, 남옥저는 함경남도 함흥 지방에 있었다.

15. 『위지』 「읍루열전」

16. 『유변기략』(『소대총서』, 임집壬集, 권20).

17. 권89, 「여직女直」, 산천 조.

18. 권1, 「지리지」, 산천 조.

19. 권1, 건염 원년(1127) 정월 조.

20. 『요사습유』 권18에서 인용.

21. 고려 예종 10년(1115) 정월 조.

22. 흰 옥돌이 난다고 한 섭라는 고구려와 백제의 분쟁 지역이 틀림없지만 어디였을까? 『삼국사기』(권36) 「지리지」에 따르면 지금의 충청남도 홍성군 결성結城에 해당하는 통일신라 때 결성군潔城郡의 속현 가운데 하나로 신량현新良縣이 있는데, 그것의 백제 때 이름은 사시량沙尸良이다. 신량현은 고려 때 여양黎陽으로 이름이 바뀌었다. 『동국여지승람』(권19) 「홍주」 고적古跡 조에서는 "폐지된 여양현驪陽縣은 홍주 남쪽 37리에 있다. '驪'는 '黎'로도 쓴다. 본래 백제 사시량이었고 사라沙羅라고도 했는데 신라 때 신량으로 이름을 고쳤다"고 했다. 「대동여지도」를 참조하면 지금의 홍성군 장곡면長谷面 산성리山城里가 그곳이다. 섭라는 이 사시량(또는 사라)으로 '涉섭'은 '沙사'의 오기가 아닐까? 산성리에는 청양군青陽郡와 가까운 곳에 옛 산성이 남아 있다. 옛 사라의 흔적이 아닐까 싶다. 이 비정과 관련해서는 가라(가야)의 한 나라인 안라安羅(안야安邪, 아나가야阿那加耶)가 아시량阿尸良으로도 불렸다는 것을 참고할 만하다.

23. 池內宏, 「肅愼考」, 『滿鮮地理歷史研究報告』 13책, 4장.

24. 같은 논문, 5장 참조.

25. 池內宏, 「玄菟郡の屬縣高顯の遺址」(이 책 수록).

26. 池內宏, 「曹魏の東方經略」, 3장(이 책 수록).

27. 池內宏, 「肅愼考」, 5장.

28. 「옥저열전」의 기사는 「曹魏の東方經略」, 3장의 서술 참조(이 책 수록).

29. 津田左右吉, 『滿鮮地理歷史研究報告』 제9책, 「三國史記高句麗紀の批判」, 20쪽.

30. 池內宏, 「完顏氏の曷懶甸經略と尹瓘の九城の役」, 부록 「蒲盧毛朶部に就いて」 참조 (『만선사 연구』 3권 수록).

31. 『위서』(권100)에서 "두막루국은 물길국 북쪽 1000리에 있는데 낙양과 6000리 떨어져 있다. 옛 북부여豆莫婁國在勿吉國北千里, 去洛六千里. 舊北扶餘也"라고 했다. 쓰다 박사는 두막루국을 지금의 하얼빈 맞은편 부근으로 봤다(『滿鮮地理歷史研究報告』 1책, 「室韋考」, 59쪽). 하얼빈 맞은편 송화강 북쪽의 요지는 호란하呼蘭河 유역의 호란인데, 부여의 세력이 융성했을 때 이곳을 거점으로 북부여라고 불렸던 것으로 생각된다. 그러나 고구려 광개토왕비에서 "옛날 시조 추모(주몽)이 나라를 세우셨다. 왕은 북부여에서 태어났다"고 한 북부여는 광개토왕이 정복한 동부여와 구별해 아륵초객 방면의 부여를 그렇게 부른 것으로 보인다.

오래전부터 그 내용이 궁금했던 책을 번역해 기쁘다. 역사학을 공부하면서 놀랐던 일 가운데 하나는 이른바 '식민사학자'들의 면모를 알았을 때였다. 그 용어가 주는 음습한 느낌에서 그들은 악의적인 왜곡을 일삼는 수준 낮은 학자들일 것이라고 생각했다. 그런데 아니었다. 그들은 대부분 적어도 일본을 대표하는 주요 학자들이었다. 그때 얼핏 들었던 이름 가운데 하나가 저자였다.

저자와 관련해 내게 깊은 인상을 준 이야기가 둘 있다. 하나는 대학 때 읽었던 책의 한 부분이다. 그 글을 쓴 분이 한국과 가까운 일본인 역사학자였기 때문에 방금 말한 의외라는 느낌을 크게 받았고 기억에 오래 남았다.

"이케우치 선생은 한국·'만주'의 고대 역사를 강의하셨다. 부여·숙신·물길·한사군·원구元寇(13세기 원 제국의 일본 침략을 가리키는 일본사의 표현) 등의 강의를 들었다고 생각한다. 선생은 개설은 일체 하시지 않고 오로지 개별 연구만 하셨다. 또 연구의 초보적인 것은 강의하시지 않고, 학생들이 이해하건 말건 간에 그런 데에 개의치 않고 강의하셨다. 강의 초고는 깔끔한 문장체의 원고로 되어 있어서, 그대로 논문으로서 발표

할 수 있는 것이었다. (…) 선생의 연구에는 독특한 명석함이 있었다. 그
것은 사료 비판에 기초를 둔 역사의 재구성이다. 선생은 사료를 그냥 받
아들이지 않고 사료의 착오를 항상 적출摘出하여 사료 배후에 있는 사
실을 추구했다. 또한 사료에 남아 있지 않은 사실의 존재에도 배려를 했
다. 예를 들면 A·B·C·D 네 사료의 기재가 서로 모순되어 사료에 없는
X를 가정한다면 전체가 모순 없이 설명될 수 있는 경우에는 그 X는 사
료에 없는 가정이더라도 사실이라고 하는 의미의 말씀을 하셨다. 이것
은 합리주의·논리주의라고도 할 수 있는 것으로, 사료주의의 한계를
초월한 것이다. 본디 사료 수집에는 노력을 아끼지 않았거니와, 어느 쪽
인가 하면 풍부한 사료가 있는 것보다도 사료가 적은 것에 대해서 논리
적 유추를 하는 바에 선생의 장기가 발휘되었다고 생각한다."

_ 하타다 다카시旗田巍, 이기동 옮김, 「한국사 연구를 돌이켜보며」,

『일본인의 한국관』, 일조각, 1983, 278~279쪽.

다른 하나는 최근 읽은 책의 한 부분이다. 일본에서 광개토왕비 연
구에 큰 공헌을 한 것으로 평가되는 인물 가운데 미즈타니 데이지로水
谷悌二郎(1893~1984)라는 분이 있다. 그는 역사학을 전공하지 않은 재야
의 학자였다. 도쿄대학 법학부를 졸업하고 조선은행 경성 본점에서 근
무한 은행원이던 그는 본래 동양 고전·금석문 등에 관심이 많아 도쿄
대학 문학부 청강생으로 다시 입학해 동양사를 공부했다. 그러면서 우
연히 광개토왕비에 관심을 갖게 됐고 그 탁본들을 널리 수집한 끝에
마침내 비에서 직접 뜬 '원석 탁본'을 입수함으로써 그때까지 '석회 탁
본'을 중심으로 이뤄지던 비 연구의 흐름을 크게 전환시켰다. 그의 오
랜 연구는 1959년 논문 「호태왕비고考」(『서품書品』 100)와 1977년 저서

『호태왕비고』(가이메이쇼인開明書院)로 발표됐다. 지금 우리가 알고 있는 판독문의 정확성이 높아지는 데는 그의 노력이 크게 기여했다고 한다.

"그 뒤까지 미즈타니 씨의 마음에 남아 있던 사람은 한국사의 이케우치 교수였던 것 같다. 이케우치 교수의 독특한 사료 비판과 무단적武斷的으로도 보인 날카로운 추론은 그때는 순순히 따라갈 수 없을 것 같았지만 강의를 들을 때마다 열심히 필기했고, 그 노트를 평생 소중히 간직해 지금도 남아 있다. 특히 광개토왕비를 깊이 연구하게 되면서 자주 이케우치 노트를 다시 읽거나 선생의 관련 논문을 다시 읽었으며 강연회 등에 참석하기도 했다. 일기장에 신문의 부고 기사를 붙인 것은 1952년에 별세한 이케우치 선생의 경우뿐이며, 같은 사례는 달리 없다."

_ 다케다 유키오武田幸男, 『廣開土王碑との對話』, 白帝社, 2007, 225쪽.

대부분의 일처럼 학문도 교류와 소통, 비판과 조정을 거치면서 조금씩 앞으로 나아간다. 비판하려면(또는 인정하려면) 전체를 더 충실하고 더 정확히 알아야 한다. 그런 생각에서 이 번역을 시도해봤다.

처음 하는 일본어 번역이고, 한 세기 전의 글이라 문체나 내용이 모두 어려웠다. 나름대로 최선을 다했지만 내용을 잘못 전달한 것은 없을지 걱정된다. 발견되는 오류는 계속 고쳐가겠다. 쉽지 않은 여건에도 큰 책을 내준 출판사에 감사드린다. 우리 식구들이 각자의 자리에서 열심히 노력하며 행복하게 살아가기를 바란다.

2026년 2월

김범

궁宮 36, 70~73, 90~93, 143~145, 147,
173, 186, 189, 198~199, 206~217,
222, 224~232, 249~251, 253~255,
258~264, 266, 268, 280, 284, 297,
309, 381, 389~392, 395, 425, 433

궁준弓遵 144~145, 165, 238, 242~244,
266, 268

귀덕주貴德州 176, 178, 180

귀실복신鬼室福信 159, 350, 355~356,
360~361

극성棘城 295

기자箕子 57, 118, 121~122, 137, 156,
160, 373~374, 386

기준箕準 120~121, 210

김부식金富軾 89, 105, 225, 227~229, 231

김춘추金春秋 287

ㄴ

낙랑군樂浪郡 14~15, 17~18, 20~22, 24,
26~27, 31~32, 34~49, 54~63, 65~69,
72, 75~76, 79~80, 82, 86, 111, 113,
115~117, 125, 133, 140~142, 144~146,
149~150, 155~157, 159, 165, 172~173,
194~195, 198, 200~201, 204, 221,
233~236, 238~244, 247~248, 266
~267, 280~281, 291~292, 295~296,
298, 299~300, 304, 381, 390, 395,
408, 412, 417~418, 424

낙선정樂鮮亭 82

난하灤河 294, 305

남려南閭 129, 133~134, 136, 147, 149,
151, 162

남부도위南部都尉 33, 35, 58, 62, 86, 195

남소성南蘇城 78, 199, 203, 297, 303,
314, 318~320

남소수南蘇水 77~78, 195, 297, 314

남신현南新縣 63, 67

남옥저南沃沮 17, 19, 69, 110, 142~143,
145, 149, 159, 163, 200, 260~263,
266~267, 279, 282~283, 286, 298,
381, 395, 428, 434

남경 남해부南京南海府 400, 415

내평內評 329, 331, 338~341

노성老城 25, 70, 78~79, 82, 96, 148~
149, 154, 172, 176, 188

농안農安 101, 135, 277, 279, 317, 398,
401, 402, 406, 407, 411~412, 416

누방현鏤方縣 64~65

니콜리스크(쌍성자雙城子) 276

ㄷ

단단대령單單大嶺 18, 21~22, 24~26, 28,
33~34, 76, 140~142, 242, 381

담로檐魯 339, 347

담이군儋耳郡 16

대대로大對盧 329, 336

대무신왕大武神王 91~92, 208, 220, 324,
371, 376~377

대방군帶方郡 32, 37, 46~49, 51, 54~63,
65~69, 144, 146, 150, 165, 194,
200, 233~236, 238~245, 247~248,
280~281, 291~292, 296, 298~300,
304, 392, 395, 408, 424

대성산산성大城山山城

대수帶水 50~51, 55, 61, 113

대주류大朱留 90~92, 206~207, 209

대해송류왕大解宋留王 91, 208

동경 용원부東京龍原府 399, 415

북관산성北關山城 170, 174~178, 180, 202~203, 304, 308

북옥저北沃沮 17, 19, 69, 142~145, 200, 260~266, 268~269, 272, 275~276, 280, 298, 315, 381, 395, 400, 410~411, 416, 434

북임검리산北任劍利山 359

불내성不耐城 18, 25, 27, 33~34, 37, 76, 141, 150~151, 165, 251, 267~268, 283

불내예不耐濊 36, 140, 165

불내현不耐縣 26, 37~38, 145, 150, 243, 266~267, 428

불내후不耐侯 146, 150, 165, 243, 266~267, 429

비류곡沸流谷 98, 100, 110

비류나부沸流那部 324, 376~377

비류수沸流水 25, 100, 108, 200, 224, 232~233, 248, 250, 254, 282, 284~285, 298, 325, 383

<hr>

ㅅ

4군 10, 13~15, 17~18, 20~23, 25, 27~28, 31~33, 45, 75, 108, 111~112, 114~116, 119, 125~127, 140~141, 151, 156~157, 160, 162, 172, 193~196, 261~262, 296

사두매邪頭昧 17, 19, 33~34, 38, 142~143, 162, 266, 418

사마의司馬懿 224~225, 237, 247, 249, 394

사망현駟望縣 54

사비泗沘 346~347, 349, 351, 354, 357, 360~361, 365, 376

산상왕山上王 200, 223, 225~228, 232, 248, 288, 298, 326, 372, 377, 381, 383

산성자산성山城子山城 256~257

상경 용천부上京龍泉府 399~400, 415

상은태현上殷台縣 79, 83, 188~189, 425

상하장上下障 118, 120~122

서개마현西蓋馬縣 79~85, 188, 199, 297

서경 압록부西京鴨綠府 82, 400, 415

서안평西安平 79~80, 113, 213~214, 217, 224~225, 249~250, 252, 285, 301

서천왕西川王 284, 309, 372, 375, 412

설문說文 64, 126, 142~143, 162, 417

소노부消奴部 324~325, 332~333, 336~368

소명현昭明縣 35, 51, 57~58, 62~63, 67, 423~430

소부리所夫里 346

소수맥小水貊 113, 136, 285

소요수小遼水 78, 188, 427

솔빈부率賓府 399~400

수경주水經注 39~41, 64, 68, 78, 188, 190, 421, 423

수성현遂城縣 54

숙신肅愼 10, 251, 259, 273, 283~284, 399

순노부順奴部 323~324, 332~333, 366, 368, 376

시엄수施掩水 102~103, 386

신대왕新大王 211, 213, 218~219, 226, 229~230, 232, 284, 380

신량현新良縣 434

신성新城 174~176, 185, 200~204, 303~034, 308~311, 314~315, 318~321, 372, 375

82, 95, 109~111, 113, 115, 117, 120,
122~123, 173, 186~191, 195~199, 201,
221, 248, 291~292, 294, 296~298,
302, 307, 315, 380

욕살褥薩 329, 330~331, 333, 337~342,
375, 380, 432

우문씨宇文氏 294~295, 299, 313, 315,
410, 416

울릉도鬱陵島 144~145, 265, 267, 432

웅진熊津 330, 346~347, 350~352, 355,
361~362, 365, 373

원도군元菟郡 14~15, 22, 32, 75, 83, 97,
154~155

원도정元菟亭 79, 82

위구태尉仇台 389~390, 392~394, 433

위궁位宮 68, 200, 222~225, 227~228,
231, 243, 248~249, 251, 259, 281,
298, 372, 381, 395, 411~412

위나암성尉那巖城 220

위략魏略 50, 54, 101~102, 104,
120~121, 126, 140, 164~165, 227,
255, 272~273, 276, 332~333,
335~336, 368, 385, 407, 420~421,
425, 428, 431

위만衛滿 13, 16~17, 23, 25, 31, 33, 38,
41, 108, 115, 118, 120~123, 125~126,
128, 135~136, 141, 151~153, 156,
158~160, 172, 193, 261, 296, 386

위우거衛右渠 123, 125, 129

위지해尉遲楷 284

유리명왕瑠璃明王 91, 208

유유紐由 283, 287, 371~372

유주幽州 155~156

읍루挹婁 10, 141, 143, 162~163,

165, 248, 263~265, 268~276, 279,
395~396, 399, 401, 405, 411

응소應劭 38, 41, 67, 97, 154~157, 160

이규보李奎報 105, 420

이오李敖 321, 375~376, 382, 414

이이모伊夷模 200, 211~213, 221~225,
228, 230~233, 248, 288, 298, 324,
326, 372, 380~381, 383

임둔군臨屯郡 14~17, 19~24, 26~28,
31~34, 38, 58, 76, 110~111, 113, 116,
123, 126, 143, 149, 155, 157, 159, 172,
194~195, 234, 266, 296

임존성任存城 355, 359~361

ㅈ

장새鄣塞 118, 122, 153

장수왕長壽王 67, 90~91, 197, 206~208,
216, 321~322, 346, 373, 375~376,
378, 382~384, 414~415, 420, 433

장잠현長岑縣 54, 57, 419

장회태자章懷太子 273, 324, 326~328,
334, 366~367

점제현秥蟬縣 42, 51~52, 57, 133

절노부絕奴部 323~324, 326, 332~333,
336, 368, 376

절령岊嶺 55~56

정현楨峴 255, 258, 259

제나부提那部 324, 377

제해현提奚縣 64

조나부藻那部 324, 327, 376

조선현朝鮮縣 38~39, 42~43, 48, 65,
67~68

주나부朱那部 324, 376

주류성周留城 350, 355, 361

원서 차례

『滿鮮史硏究』上世 第1冊

(*) 표시는 번역에서 제외.

만선사 연구 1

ⓒ 김범

초판인쇄 2026년 2월 27일
초판발행 2026년 3월 27일

지은이 이케우치 히로시
옮긴이 김범
펴낸이 강성민 이은혜
책임편집 강성민
편집 양나래 심예진 최유진
관리 편집보조 김유나 김지우
마케팅 정민호 한민아 이민경 한경화 박진희 황승현 김경언 양지연
브랜딩 함유지 이송이 박민재 김하연 신은서 이준희 조다현

펴낸곳 (주)글항아리 | 출판등록 2009년 1월 19일 제406-2009-000002호

주소 경기도 파주시 문발로 214-12 4층
전자우편 bookpot@hanmail.net
전화번호 031-955-2690(마케팅) 031-941-5161(편집부)

ISBN 979-11-6909-514-3 93910